Dorothy McGuinness

KORBFLECHTEN
MIT PAPIERSTREIFEN

Haupt
GESTALTEN

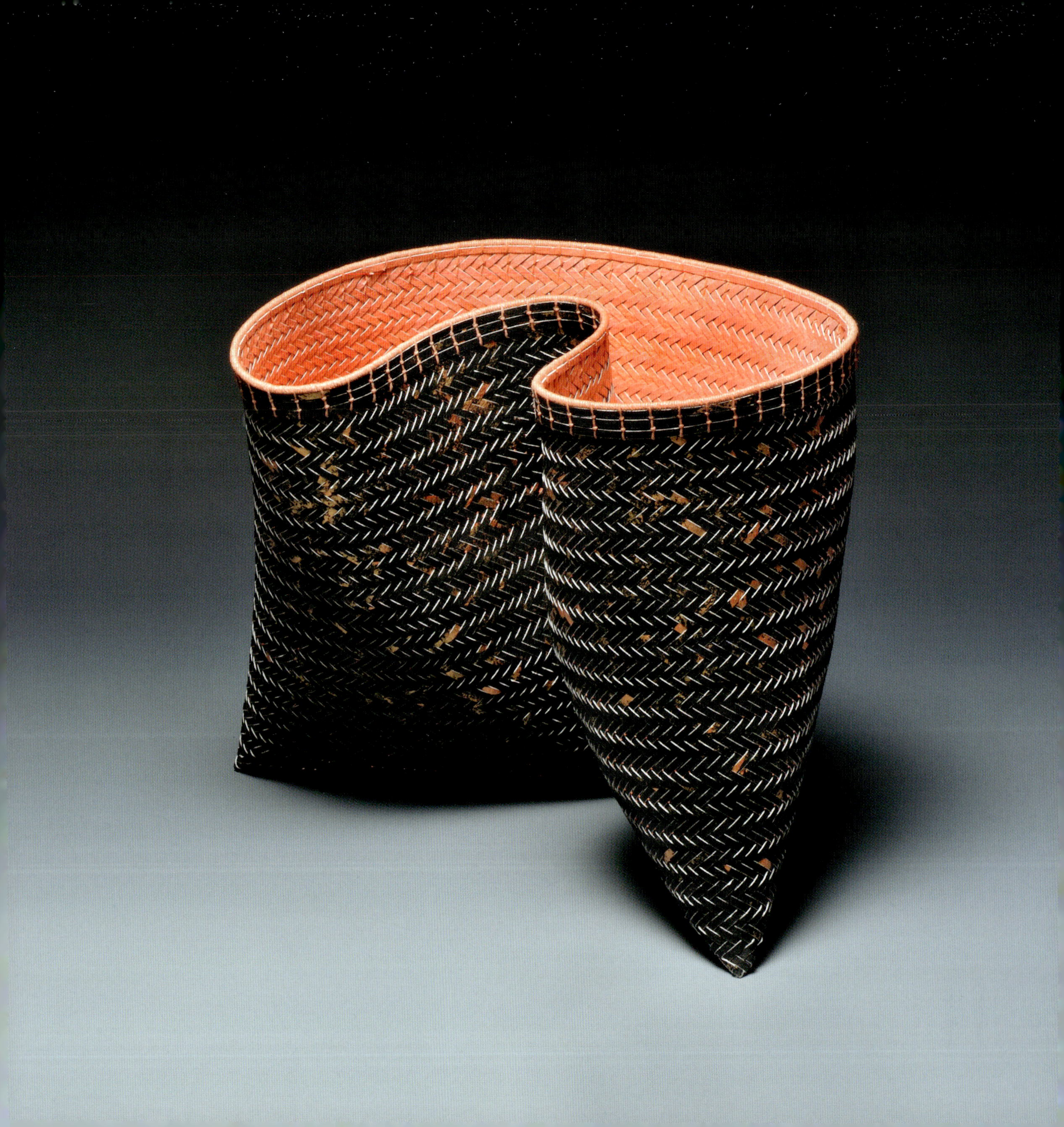

Dorothy McGuinness

KORBFLECHTEN MIT PAPIERSTREIFEN

Techniken und Projekte

Haupt Verlag

1. Auflage: 2022

ISBN 978-3-258-60257-8

Aus dem Englischen übersetzt von Jutta Orth, DE-Freiburg
Lektorat der deutschsprachigen Ausgabe: Melanie Schölzke, DE-Stuttgart
Satz der deutschsprachigen Ausgabe: Die Werkstatt Medien-Produktion GmbH, DE-Göttingen
Umschlaggestaltung der deutschsprachigen Ausgabe: Tanja Frey, Haupt Verlag

Der Haupt Verlag dankt Monika Künti (www.flechtwerk.ch) für ihre Beratung.

Korb auf dem Cover: «Triatom», Fotograf: Ken Rowe
Korb auf Seite 2: «Conjoined», Fotograf: Ken Rowe

Die englischsprachige Originalausgabe erschien 2021 unter dem Titel *The Art of Contemporary Woven Paper Basketry – Explorations in Diagonal Twill* bei Schiffer Publishing Ltd., Atglen, PA, USA

Printed in India

MIX
Paper from responsible sources
FSC® C016779

Swiss Climate CO_2neutral Transport

Um lange Transportwege zu vermeiden, hätten wir dieses Buch gerne in Europa gedruckt. Bei Lizenzausgaben wie diesem Buch entscheidet jedoch der Originalverlag über den Druckort. Der Haupt Verlag kompensiert mit einem freiwilligen Beitrag zum Klimaschutz die durch den Transport verursachten CO_2-Emissionen. Wir verwenden FSC®-Papier. FSC® sichert die Nutzung der Wälder gemäß sozialen, ökonomischen und ökologischen Kriterien.

Diese Publikation ist in der Deutschen Nationalbibliografie verzeichnet.
Mehr Informationen dazu finden Sie unter http://dnb.dnb.de.

Der Haupt Verlag wird vom Bundesamt für Kultur für die Jahre 2021–2024 unterstützt.

Wir verlegen mit Freude und großem Engagement unsere Bücher. Daher freuen wir uns immer über Anregungen zum Programm und schätzen Hinweise auf Fehler im Buch, sollten uns welche unterlaufen sein. Falls Sie regelmäßig Informationen über die aktuellen Titel im Bereich Gestalten erhalten möchten, folgen Sie uns über Social Media oder bleiben Sie via Newsletter auf dem neuesten Stand!

www.haupt.ch

Inhalt

Einleitung

Ehe ich mich der Korbflechterei zuwandte, interessierte ich mich für die unterschiedlichsten Handarbeiten. Stricken und Häkeln gehörten dazu, ebenfalls das Sticken (z. B. Kreuzstickerei und Petit-Point-Stickerei). Doch das alles verlor seinen Reiz, als ich die «Basketry School» in Seattle besuchte und mich mit der Korbflechterei zu beschäftigen begann. 1987 hatte ich zum ersten Mal Unterricht im Korbflechten. Dieser sollte Auftakt einer wundervollen Reise werden. Auf dieser Reise entdeckte ich das Zwirnen, das Haspeln und das diagonale Flechten. Und ich fing damals an, mit natürlichen Materialien zu arbeiten. Ich war Feuer und Flamme – niemals hätte ich mir dennoch ausmalen können, wohin das alles führen sollte.

Die «Basketry School» wurde zu meinem zweiten Zuhause. Ich belegte fast jeden angebotenen Kurs – ob ich ihn mir nun leisten konnte oder nicht. Zu meinem großen Glück hatte die Schule zu dem für mich absolut passenden Zeitpunkt eröffnet. Ich hielt mich dort mindestens ein- bis zweimal die Woche auf, selbst wenn ich gar keinen Unterricht hatte.

Sieben oder acht Jahre lang ging das so – dann schloss die Schule. Glücklicherweise öffnete jedoch die «Fishsticks Basketry School» nördlich von Seattle. Meine Ausbildung ging weiter. Es war eine großartige Erfahrung, bei so vielen wundervollen Lehrerinnen und Lehrern lernen zu dürfen – die Unterrichtenden kamen aus der Region sowie dem In- und Ausland. Was unterschiedliche Techniken und Materialien des Korbflechens anbelangte, lernte ich eine wunderbare Vielfalt kennen. Ich saß sozusagen an der Quelle.

Die traditionelle indigene Korbflechterei im Nordwesten der USA ist reich an aufwendigen Webarbeiten und Materialien. Mit ihnen setzte ich mich auseinander und erarbeitete mir gleichzeitig zahlreiche Techniken. Ich experimentierte mit einer großen Bandbreite an Werkstoffen und lernte, mit handelsüblichem Peddigrohr umzugehen. Dann wandte ich mich dem regional Verfügbaren zu – etwa Zedern- und Kirschbaumrinden sowie Fichten- und Zedernwurzeln. Ich erforschte auch Materialien, die es vor Ort nicht gab: Birkenrinde, Eichen- und Eschenspäne oder Bambus. Meine Hochachtung für die Kunst und das Handwerk der Korbflechterei wuchs immer weiter.

Jiro Yonezawa, ein international renommierter japanischer Korbmacher, lebte ein paar Jahre im Nordwesten der USA, ehe er nach Japan zurückkehrte. In dieser Zeit hatte ich die einmalige Gelegenheit, mit ihm zu arbeiten und von ihm zu lernen. Jiro begeisterte mich für komplizierte japanische Köpermuster und lehrte mich den leidenschaftlichen Perfektionismus, der seine erstaunlichen Werke auszeichnet.

Bei einem Workshop der «Fishsticks Basketry School» lockten mich Farben und Muster schließlich zum Werkstoff Papier. Jackie Abrams, eine Korbflechtlehrerin aus Vermont, die für ihre Arbeiten mit Papier und recycelten Materialien landesweit bekannt ist, leitete den Unterricht. Ich hatte meine «Bestimmung» gefunden, denn ich konnte meine Entwürfe entwickeln, als wären sie fließende, bewegliche Puzzles aus Mustern. Dabei nutzte ich meine nicht unbeträchtliche Erfahrung in der Korbflechterei und meine bewährten Problemlösungsstrategien.

Mit Papier lässt sich die Köperbindung im Diagonalgeflecht sehr leicht umsetzen. Die Verwendung von Acrylfarbe ermöglicht es darüber hinaus, mit jeder gewünschten Papierfarbe zu arbeiten. Und das

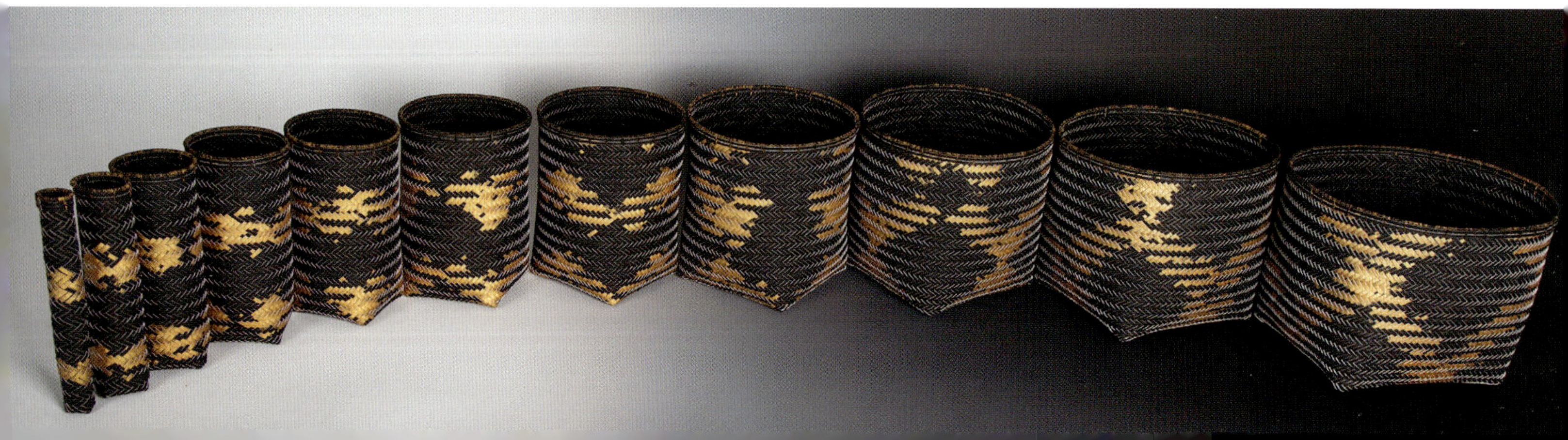

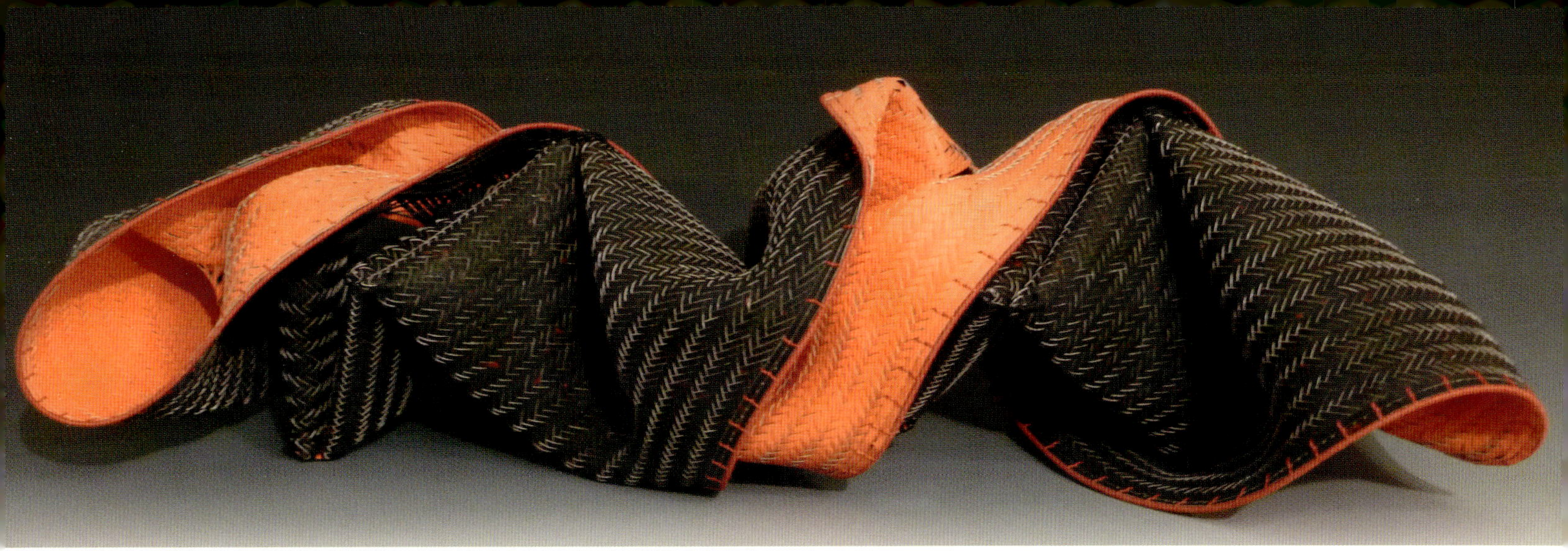

Allerbeste: Sie können das Papier mit einer Nudelmaschine in Streifen schneiden! Diese Unmittelbarkeit ist mit natürlichen Materialien nicht gegeben. Meine modernen, skulpturalen Körbe fertige ich inzwischen ausschließlich in Köperbindung im Diagonalgeflecht. Mit jedem Jahr und jedem Korb dringe ich tiefer in die aufregenden und verblüffenden Möglichkeitsbereiche vor, die die Designs und Farben hier eröffnen. Meinen Geist und meine Hände fordere ich zu immer komplexeren Aufgaben heraus. Es fasziniert mich jedes Mal wieder, welches Potenzial in einem neuen Entwurf steckt, welche Vielfalt an Ergebnissen möglich ist. Die Entwicklung meines Oeuvres basiert darauf, Risiken einzugehen und das Bekannte zu vermeiden. Denn das Riskante bringt Herausforderungen mit sich. Oft führt dies dazu, dass ich eine neue Richtung einschlage. Das ist das Aufregende, das mich bei meiner von Wiederholung geprägten Arbeit bei der Stange hält.

Das Flechten ist für mich eine Art Gedankenspiel; ich experimentiere mit Vorgehensweisen und bin gespannt, wohin sie führen. Ich überlege: «Was kommt heraus, wenn ich das nun ausprobiere? Wie kriege ich diese Form oder jene Musterkombination hin? Was passiert, wenn ich diese Farben in einer bestimmten Kombination und Reihenfolge verwende?»

Es macht mir großen Spaß, mathematische Formeln und geometrische Figuren wie z. B. Platonische Körper, den Satz des Pythagoras oder das Möbiusband in Flechtarbeiten umzusetzen. Dabei interessieren mich auch die Zwänge und Grenzen, die für das jeweilige Werkstück damit verbunden sind. Indem ich Hunderte von Papierstreifen auf einmal verarbeite, setze ich mich mit Konstruktionen auseinander, die in der Welt der Korbflechterei selten zu finden sind.

Das Ausloten der eigenen technischen Fähigkeiten und all ihrer interpretativen Möglichkeiten fordert das Gehirn und regt zu fantasievollen Ergebnissen an. Jedes geformte Gefäß bringt mich dabei auf immer weitere Ideen.

In diesem Buch werde ich Ihnen die Papiersorten vorstellen, die ich nutze, und einige, mit denen ich im Laufe der Jahre experimentiert habe. Ich zeige Ihnen, welche Farben ich verwende und wie man Papier gleichmäßig bemalt. Außerdem lernen Sie die Grundlagen des Diagonalgeflechts und einige der vielen Formen und Muster kennen, die sich mit dieser Technik erzeugen lassen. Daraus entwickelt sich ein Verständnis dafür, wie dreidimensionale Formen konstruiert werden und wie die Gesetze der Mathematik, der Geometrie und der Farbe hierbei einfließen. Ich hoffe sehr, dass ich Sie inspirieren kann, die Korbflechterei einmal auszuprobieren, und dass Sie diese Kunst genauso anregend und beglückend finden werden wie ich.

Links: «Nearly Twelve» (Susie Howell)
Oben: «Twister»
Folgende Seite: «Citrus», Foto: Ken Rowe, gestaltet von Dorothy McGuinness

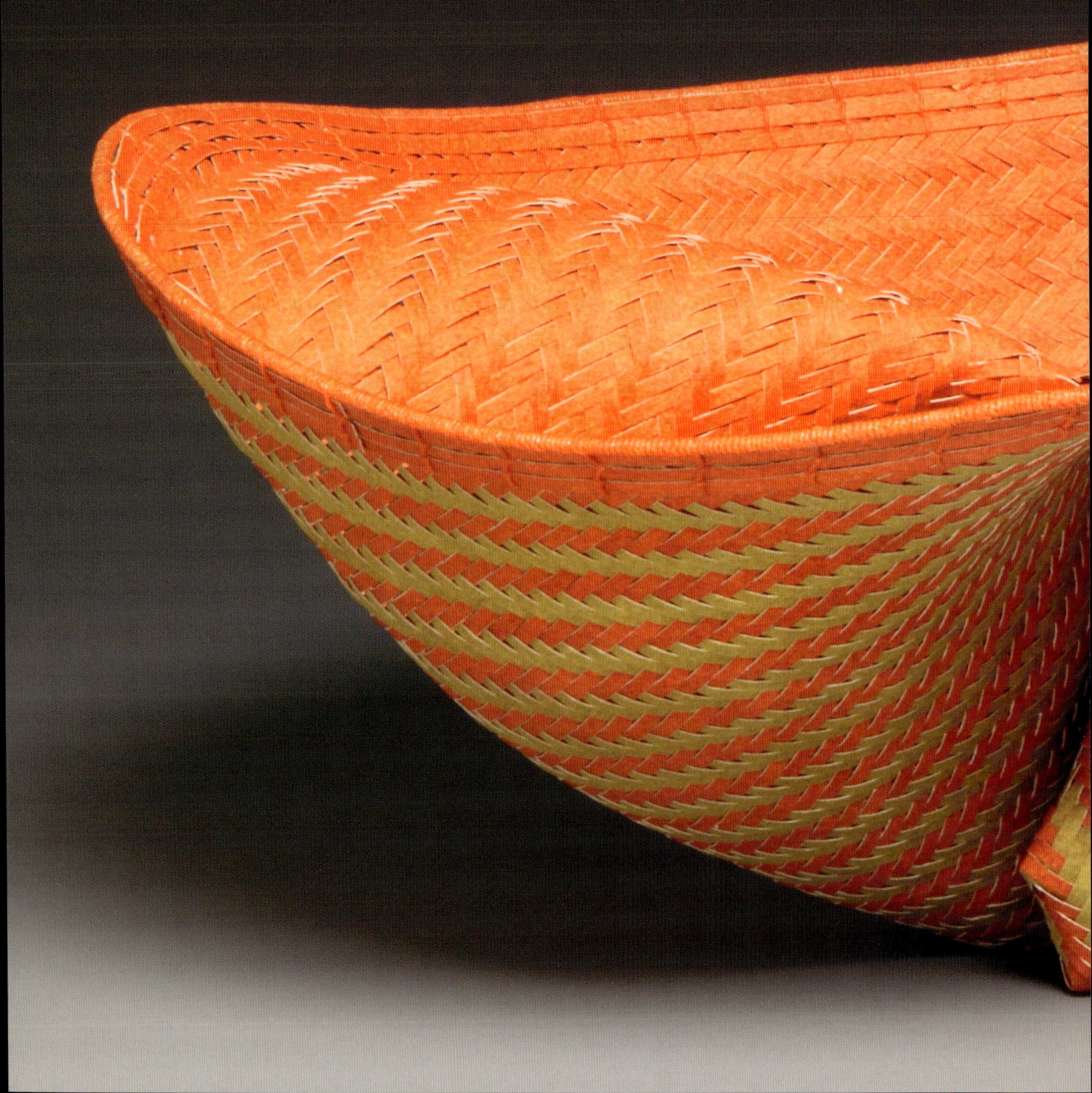

Materialien & Techniken

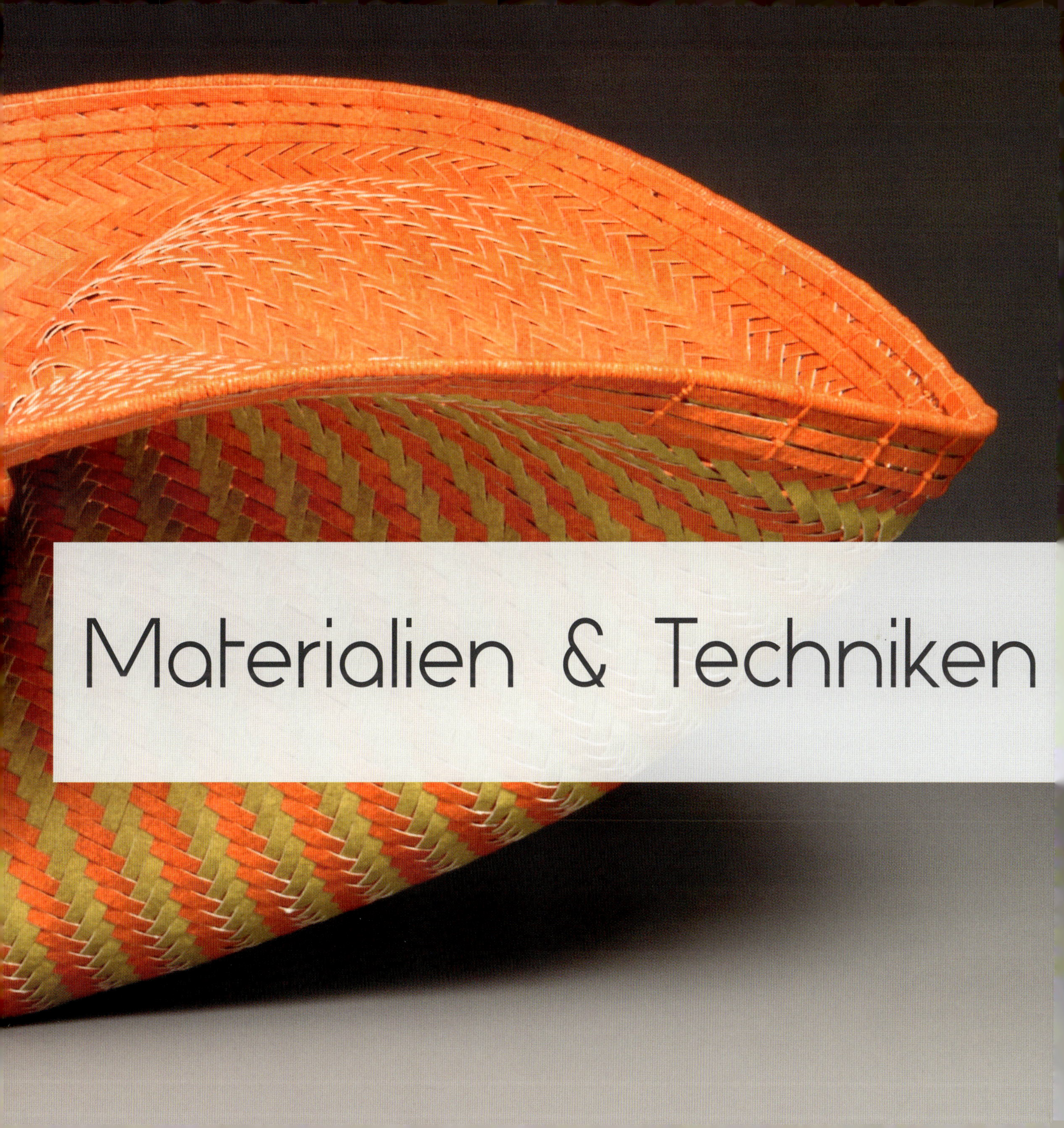

Als ich das Korbflechten zu erlernen begann, besuchte ich zig Kurse zu Materialien und Techniken. Eigenständig arbeitete ich dabei kaum. Die meisten Werke entstanden während des Unterrichts. Wobei ich die Materialien verwendete, die die Kursleitung vorbereitet hatte.

Dann – mit zunehmendem Wissen und wachsendem Interesse – begann ich mit dem Sammeln natürlicher Materialien wie Zedern- und Kirschbaumrinden, verschiedenen Arten von Wurzeln, Binsen und Gräsern. Ich besuchte mehrere Kurse, in denen es um die Aufbereitung von Bambus ging. Die dafür notwendige Technik erforderte große Genauigkeit – leider hatte ich dabei nur mäßigen Erfolg. Deshalb bereitete mein Lehrer den Bambus vor, den ich in den Workshops nutzte. Für mich war Bambus nur einer der vielen natürlichen Werkstoffe. Doch die japanischen Techniken, die ich beim Flechten von Bambuskörben erlernte, hatten es mir angetan.

Schließlich war ich an dem Punkt, an dem ich nach einem eigenen künstlerischen Ausdruck suchte. Es war ein regelrechter Kampf: Auf welches Material bzw. welche Materialien sollte ich mich künftig konzentrieren? Ich gestaltete gern mit Bambus. Um ihn allerdings so zu verarbeiten, dass sich daraus filigrane Körbe flechten lassen, muss man viele Fertigkeiten entwickeln – mir war klar, dass mir dafür die Geduld fehlte. Zudem war hochwertiger roher Bambus entweder nur sehr schwer zu bekommen oder sehr teuer.

So griff ich vorwiegend zu Zedern- und Kirschbaumrinden. Diese Materialien konnte ich vor Ort beschaffen und für Körbe in vielerlei Techniken nutzen. Außerdem hatte ich damit schon jede Menge Erfahrung. Ich experimentierte vor allem mit Zedernrinden, die ich zu diagonalen Mustern verflocht. Mit den Ergebnissen war ich aber alles andere als zufrieden.

Natürliche Materialien müssen draußen gesammelt und zwischen einem halben und einem ganzen Jahr getrocknet werden. Dann muss man sie in Wasser einweichen und manchmal noch weiter behandeln, damit sie schön geschmeidig werden. Anschließend hat man das Material nach Breite und Dicke zu sortieren. Und wenn man mit all dem schließlich fertig ist, kann man endlich mit dem Korbflechten beginnen. Es ist eine lange und mühsame Prozedur.

Im Jahr 2000 lernte ich bei Jackie Abrams, wie man aus Aquarellpapier, das zuvor mit Acrylfarbe bemalt wurde, Körbe flicht. Das war es, wonach ich gesucht hatte! Ich habe nie einen Blick zurückgeworfen und alle anderen Materialien entsorgt, um ab da ausschließlich mit Papier zu arbeiten.

Um Aquarellpapier und Farbe zu kaufen, brauche ich bloß zum örtlichen Bastelshop zu gehen. Es ist praktisch nichts vorzubereiten: kein Einweichen, keine Wassereimer und kein zusätzliches Nachweichen über Stunden (oder gar Tage). Einfach das Papier anmalen, die Farbwalzen reinigen und den Bogen, sobald er trocken ist, mit einer Nudelmaschine in Streifen schneiden. Und schon kann es losgehen mit dem Flechten.

Ich kenne viele Korbflechterinnen und Korbflechter, die das Vorbereiten ihrer Materialien genießen – manchmal sogar mehr als das Flechten selbst. Mir hingegen hat das Flechten immer am meisten Spaß gemacht.

Unten: «Red Stone Parallax», rechts: «Caribbean Urn», beide gestaltet von Jackie Abrams

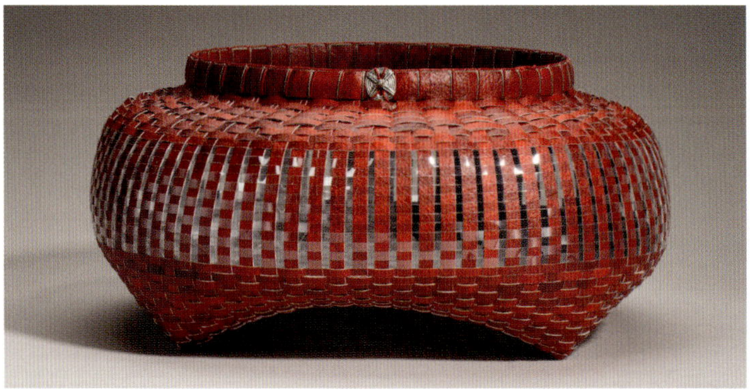

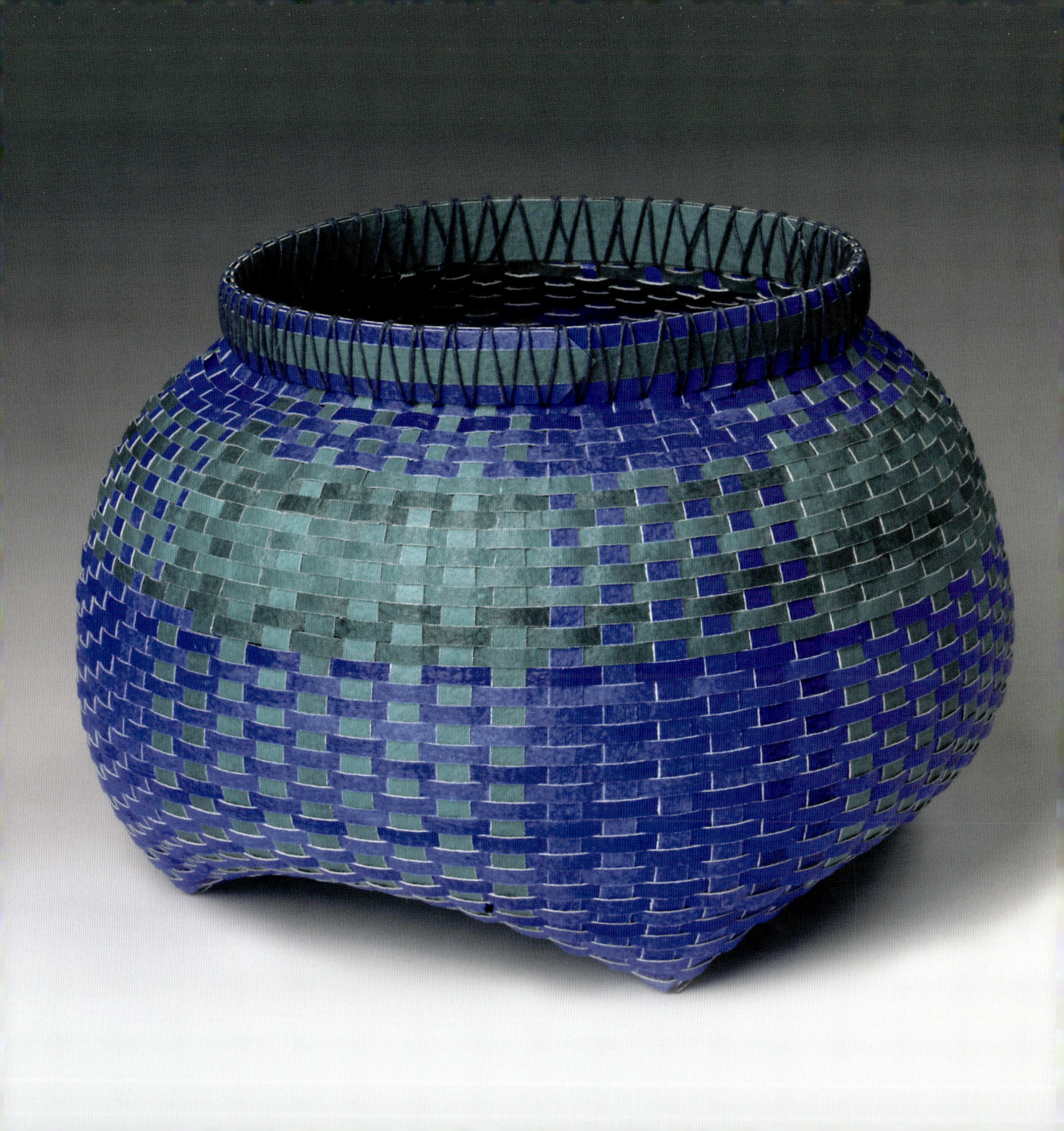

Papier

Nachdem ich Papier als Werkstoff entdeckt hatte, eröffnete sich mir ein ganz neuer Horizont. Ich probierte alle möglichen Papierarten aus und beschäftigte mich in diesem Zusammenhang auch mit vergleichbaren Alternativen. Im Laufe der Jahre habe ich viele Materialien gefunden, mit denen ich entweder schon experimentiert habe oder die ich in Zukunft noch erforschen möchte. Dazu gehört etwa Kunststoffpapier, Struktur- und Velourspapier, holografische Folie und Tapete. Ich werde einfach alles ausprobieren, was sich nach meinem Dafürhalten mit einer Nudelmaschine in Streifen schneiden lässt. Gelegentlich greife ich sogar zu Materialien aus dem Baumarkt, die eine geeignete Breite haben, z. B. Holzfurnier.

Meistens arbeite ich jedoch mit Aquarellpapier von Arches oder Fabriano. Normalerweise verwende ich pH-neutrales, grobkörniges Papier aus 100 Prozent Baumwolle (300 g/m^2). Ich habe reinweiße und naturweiße Papiere ausprobiert und war mit beiden zufrieden. Außerdem habe ich mit kalt und heiß gepressten Papieren experimentiert, die ich im Laufe der Jahre von Freunden geschenkt bekam. Obwohl sich mit beiden arbeiten lässt, kann ich heiß gepresstes Papier nicht empfehlen. Wegen der sehr dicht gepressten Fasern lässt es sich mit der Nudelmaschine nicht gut schneiden – die Streifen brechen oder reißen rasch. Leichteres grobkörniges Papier (190 g/m^2) ist ebenfalls eine Option, von der ich allerdings keinen Gebrauch mache.

Am liebsten verwende ich DIN-A1-Bögen (59,4 × 84,1 cm). Wenn Sie gleich 10 bis 25 Bögen auf einmal kaufen, reduzieren sich die Kosten pro Blatt. Und wenn Sie nach Angeboten Ausschau halten, können Sie sogar richtige Schnäppchen machen. Alle empfohlenen Papiere sind im Fachhandel erhältlich.

Für Projekte, bei denen DIN-A1-Bögen nicht ausreichen, kaufe ich Aquarellpapier-Rollen. Sie messen, je nach Hersteller, z. B. 1,13 × 9,15 m (Arches) oder 1,25/1,40 × 10 m (Hahnemühle).

Ich könnte natürlich auch kleinere Bögen verwenden und die Streifen bei Bedarf zusammensetzen. Allerdings kostet das mehr Zeit als das Bemalen und Schneiden größerer Bögen. Außerdem stören solche Flickstellen in meinen Augen das Gesamtbild. Gelegentlich bleibt mir aber nichts anderes übrig, als zu stückeln, etwa wenn ein Streifen bricht oder ich zu Beginn die Länge nicht richtig justiert habe.

Rechts: unterschiedlich bemalte Bögen

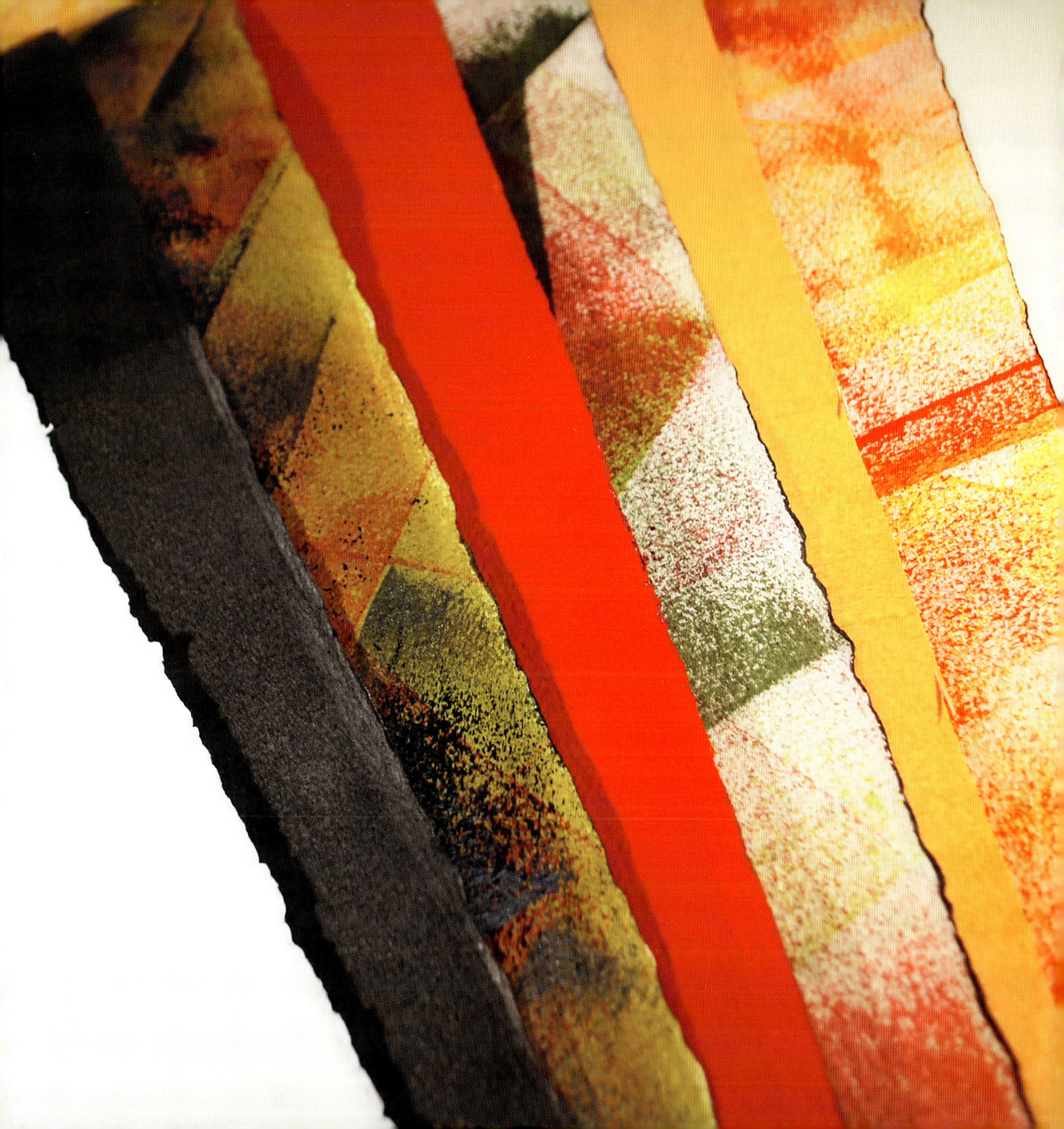

Farbe

Ich genieße das kreative Herumspielen mit Farben und Texturen. Zum Bemalen meiner Papiere verwende ich praktisch das ganze Spektrum verfügbarer Acrylfarben und Malmittel. Es gibt pastöse, flüssige, matte und seidenmatte Farben, Farben mit Metalleffekt und Farben, die je nach Lichteinfall schillern. Auch Solarfarben, Plusterfarben und Acryltinte gehören zu den Möglichkeiten – und sicher noch viele andere, die ich nur noch nicht entdeckt habe. Dazu kommen noch Zusätze und Malmittel, mit denen sich unterschiedliche Effekte erzielen lassen.

Das Arbeiten mit «echter» Aquarellfarbe gehört nicht zu meinem Repertoire. Es ist möglich, doch sie müsste zusätzlich fixiert werden. Wenn Sie Farbe auf Kunststoff auftragen möchten, beachten Sie, dass die Fläche anschließend lackiert werden muss, damit die Farbe hält.

Wenn Sie sich für das Mischen von Farben interessieren, empfehle ich den virtuellen Farbmixer des Farbherstellers Golden auf seiner englischsprachigen Website (siehe www.goldenpaints.com/mixer, bitte beachten Sie auch den Hinweis im Bezugsquellenverzeichnis). Mit der Hilfe des Farbmixers können Sie aus jeweils vier Farben schier unendlich viele Kombinationen kreieren und ausprobieren, wie die Farben zusammenwirken. Überdies gibt es eine nützliche Tonwertskala.

Gehen Sie bloß nicht davon aus, Sie müssten gleich die teuersten Farben kaufen. Viele Hersteller haben gute, aber preiswerte Studio-Reihen im Sortiment. Und große Händler werben gerne mit günstigen Eigenmarken. Diese Farben enthalten weniger Pigmente als teure Farben in Künstlerqualität, doch zu Beginn werden Sie den Unterschied vermutlich gar nicht bemerken.

Ich verwende am häufigsten Heavy-Body-Acrylfarbe der Marke Golden Acrylics. Aber auch die Lumiere-Serie und die Pearl-EX-Pulverpigmente von Jacquard kommen bei mir zum Einsatz. Außerdem habe ich z. B. mit Farben der Marken Liquitex, Amsterdam und Nova Color sowie mit Stoff- und Dekorationsfarben und Acryltinte experimentiert.

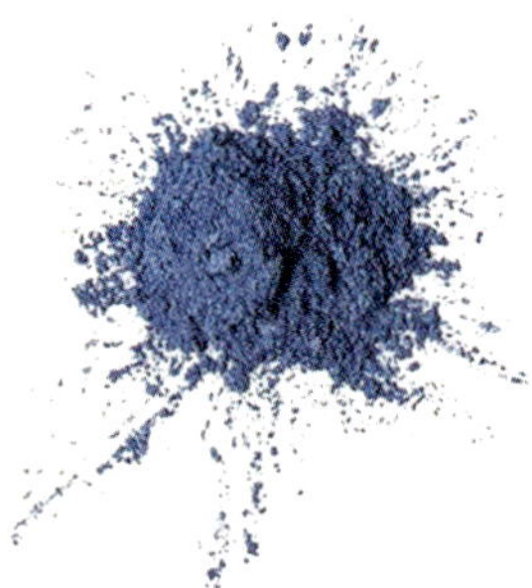

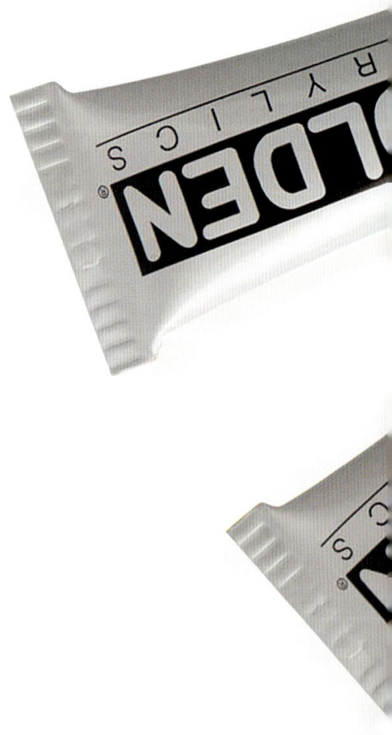

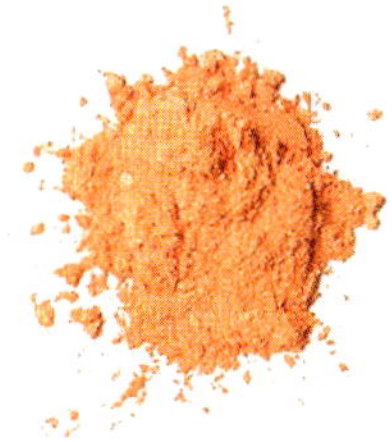

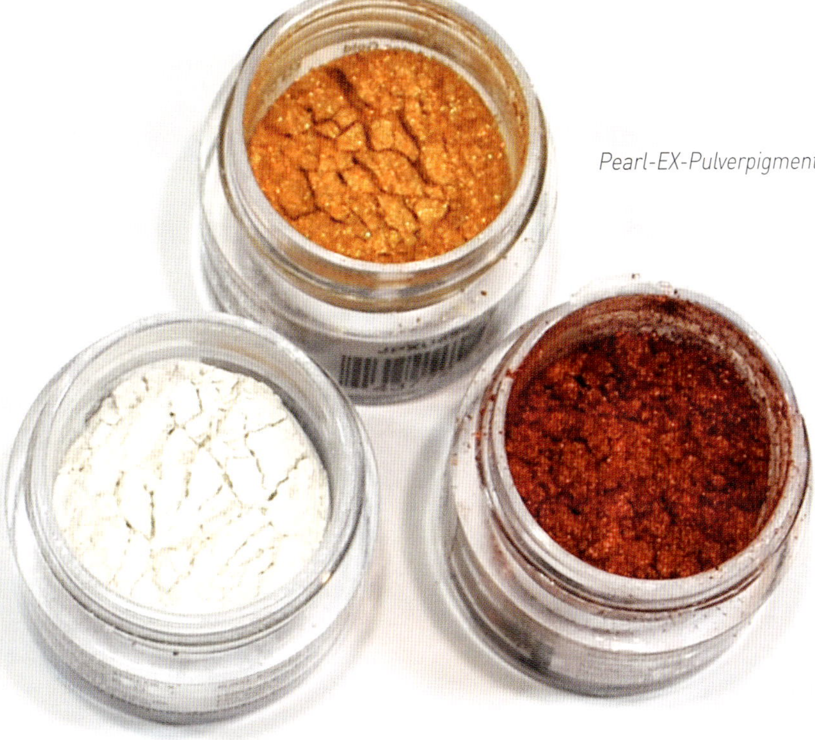

Pearl-EX-Pulverpigmente von Jacquard

Lumiere-Farben von Jacquard

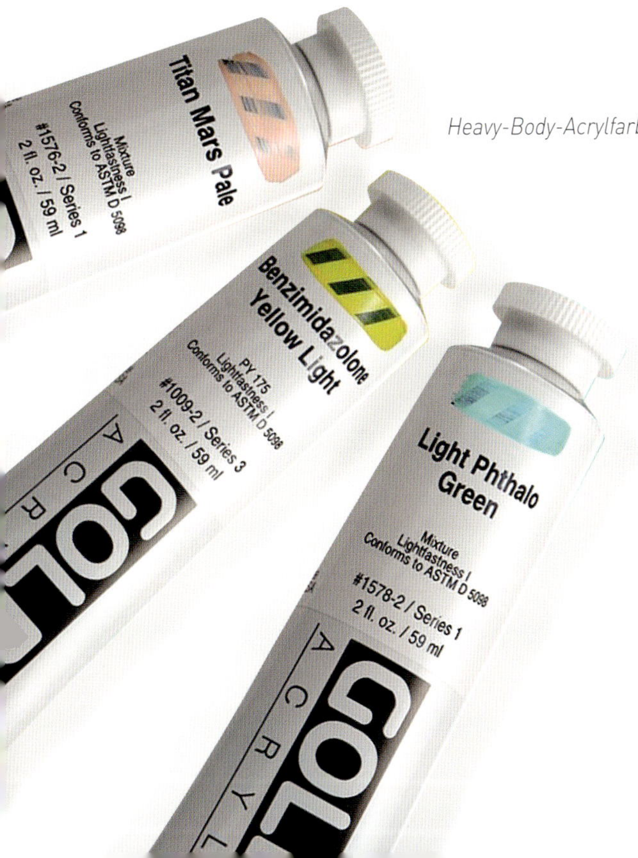

Heavy-Body-Acrylfarben von Golden Acrylics

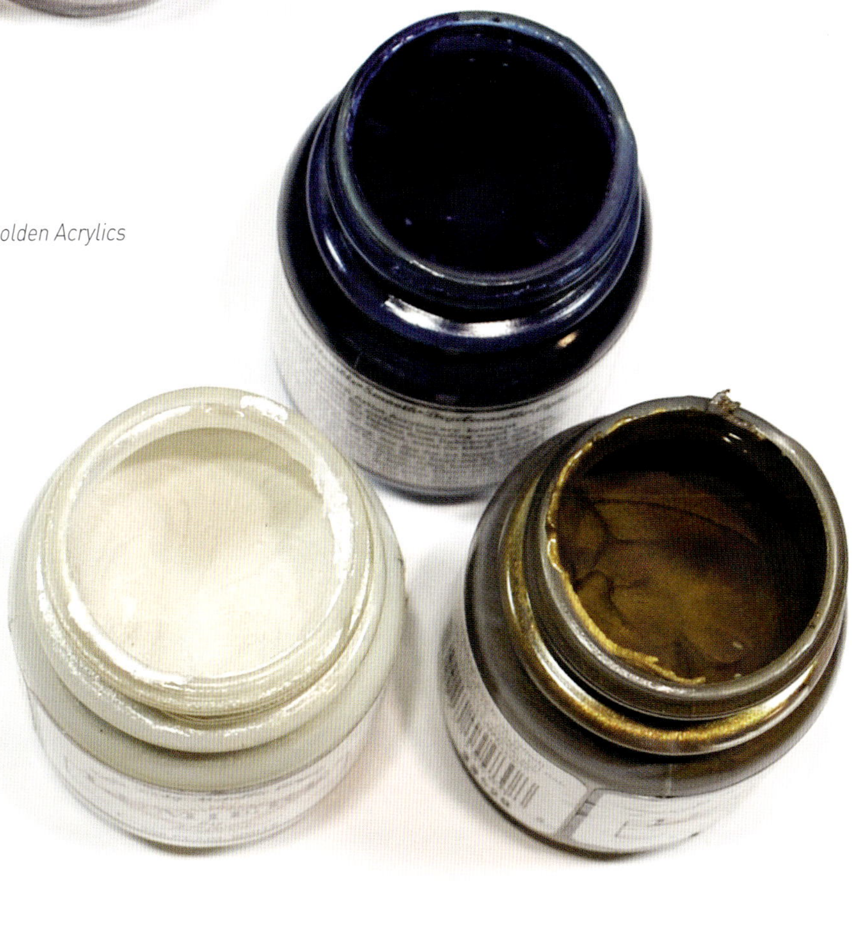

Farbenlehre

Ein Farbkreis besteht aus einer bestimmten Anzahl kreisförmig angeordneter Farben. Er zeigt, in welcher Beziehung die einzelnen Farben zueinander stehen. Für die Zusammenstellung von Farben, etwa bei der Planung von Projekten, ist dies eine große Hilfe. Die Grafiken unten zeigen ein paar grundlegende Kompositionsschemata. Sie basieren auf dem Farbkreis des Schweizer Kunstpädagogen und Malers Johannes Itten. Ich rate Ihnen, sich zu diesem Thema ein oder zwei Bücher zuzulegen. Besonders empfehlenswert sind in meinen Augen Ittens «Kunst der Farbe» und «The Crafter's Guide to Color» von Deb Menz.

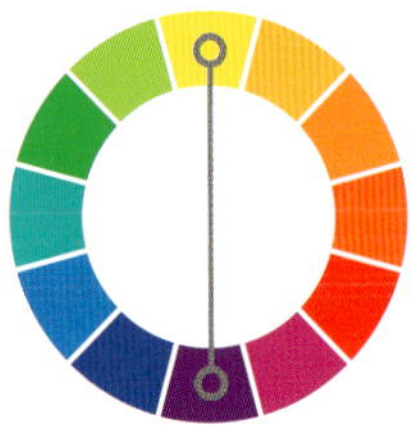

Komplementäres Schema
Farben, die einander im Farbkreis direkt gegenüberliegen, werden als Komplementärfarben bezeichnet (z. B. Rot und Grün). Miteinander kombiniert, steigern sie sich gegenseitig in ihrer Wirkung.

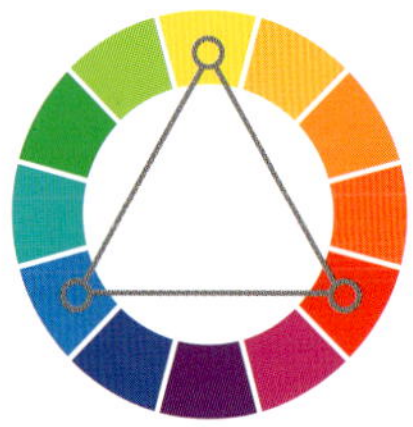

Triadisches Schema
Ein Dreiklang aus Farben, die im Farbkreis den gleichen Abstand zueinander haben – oft werden leuchtende Farben verwendet, von denen eine dominiert. Die beiden anderen setzen die Akzente.

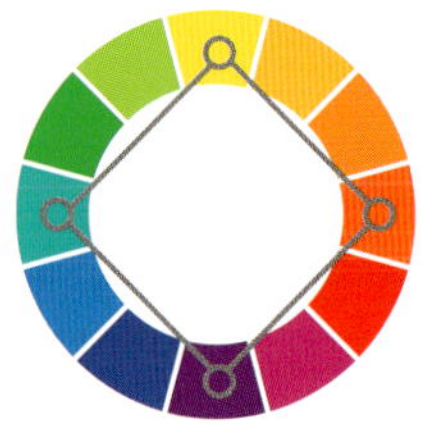

Quadratisches Farbschema
Eine Zusammenstellung aus vier Farben, die im Farbkreis den gleichen Abstand zueinander haben. Am wirkungsvollsten ist dieses Schema, wenn eine Farbe die Oberhand behält.

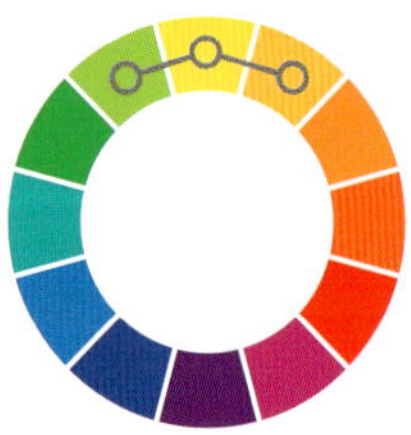

Analoges Schema
Analoge Farben liegen im Farbkreis direkt nebeneinander und harmonieren miteinander.

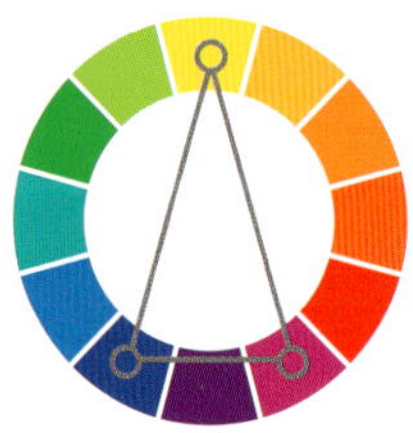

Teilkomplementäres Schema
Bei dieser Variante des komplementären Schemas werden drei Farben kombiniert, um einen starken Kontrast zu erzielen.

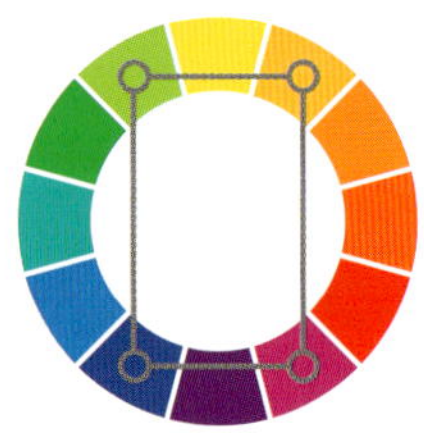

Tetradisches Schema
Hier kommen zwei komplementäre Farbpaare zum Einsatz. Am effektvollsten ist dieses Schema, wenn nur eine Farbe dominiert.

Kalte Farben
Sie vermitteln ein Gefühl der Ruhe und wirken dämpfend. Beim Betrachten denken wir oft an kaltes Wasser.

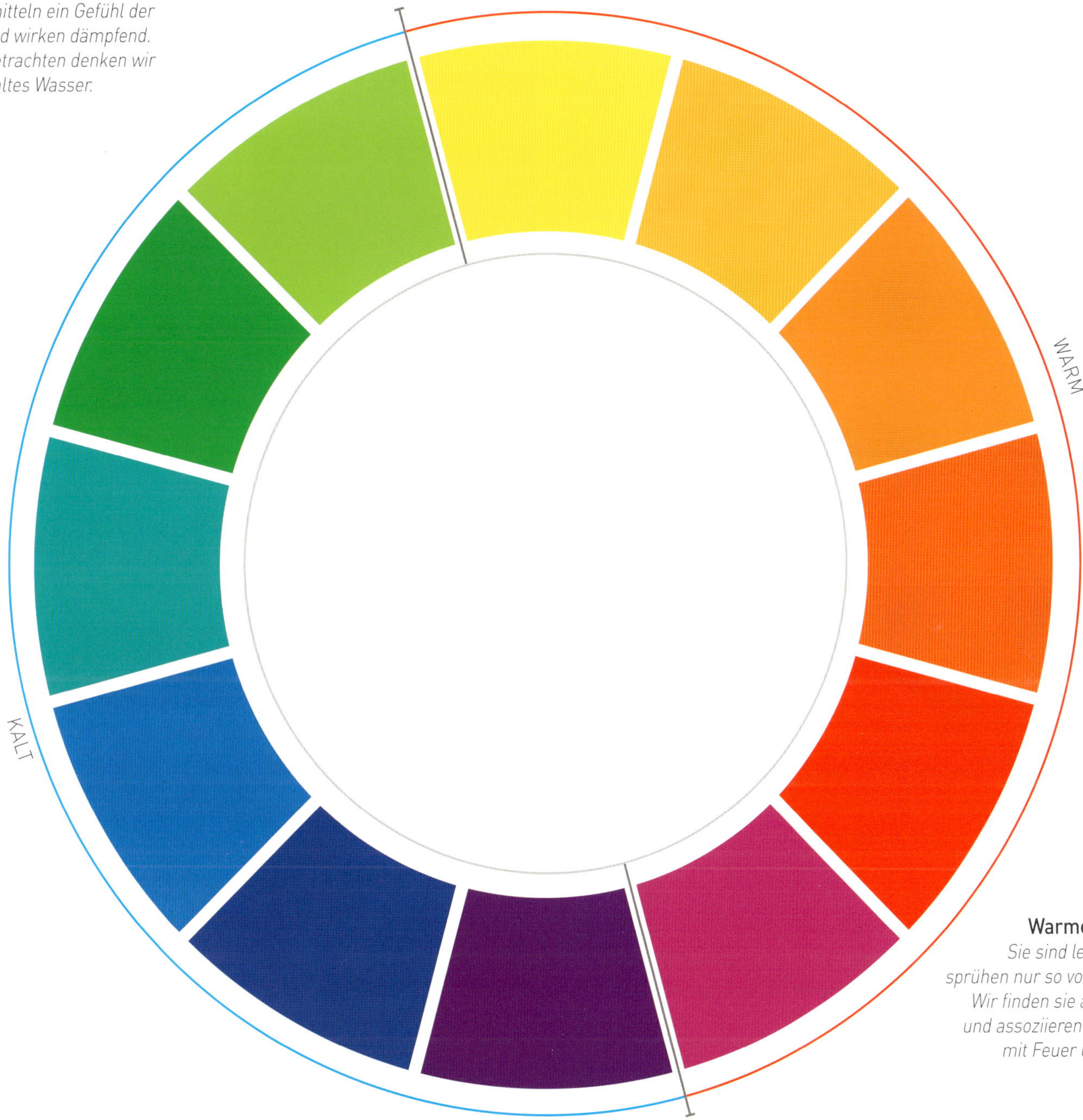

Warme Farben
Sie sind lebhaft und sprühen nur so vor Energie. Wir finden sie aufregend und assoziieren sie gerne mit Feuer und Hitze.

Fachbegriffe

Ein Geflecht, das in Köperbindung entstanden ist, unterscheidet sich insofern von einem einfachen Geflecht, als dass bei ihm jedes Flechtelement (jeder Papierstreifen) mehr als nur ein Flechtelement kreuzt. Ein Papierstreifen wird über mindestens zwei andere Streifen oder unter diese geführt.

2/2

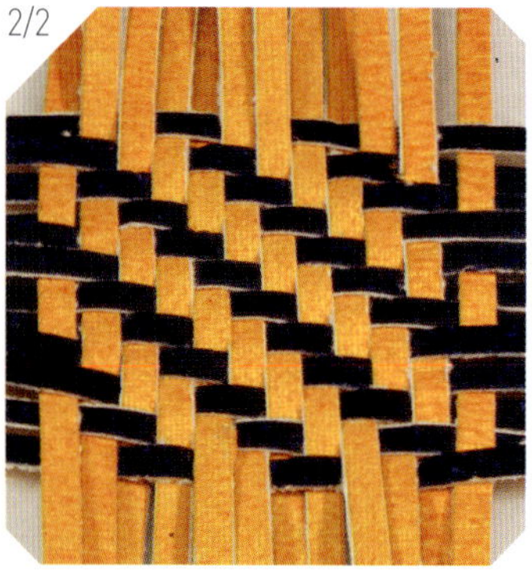

3/3

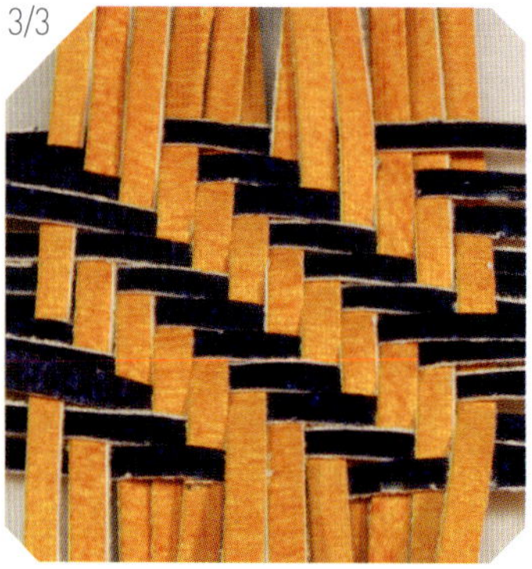

4/4

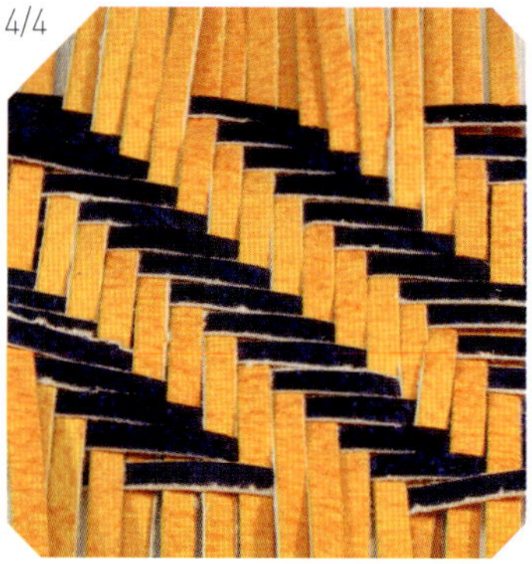

Bei einem 2/2-Köper wird jeder Streifen abwechselnd über und unter zwei Steifen eingeflochten, bei einem 3/3-Köper über und unter drei Streifen, bei einem 4/4-Köper über und unter vier Streifen.

über 1 = über einen Streifen **unter 1 = unter einen Streifen** **über 2 = über zwei Streifen etc.**

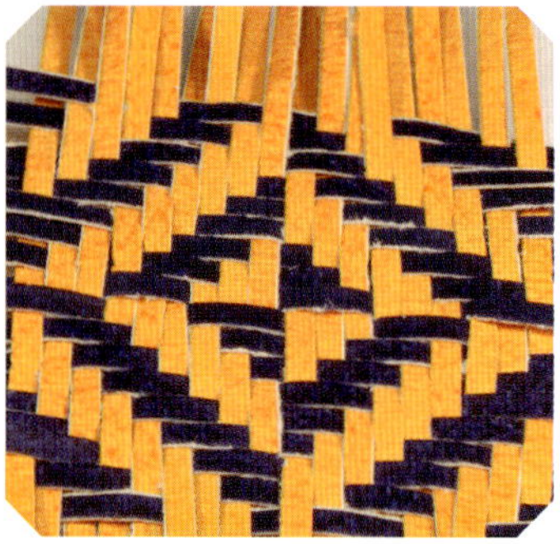

Gebrochener Köper / Bruch

Gemeint ist eine Art Kunstgriff beim Flechten einer Basis im Köpermuster. Dank dieser Technik kann man einen nahtlosen Übergang zwischen Boden und Korbwänden gestalten. Dabei wird an den Mittellinien des Bodens das Flechtmuster so unterbrochen, dass es sich seitlich spiegelsymmetrisch fortsetzt. Das bedeutet, dass der Grat in verschiedene Richtungen läuft. In dieses Muster können elegant die Ecken eingearbeitet werden. Ohne weiteren Bruch können die Korbwände im Anschluss weitergearbeitet werden.

Verdichten

Um einen schönen festen Korb zu erhalten, muss man die Flechtelemente regelmäßig (alle zwei Reihen) mit den Fingern oder einer Flachahle (siehe ganz rechts) zusammenschieben. So verhindert man das Entstehen unschöner Lücken.

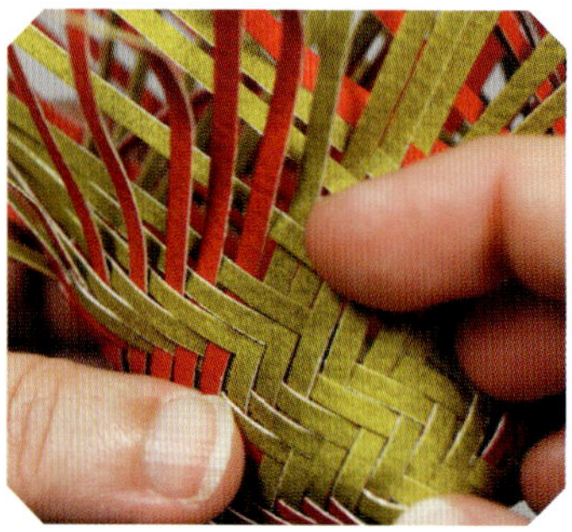

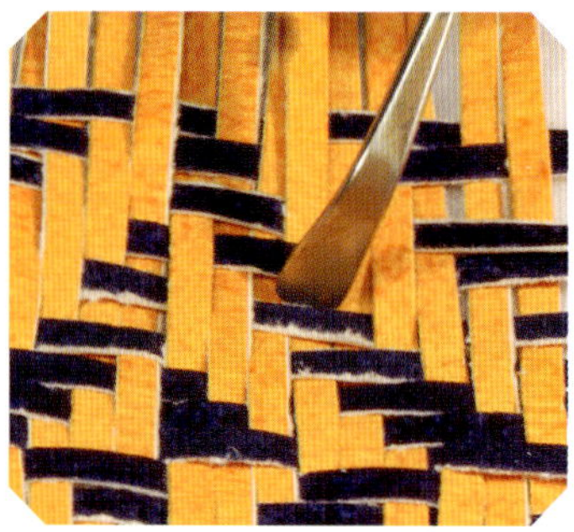

Randeinlage

Als Randeinlage dient Peddigrohr oder Garn. Es wird nach dem Flechten in die Rille zwischen vorderem und hinterem Rand gelegt. Die Einlage überdeckt die Schnittkanten und verhilft zu einem sauberen Randabschluss.

1. Peddigrohr rund, 1,75 mm als Einlage
2. Zwei Dreistrangzöpfe aus gewachstem Leinengarn

1

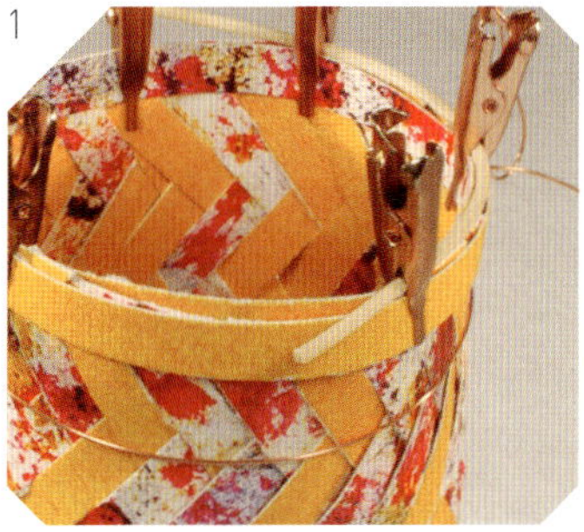

2

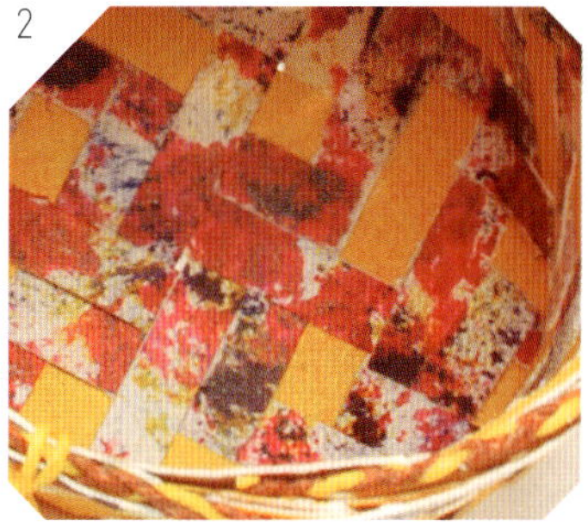

1

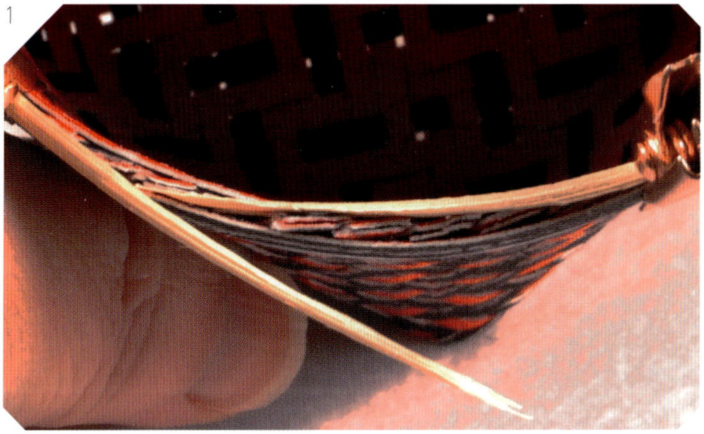

Anschrägen

Wird Peddigrohr als Randeinlage verwendet, werden die beiden Enden zum Schluss übereinandergelegt. Damit an dieser Stelle kein unschöner Knubbel entsteht, müssen sie vorher angeschrägt werden (siehe auch Seite 96–98).

Flechtelemente

Als Flechtelemente für fast alle Projekte verwende ich 3 mm breite Papierstreifen, die mit der Nudelmaschine zugeschnitten werden. Nur für Körbe mit umnähtem und umknotetem Rand und für Körbe mit Deckel habe ich 7 mm breite Streifen genutzt. Auf dem Foto sind 2, 3, 4, 7 und 11 mm breite Streifen abgebildet. Für ondulierende, also für wellenförmige Körbe benötigen Sie Streifen in unterschiedlichen Breiten.

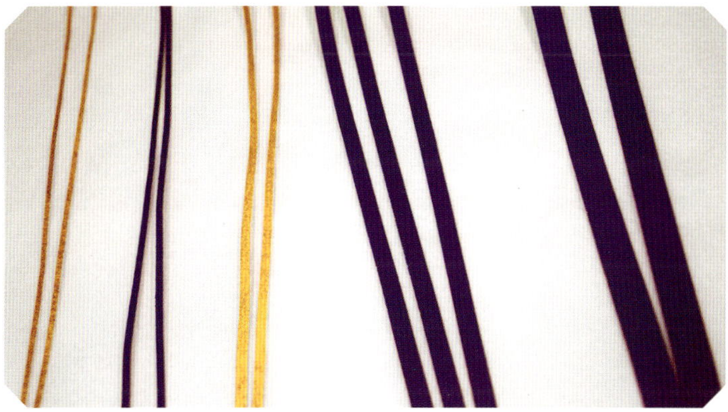

Werkzeuge

Zum Flechten der Körbe, die in diesem Buch vorgestellt werden, brauchen Sie ein paar einfache Werkzeuge. Hier sind diejenigen abgebildet, die ich am häufigsten verwende. Mit zunehmender Praxis werden Sie sich nach und nach vielleicht weitere Werkzeuge zulegen wollen.

Lineal: Ich empfehle ein 100 cm langes und ein 30 cm langes Lineal. Das längere Lineal benötigen Sie zum Abmessen und Markieren der Papierbögen. Das kürzere Lineal ist praktisch zum Abmessen und Ausrichten der Flechtstreifen.

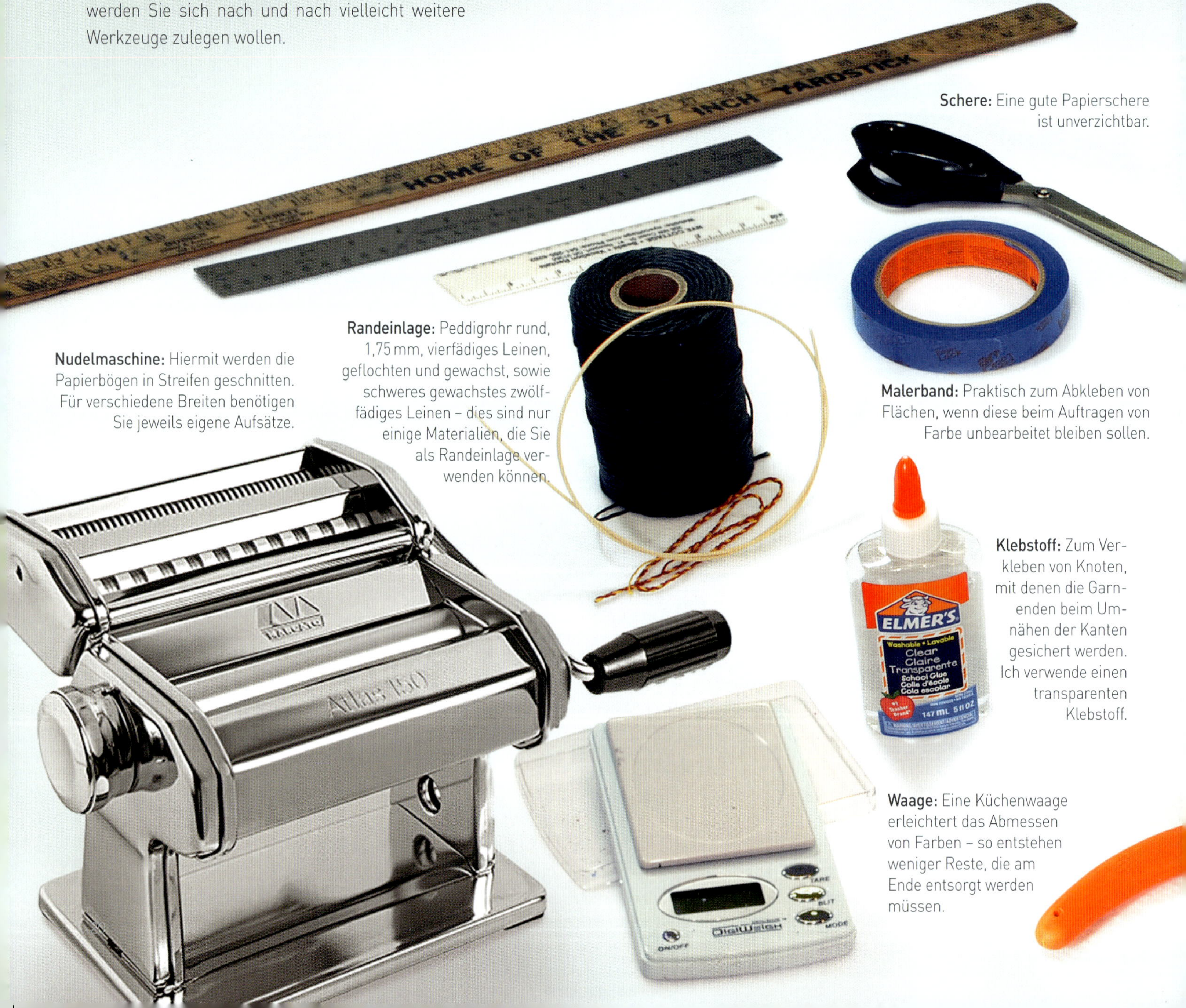

Schere: Eine gute Papierschere ist unverzichtbar.

Randeinlage: Peddigrohr rund, 1,75 mm, vierfädiges Leinen, geflochten und gewachst, sowie schweres gewachstes zwölffädiges Leinen – dies sind nur einige Materialien, die Sie als Randeinlage verwenden können.

Nudelmaschine: Hiermit werden die Papierbögen in Streifen geschnitten. Für verschiedene Breiten benötigen Sie jeweils eigene Aufsätze.

Malerband: Praktisch zum Abkleben von Flächen, wenn diese beim Auftragen von Farbe unbearbeitet bleiben sollen.

Klebstoff: Zum Verkleben von Knoten, mit denen die Garnenden beim Umnähen der Kanten gesichert werden. Ich verwende einen transparenten Klebstoff.

Waage: Eine Küchenwaage erleichtert das Abmessen von Farben – so entstehen weniger Reste, die am Ende entsorgt werden müssen.

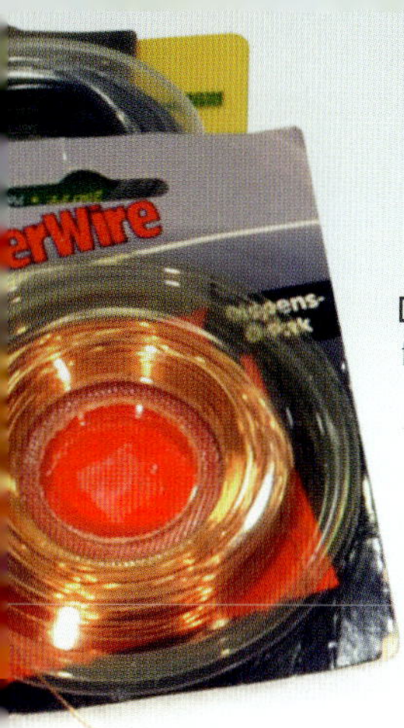

Draht: Zum Stabilisieren des Geflechts, ehe der Randabschluss gearbeitet wird. Anschließend wird der Draht wieder entfernt. Ich verwende meist Kupferdraht (0,5 mm Durchmesser), manchmal aber auch Stahl- oder Messingdraht.

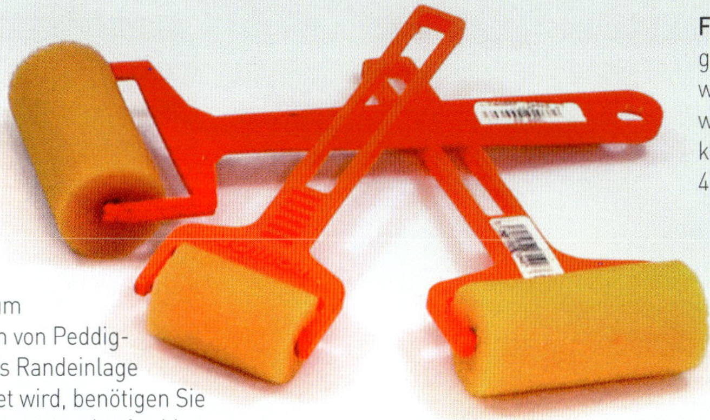

Farbwalzen: Zum Einfärben größerer Papierbögen verwende ich 7 cm breite Farbwalzen, für Streifen oder kleinere Bereiche genügen 4,5 cm breite Walzen.

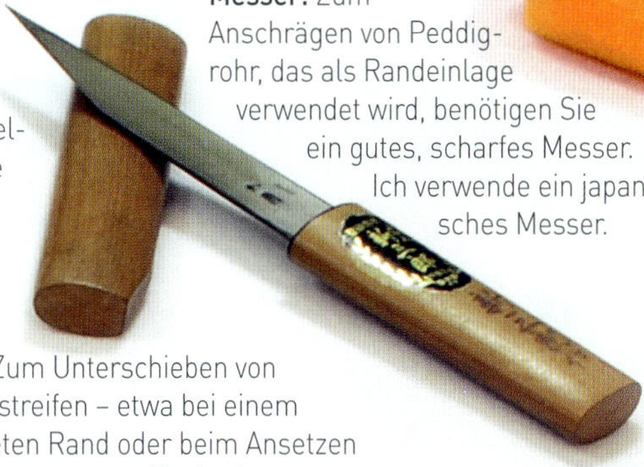

Messer: Zum Anschrägen von Peddigrohr, das als Randeinlage verwendet wird, benötigen Sie ein gutes, scharfes Messer. Ich verwende ein japanisches Messer.

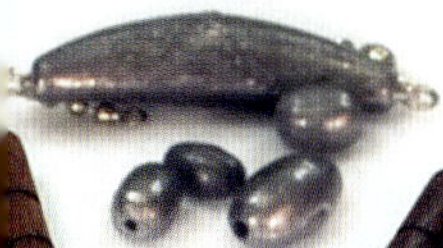

Gewichte: Damit asymmetrische Objekte nicht umfallen, nähe ich in deren Boden Angelgewichte ein. Dabei verwende ich verschiedene Größen.

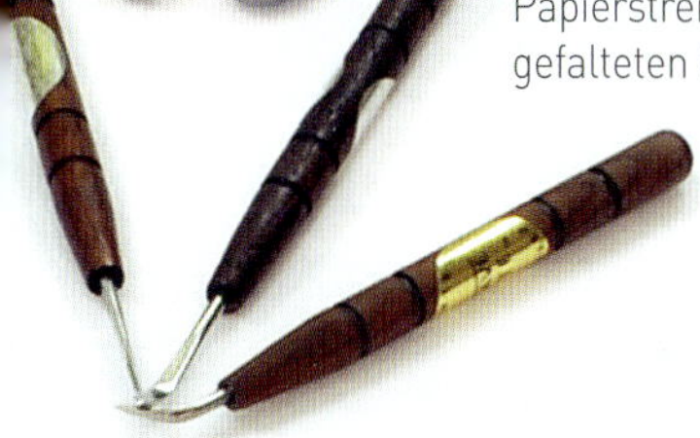

Ahle: Zum Unterschieben von Papierstreifen – etwa bei einem gefalteten Rand oder beim Ansetzen neuer Flechtelemente – ist eine Flachahle ideal.

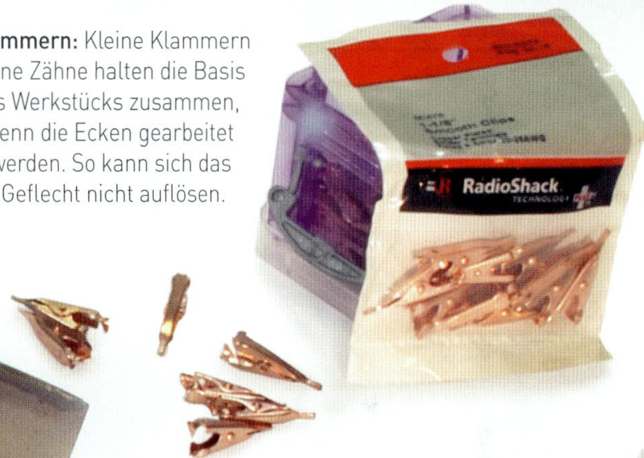

Klammern: Kleine Klammern ohne Zähne halten die Basis eines Werkstücks zusammen, wenn die Ecken gearbeitet werden. So kann sich das Geflecht nicht auflösen.

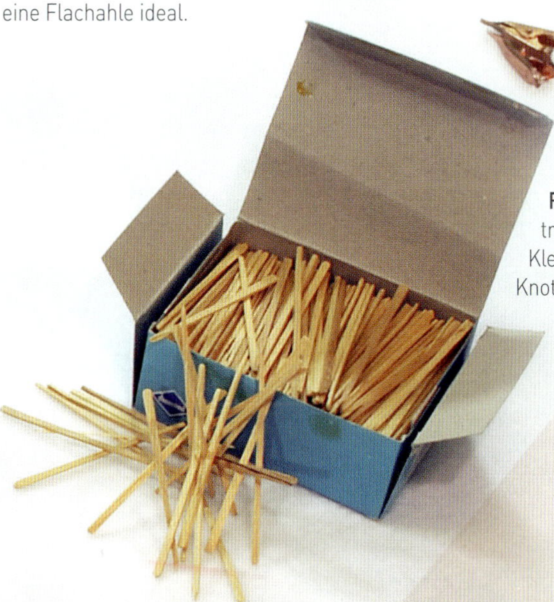

Flache Zahnstocher: Ideal zum tropfenweisen Aufbringen des Klebstoffs, der beim Verkleben der Knoten zum Einsatz kommt.

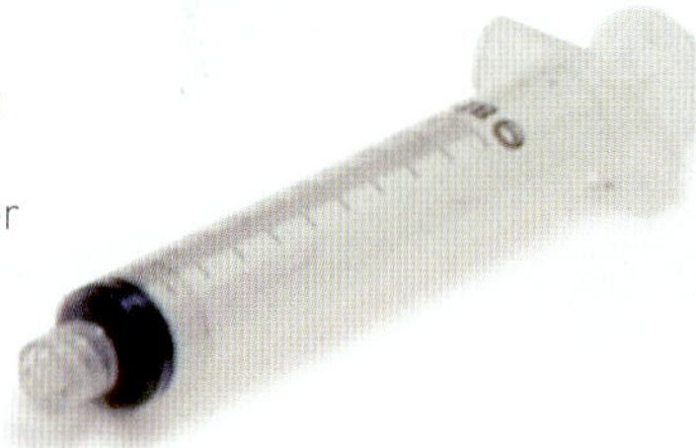

Spritze: Ich verwende eine 10-mm-Spritze zum Abmessen der Wassermengen, die ich zum Verdünnen pastoser Farben brauche.

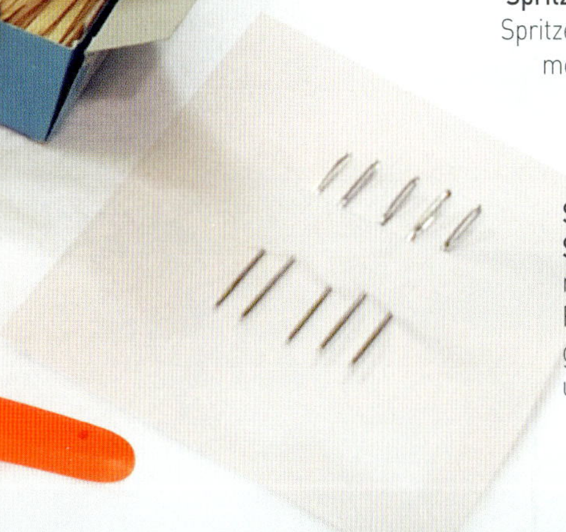

Sticknadeln ohne Spitze, Stärke 18: Diese Nadelgröße nutze ich, um die Kanten oder Randstreifen mit dem vierfädigen gewachsten Leinengarn umzunähen.

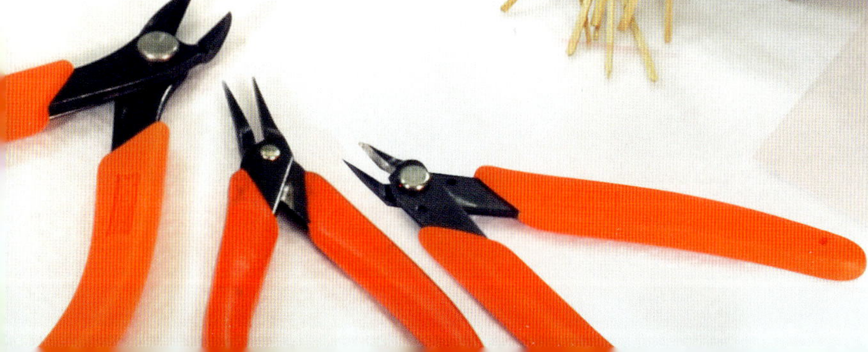

Seitenschneider und Zange: Zum Beschneiden der Korbränder verwende ich Seitenschneider und auch Blechscheren in unterschiedlichen Größen, je nachdem, wie breit die Papierstreifen sind. Eine Flachrundzange ist praktisch, um eine Nadel oder das Ende eines Streifens zu fassen, wenn sich diese von Hand nur schwer unter einem anderen Streifen durchziehen lassen.

Papier vorbereiten

Bevor es mit dem Flechten losgehen kann, muss das Papier auf beiden Seiten eingefärbt werden. Ich verwende hierfür eine 7-cm-Farbwalze und einen Bogen DIN-A1-Papier. Meist trage ich auf die Vorderseite des Papiers und auf seine Rückseite unterschiedliche Farben auf. Manchmal füge ich mit der Walze noch andere Farbe hinzu, in Form zufällig gesetzter Streifen beispielsweise. Oder ich greife zur Musterwalze oder arbeite mit speziellen Pinseln, wie beispielsweise dem «Funny Brush», einem Pinsel mit Gummiborsten, mit dem sich Farben auftupfen oder Struktureffekte erzielen lassen.

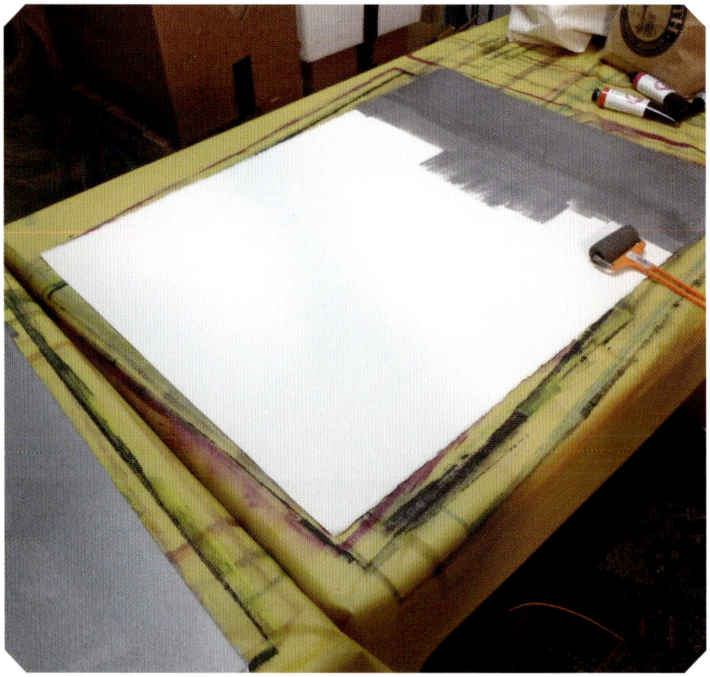

Musterwalze aus Schaumstoff

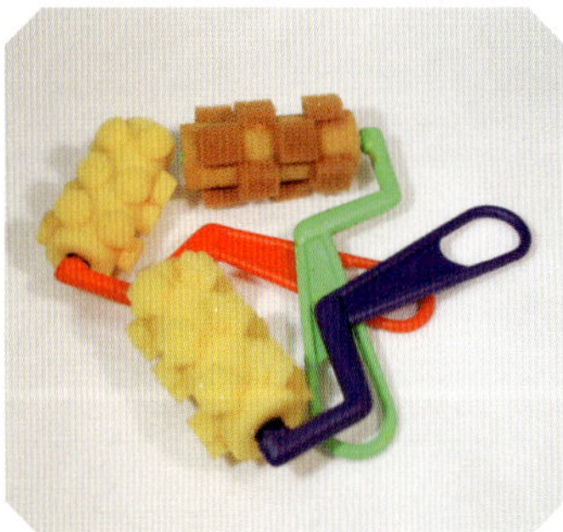

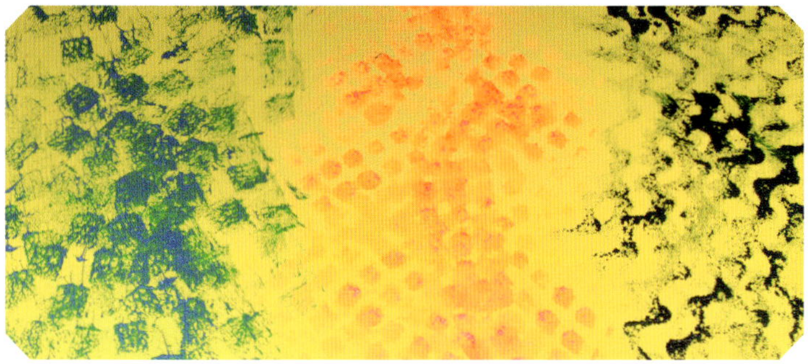

Funny Brushes, 10 cm lang

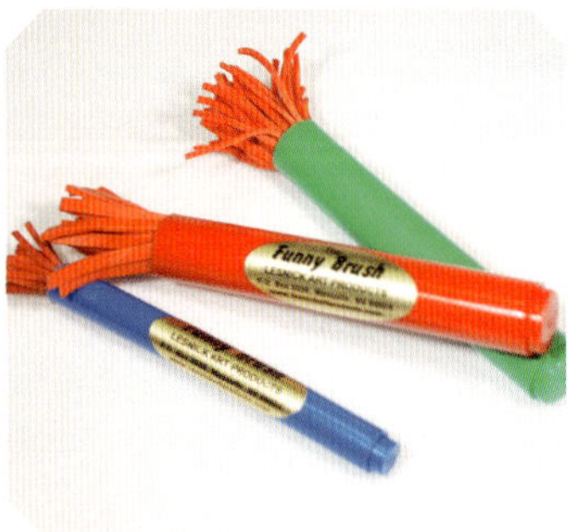

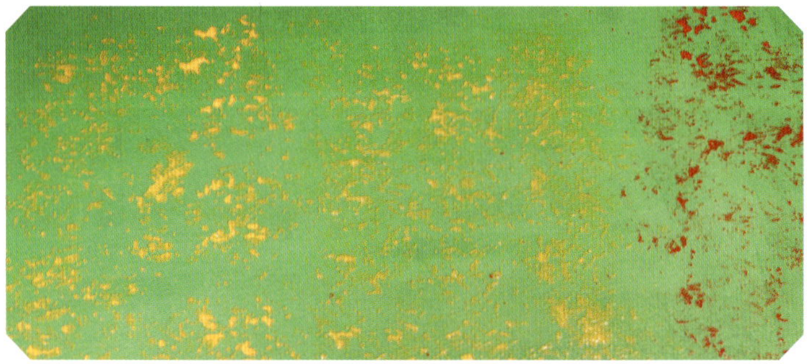

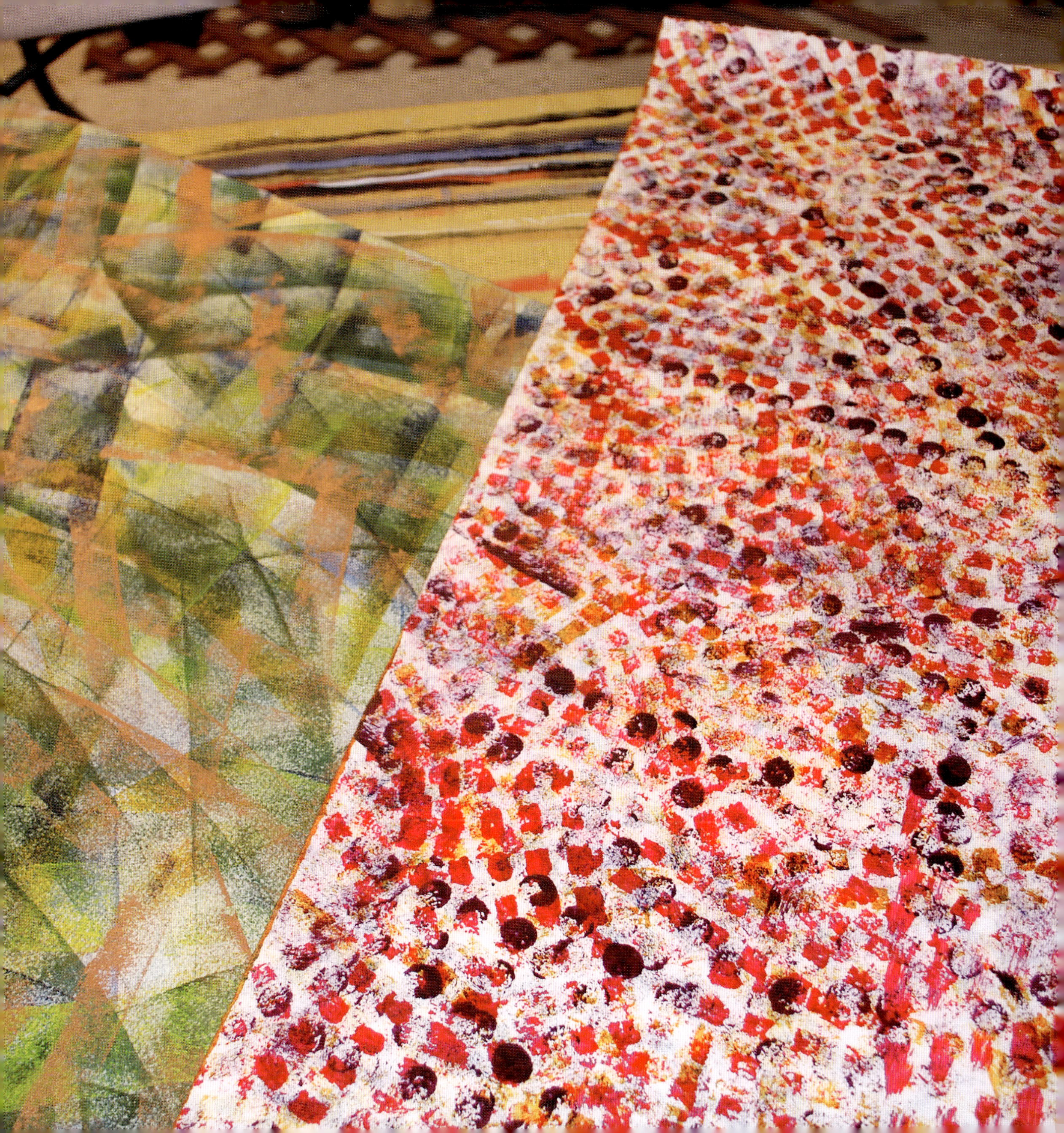

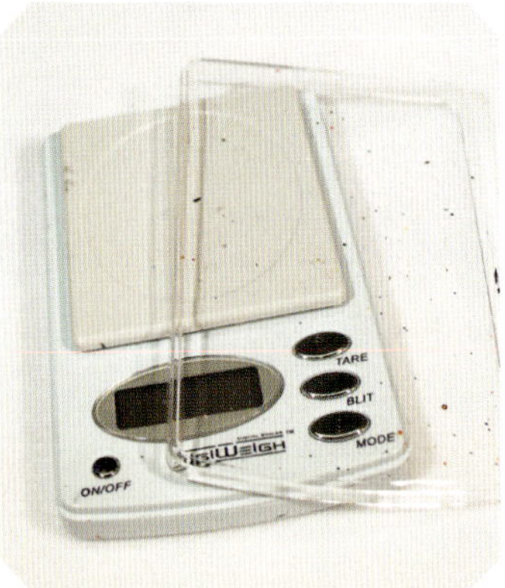

Waage

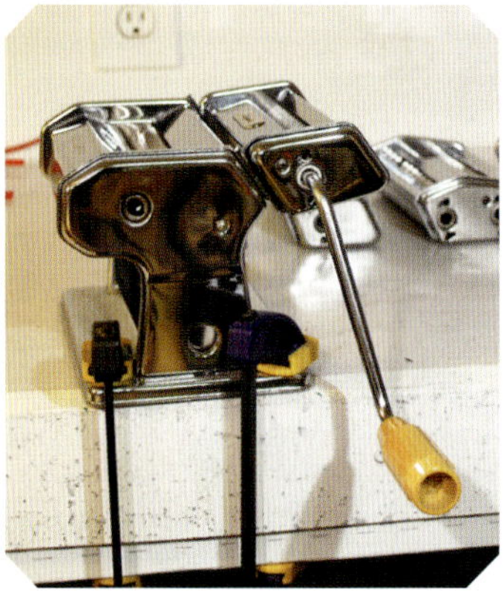

Nudelmaschine

Zum Abmessen der Farbe, die ich für eine bestimmte Papiergröße benötige, verwende ich eine Waage. Durch diese Vorarbeit entstehen einerseits weniger Reste. Andererseits gehe ich bei angerührten Farben sicher, dass diese für das gesamte Blatt reichen, sodass ich nicht in die Verlegenheit gerate, eine Farbe exakt nachmischen zu müssen.

Bei pastoser Acrylfarbe rechne ich 12 bis 14 g Farbe für einen DIN-A1-Bogen, je nachdem, wie alt die Farbwalzen sind. Je länger die Walzen in Gebrauch sind, umso weniger Farbe geben sie ab.

Um die Farbe zu verdünnen, mische ich sie zu gleichen Teilen mit Wasser (auf 12 g Farbe kommen also 12 ml Wasser). Zum Abmessen der Wassermenge verwende ich eine 10-ml-Spritze. Das Wasser sollte portionsweise zugegeben (jeweils 1 bis 2 ml) und untergerührt werden – nicht alles auf einmal hinzugeben. Bei einer relativ großen Farbmenge kommt man auf drei oder vier Portionen und muss entsprechend lange rühren.

Flüssige Acrylfarbe können Sie pur verwenden. Sie brauchen etwa die doppelte Menge (24 bis 28 g).

Farben, die weder pastos noch flüssig sind, müssen nur leicht verdünnt werden. Auf einen Teil Farbe kommt etwa ein halber Teil Wasser. Exaktes Abmessen ist nicht nötig. Nach ein paar Versuchen werden Sie das richtige Mischungsverhältnis im Gefühl haben.

Erst seit ich ein eigenes Atelier habe, benutze ich zum Abmessen der Farbe eine Waage. Vorher nutzte ich am Wochenende oft das Atelier eines Freundes. Zwangsläufig hatte ich nach dem Bemalen eines Bogens immer Farbreste übrig, die ich dann auf dem nächsten Bogen verarbeitete. Derart gestaltete ich dann 20 bis 30 Papierbögen auf einmal. Ich ging damals nicht projektbezogen vor, sondern legte mir einen Papiervorrat an und entschied später, was ich flechten wollte.

Diese Zeiten sind vorbei; heute habe ich schon beim Einfärben des Papiers normalerweise ein bestimmtes Projekt im Sinn. Nur bei großen Malaktionen ist zum Schluss meist noch so viel Farbe übrig, dass ich einzelne Bögen gestalte, ohne dass ich für diese schon ein Projekt im Kopf habe. Wegwerfen möchte ich die Farbe tatsächlich nicht.

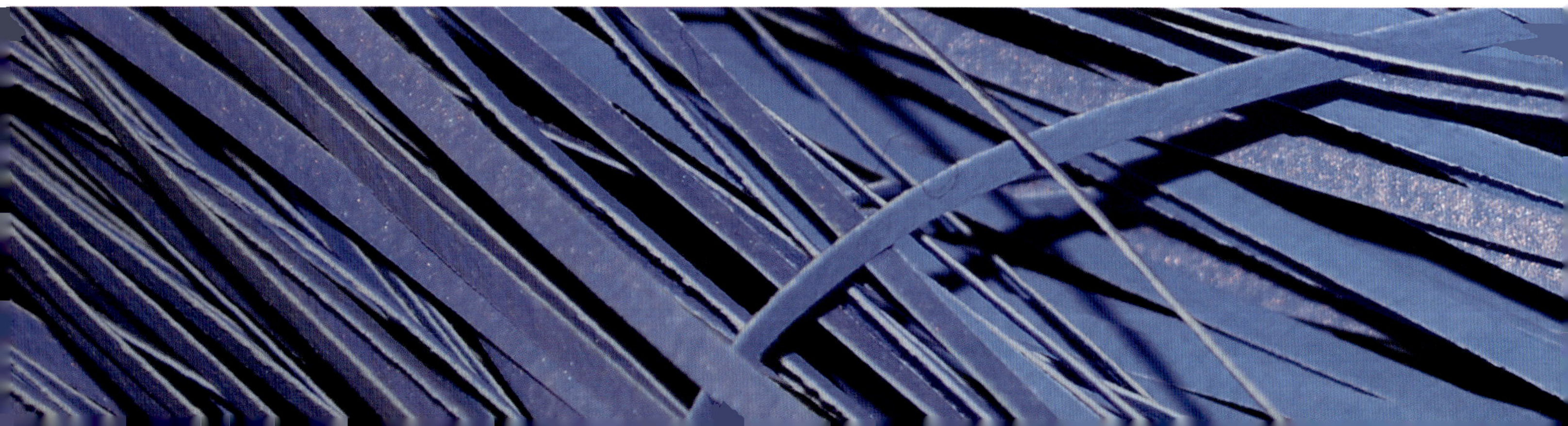

Wenn das Papier eingefärbt und getrocknet ist, bringe ich es auf die passende Breite. Meist schneide ich es der Länge nach, manchmal auch quer. Letztlich kommt es darauf an, dass das Papier in meiner Nudelmaschine weiterverarbeitet werden kann. Die Walze meiner Nudelmaschine misst 15 cm. Damit die Kurbel sich noch gut drehen lässt, sollte das Papier nicht breiter als 11,5 cm sein. Je schmaler die Walze ist, umso schmaler hat das Papier zu sein.

Normalerweise messe ich mit dem Lineal die Papierbreite mit den für meine Maschine erforderlichen 11,5 cm ab und falte den Bogen dann so exakt, wie möglich. Anschließend markiere ich mit einem kleinen Einschnitt, wo die nächste Faltkante liegen muss, ehe ich den Bogen an der ersten durchschneide. Gezielt mit Schnittlinien arbeite ich nur dann, wenn ich aus einem Blatt eine bestimmte Anzahl von Streifen herstellen möchte. Ansonsten falte ich das Papier und schneide es – das geht wesentlich schneller.

Die passend gemachten Blätter drehe ich durch die Nudelmaschine. Ich besitze eine Maschine von Atlas und eine von Imperia. Meist verwende ich erstere, doch die Marke ist im Prinzip egal. Allerdings werden Sie auf lange Sicht Schneidwalzen nachkaufen müssen, denn im Laufe der Zeit nutzen sie sich ab (meist brechen die Antriebsstifte aus Plastik). Achtung: Schneidwalzen verschiedener Hersteller sind zwischen den Maschinen nicht austauschbar.

Es ist toll, sich Aufsätze für verschiedene Pastasorten zuzulegen. Ich habe die meisten Aufsätze, die für die Atlas erhältlich sind, und einige für die Imperia. Jedoch rate ich davon ab, für das Schneiden von Papier Walzen zu verwenden, die für Nudeln mit gewelltem Rand gemacht sind. Mit meinen Walzen kann ich 1, 2, 3, 4, 7 und 11 mm breite Streifen schneiden. 3-mm-Streifen verwende ich am häufigsten.

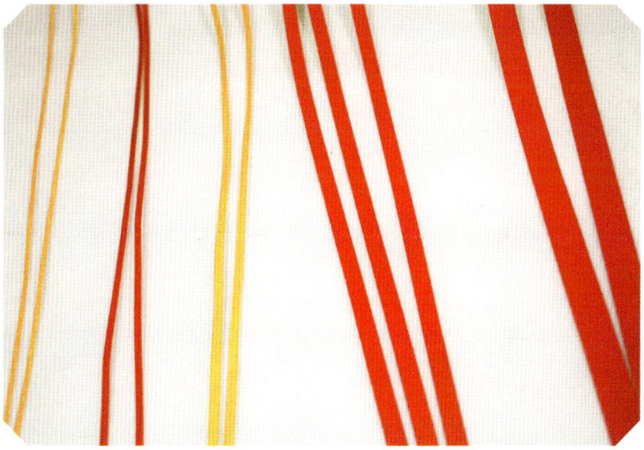

2, 3, 4, 7 und 11 mm breite Papierstreifen, zugeschnitten mit der Nudelmaschine

Beidseitig blau eingefärbte Streifen, eine Seite ist mit Interferenz-Orange übermalt.

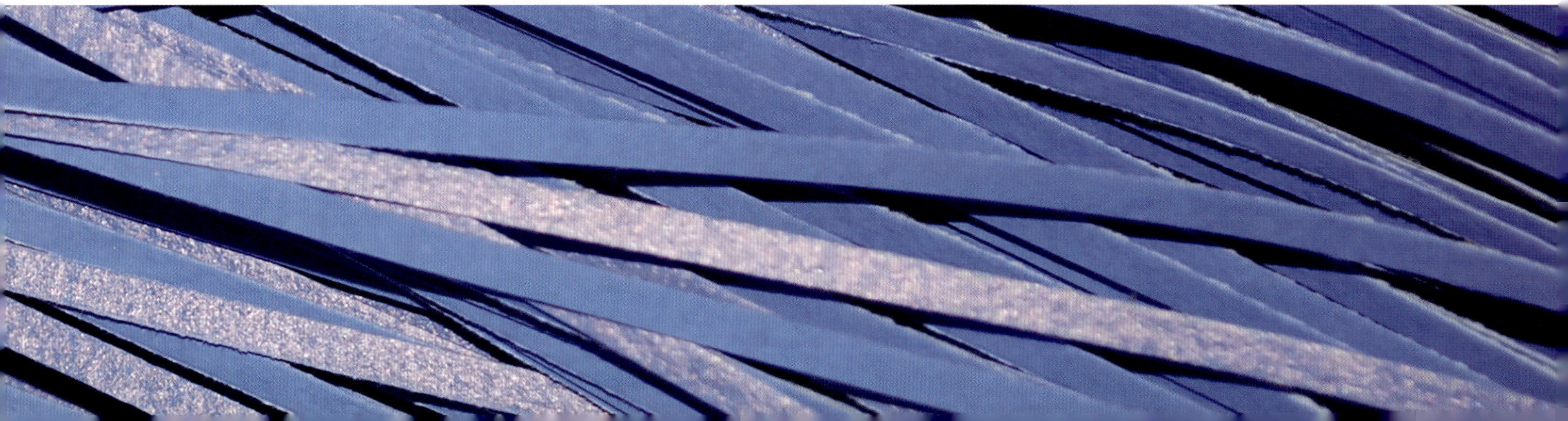

Papierstreifen herstellen

Materialien

Papier: Ein Bogen grobkörniges Aquarellpapier der Größe DIN A1, 300 g/m²

Zwei verschiedene Farbtöne für die Vorder- und Rückseite, hier rot (Amsterdam «Karmin») und gelbgrün (Daniel Smith «Sattes Grüngold»)

Farbwalze, 7 cm breit

Lineal

Schere

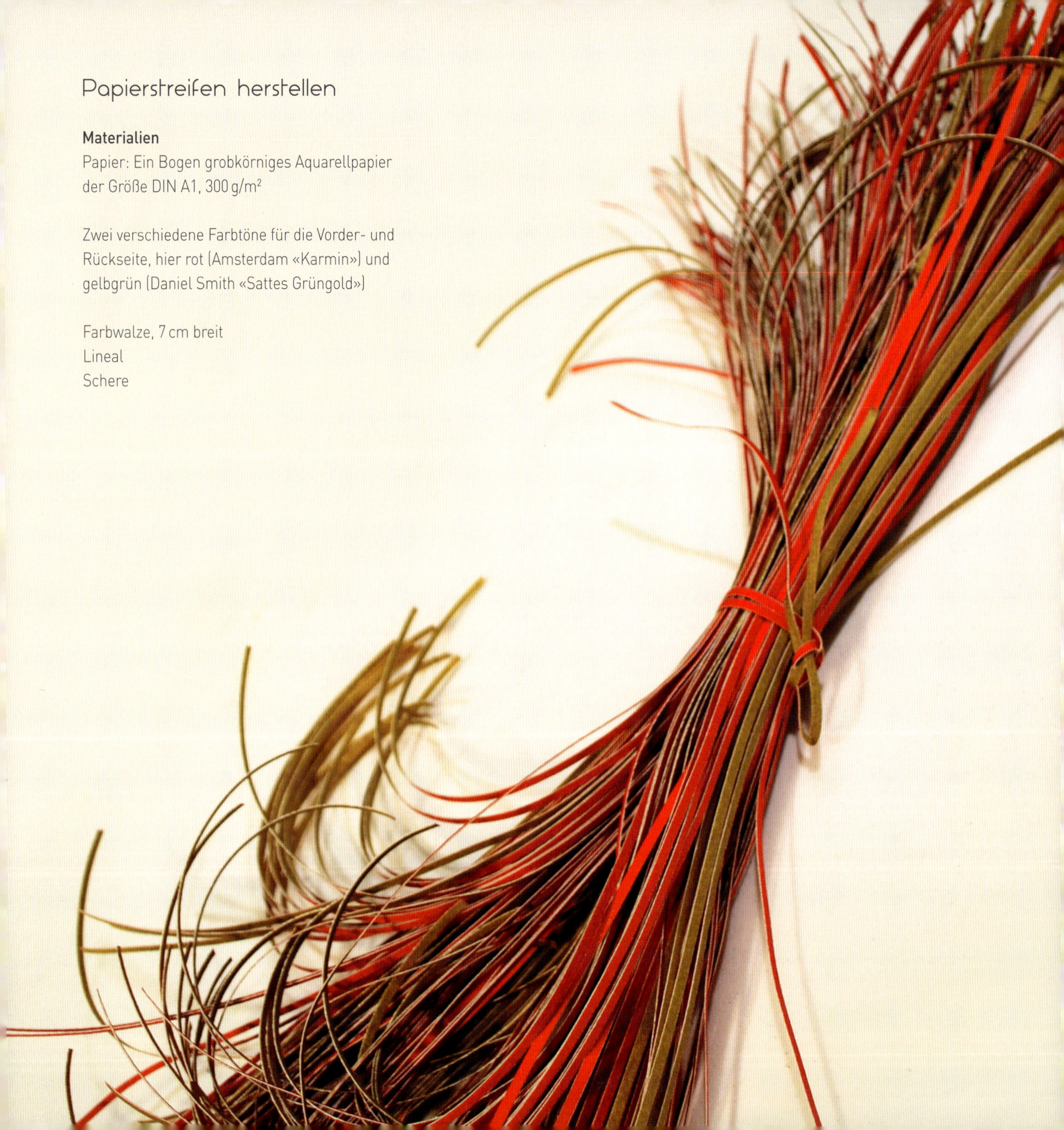

1

3

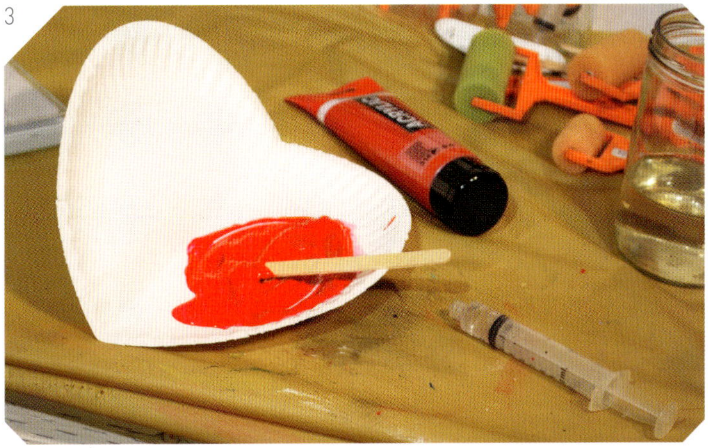

2

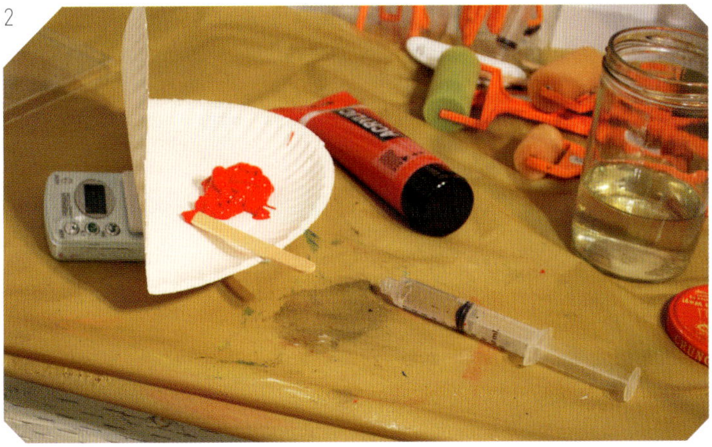

4

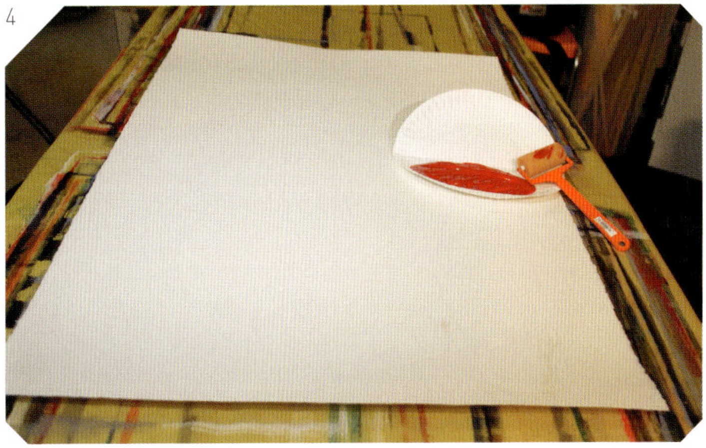

1. Den Papierbogen auf die Arbeitsoberfläche legen.

2. Die benötigte Farbmenge für eine Seite abwiegen. Die Farbe, die ich hier verwendet habe (Amsterdam «Karmin»), ist weder pastos noch flüssig, deshalb habe ich 18 g Farbe mit 6 ml Wasser verdünnt. Zum Vorbereiten der Farbe genügt ein Pappteller.

3. Das Wasser unterrühren.

4. Jetzt kann es losgehen.

5

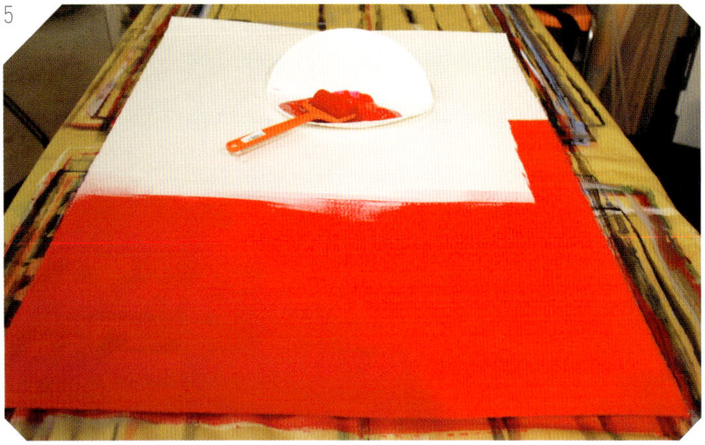

7

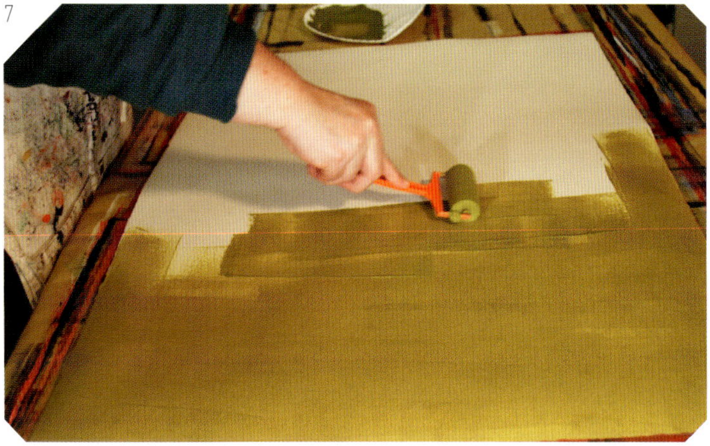

6

8

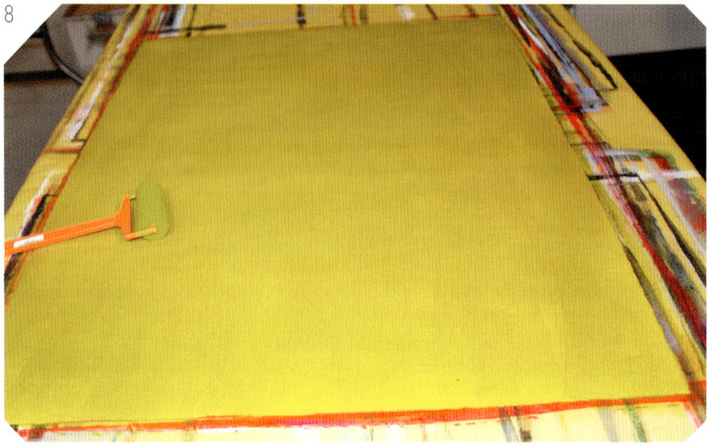

5. Die Farbe mit der Walze auf eine Seite des Papiers auftragen.

6. Die erste Seite ist fertig. Für gewöhnlich überprüfe ich noch, ob die Farbe überall deckend aufgetragen ist, indem ich mir das Papier von allen Seiten aus verschiedenen Blickwinkeln ansehe. Lücken bessere ich dann aus. Ehe die Rückseite des Bogens eingefärbt werden kann, muss die Farbe trocknen. Je nach Raumtemperatur und Luftfeuchtigkeit kann das zwischen ein paar Stunden und einem Tag dauern.

7. Die Rückseite des Bogens mit der zweiten Farbe einfärben (hier Daniel Smith «Sattes Grüngold»).

8. Die Farbe trocknen lassen und den Bogen anschließend passend für die Nudelmaschine zuschneiden. Es ist nicht schlimm, wenn die Farbe nach dem Trocknen fleckig aussieht; sobald der Bogen in Streifen geschnitten ist, fallen solche Unregelmäßigkeiten nicht mehr auf.

9

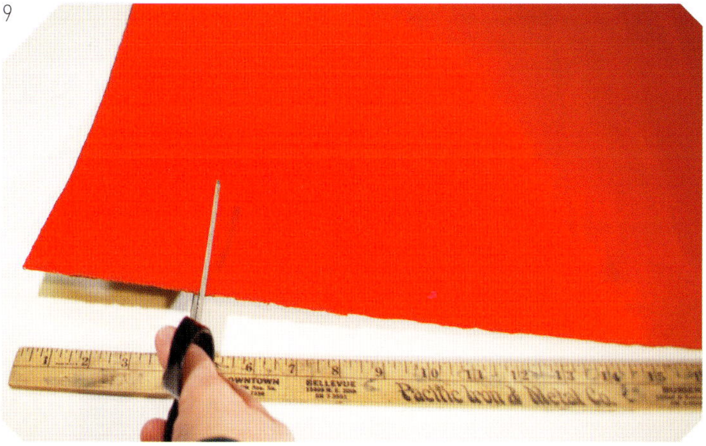

11

10

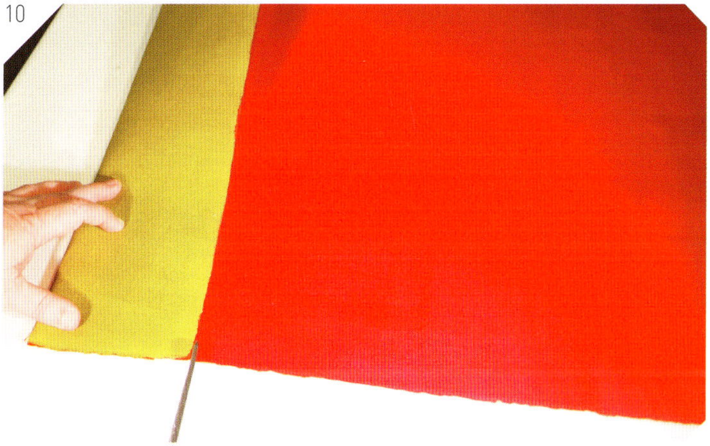

12

9. Mit dem Lineal die benötigte Breite abmessen und mit einem Einschnitt markieren – bei mir sind das dann 11,5 cm.

10. Den Bogen an dem Einschnitt umfalten und die nächste Markierung vornehmen.

11. Die erste Bahn abschneiden.

12. Die nächste Bahn umfalten und die Markierung für eine weitere einschneiden. Dieses Prinzip fortführen.

13

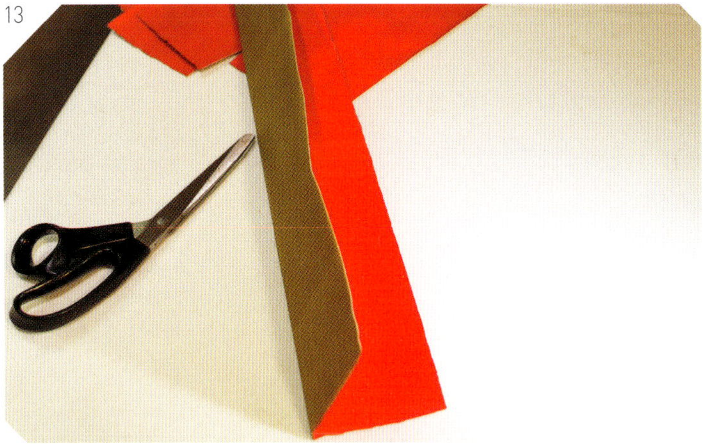

14

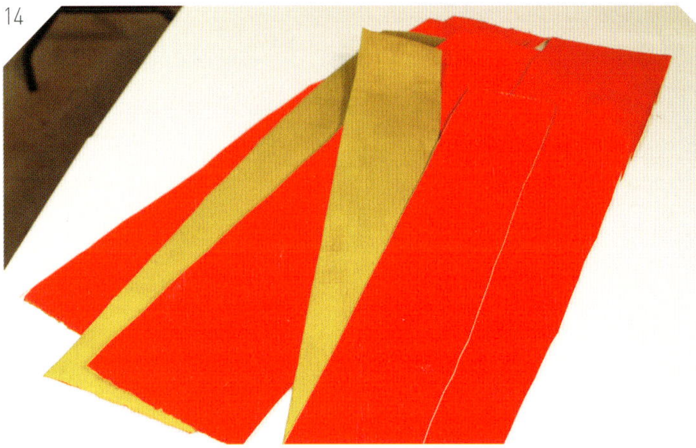

15

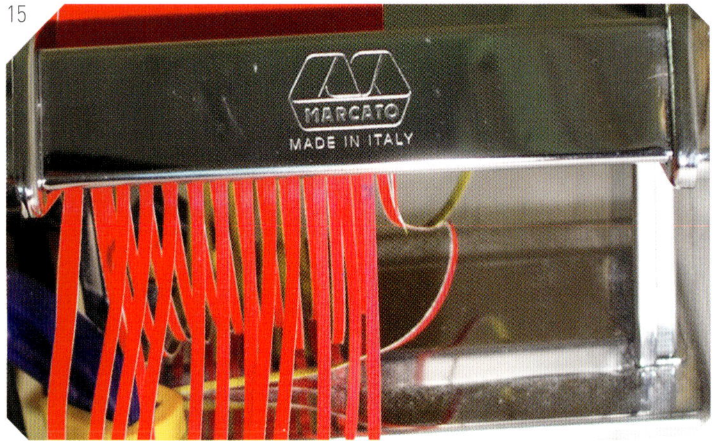

16

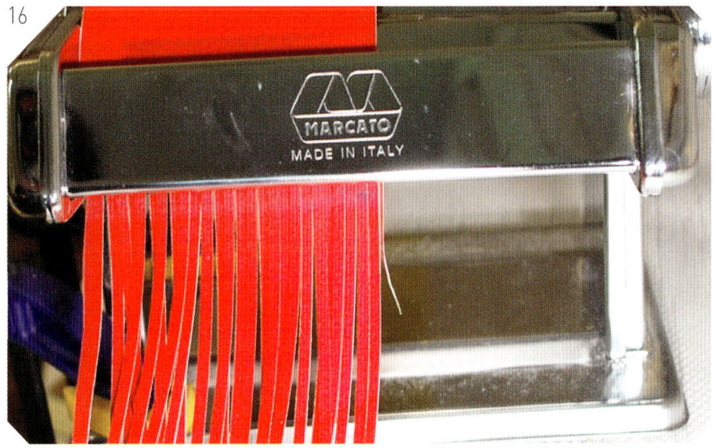

13. Die letzten beiden Bahnen sind bereit, durchgeschnitten zu werden.

14. Fertige Bahnen, die durch die Nudelmaschine gedreht werden können.

15. Eine halb zugeschnittene Bahn. Einige Streifen rollen sich nach hinten und drohen von unten in die Schneidwalze zu geraten.

16. Alle Streifen hängen senkrecht nach unten. So sollte es sein.

17

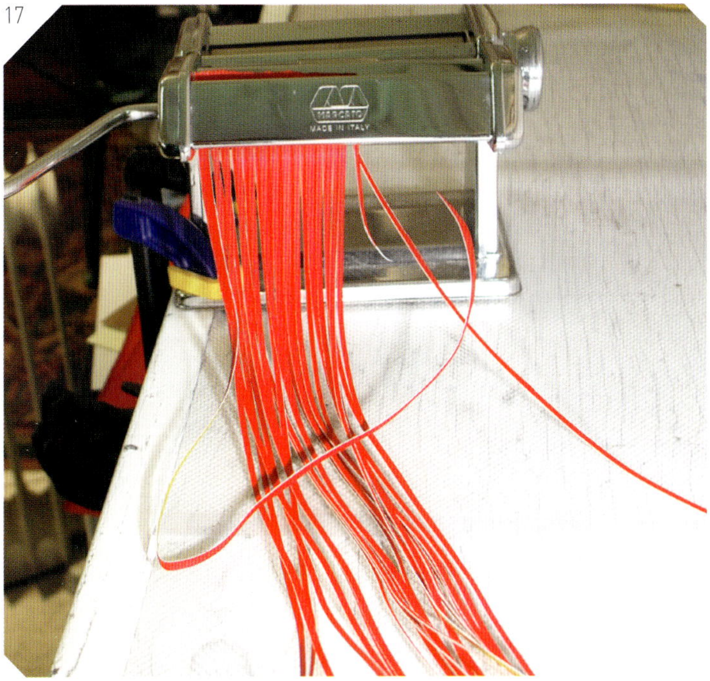

18

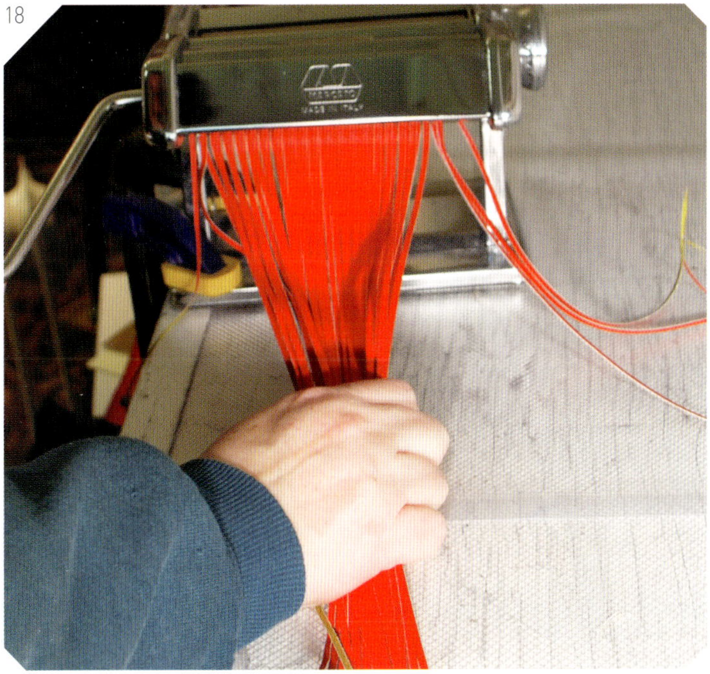

19

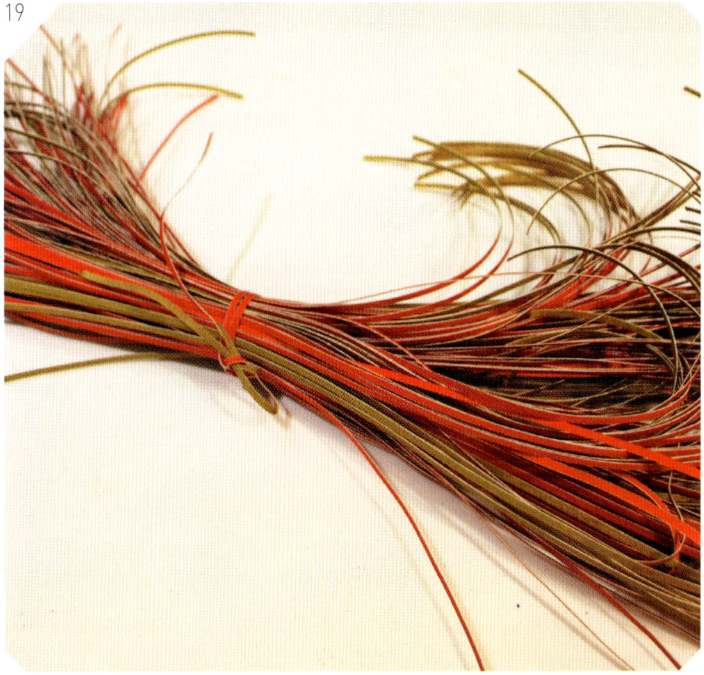

17. Mit dem Kurbeln sollte man innehalten, ehe das Ende der Bahn erreicht ist. Die äußeren Streifen sind Abfallstücke, sie gilt es zur Seite zu legen. Der Streifen direkt neben der Kurbel hat nie die richtige Breite. Und auf der gegenüberliegenden Seite fallen meist ebenfalls mindestens ein oder zwei Streifen mit unregelmäßigen Rändern an, die zum Flechten ungeeignet sind.

18. Die Bahn zu Ende schneiden. Die brauchbaren Streifen mit der Hand umfassen und als Bündel aus der Maschine nehmen, die anderen Streifen einfach fallen lassen.

19. Das Streifenbündel, das aus dem Bogen Papier geschnitten wurde.

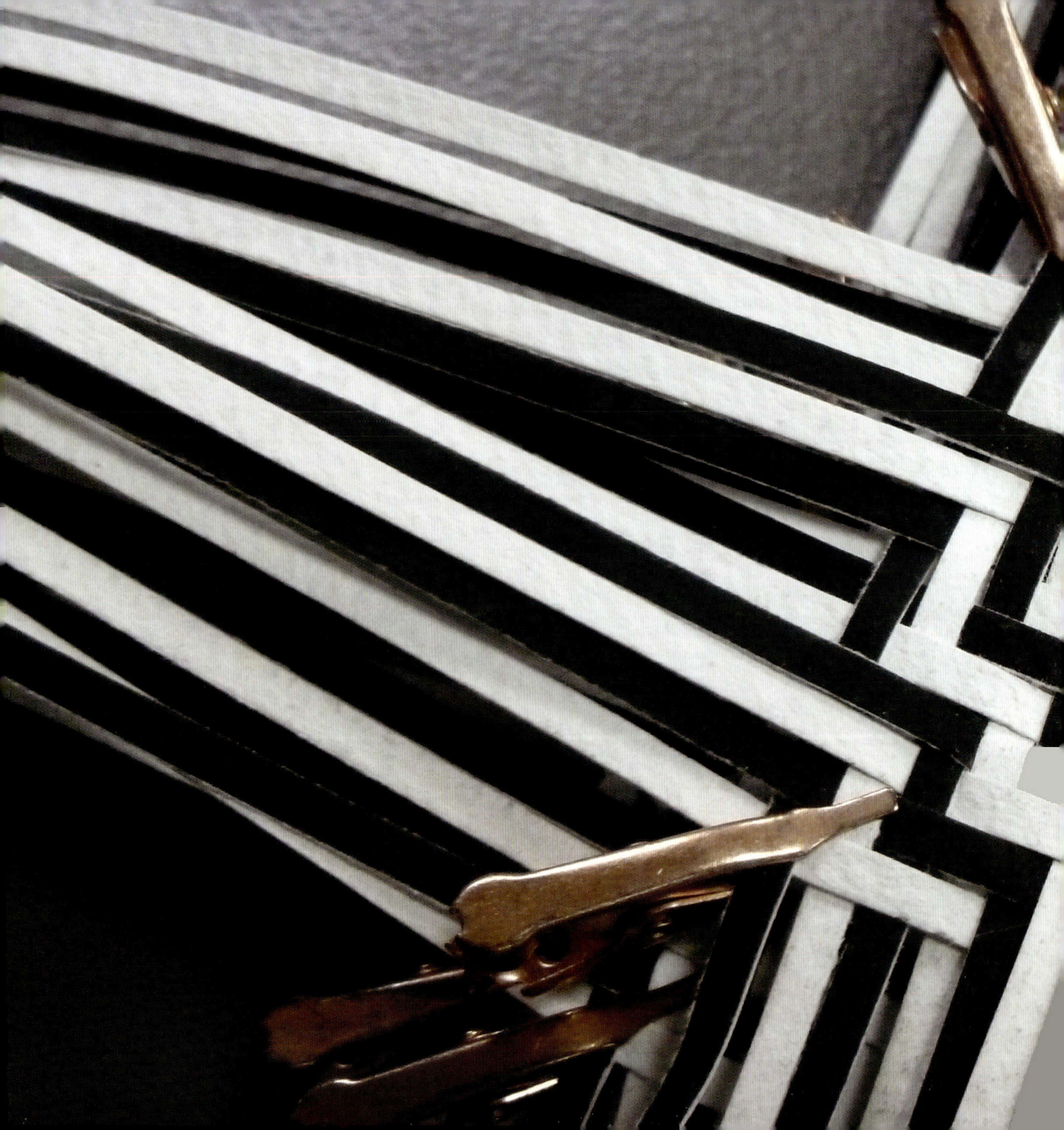

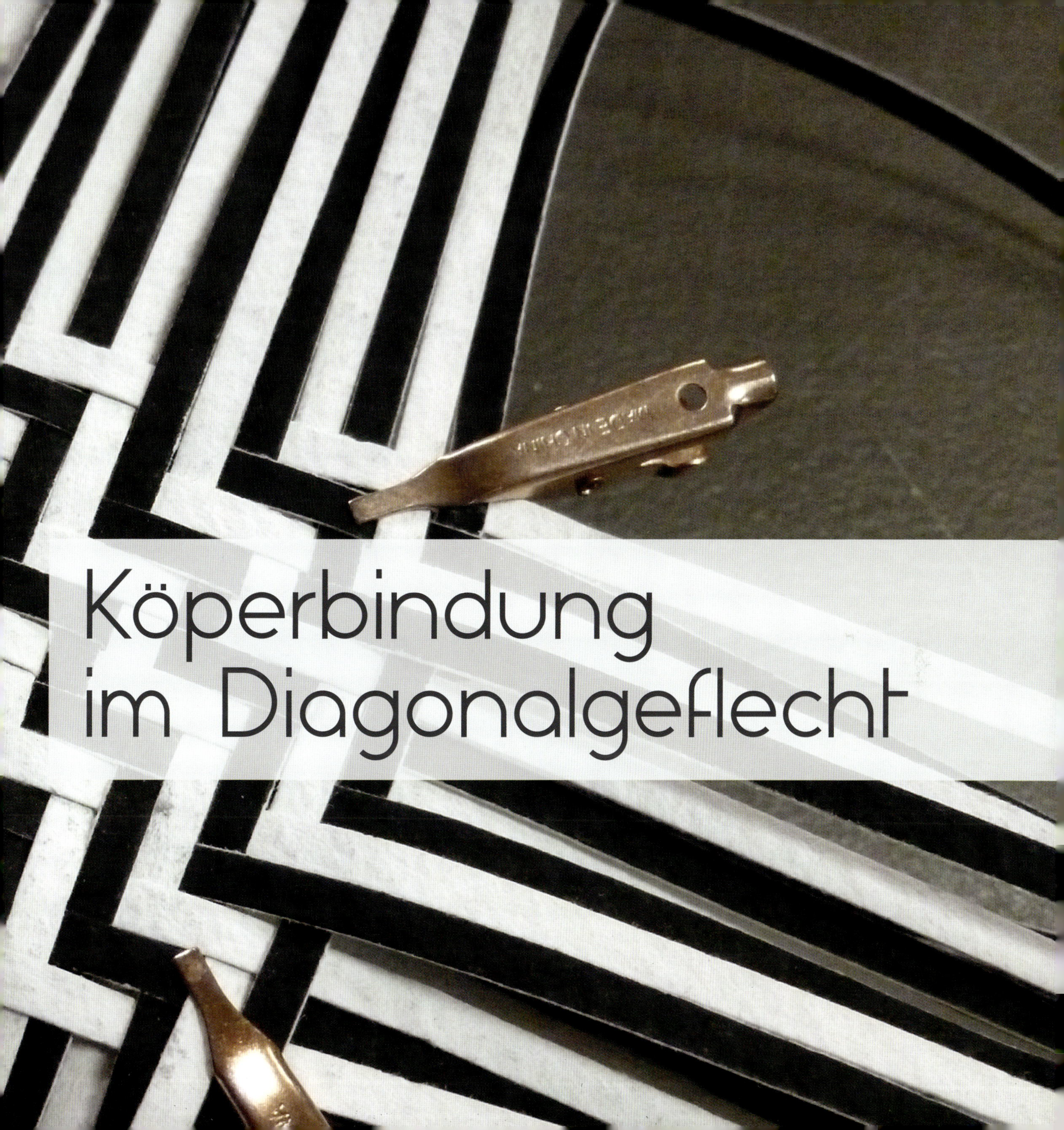

Köperbindung im Diagonalgeflecht

Viele Kulturen auf der ganzen Welt flechten Körbe mit Köperbindung im Diagonalgeflecht – und auch ich bin von dieser Technik begeistert. Ganz besonders schätze ich daran, dass man einfach vor sich hin flechten kann, wenn man erst einmal die Basis und die Ecken konstruiert hat. Man braucht nirgends innezuhalten, um neue Streifen einzuflechten oder anzusetzen. Für größere Objekte verwende ich einfach längere Papierstreifen, sodass ich keine Ansätze kaschieren muss. Nur wenn ein Streifen reißt oder ich die Streifen versehentlich nicht gleichmäßig auf eine Länge gebracht habe, muss ich neue Streifen ansetzen.

Ich arbeite gerne im 3/3-Köper. Ich habe einige Objekte mit 2/2-Bindung hergestellt, doch das Flechten kostet ziemlich viel Zeit. 4/4-Köper geht dagegen relativ schnell – meiner Erfahrung nach sind Körbe aus 4/4-Köper aber nicht so stabil.

Standardmäßig verlaufen die Grate (die Linien) bei dieser Bindung alle in eine Richtung, entweder von links oben nach rechts unten oder von links unten nach rechts oben. Es gibt jedoch einen besonderen Kunstgriff beim Flechten einer Basis im Köpermuster, der dazu dient, einen nahtlosen Übergang zwischen der Basis und den Wänden des Korbes zu ermöglichen. Es handelt sich dabei um ein von der Norm abweichendes Flechtmuster der Basis, ein so genannter «Bruch» oder «gebrochener Köper». Auf Seite 18 finden Sie eine Abbildung davon.

Beim gebrochenen Köper verlaufen die Grate spiegelsymmetrisch zu einer Achse. Das bedeutet, dass das Flechtmuster an der Mittellinie der Basis den 3/3-Rhythmus verlässt. Auf der einen Seite der Linie verlaufen die Grate nach links, auf der anderen nach rechts. Bei einem gebrochenen 3/3-Köper entsteht an der Mittellinie folgendes Raster, wenn drei neue Streifen eingeflochten werden: zunächst über 3, unter 3, über 2, unter 2 und über 1, unter 1. Kommen drei weitere Streifen hinzu, wechselt das Muster zu unter 3, über 3, unter 2, über 2 und unter 1, über 1 in der Mitte. Werden weitere Dreiergruppen zugefügt, wird dieses System im Wechsel entsprechend fortgeführt. Ab diesem speziellen Muster in der Mitte am Bruch wird aber im regulären 3/3-Köper weitergearbeitet.

Ich füge jeweils rundum auf jeder Seite Sets aus drei Streifen hinzu. Wenn ich die Wände arbeite, flechte ich auf einer Seite durchaus sechs Streifen auf einmal ein, aber ich verwende immer eine durch drei teilbare Anzahl (bei einem 2/2-Köper eine durch zwei teilbare).

Die Anzahl der Papierstreifen, die Sie für einen einfachen quadratischen Boden brauchen, ist durch zwölf teilbar. Ob Sie mit einer 6×6-Basis starten (pro Seite werden rundum je 3 Streifen hinzugefügt) oder mit einer 30×30-Basis (je 15 Streifen pro Seite) – die Summe der Streifen ist immer durch zwölf teilbar. Dass dies der Fall ist, ergibt sich automatisch, da die Basis stets um vier Sets à drei Streifen ergänzt wird (also insgesamt zwölf Streifen).

Konzentrieren Sie sich auf das Muster, um Fehler beim Flechten zu vermeiden: Wenn Sie auf einer Seite mit über 1 beginnen, sollte Sie auf der anderen Seite mit über oder unter 1 enden. Egal, mit welcher Zahl über oder unter Sie auf einer Seite starten – das Flechtmuster ist nur dann korrekt, wenn es auf der anderen Seite mit der gleichen Zahl über oder unter endet.

Beim Einflechten des Bruchs müssen Sie sich stets an der Mittellinie orientieren, damit die Ecken nicht nach oben oder unten «wandern», sondern zum Zentrum hin ausgerichtet bleiben. Nur so erhalten Sie eine korrekt ausgearbeitete Basis, von der aus Sie die Ecken gestalten können.

Vorausgehende Seite: «Zig Zag 5 starts»
Rechts: «Out Burst», Foto: Ken Rowe

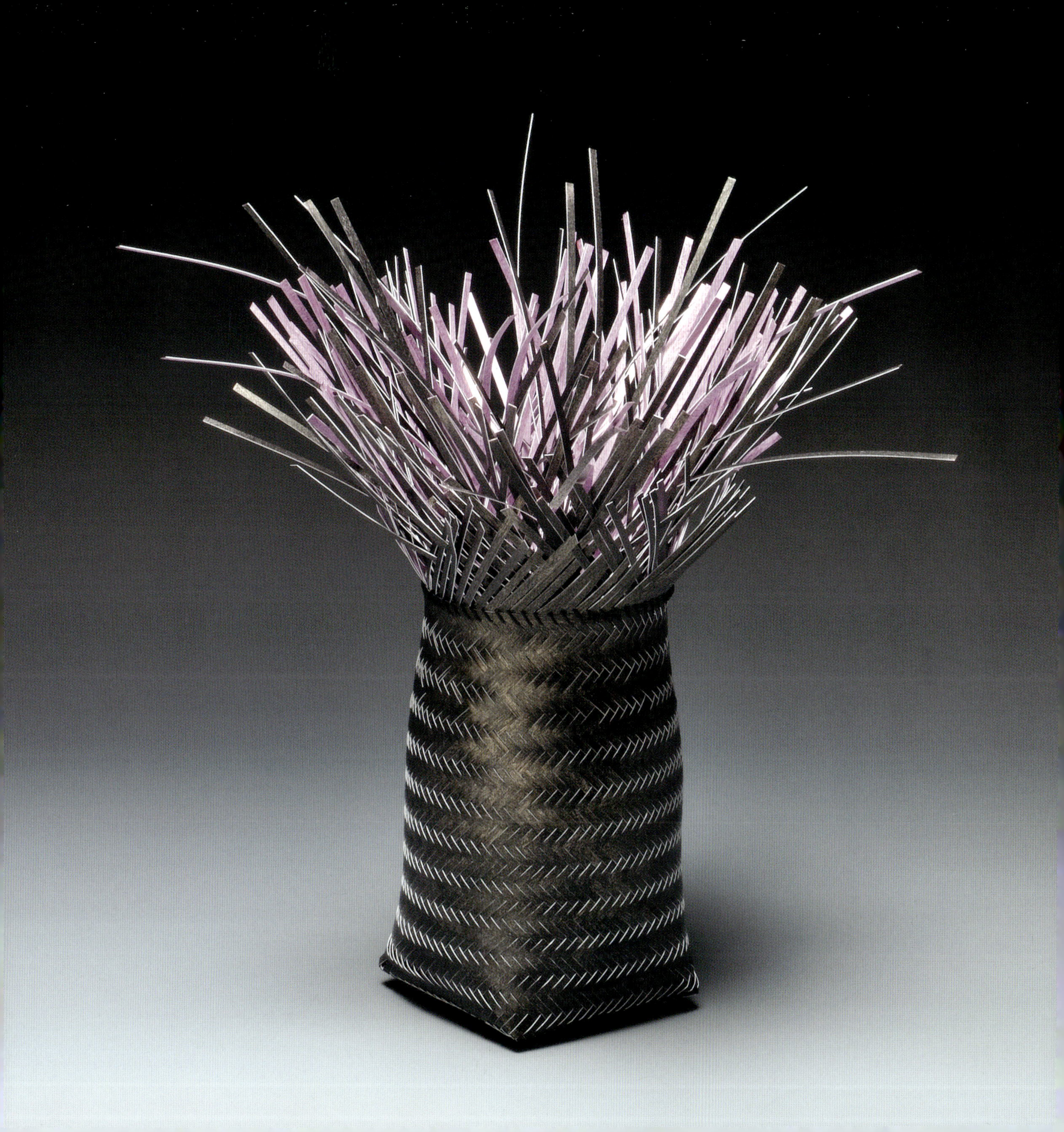

Projekt 1: Korb mit vier Ecken auf quadratischem Boden

Ein Korb wie dieser war mein erstes Projekt mit Köperbindung im Diagonalgeflecht. An ihm lässt sich gut zeigen, wie der Bruch im Boden konstruiert wird. Die Ecken sind so gearbeitet, dass das Geflecht ohne Unterbrechung an den Wänden fortgesetzt werden kann.

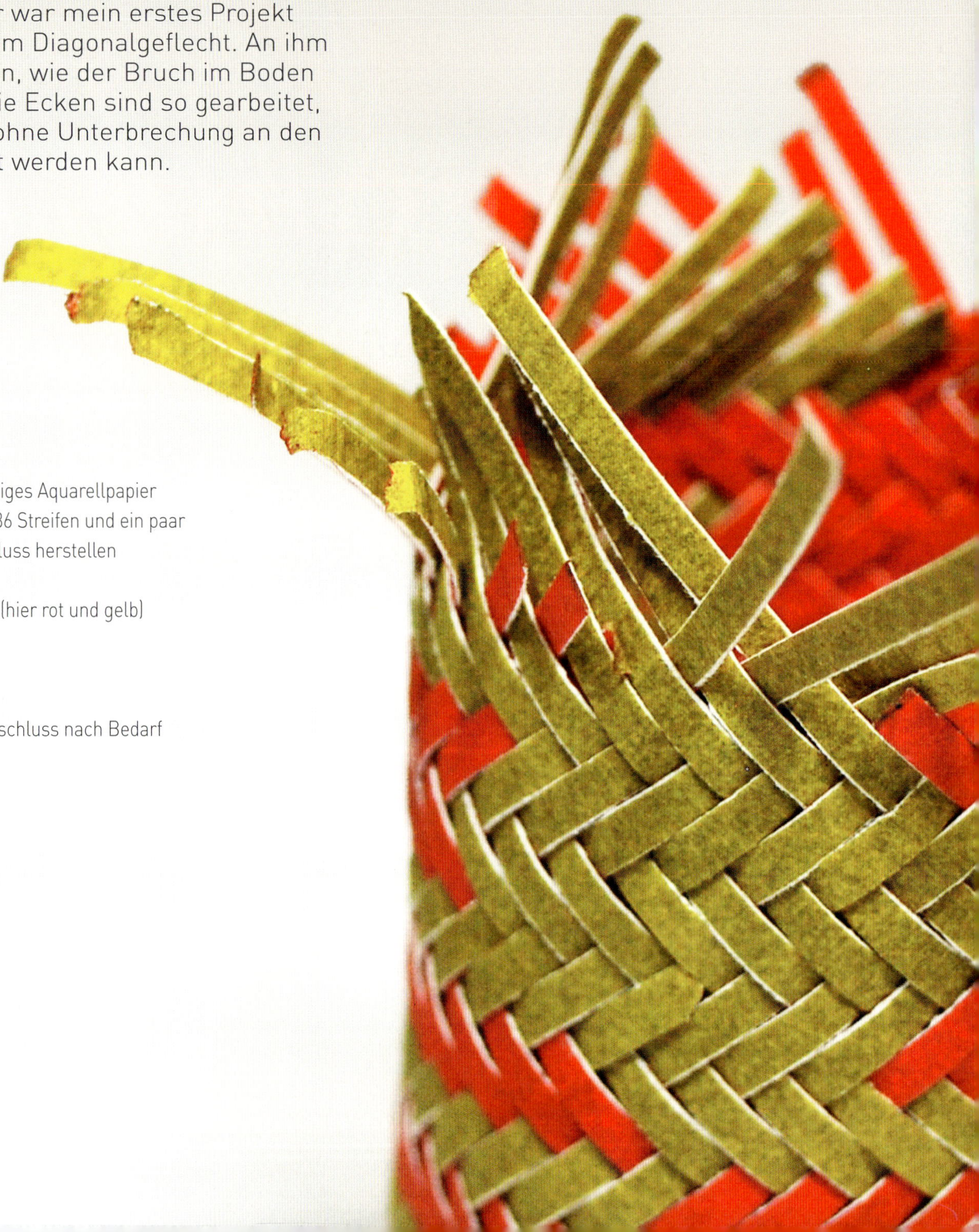

Materialien

Papier: Ein Bogen grobkörniges Aquarellpapier (DIN A1, 300 g/m^2), daraus 36 Streifen und ein paar Streifen für den Randabschluss herstellen

Zwei Farben, eine pro Seite (hier rot und gelb)

Klammern
Flachahle
Materialien für den Randabschluss nach Bedarf
Lineal
Seitenschneider

1. Wie abgebildet sechs Papierstreifen in Längsrichtung nebeneinanderlegen. Sechs weitere Streifen zum Einflechten bereithalten.

2. Den ersten Streifen von rechts nach links einflechten: über 3, dann unter 3.

3. Den nächsten Streifen darüber einflechten: unter 1, über 2, unter 2, über 1.

4. Den dritten Streifen einflechten: unter 2, über 1, unter 1, über 2.

1

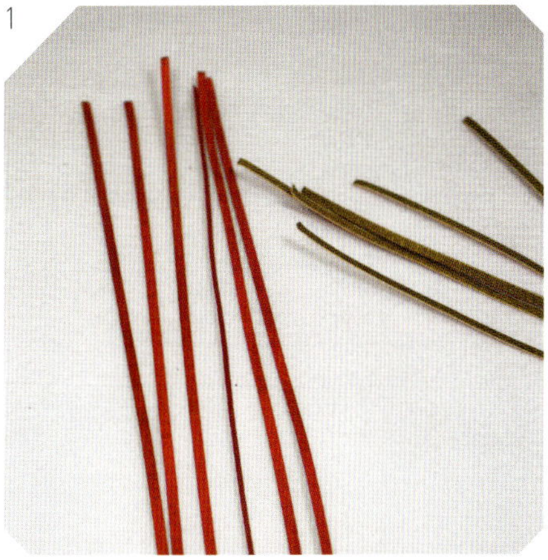

2

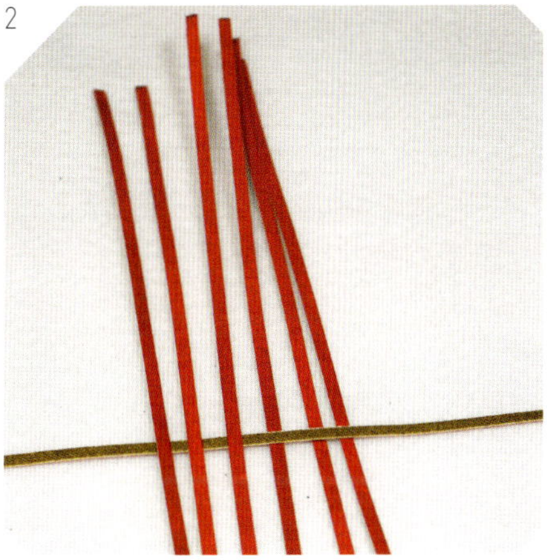

3

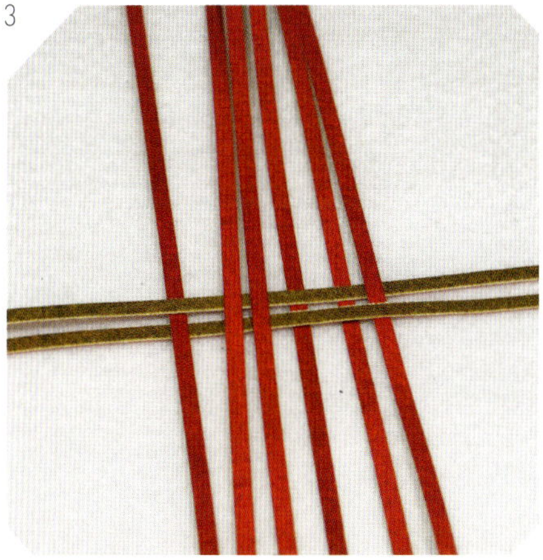

4

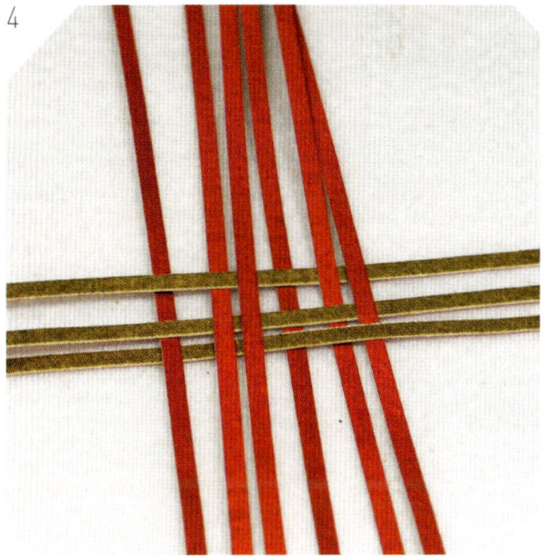

Hinweis

Die Nummerierung der Schritt-für-Schritt-Anleitungen entspricht der Nummerierung der Bilder. Aus Platzgründen sind jedoch nicht alle Arbeitsschritte illustriert, sodass Lücken bei der Bildnummerierung möglich sind.

5

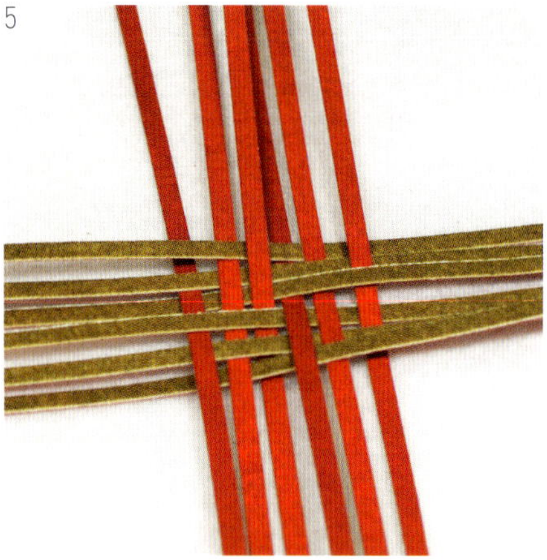

6b

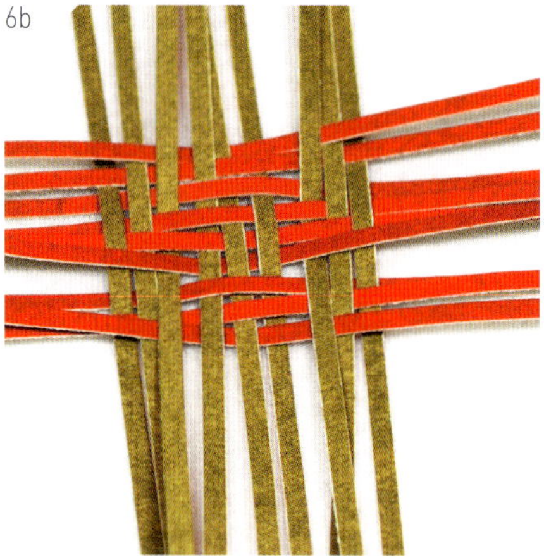

6a

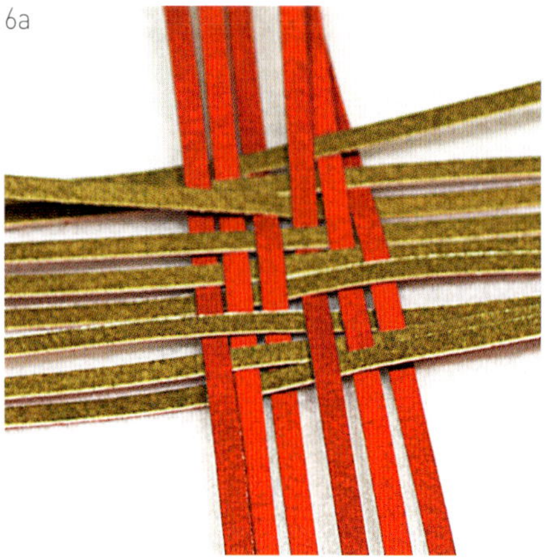

7

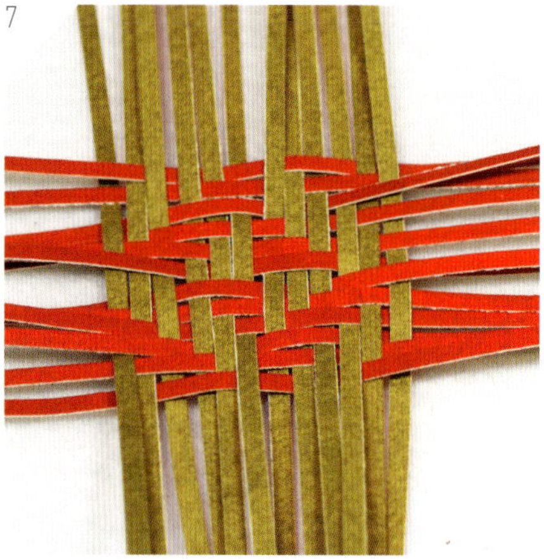

5. Die Arbeit um 180 Grad drehen und oben drei weitere Streifen nach demselben Schema einflechten. Sie haben nun ein Quadrat aus 6 × 6 Papierstreifen.

6. Direkt im Anschluss hier noch drei weitere Streifen einflechten: unter 3, über 3; über 1, unter 2, über 2, unter 1; über 2, unter 1, über 1, unter 2 (6a). Ihre Basis wird mit dem Hinzufügen von Streifen größer. Nun ist wichtig, dass Sie die Arbeit immer am Bruch ausrichten. Er ist das Zentrum, auch wenn der Bereich gar nicht wie das Zentrum aussieht. Das Flechtwerk um 90 Grad drehen und an der nun oben liegenden Seite drei Streifen in der anderen Farbe ergänzen. Hier sieht man: An zwei Seiten müssen noch Streifen hinzugefügt werden, damit der Bruch zentral liegt (6b).

7. Das Flechtwerk um 90 Grad drehen und drei weitere Streifen einarbeiten. Sie erhalten ein Quadrat aus 12 × 12 Streifen. Wenn Sie korrekt gearbeitet haben, folgt das Geflecht im Zentrum in alle Richtungen dem Rhythmus 3/3, 2/2, 1/1. Von dort aus setzt sich das Muster im 3/3-Köper nach außen fort – Sie gehen immer über 3 und dann unter 3 hindurch. Die Grate «wandern» so vom Zentrum aus in entgegengesetzte Richtungen.

8. Flechten Sie weitere Streifen in Dreiergruppen von den verschiedenen Seiten aus ein, bis die Basis aus 18 × 18 Streifen besteht (neun Streifen pro Seite ab der Mitte). Überprüfen Sie, ob sich Fehler eingeschlichen haben. Fehler lassen sich oft besser entdecken, wenn man das Werkstück umdreht oder ins Licht hält. Ist das Geflecht sehr locker, können Sie es etwas verdichten – aber nicht zu stark, das erschwert das Angleichen der Papierstreifen.

9. Ziehen Sie alle Papierstreifen so zurecht, dass die Enden auf einer Höhe liegen. Sie können zum Angleichen ein Lineal verwenden. Oder Sie falten einen Streifen an den Enden um und richten ihn dann so aus, dass die herausschauenden Enden beide gleich lang sind. Alle anderen Streifen werden an diesem Streifen ausgerichtet. Das Ergebnis muss nicht perfekt sein. Die Breite des Korbbodens (= Basis) entspricht der Diagonalen des geflochtenen Quadrats. Beachten Sie aber, dass sich die Breite des fertigen Korbs davon unterscheiden wird. Beträgt die Breite der Basis z. B. 10 cm, ist der fertige Korb nur knapp 8 cm breit.

10. Das Geflecht verdichten. Die Streifen von der Mitte aus Seite für Seite vorsichtig zusammenschieben, bis Sie wieder am Anfang angekommen sind. Überprüfen Sie dann, ob die Kantenlänge auf allen Seiten gleich ist. Das Zentrum lässt sich wegen des 1/1-Köpers nicht so gut verdichten wie die außen liegenden Bereiche der Basis. Falls erforderlich, müssen Sie nacharbeiten, bis das Geflecht zumindest annähernd quadratisch ist. Es muss nicht perfekt sein.

10

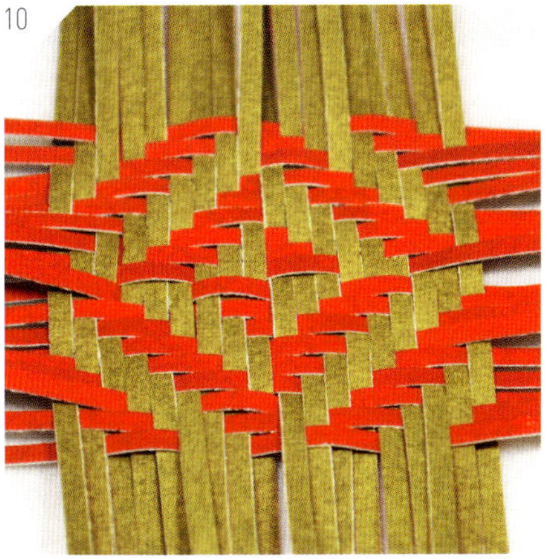

11a

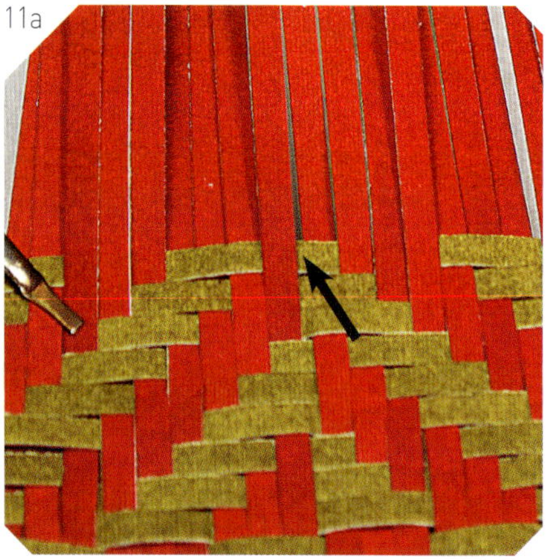

13

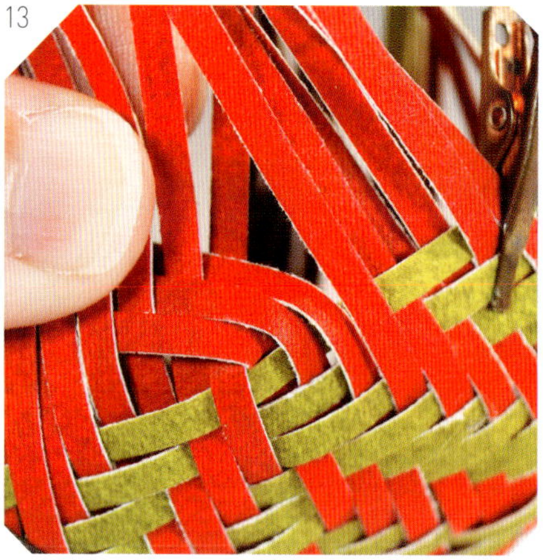

11b

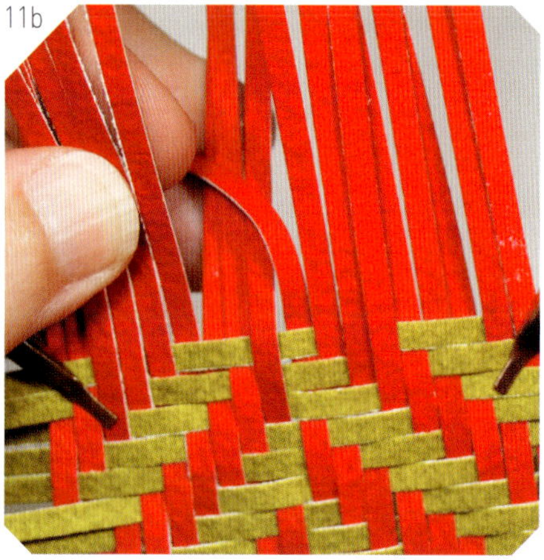

11. Nun sind die Wände an der Reihe. Bevor ich damit beginne, fixiere ich die Ecken der Basis aber erst mit kleinen Kupferklammern. So bleibt beim anschließenden Flechten alles an seinem Platz. Die Ecken werden jeweils von der Mitte einer Seitenkante aus gearbeitet. Auf der Seite hälftig liegen direkt nebeneinander ein Streifen, der unter 3 hindurchläuft, und ein Streifen, der über 3 liegt (11a). Den Boden festhalten, und den Streifen, der unter 3 liegt, über den anderen Streifen sowie die beiden nächsten Streifen legen. Dann diesen Streifen nach hinten führen – beim späteren Korb wird das das Innere sein (11b).

12. Den Streifen rechts davon über 3 legen und nach innen führen – er überquert dabei einen Streifen der Basis und zwei Streifen der entstehenden Korbwand.

13. Den dritten Streifen über 3 legen und nach innen führen. Er überquert zwei Streifen der Basis und einen Streifen, der zur Korbwand gehört.

14

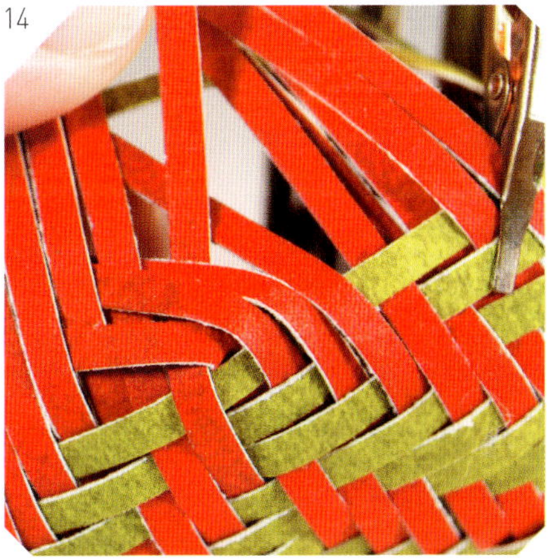

16

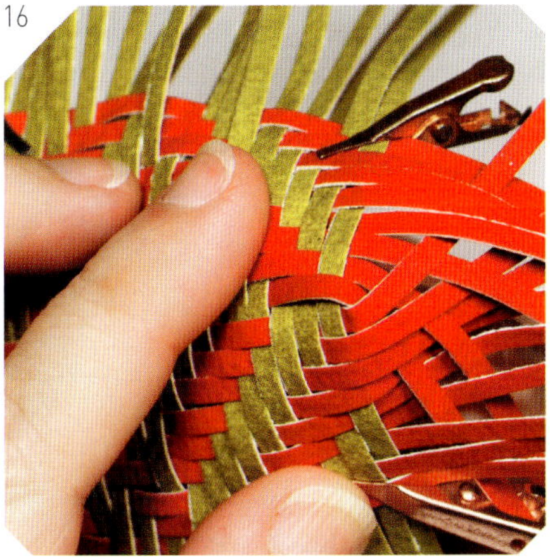

15

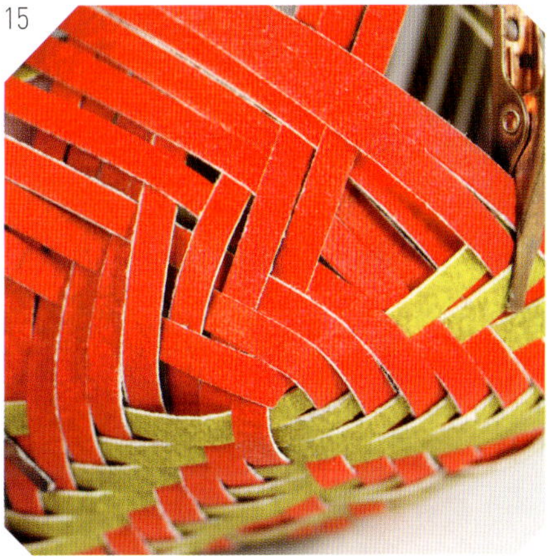

14. Den vierten Streifen (der bereits drei Streifen der Basis überquert) nach innen führen.

15. Die Streifen, die gerade überquert wurden und in die andere Richtung zeigen, jeweils über 3 und dann nach innen führen, bis nicht mehr über 3 geflochten werden kann.

16. An diesem Punkt halte ich meist inne, um die Ecke etwas auszuformen, indem ich von innen den Daumen hineinlege und die Streifen dann vorsichtig zusammendrücke. Versuchen Sie nicht, alle Streifen auf einmal in die gewünschte Position zu bringen. Schieben Sie das Geflecht in beide Richtungen vorsichtig etwas enger zusammen. Und achten Sie darauf, den Boden genau entlang der Linie zu falten, die zwischen den Ecken verläuft. Wahrscheinlich werden Sie das Geflecht nicht vollständig verdichten können. Zudem wird es sich lockern, wenn Sie weiter an der Ecke arbeiten. Doch das ist zu diesem Zeitpunkt egal.

17. Die außen liegenden Streifen in die andere Richtung einflechten, wieder immer über 3 und dann nach innen. Das Ganze in die andere Richtung noch einmal wiederholen, bis Sie insgesamt vier Reihen geflochten haben. Achten Sie darauf, die Streifen immer in der korrekten Reihenfolge einzuflechten. Die Streifen schieben sich leicht übereinander, und manchmal fällt einer nach hinten. Widerstehen Sie der Versuchung, nun einfach mit dem Flechten fortzufahren.

18. Die drei verbleibenden Ecken auf die gleiche Weise arbeiten. Zum Schluss sollte das Geflecht rundum auf einer Höhe abschließen. Und alle außen liegenden Streifen sollten in die eine und alle innen liegenden Streifen in die Gegenrichtung zeigen.

19. Der Boden sollte wie abgebildet aussehen. Nun muss das Geflecht so gut wie möglich verdichtet werden, vor allem an den Ecken. Gerade dort hilft es manchmal, ein wenig an den Streifen zu ziehen – aber nicht so stark, dass die Ecken sich verformen. Sie müssen sich jeden einzelnen Streifen vornehmen und sich von unten nach oben in beide Richtungen rund um den Korb voranarbeiten – möglicherweise mehr als einmal, je nachdem, wie fest oder locker Sie geflochten haben. Sehr wahrscheinlich wird das Ergebnis nicht perfekt ausfallen. Beim Hochziehen der Wände können Sie das Geflecht weiter verdichten. Je weiter Sie vorankommen, umso besser wird das Geflecht halten.

17

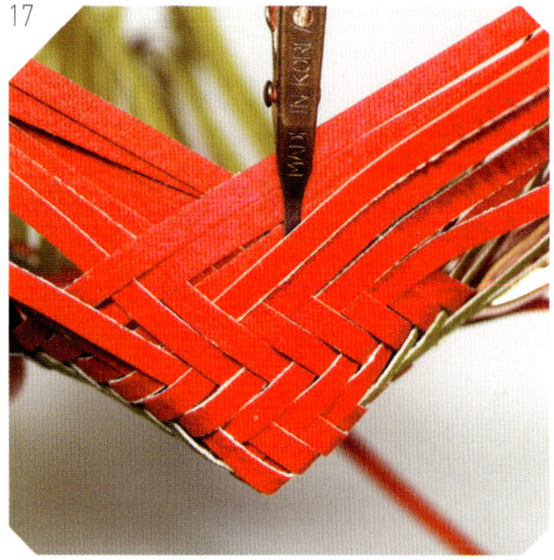

18

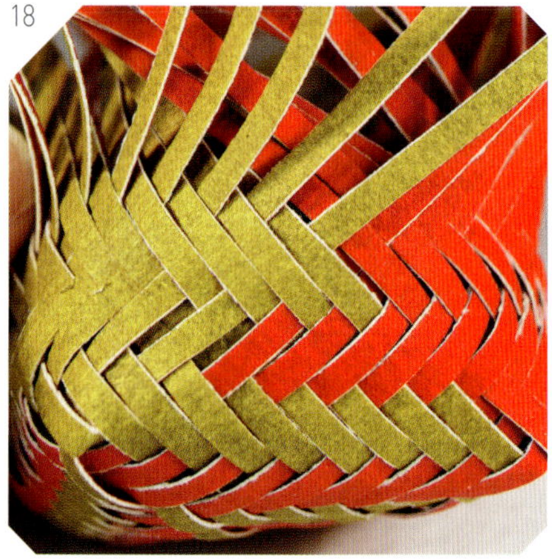

19

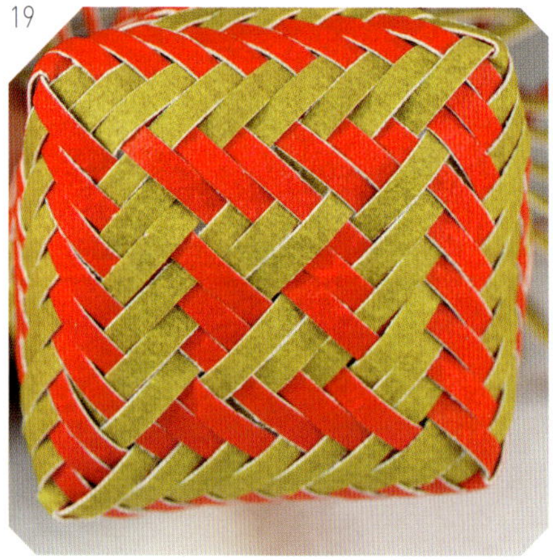

20
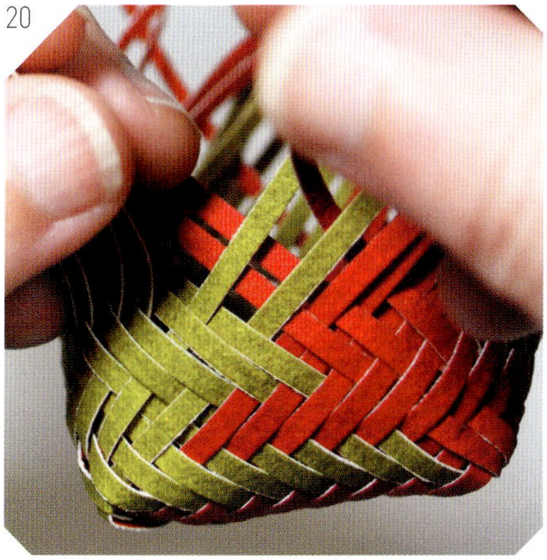

21
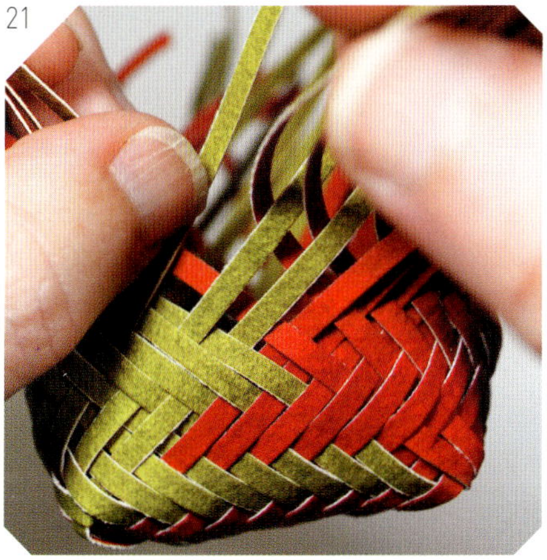

22
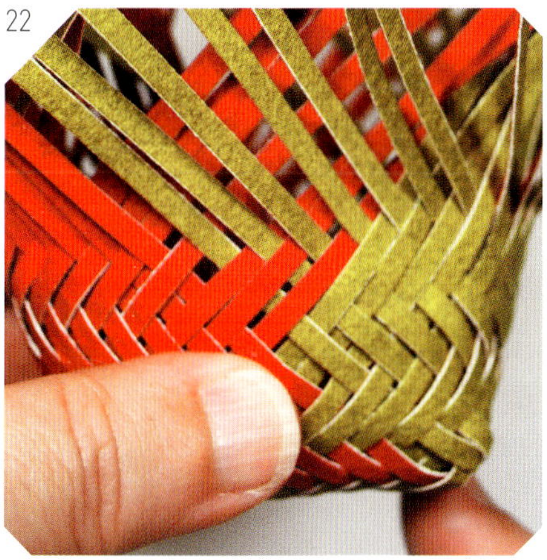

20. Nach dem Verdichten können Sie die Wände flechten. Denken Sie daran: Es muss nicht perfekt werden. Greifen Sie einige außen liegende Streifen – wenn diese nach links zeigen, nehmen Sie die rechte Hand; wenn die Streifen nach rechts zeigen, nutzen Sie die linke Hand. Sie arbeiten immer in die den Streifen entgegengesetzte Richtung. Zeigen die Streifen nach links, flechten Sie nach rechts und umgekehrt. Einen innen liegenden Streifen (unter 3) mit der rechten Hand fassen, den nächsten in Gegenrichtung zeigenden Streifen mit der linken Hand über 3 führen und unter den ersten Streifen fallen lassen.

21. Mit der rechten Hand den Streifen fassen, der sich links neben dem Streifen befindet, der eben als erster genutzt wurde. Mit der linken Hand den nächsten in die entgegengesetzte Richtung zeigenden Streifen über 3 führen und unter den mit rechts gefassten Streifen schieben. Auf diese Weise rundum weiterflechten, bis Sie wieder am Anfang angekommen sind. Ihre Hände wandern mit, während Sie immer wieder Streifen aufgreifen und loslassen.

22. Nach der ersten Runde sollten alle Streifen, die zuvor außen lagen, innen liegen und umgekehrt. Wenn das Muster nicht aufgeht – der letzte Streifen z. B. nur über 2 statt über 3 führt –, haben Sie irgendwo einen Fehler gemacht und einen Streifen versehentlich über 4 statt über 3 geflochten. Versuchen Sie, den Fehler zu finden. Manchmal legen sich Streifen übereinander, fallen nach innen oder werden einfach vergessen. Ich mache Fehler meistens am Beginn einer Reihe, wenn ich meine Hände neu sortieren muss. Konzentriert man sich beim Flechten, merkt man recht schnell, dass etwas nicht stimmt. Man spart es sich, die komplette Reihe wieder aufzudröseln, um den Fehler zu korrigieren.

23. Die zweite Reihe wird genauso geflochten wie die erste, nur spiegelverkehrt: Sie fassen die Fäden mit der jeweils anderen Hand und arbeiten in die entgegengesetzte Richtung (23a). Normalerweise halte ich an diesem Punkt erneut inne, um das Geflecht zu verdichten (23b).

24. Den Ecken widme ich dabei besondere Aufmerksamkeit – und wenn ich zwei Reihen geflochten habe, verdichte ich die Wände zuerst in die eine und dann in die andere Richtung.

25. Fahren Sie mit dem Flechten fort, bis Sie das Ende des kürzesten Papierstreifens erreicht haben – die Streifen sind nicht alle gleich lang. Diejenigen, die das Zentrum der Basis bilden, haben die längste Strecke zurückgelegt und sind deshalb am kürzesten. Die Streifen, die am äußeren Rand der Basis eingeflochten wurden, sind länger, weil sie eine kürzere Strecke zu flechten hatten.

26. **Fertigstellung.** Es gibt viele Möglichkeiten zur Gestaltung des Korbrands. Siehe hierzu Seite 70–119. Wenn Sie sich für eine Variante entschieden haben, folgen Sie der entsprechenden Anleitung.

23a

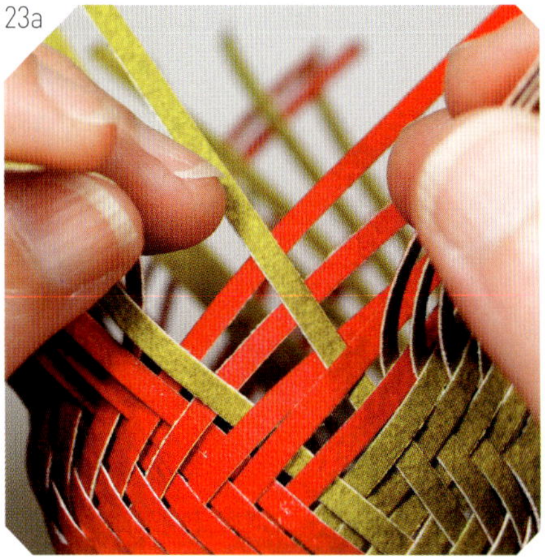

24

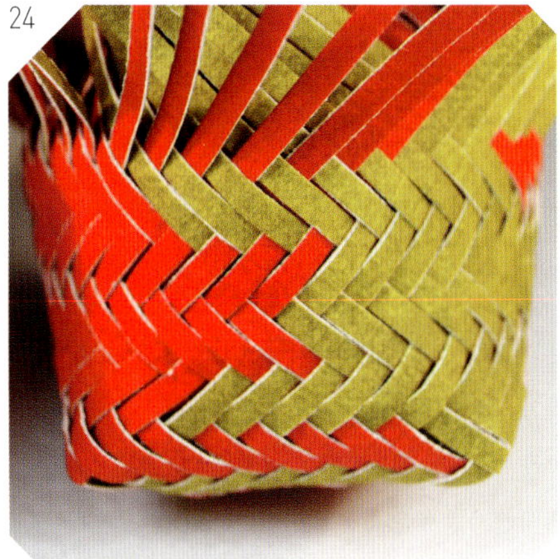

23b

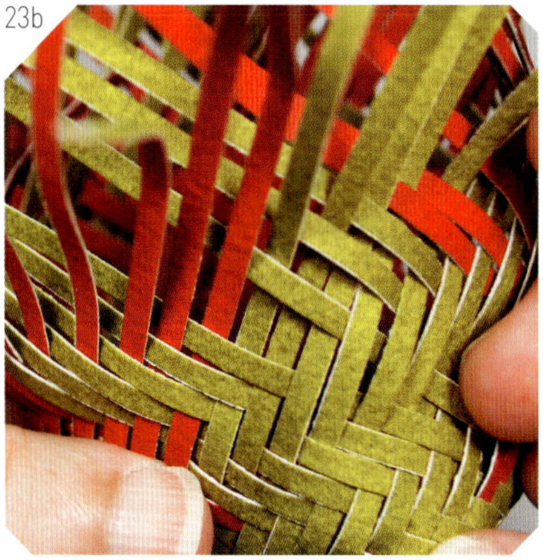

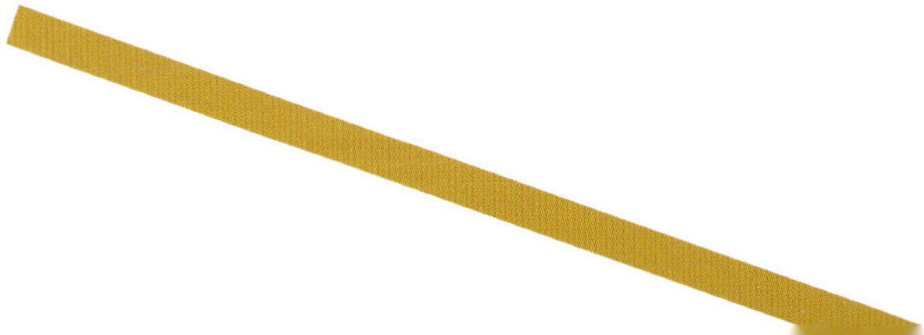

25

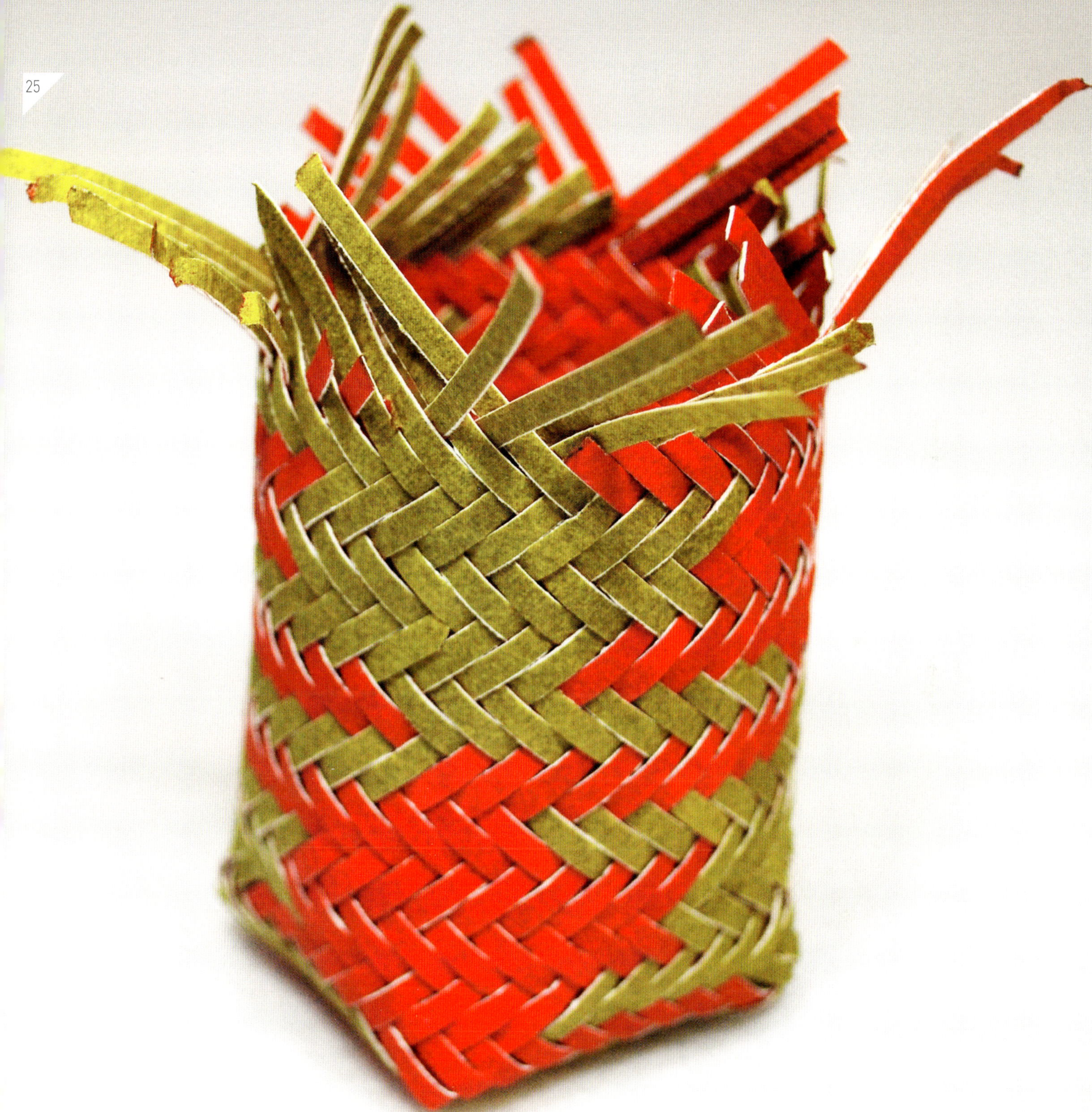

Projekt 2: Korb mit zwei Ecken

Dieser Korb hat einen schmalen Boden mit zwei Ecken. Begonnen wird auch hier mit einer quadratischen Basis. Der Bruch wird diesmal allerdings anders gearbeitet, und es entsteht ein Objekt, dessen Form an ein Etui erinnert.

Materialien

Papier: Ein Bogen grobkörniges Aquarellpapier (DIN A1, 300 g/m²), daraus 24 Streifen und einige Streifen für den Randabschluss herstellen

Zwei Farben, eine pro Seite (hier grau und gelb)

Klammern
Flachahle
Materialien für den Randabschluss nach Bedarf
Lineal
Seitenschneider

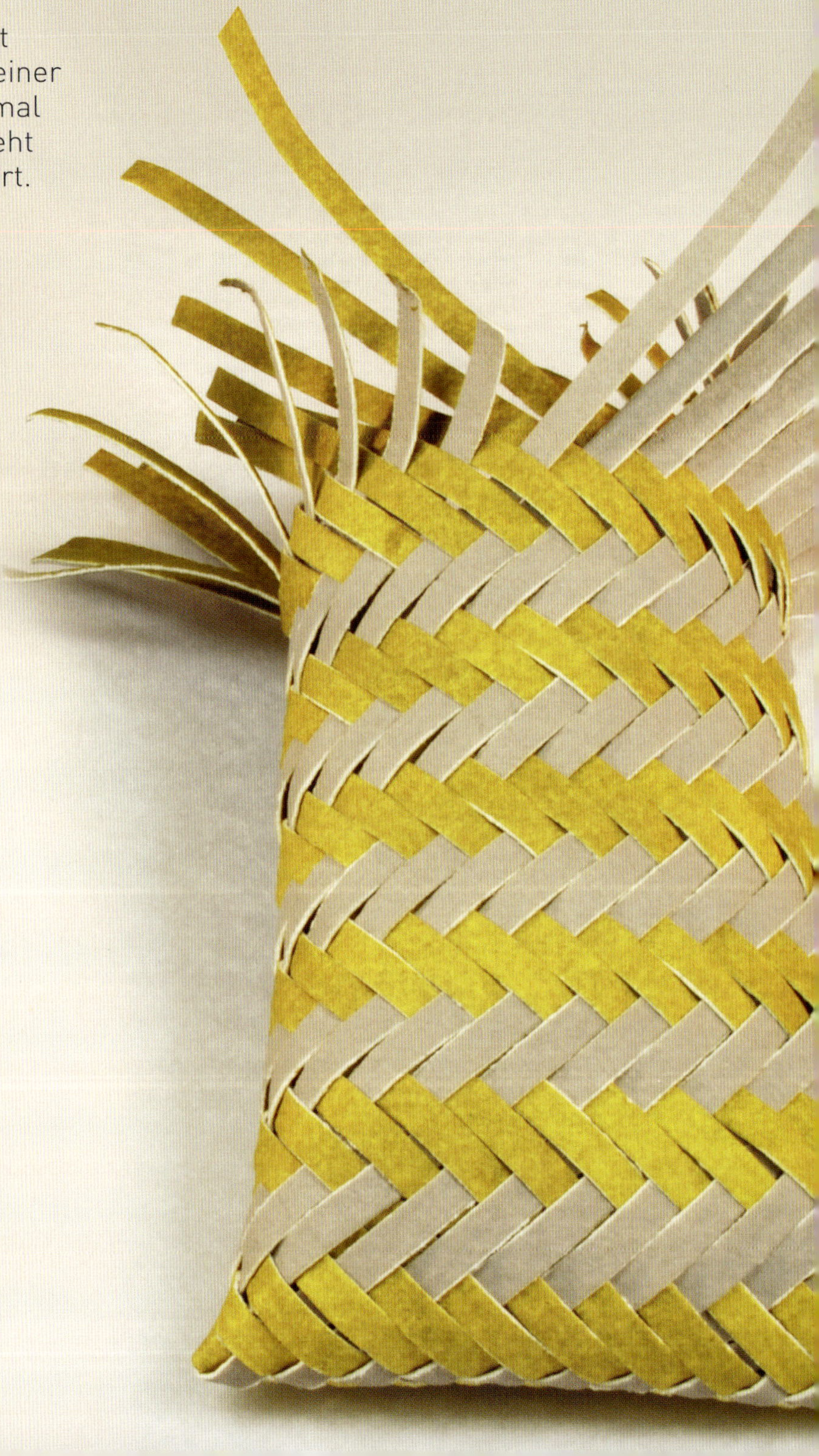

1. Sieben Papierstreifen in Längsrichtung nebeneinanderlegen, wie abgebildet. Sieben weitere Streifen zum Einflechten bereithalten. Einen Streifen von rechts nach links einflechten: unter 3, über 3, unter 1.

2. Den zweiten Streifen einflechten: unter 2, über 3, unter 1, über 1 (2a). Den dritten Streifen einflechten: unter 1, über 3, unter 1, über 2 (2b).

3. Die nächsten Streifen werden so geflochten, dass «unter 1» mit jedem hinzukommenden Streifen nach rechts rutscht. Orientieren Sie sich daran, dass derart eine diagonale Linie entsteht. Wie Sie die Streifen davor und danach flechten, leitet sich davon ab. Konkret heißt das für den vierten Streifen: Sie gehen über 3, unter 1, über 3. Fünfter Streifen: über 2, unter 1, über 3, unter 1; Sechster Streifen: über 1, unter 1, über 3, unter 2 (3a–c).

1

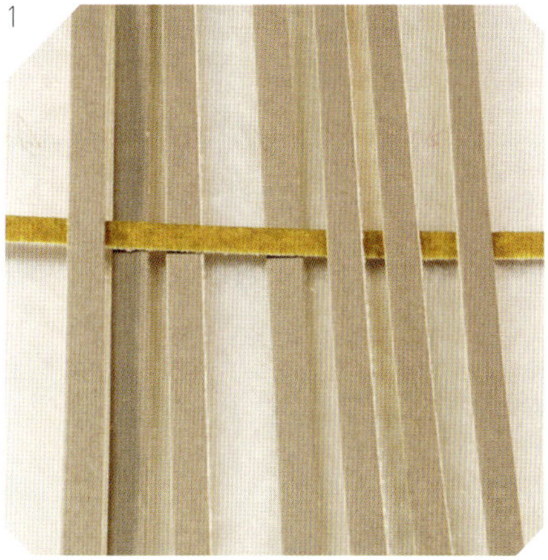

2a

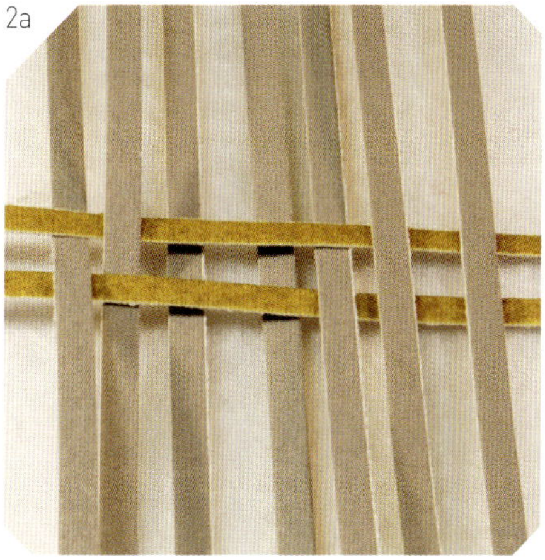

2b

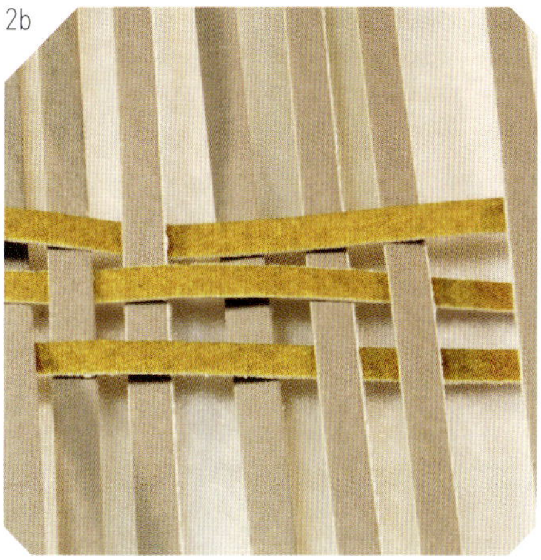

3a

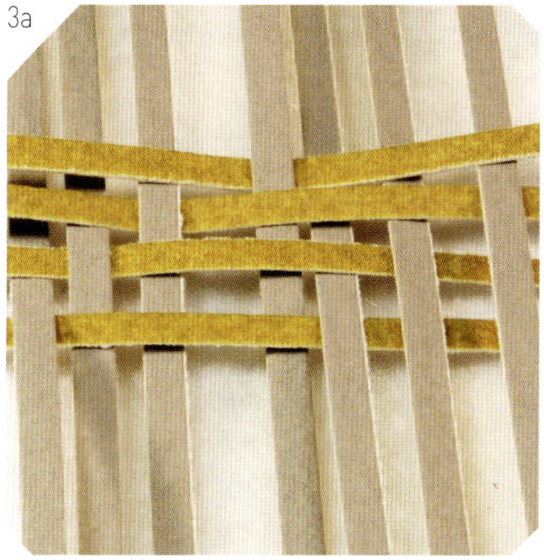

3b

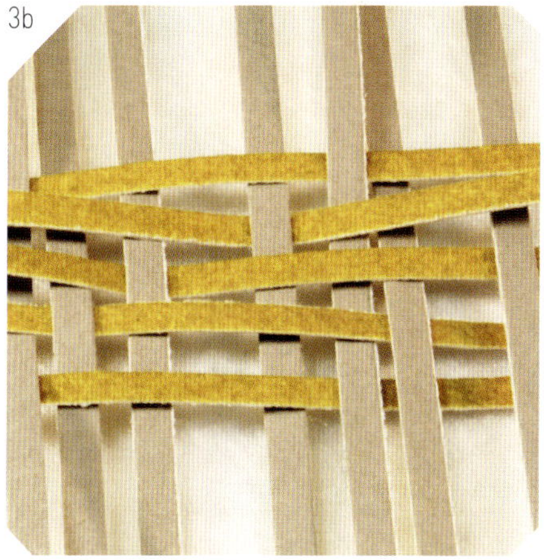

3c

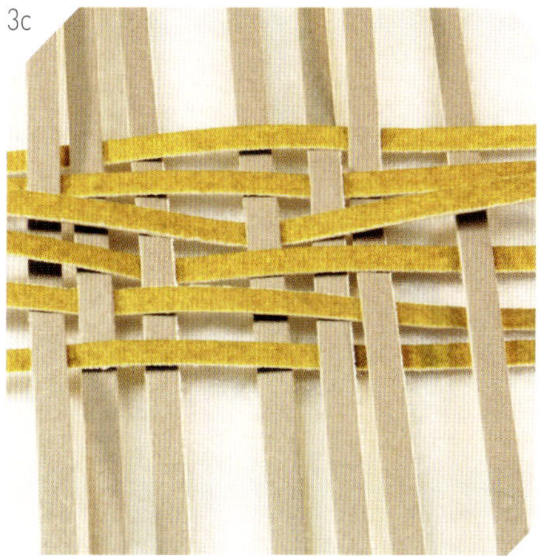

4a

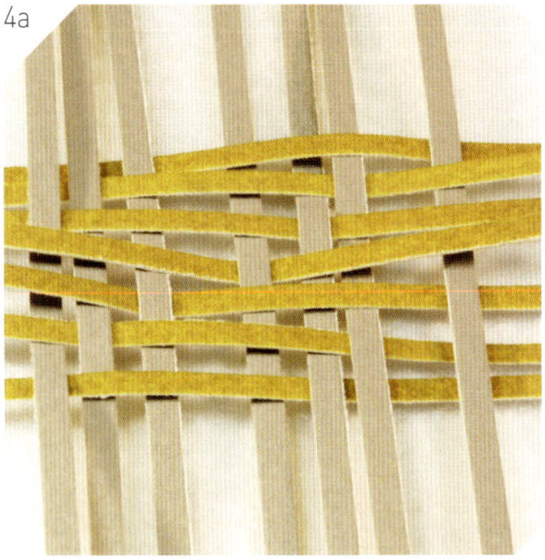

4c

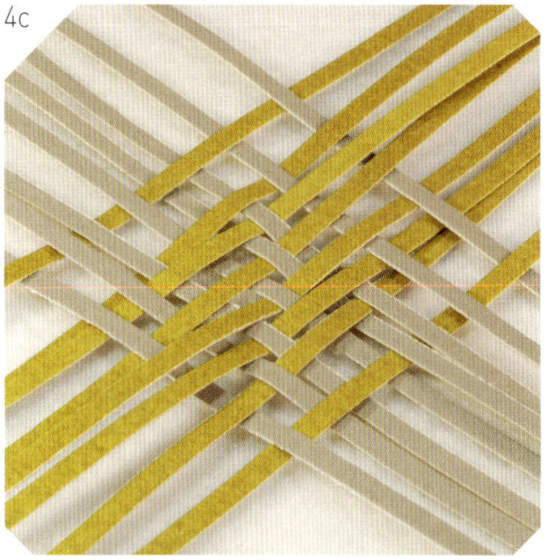

4b

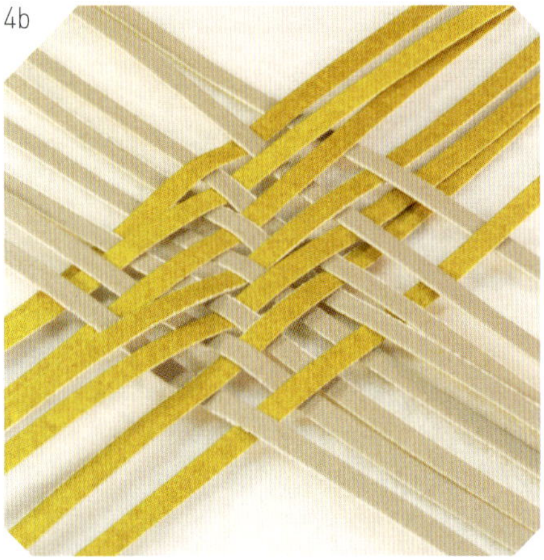

4d

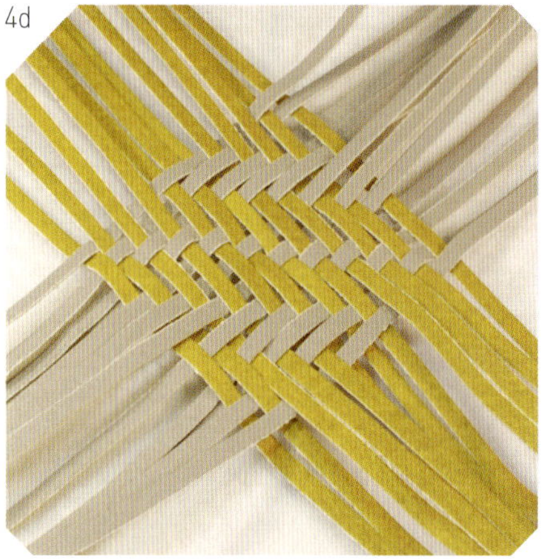

6

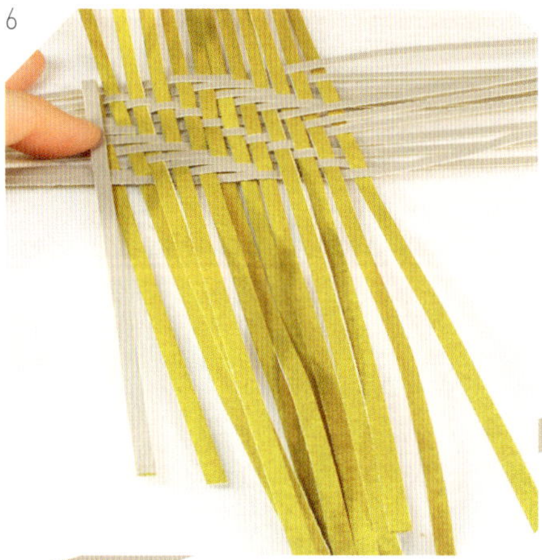

4. Nach dem Einflechten des siebten (letzten) Streifens unter 1, über 3, unter 3 (4a) drehen Sie das Werkstück um 45 Grad, sodass es als Raute vor Ihnen liegt. Die Streifen, die im Bruch über 1 gehen (im Foto sind diese grau), verlaufen nun von Ihnen weg, sie bilden eine Linie. Fügen Sie nun zwei Streifen hinzu: Einen Streifen flechten Sie an der rechts oben befindlichen Seite ein – merken Sie sich als Prinzip für die Seite rechts oben: Streifen enden hier immer mit unter 3 (4b); den anderen Streifen fügen Sie an der links oben befindlichen Seite hinzu – für diese Seite ist das Prinzip: Hier beginnen die Streifen immer mit unter 1. Diese beiden Grundsätze beachtend, folgen Sie ansonsten dem 3/3-Rhythmus. Drehen Sie Ihr Geflecht im Anschluss so, dass die beiden Seiten, die Sie gerade nicht bearbeitet haben, oben liegen. Ergänzen Sie dort zwei Streifen nach dem eben erläuterten Prinzip. Fahren Sie derart fort, bis die Basis aus 12 × 12 Streifen besteht (4d).

5. Ist das Geflecht sehr locker, können Sie es ein wenig verdichten – tun Sie dies aber nicht zu stark, denn das erschwert das Angleichen der Papierstreifen. Ziehen Sie alle Papierstreifen anschließend so zurecht, dass die Enden auf einer Höhe liegen. Sie können dazu ein Lineal verwenden oder die herausschauenden Enden eines Streifens nach oben umbiegen und miteinander vergleichen. Justieren Sie den Streifen dann so, dass die beiden Enden gleich weit aus dem Geflecht hervorstehen. Alle anderen Streifen werden an diesem Streifen ausgerichtet. Allerdings haben Sie bei diesem Vorgehen am Ende vermutlich relativ viel Verschnitt.

7

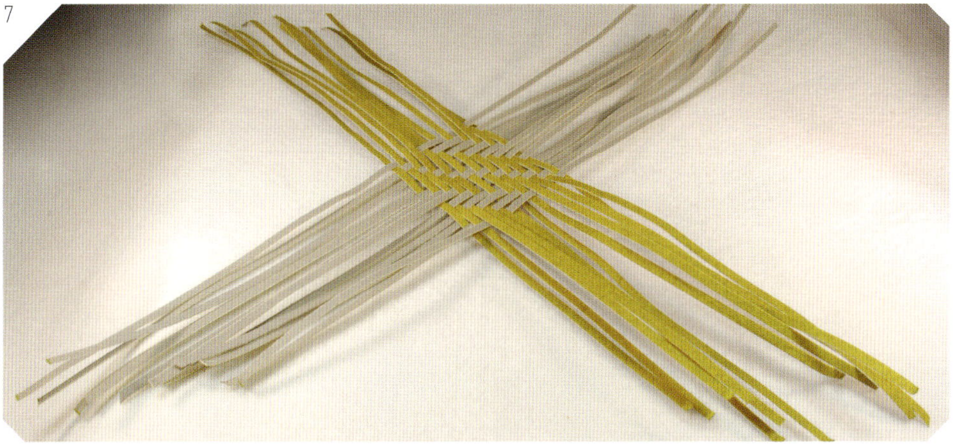

8

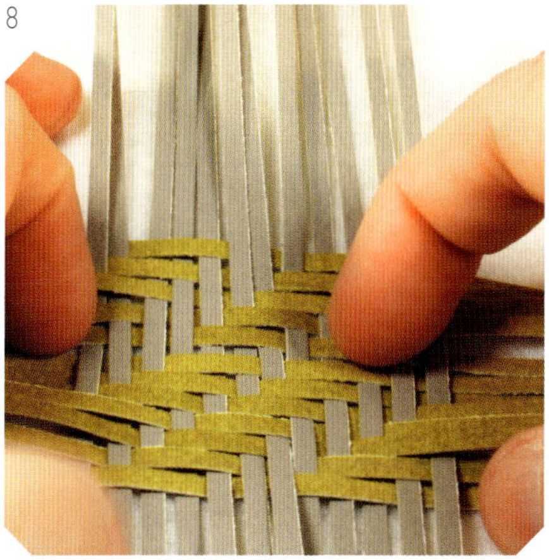

6. Es gibt noch eine andere, ökonomischere Methode. Mit dieser bleibt Ihnen unterm Strich – im Vergleich zu der eben beschriebenen Methode – ein Mehr an Material, das für gut zwei weitere Reihen reicht. Bei diesem Vorgehen biegen Sie den äußeren Streifen an den Enden, an denen sie über oder unter 1 gehen, vorsichtig um (nicht falten!). Dann ziehen Sie die Streifen ganz vorsichtig so hin, dass die Enden gleich lang sind. Das Ergebnis muss nicht perfekt sein.

7. Jetzt schauen Sie sich Ihr Werkstück an. An einem Ende der Seite sind die äußeren Streifen lang, am anderen Ende kurz. Die dazwischen liegenden Streifen richten Sie nun auf beiden Seiten so aus, dass zwischen dem kürzesten und dem längsten ein gleichmäßiger Übergang entsteht. Auch dieser muss unterm Strich nicht formvollendet sein.

8. Jetzt können Sie den Boden verdichten. Die Streifen von der Mitte aus Seite um Seite vorsichtig zusammenschieben. Ich finde es am einfachsten, in Richtung der unter 1 liegenden Streifen zu arbeiten. Habe ich das Geflecht derart verdichtet, wende ich das Werkstück und arbeite in die andere Richtung. Es geht also immer vor und zurück. Überprüfen Sie zum Schluss, ob die Kanten überall gleich lang sind. Falls erforderlich, müssen Sie nacharbeiten, bis das Geflecht (fast) quadratisch ist. Auch hier gilt: Es braucht kein Ergebnis in Vollendung.

9. Die Eckbereiche werden auf die gleiche Weise gearbeitet wie bei Projekt 1, diesmal allerdings an zwei Ecken der Basis. Die Eckbereiche haben deshalb einen spitzeren Winkel und sind etwas schwieriger zu flechten. An zwei gegenüberliegenden Ecken enden die Streifen jeweils unter/über 1. Fassen Sie das Werkstück mit einer Hand und führen Sie den unter 1 liegenden Streifen über den über 1 liegenden und die beiden folgenden Streifen und dann nach innen.

10. Den nächsten Streifen über 3 und nach innen führen. Er überquert einen Streifen der Basis und zwei Streifen der entstehenden Korbwand.

11. Den dritten Streifen über 3 und nach innen führen. Er überquert zwei Streifen der Basis und einen Streifen, der zur Korbwand gehört.

12. Den vierten Streifen, der bereits über 3 führt, nach innen führen.

13. Die Streifen, die in die andere Richtung zeigen, über 3 und nach innen führen, bis nicht mehr über 3 geflochten werden kann.

14. Anschließend die Ecke vorsichtig in Form drücken und die Streifen behutsam zusammenschieben. Versuchen Sie nicht, alle Streifen auf einmal in die gewünschte Position zu bringen. Verdichten Sie das Geflecht ein wenig in beide Richtungen, und achten Sie darauf, den Boden genau entlang der Linie zu falten, die zwischen den Ecken verläuft. Bei Objekten mit zwei Ecken ist es wegen der spitzen Winkel sehr effektiv, zum Verdichten an den Streifen zu ziehen. Wahrscheinlich werden Sie das Geflecht nicht vollständig verdichten können. Zudem wird es sich lockern, wenn Sie weiter an der Ecke arbeiten. Doch das ist zu diesem Zeitpunkt egal.

15. Die außen liegenden Streifen in die andere Richtung einflechten, wieder immer über 3 und dann nach innen gehen. Das Ganze in die andere Richtung noch einmal wiederholen, bis Sie insgesamt vier Reihen geflochten haben. Widerstehen Sie der Versuchung, danach einfach weiterzuflechten.

12

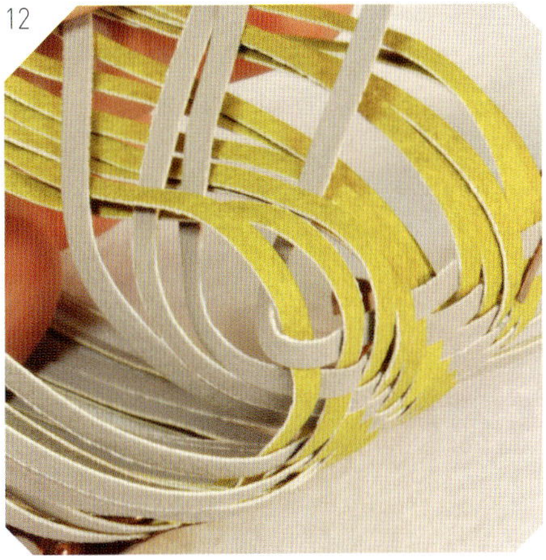

15

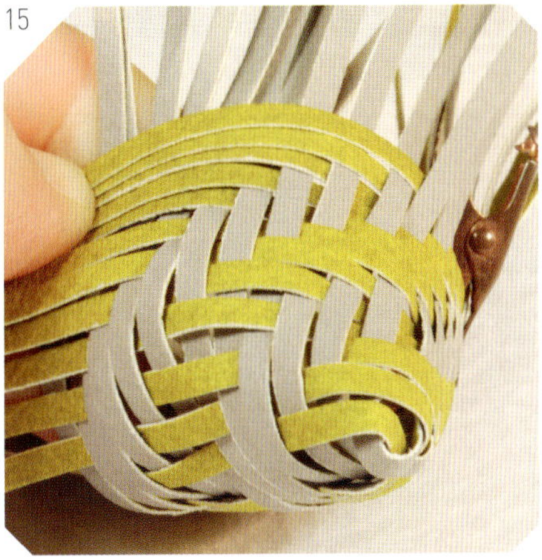

13

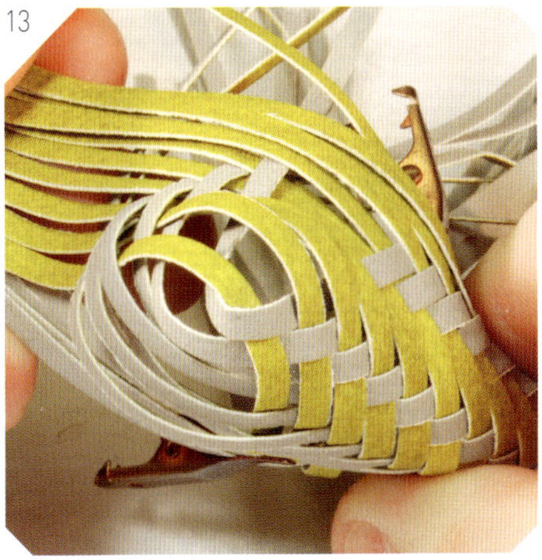

16. Die zweite Ecke auf die gleiche Weise arbeiten. Zum Schluss sollte das Geflecht rundum auf einer Höhe enden, und alle außen liegenden Streifen sollten in die eine und alle innen liegenden Streifen in die Gegenrichtung zeigen. Nun muss das Werkstück so gut wie möglich verdichtet werden, vor allem an den Ecken.

17. Sie müssen sich jeden einzelnen Streifen vornehmen und sich von unten nach oben in beide Richtungen rund um das Objekt voranarbeiten – möglicherweise mehr als einmal, je nachdem, wie fest oder locker Sie geflochten haben. Sehr wahrscheinlich wird das Ergebnis nicht absolut zufriedenstellend sein. Beim Hochziehen der Wände können Sie das Geflecht dann aber auch noch weiter verdichten. Je weiter Sie kommen, umso besser wird alles halten. Die meisten Probleme entstehen beim Verdichten der Ecken – einzelne Streifen springen wegen des spitzen Winkels immer wieder aus dem Geflecht.

16

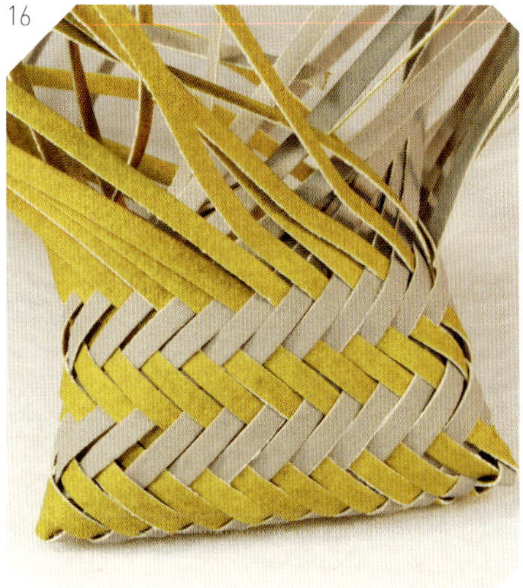

18. Nach dem Verdichten können Sie die Wände flechten. Denken Sie daran: Es muss nicht immer zwingend alles opimal sein. Fassen Sie nun einige außen liegende Streifen – wenn die Streifen nach links zeigen, nutzen Sie stets die rechte Hand, wenn sie nach rechts zeigen, nehmen Sie die linke Hand. Sie arbeiten immer in die den Streifen entgegengesetzte Richtung. Zeigen die Streifen nach links, flechten Sie nach rechts und umgekehrt.

Fassen Sie nun einen innen liegenden Streifen (unter 3) mit der linken Hand, den nächsten in Gegenrichtung zeigenden Streifen führen Sie mit der rechten Hand über 3 und lassen ihn unter den ersten Streifen fallen (18a).

Den Streifen rechts neben dem ersten fassen und das nächste in die Gegenrichtung zeigende Flechtelement über 3 laufen lassen und unter den gefassten Streifen setzen (18b).

19. Auf diese Weise rundum weiterflechten, bis Sie wieder am Anfang angekommen sind. Ihre Hände wandern mit, während Sie immer wieder Streifen aufgreifen und fallen lassen.

Nach der ersten Runde sollten alle Streifen, die zuvor außen lagen, innen liegen und umgekehrt. Wenn das Muster nicht aufgeht – der letzte Streifen z. B. nur über 2 statt über 3 führt –, haben Sie irgendwo einen Fehler gemacht und einen Streifen versehentlich über 4 statt über 3 geflochten. Versuchen Sie, den Fehler zu finden. Manchmal legen sich Streifen übereinander, fallen nach innen oder werden einfach vergessen. Ich mache Fehler meistens am Beginn einer Reihe, wenn ich meine Hände neu sortieren muss. Konzentriert man sich beim Flechten, merkt man recht schnell, dass etwas nicht stimmt. Man spart es sich so, die komplette Reihe wieder aufzudröseln, um den Fehler zu korrigieren.

18a

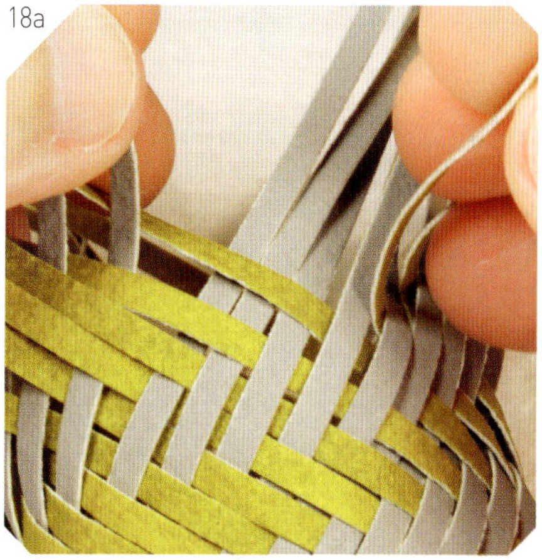

18b

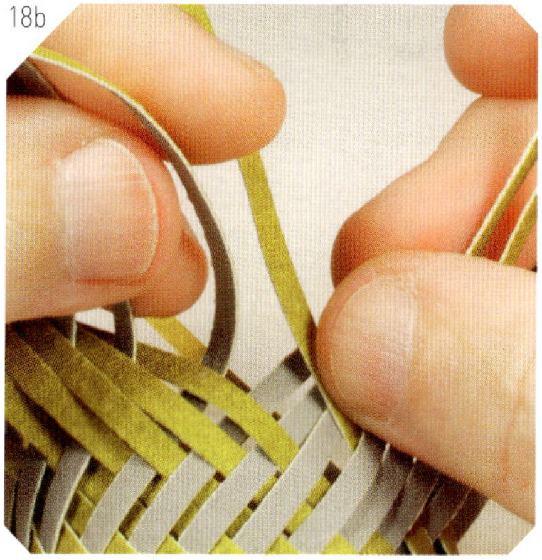

20. Die nächste Reihe wird genauso geflochten wie die eben, nur spiegelverkehrt: Sie fassen die Streifen mit der jeweils gegenüberliegenden Hand und arbeiten in die den Streifen entgegengesetzte Richtung (20a und 20b). Normalerweise halte ich dann erneut inne, um das Geflecht zu verdichten. Den Ecken widme ich dabei besondere Aufmerksamkeit. Und wenn ich zwei Reihen geflochten habe, kümmere ich mich um die Wände – zuerst verdichte ich in die eine und dann in die entgegengesetzte Richtung (20c und 20d).

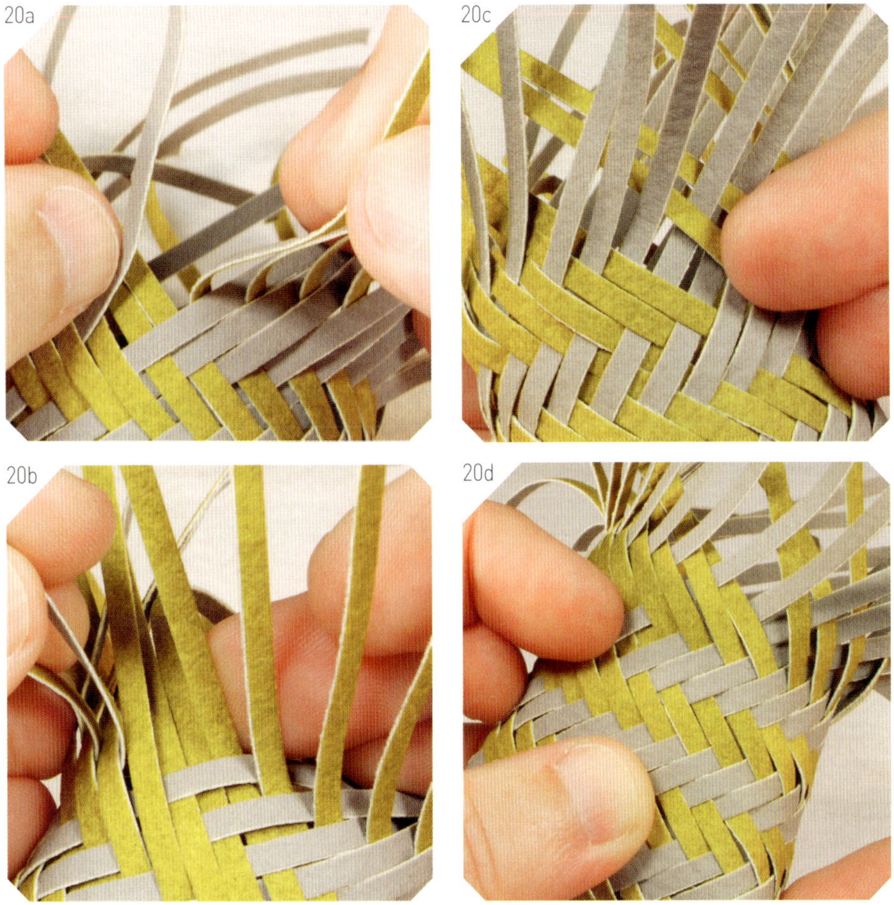

20a 20c 20b 20d

21. Fahren Sie mit dem Flechten fort, bis Sie das Ende des kürzesten Papierstreifens erreicht haben – die Streifen schauen nicht alle gleich weit aus dem Geflecht heraus. Diejenigen, die das Zentrum der Basis bilden, haben die weiteste Strecke zurückgelegt und sind deshalb am kürzesten. Die Streifen, die am äußeren Rand der Basis eingeflochten wurden, sind länger, weil sie eine kürzere Strecke zu flechten hatten. Wenn Sie die Streifen auf- bzw. absteigend ausgerichtet haben, wie unter Punkt 6 beschrieben, sollte noch genügend Material für zwei weitere Reihen zur Verfügung stehen, es wird also weniger Verschnitt produziert (siehe linkes Werkstück auf dem Foto).

22. **Fertigstellung.** Es gibt viele Möglichkeiten zur Gestaltung des Korbrands. Siehe hierzu Seite 70–119. Wenn Sie sich für eine Variante entschieden haben, folgen Sie der entsprechenden Anleitung.

21

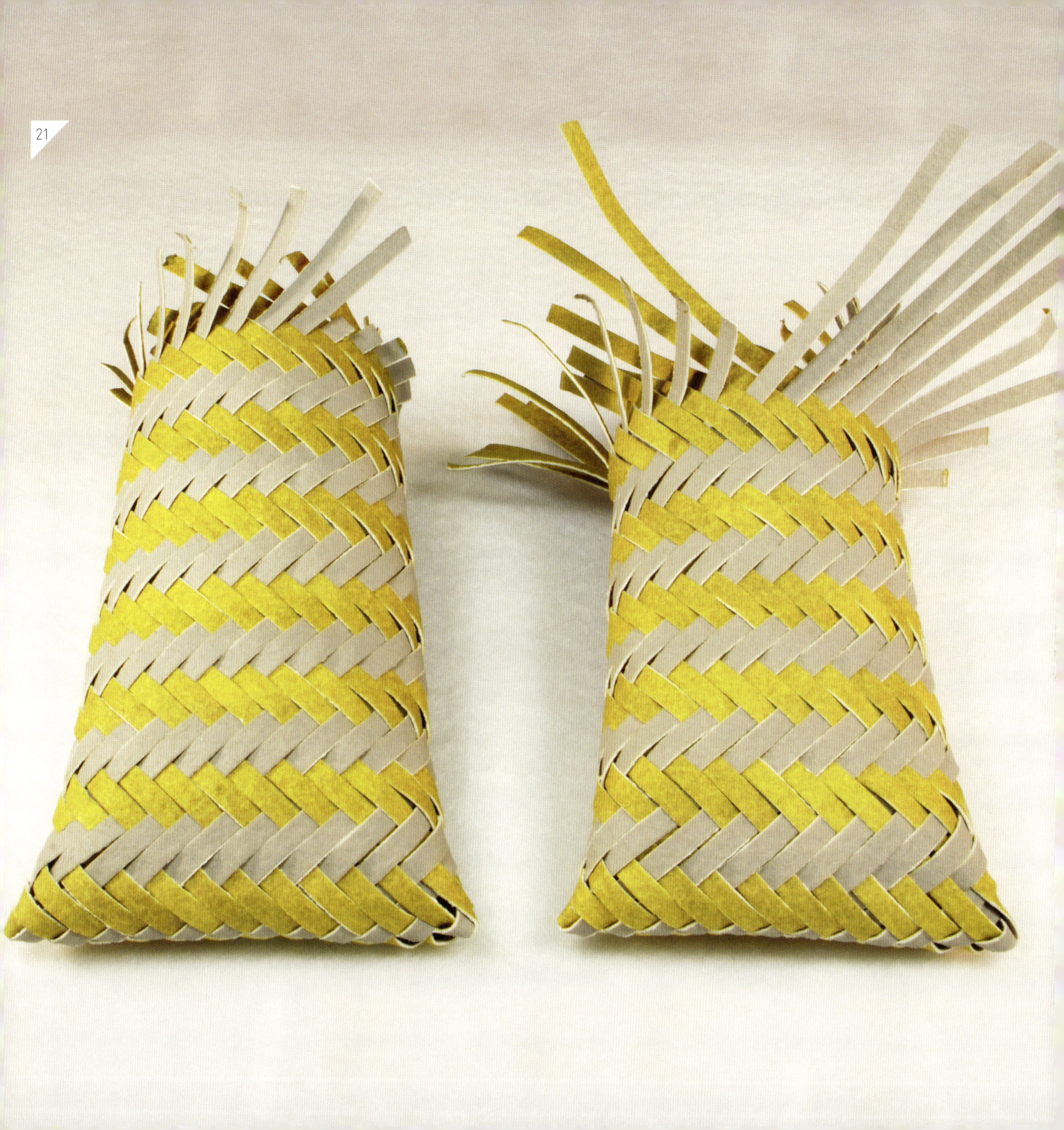

Projekt 3: Korb mit rechteckiger Basis

Beim Flechten einer rechteckigen Basis gehen Sie anfangs auf die Art und Weise vor, die Sie beim Flechten der Basis für zwei Ecken kennengelernt haben (also beim Projekt 2). Diese Technik ist sehr vielseitig. Sie können damit Körbe in allen rechteckigen Formaten flechten – von annähernd quadratisch bis lang und schmal.

Materialien

Papier: Ein Bogen grobkörniges Aquarellpapier (DIN A1, 300 g/m²), daraus 66 Streifen und einige Streifen für den Randabschluss herstellen

Zwei Farben, eine pro Seite (hier schwarz und gelb)

Klammern
Flachahle
Materialien für den Randabschluss nach Bedarf
Lineal
Seitenschneider

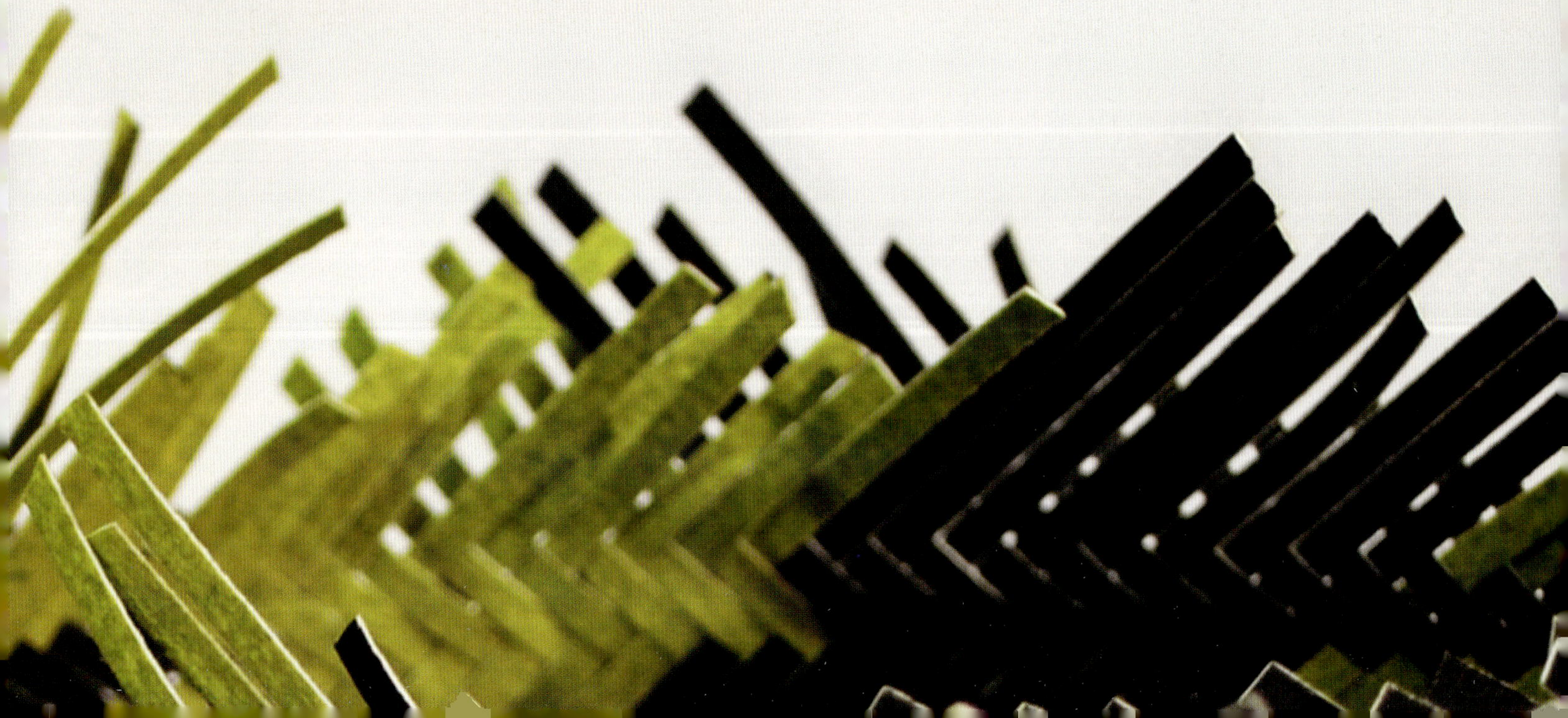

1. Sie flechten eine Basis und gehen hierbei so vor, wie es beim vorhergehenden Projekt ab Seite 47 beschrieben ist. Diesmal stellen Sie allerdings ein Quadrat von 15 × 15 Streifen her. Ihre Flechtelemente richten Sie wieder gleichmäßig aus und verwenden hierfür die Material sparende Methode. Das heißt, Sie justieren die Streifen diagonal auf- bzw. absteigend – bei Projekt 2 ist dies in Schritt 6 und 7 erläutert (Seite 49). Wenn es bei Ihnen um einen quadratischen Korb geht, bringen Sie die Streifen alle auf eine Länge (Seite 49, Schritt 5).

   Ihre Basis legen Sie dann so vor sich hin, dass die Ecken nach rechts zeigen. Flechten Sie nun oben drei Streifen ein: Der erste führt anfangs über 3 und wird im 3/3-Köper bis zum Ende weitergeführt. Der zweite Streifen beginnt über 2, ehe es mit unter 3 und über 3 weitergeht. Der dritten Streifen startet mit über 1 und wird im Dreierrhythmus fortgeführt. Wenn Sie sich das Ergebnis anschauen, sehen Sie, dass der Bruch aussieht wie der Bruch der Basis von Projekt 2 – allerdings fehlt noch die andere «Hälfte». Der Bruch verläuft immer über dem letzten Streifen über/unter 1 (siehe Pfeil).

2. Das Werkstück 45 Grad gegen den Uhrzeigersinn drehen und drei weitere Streifen einflechten, um die erste Ecke zu vervollständigen und die zweite anzulegen. An der linken Kante mit über 3, unter 3 beginnen und im Muster fortfahren bis zum Ende. Wenn Sie korrekt gearbeitet haben, liegt das Zentrum des Bruchs immer direkt über dem letzten Streifen über/unter 1 (siehe Pfeil). An der linken Kante mit dem zweiten Streifen fortfahren: unter 1, über 2, unter 2 und weiter im Köpermuster. Der letzte Streifen führt unter 2, über 1, unter 1 und weiter im Köpermuster. An beiden Seiten arbeiten Sie mit der eben beschriebenen Vorgehensweise noch jeweils drei weitere Streifen ein. Das ist einfach; beide Ecken wandern dabei nach außen. Der Bruch verläuft immer über dem letzten Streifen über/unter 1.

1

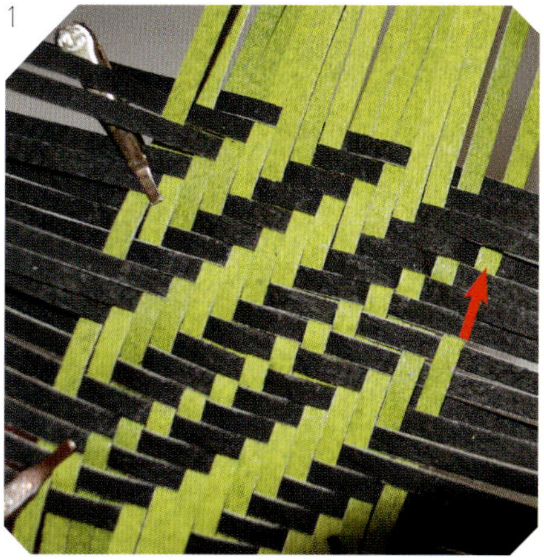

2

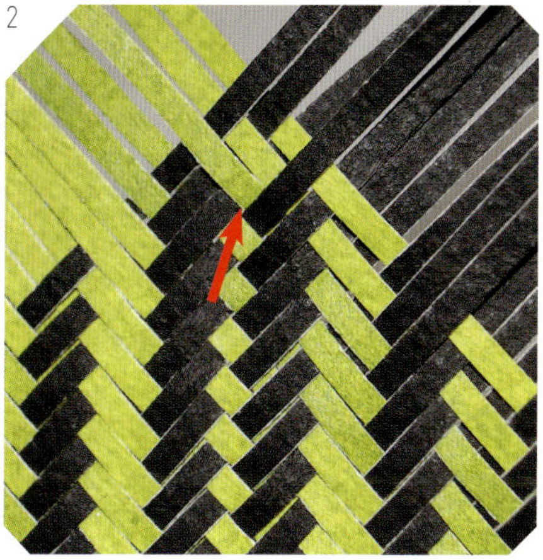

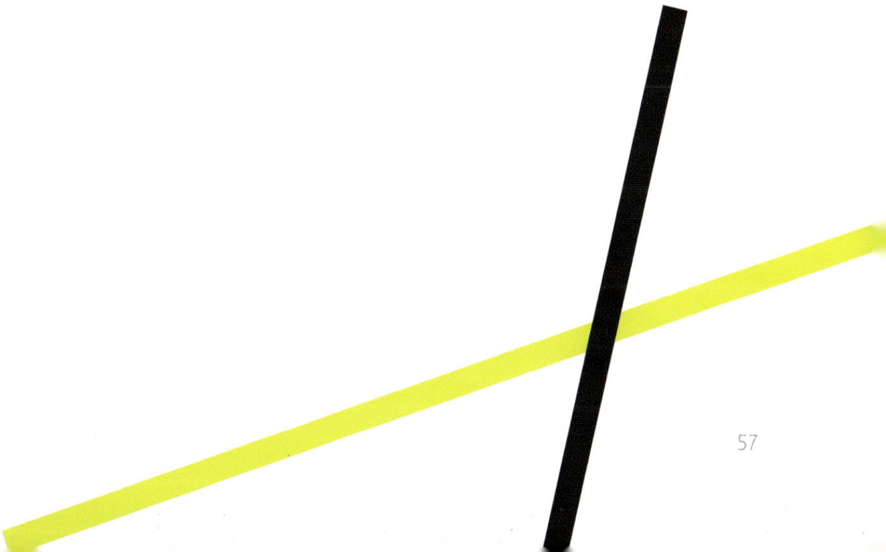

3a

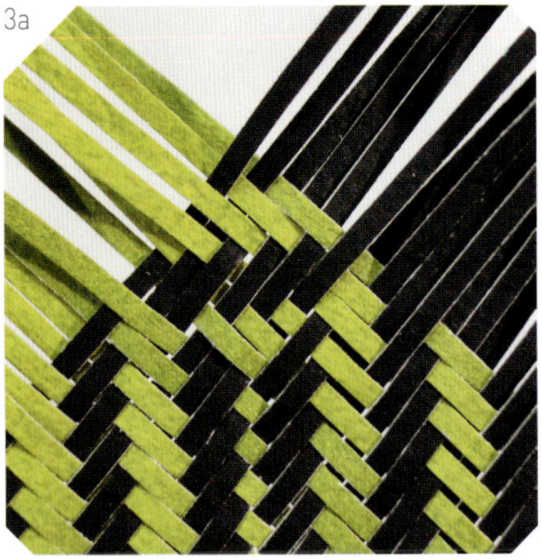

3b

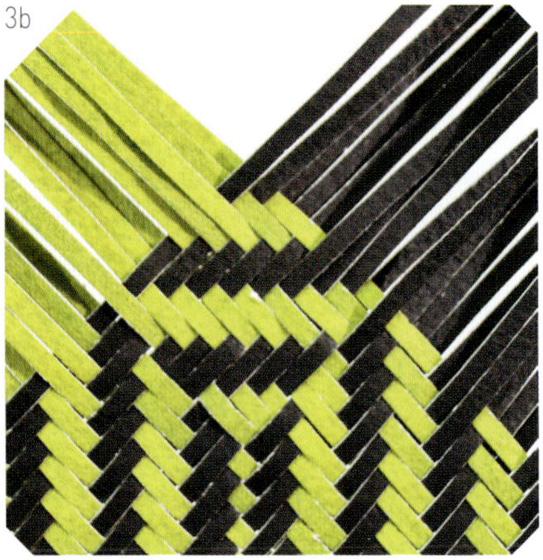

3. Wenn Sie alle Streifen an einem Ende eingeflochten haben, drehen Sie das Werkstück um 180 Grad, um die verbliebenen Ecken zu arbeiten (3a und 3b; Vorgehen siehe Schritt 2). Auf jeder Seite werden neun Streifen eingeflochten. Die Streifen passend zu den anderen Streifen ausrichten und das Flechtwerk gut verdichten, sodass die Kantenlänge überall gleich ist. Ihr Boden sollte nun aussehen wie auf dem Foto (3c).

3c

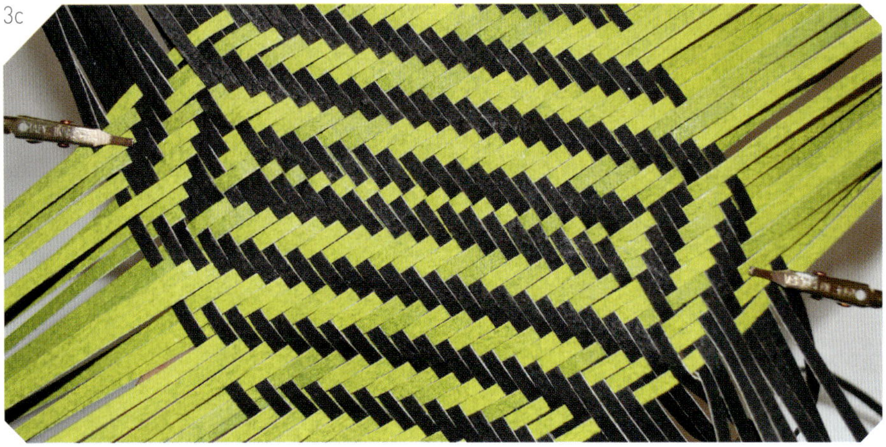

4. Die Ecken werden genauso gearbeitet wie bei dem Korb mit der quadratischen Basis, also aus den Seiten. Dort liegen – diesmal nicht in der Mitte, sondern dichter am Rand – direkt nebeneinander ein Streifen unter 3 und ein Streifen über 3. Folgen Sie Schritt 11 von Projekt 1, um auch bei Ihrem gerade entstehenden Korb die Ecken zu gestalten (Seite 40).

Flechten Sie zwei nebeneinander liegende Ecken auf die Höhe des kleinen Abschnitts zwischen ihnen, der die Schmalseite des Korbs bildet. Ich versuche, die Ecken so gut wie möglich zu verdichten, ehe ich bis auf die Höhe der Längsseiten weiterflechte (4a und 4b).

5. Arbeiten Sie auch die Ecken der gegenüberliegenden Seite. Zum Schluss sollte das Geflecht rundum auf einer Höhe sein; und alle außen liegenden Streifen sollten in die eine und alle innen liegenden Streifen in die Gegenrichtung zeigen. Nun muss das Werkstück so gut wie möglich verdichtet werden, vor allem an den Ecken. Gerade dort hilft es manchmal, ein wenig an den Streifen zu ziehen – aber nicht so stark, dass die Ecken sich verformen. Sie müssen sich jeden einzelnen Streifen vornehmen und sich von unten nach oben in beide Richtungen rund um den Korb voranarbeiten – möglicherweise mehr als einmal, je nachdem, wie fest oder locker Sie geflochten haben. Sehr wahrscheinlich wird das Ergebnis nicht perfekt ausfallen. Beim Hochziehen der Wände können Sie das Geflecht weiter verdichten. Je weiter Sie vorankommen, umso besser wird alles halten.

4a

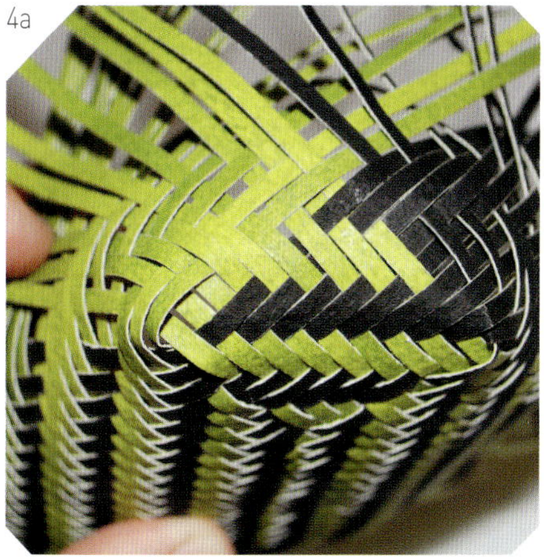

4b

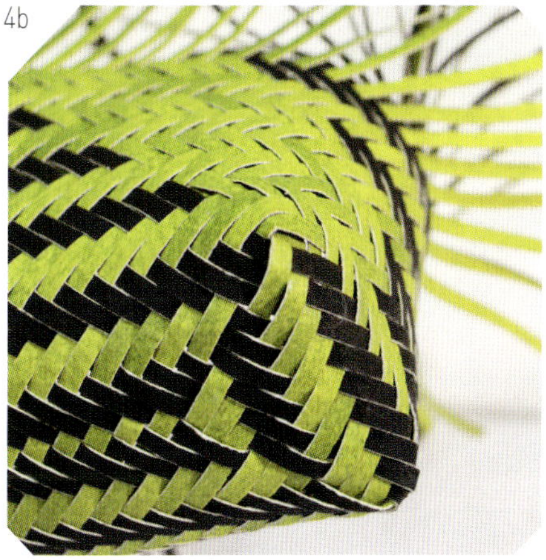

6. Nach dem Verdichten (denken Sie daran: es muss nicht perfekt sein) können Sie in der Runde weiteflechten, wie in der Anleitung für Projekt 1 beschrieben (siehe ab Seite 43). Ihre Hände wandern mit, während Sie immer wieder Streifen aufgreifen und fallen lassen.

   Nach der ersten Runde sollten alle Streifen, die zuvor außen lagen, innen liegen und umgekehrt. Wenn das Muster nicht aufgeht – der letzte Streifen z.B. nur über 2 statt über 3 führt –, haben Sie irgendwo einen Fehler gemacht und einen Streifen versehentlich über 4 statt über 3 geflochten. Versuchen Sie, den Fehler zu finden. Manchmal legen sich Streifen übereinander, fallen nach innen oder werden einfach vergessen. Ich mache Fehler meistens am Beginn einer Reihe, wenn ich meine Hände neu sortieren muss. Konzentriert man sich beim Flechten, merkt man recht schnell, dass etwas nicht stimmt. Man spart es sich, die komplette Reihe wieder aufzudröseln, um den Fehler zu korrigieren.

7. Die nächste Reihe wird genauso geflochten wie die eben, nur spiegelverkehrt: Sie fassen die Streifen mit der jeweils gegenüberliegenden Hand und arbeiten in die den Streifen entgegengesetzte Richtung. Normalerweise halte ich an diesem Punkt erneut inne, um das Geflecht zu verdichten. Den Ecken widme ich dabei besondere Aufmerksamkeit. Und wenn ich zwei Reihen geflochten habe, verdichte ich die Wände zuerst in die eine und dann in die entgegengesetzte Richtung. Flechten Sie weiter, bis Sie das Ende des kürzesten Papierstreifens erreicht haben.

8. **Fertigstellung.** Es gibt viele Möglichkeiten zur Gestaltung des Korbrands. Siehe hierzu Seite 70–119. Wenn Sie sich für eine Variante entschieden haben, folgen Sie der entsprechenden Anleitung.

7

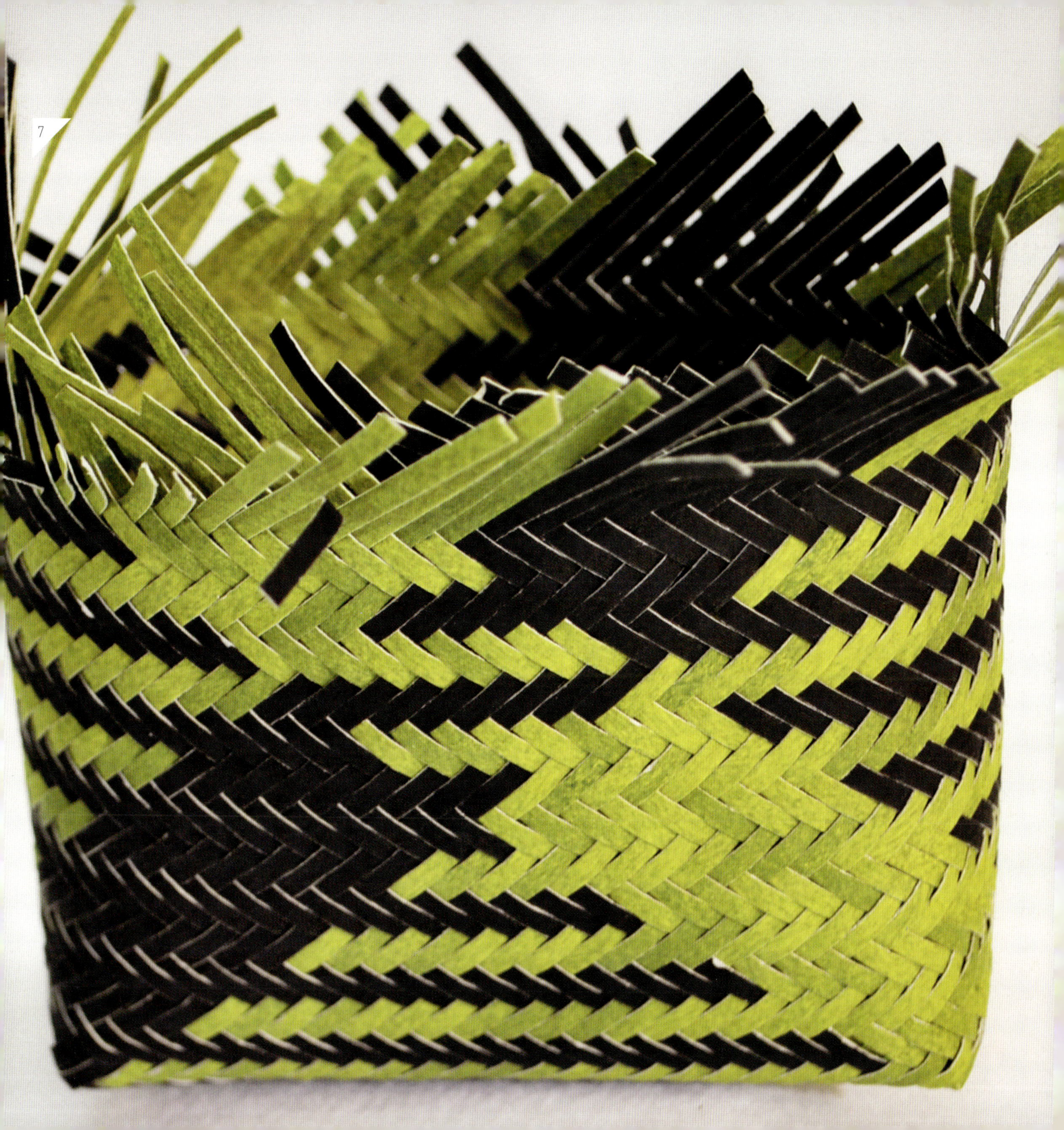

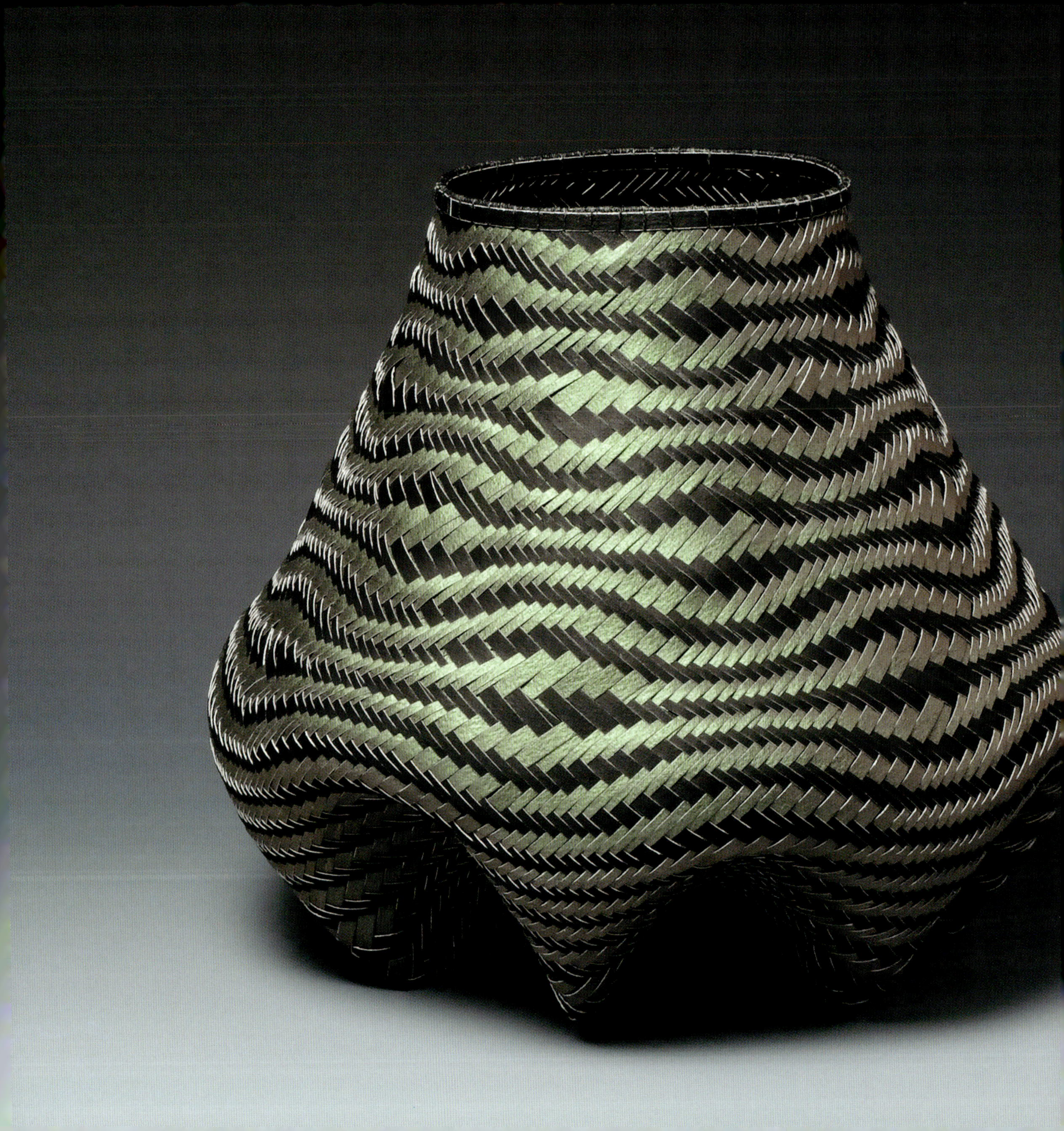

Ondulierender Köper

Ein ondulierender, also wellenförmiger Köper sieht viel komplizierter aus, als er ist. Um die Wellen zu erzeugen, verwendet man einfach Papierstreifen in unterschiedlichen Breiten, typischerweise Dreiergruppen, sprich: drei schmale (S), drei mittlere (M), drei breite (B) und dann wieder drei mittlere (M) Streifen, die vom Zentrum aus in alle Richtungen geflochten werden. Sie können auch mit den breiten Streifen beginnen.

Je nachdem, wie stark die Breite der Streifen variiert, fallen die Wellen dramatisch oder eher sanft aus. Ein Boden in der Reihenfolge S, M, B, M sieht etwas anders aus als ein Boden in der Reihenfolge B, M, S, M. Durch Einflechten weiterer Streifen im selben Rhythmus, also etwa S, M, B, M, S, M, B, M usw., können Sie den Boden beliebig vergrößern.

Je größer die Basis, umso mehr gleicht sich das Flechtbild der verschiedenen Varianten an den Rändern an. Ob Sie mit den schmalen oder mit den breiten Streifen anfangen, hat keinen Einfluss darauf, wie das Muster an den Seiten später aussieht. Die Reihenfolge spielt also nur dann eine Rolle, wenn der Korb einen Deckel erhalten soll. Da Sie stets mit 4×3 Papierstreifen arbeiten, ist das Muster an den Seiten immer durch 12 teilbar.

Wenn Sie möchten, können Sie auch mit vier, fünf oder mehr Breiten arbeiten. Sie müssen nur daran denken, dass Sie immer mit einem Streifen enden, dessen Breite der Breite des Startstreifens am nächsten liegt. Wenn Sie z. B. Streifen in vier Breiten verwenden: S, M1, M2 und B und mit S beginnen, müssen Sie mit M1 enden – die Reihenfolge auf jeder Seite wäre also 3 S, 3 M1, 3 M2, 3 B, 3 M2, 3 M1. Die Anzahl der Streifen pro Seite ist teilbar durch 18.

Vorausgehende Seite: «Mountain Swell»
Rechts: «Silver Shoals», Foto: Ken Rowe

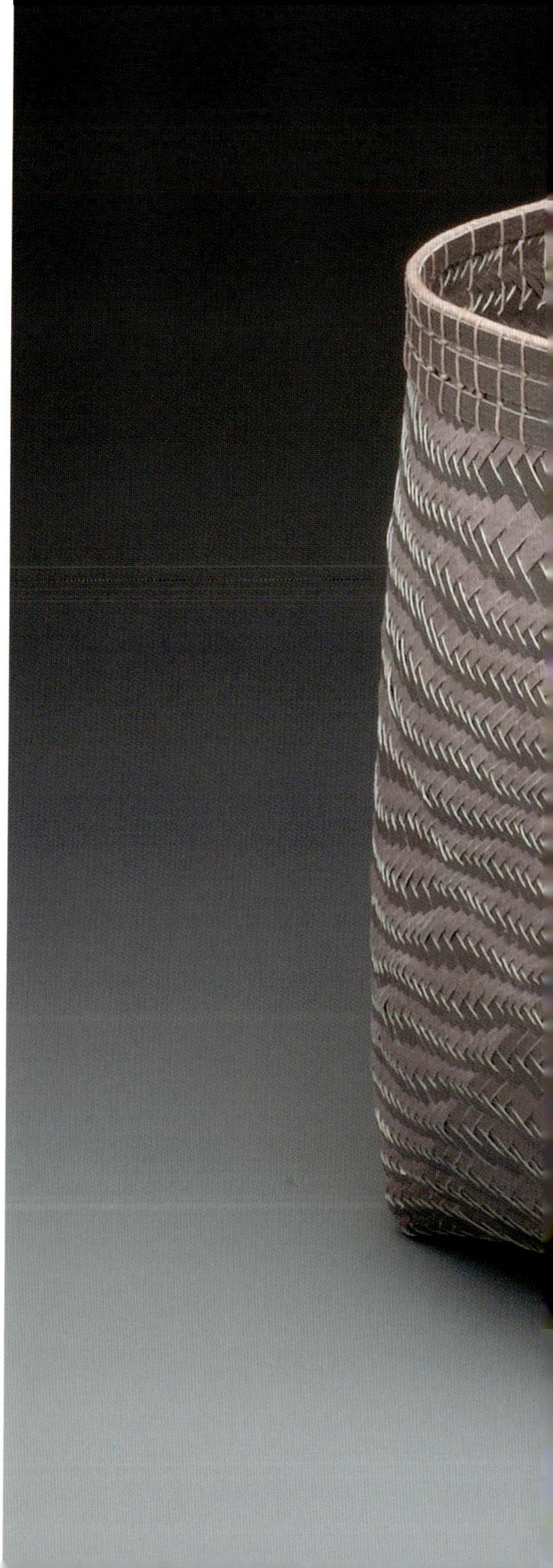

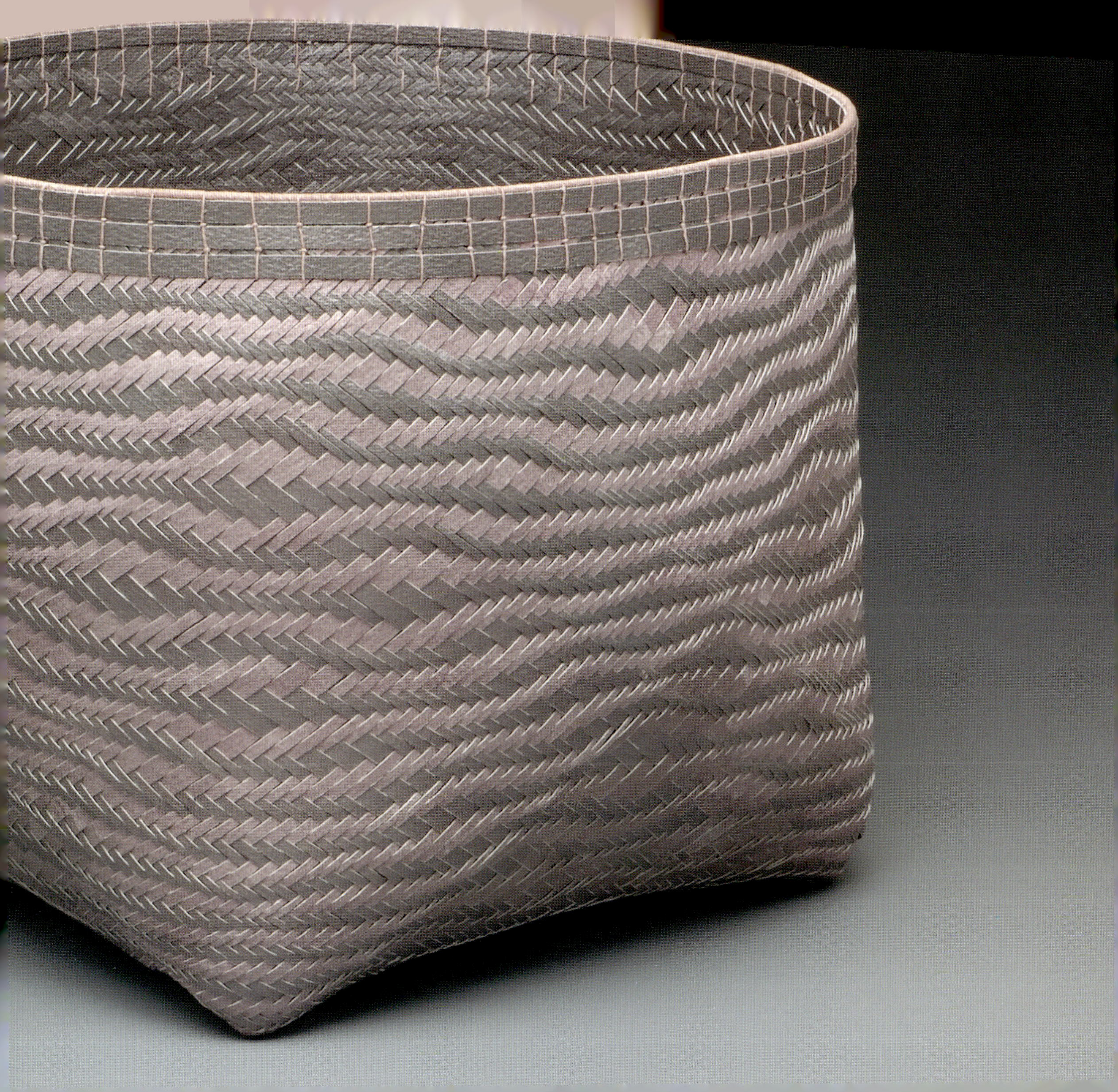

Projekt 4: Korb mit ondulierendem Köper

Ondulierender Köper entsteht durch das Verflechten unterschiedlich breiter Streifen in einer genau festgelegten Reihenfolge – solche Körbe sind tatsächlich viel einfacher zu flechten, als man zunächst vermutet.
Für diese beiden Exemplare benötigen Sie nur wenig mehr Geschick als für den Korb mit der quadratischen Basis (Seite 36).

Materialien

Für die abgebildeten Körbe:
Papier: Für beide Körbe ein Bogen grobkörniges Aquarellpapier (DIN A1, 300 g/m²). In Längsrichtung eine Linie in der Mitte ziehen und beide Hälften unterschiedlich einfärben, z. B. rot und gelb wie hier. Die Rückseite habe ich rot eingefärbt.

Materialbedarf für Korb 1:
12 Streifen à 3 mm, 24 Streifen à 7 mm und 12 Streifen à 11 mm

Materialbedarf für Korb 2:
24 Streifen à 2 mm, 48 Streifen à 3 mm und 24 Streifen à 4 mm plus ein paar Streifen für den Randabschluss.
Alle Streifen quer aus dem Papierbogen zuschneiden.

Klammern
Flachahle
Materialien für den Randabschluss nach Bedarf
Lineal
Seitenschneider

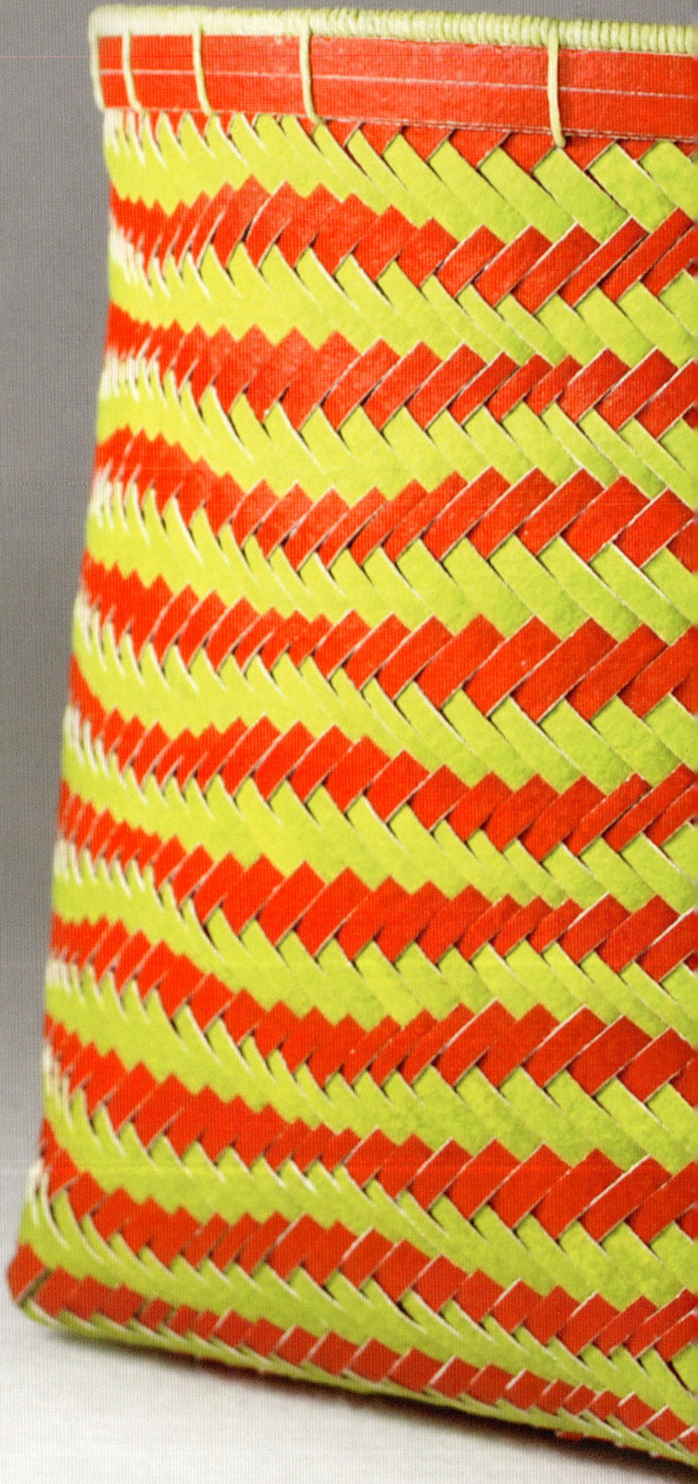

1. Sie können auch einfarbige Papierstreifen verwenden, doch mit Streifen, die auf der Vorderseite zweifarbig sind, wirkt der Korb interessanter – auch die Wellen sind besser zu sehen. Eine Farbe wird in die eine Richtung, die andere Farbe in die andere Richtung eingeflochten. Dafür müssen Sie die beiden Hälften Ihres Papierbogens unterschiedlich einfärben. Normalerweise verwende ich eine der beiden Farben auch für die Rückseite. Die Basis für einen quadratischen Korb mit ondulierendem Köper wird genauso angelegt wie die Basis für einen «einfachen» quadratischen Korb. Der Bruch verläuft hier wie da durch die Mitte. Die Linie, an der die beiden Farben aneinanderstoßen, ist jeweils unter dem mittleren Streifen verborgen, fällt also nicht störend ins Auge.

1

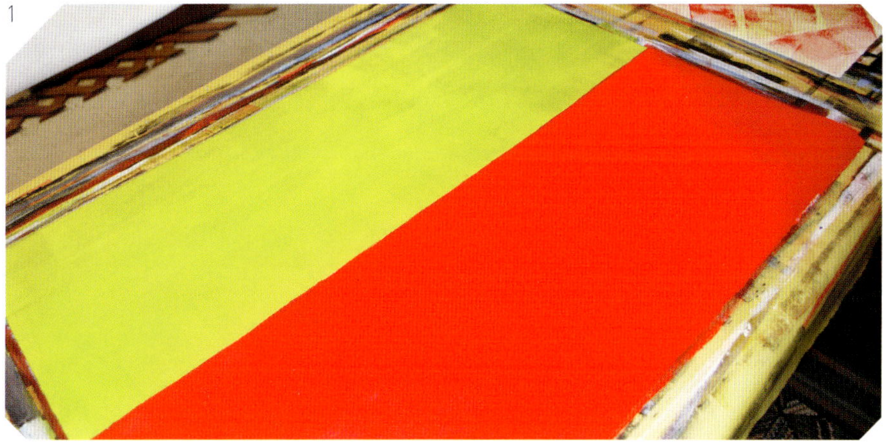

2. Für den ersten Korb benötigen Sie 3, 7 und 11 mm breite Streifen. Mit den 3 mm breiten Streifen beginnen; sie bilden das Zentrum. Dieses Muster wirkt wie ein stilisiertes Kreuz oder ein eingedelltes Quadrat, je nachdem, von welcher Seite aus man es betrachtet (2a und 2b). Die Ecken flechten wie in Schritt 11 von Projekt 1 beschrieben (2c; siehe Seite 40). Weil die Streifen unterschiedlich breit sind, gestaltet sich das eventuell als etwas schwieriger. Durch die starken Breitenunterschiede entsteht ein dramatisches Wellenmuster (2d).

3. Durch die Wellen erkennt man oft nicht auf Anhieb, ob das Geflecht rundum auf einer Höhe ist. Schauen Sie daher genauer hin und überprüfen Sie, ob alle außen liegenden Streifen in die eine und alle innen liegenden Streifen in die entgegengesetzte Richtung zeigen. Gerade schmale Streifen liegen gerne mal übereinander oder hinter breiteren Nachbarn, sodass sich hier leichter Fehler einschleichen. Achten Sie darauf, die Streifen beim Einflechten nicht zu überkreuzen.

2a

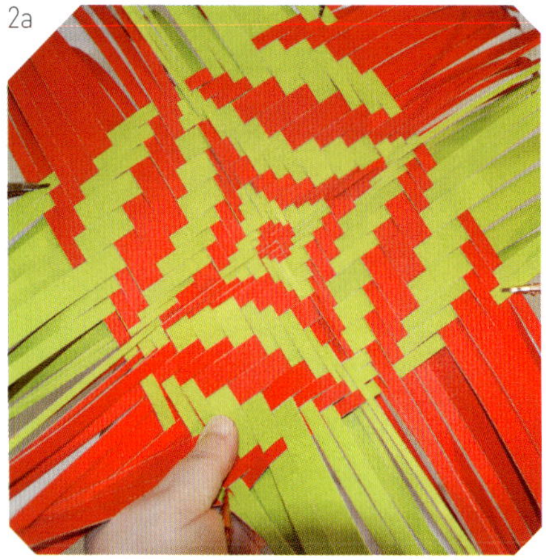

2d

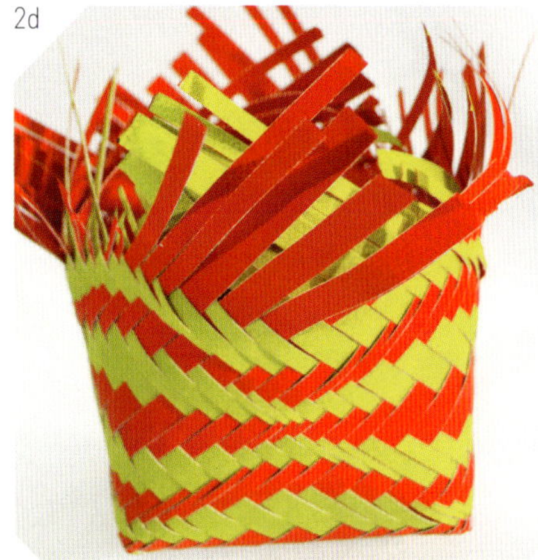

2b

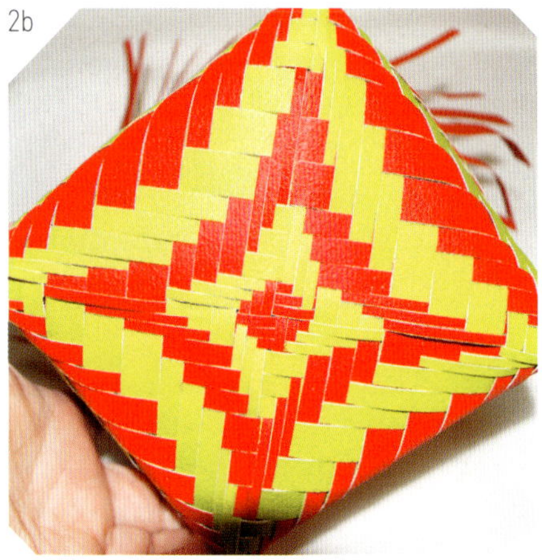

2c

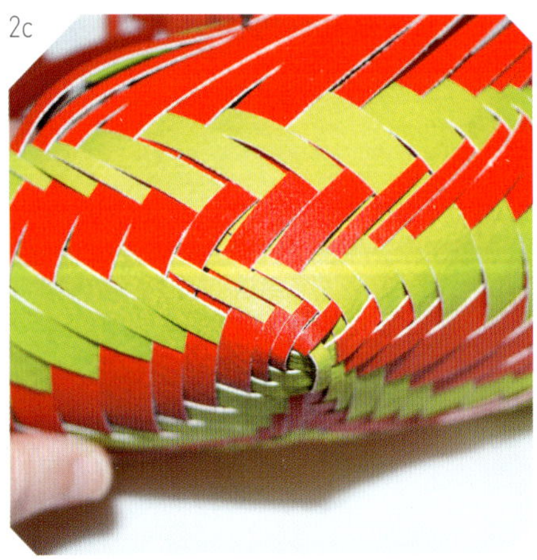

4. Für den zweiten Korb benötigen Sie 2, 3 und 4 mm breite Streifen. Sie beginnen mit den 4 mm breiten Streifen; sie bilden das Zentrum. Das Muster wirkt fast rund und wird nach außen immer quadratischer. Ist es nicht erstaunlich, wie sich dieses Muster von dem des Projekts davor unterscheidet? Die verschieden breiten Streifen machen das möglich.

5. Beim Verarbeiten zweifarbiger Streifen sollte der Farbwechsel unter dem mittleren Streifen verschwinden. Überprüfen Sie, ob der 3-, 2-, 1-Köper entlang des Zentrums die richtige Farbe hat. Oft gerät der Farbwechsel unter den falschen Streifen, vor allem bei über/unter 1, wie auf Bild 5 zu sehen. Der gelbe Bereich, auf den der Pfeil zeigt, müsste unter dem roten Streifen links neben dem Pfeil liegen.

6. Sind die Breitenunterschiede der Flechtelemente gering, entsteht ein sanftes Wellenmuster.

7. **Fertigstellung.** Möglichkeiten zur Gestaltung des Korbrands finden Sie auf Seite 70–119. Zu Randabschlüssen speziell für ondulierenden Köper siehe Seite 106–110.

4a

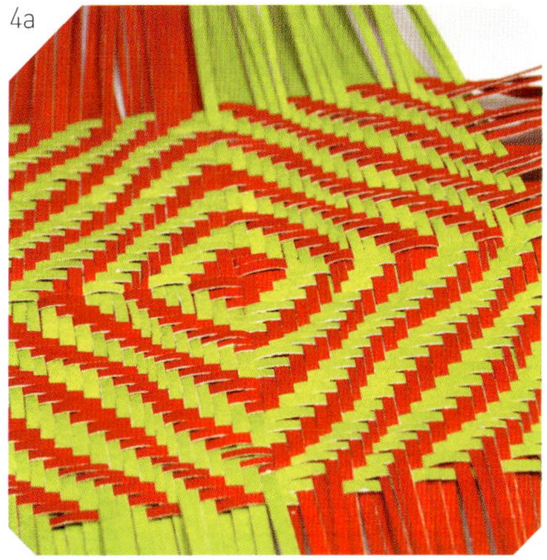

5

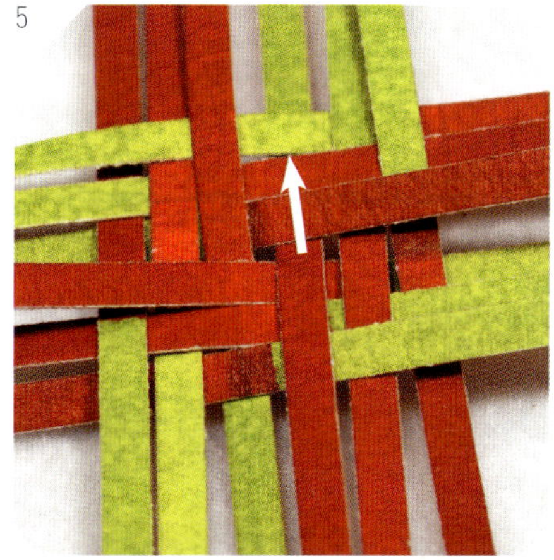

4b

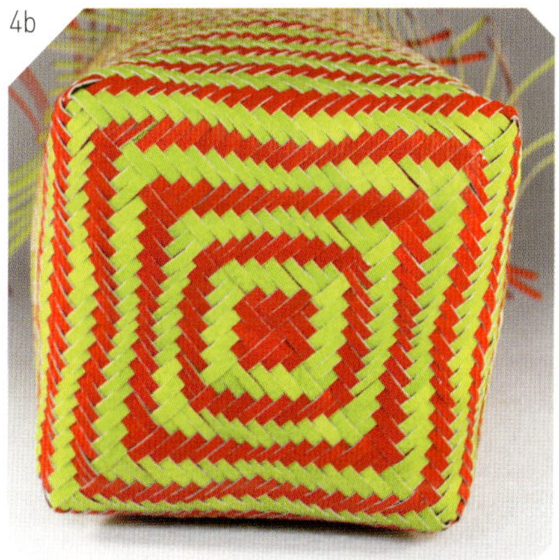

6

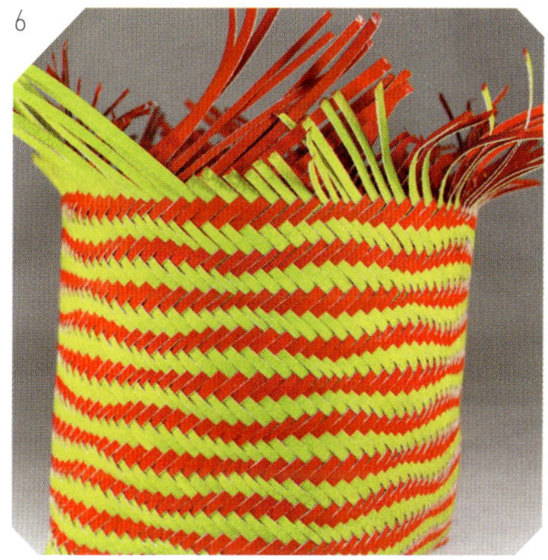

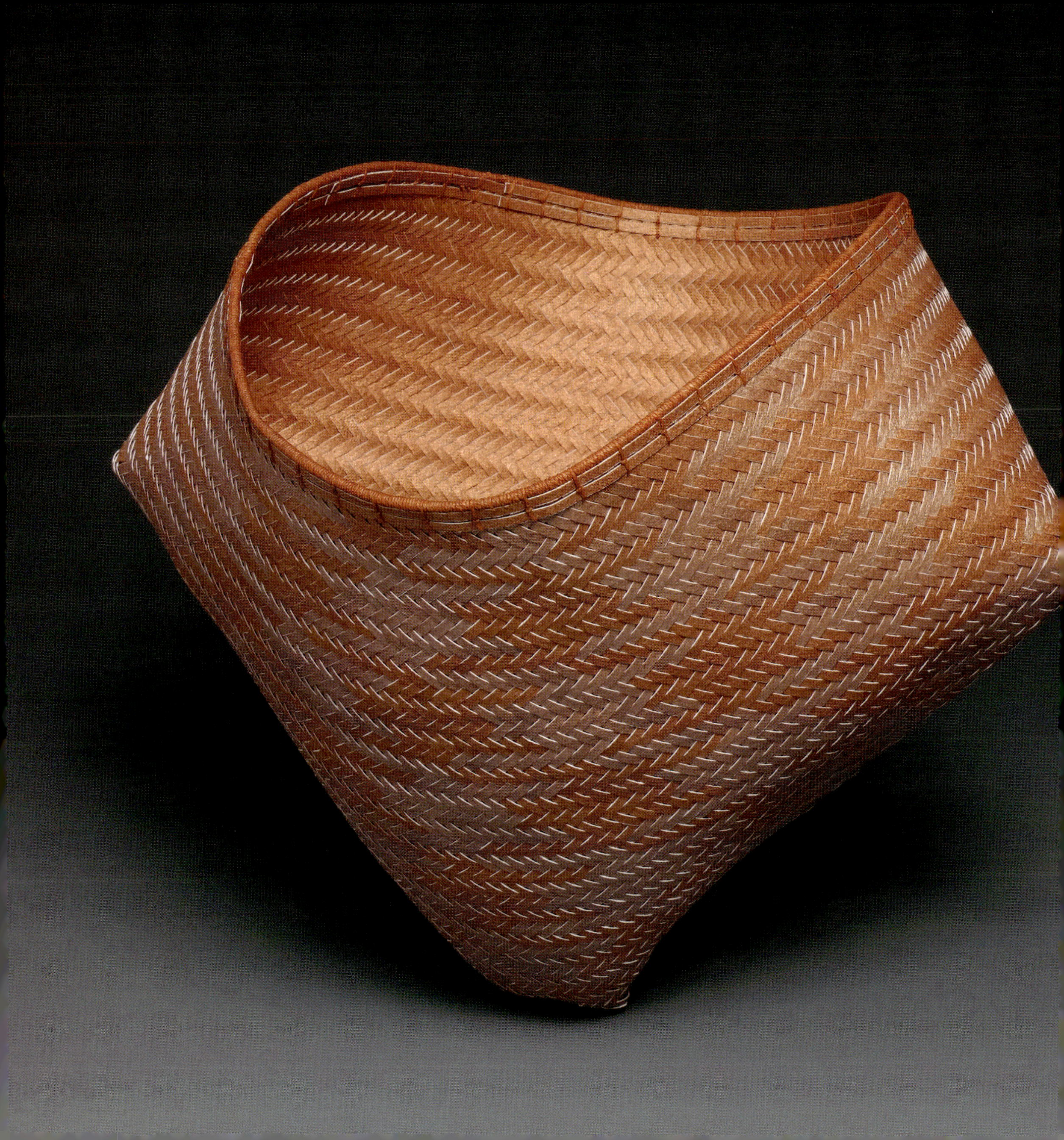

Randabschlüsse

Es gibt viele Möglichkeiten der Randgestaltung. Für welche Sie sich entscheiden sollten, hängt sowohl von Ihren Vorlieben als auch von der Form des Korbs ab. Alle Randabschlüsse, die hier beschrieben werden, sind für Körbe aus 5 bis 7 mm breiten Papierstreifen geeignet. Der umnähte, umknotete und umwickelte Rand kommt nur für Körbe aus mindestens 3 mm breiten Streifen infrage; sind die Streifen schmaler, hält der Faden nicht.

Zum Nähen verwende ich am liebsten vierfädiges gewachstes Leinengarn. Es ist robust und haftet gut, sodass Knoten nicht aufgehen. Wenn ich Garn in einer Farbe benötige, in der gewachstes Leinen nicht erhältlich ist, weiche ich auf gewachste Kunstseide aus. Doch trotz der riesigen Farbauswahl arbeite ich damit nicht so gerne wie mit Leinengarn. Auf der Kunstseide ist oft nicht viel Wachs zu finden. Und sie lässt sich schlechter vernähen, sodass ich kürzere Fadenlängen verwenden muss. Außerdem, und das ist vielleicht noch schlimmer, halten die Knoten nicht so gut.

Für einen einfachen umnähten oder umknoteten Rand benötigen Sie nicht unbedingt eine Einlage, die in die Kuhle zwischen dem vorderen und dem hinteren Rand gelegt wird. Falls Sie eine solche aber nutzen möchten, können Sie den Rand mit vielerlei schmücken: Ein Stück Schnur, Garn oder Peddigrohr etwa; geeignet sind aber auch zwölffädiges gewachstes Leinengarn, ein Zopf aus gewachstem Leinen (mein Favorit), naturfarbenes oder eingefärbtes Peddigrohr usw.

Bevor ich mich der Gestaltung des Rands widme, schlinge ich etwas unterhalb des Rands oft einen 0,5 mm starken Kupfer- oder Stahldraht um den Korb (siehe Foto). Stahldraht lässt sich meiner Erfahrung nach nicht so gut biegen wie Kupferdraht, erfüllt aber ebenfalls seinen Zweck. Sie

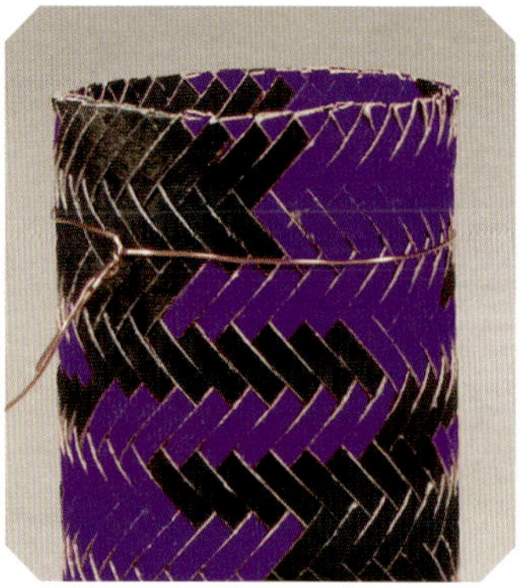

Vorausgehende Seite: «Lift Off V»; unten: «Rippled Saphire», Foto: Ken Rowe

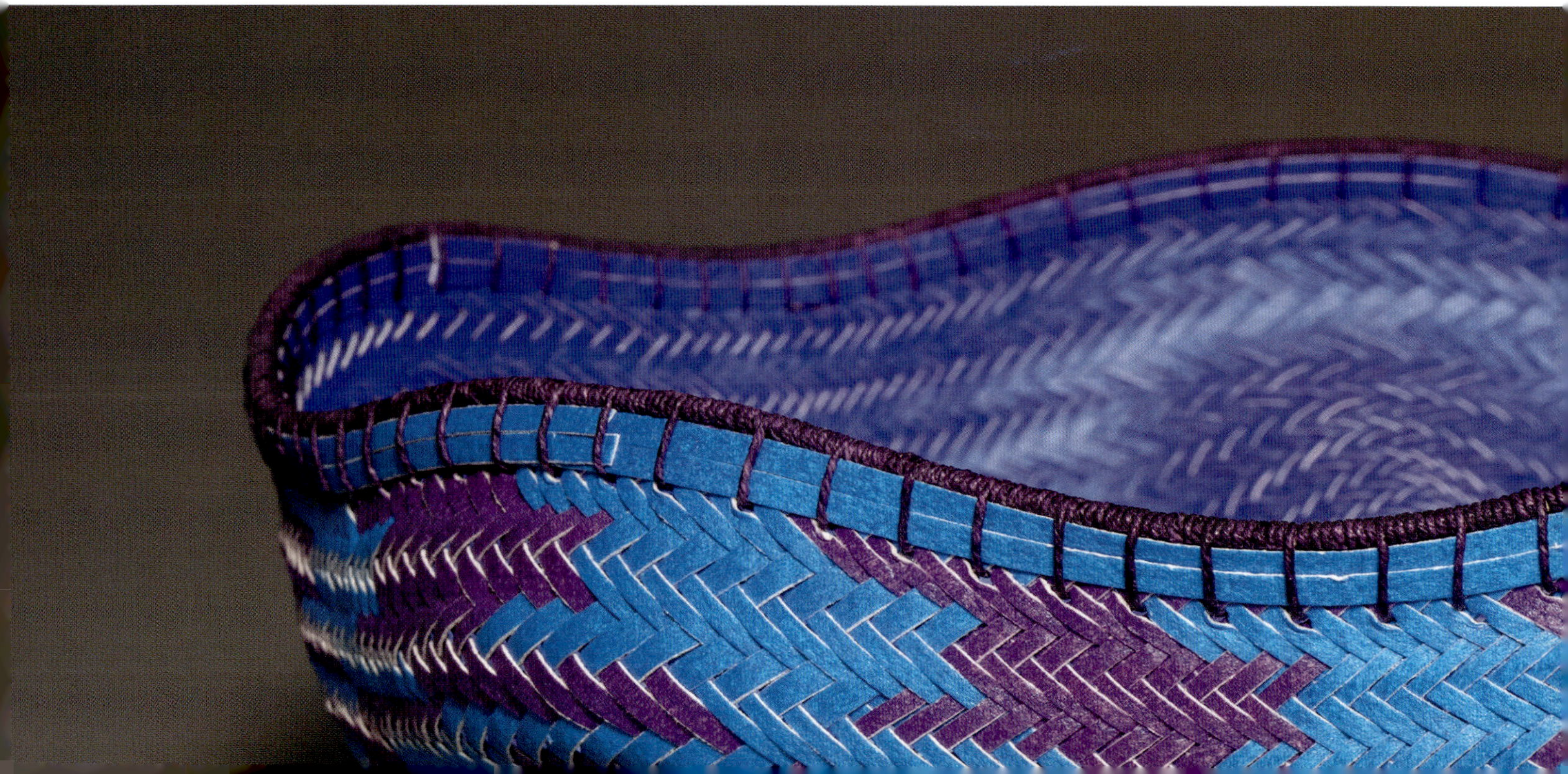

können den Rand natürlich auch ohne Drahtschlinge bearbeiten, doch diese verhindert, dass das Geflecht sich verschiebt oder lockert. Wenn der Randabschluss fertig ist, wird der Draht wieder entfernt. Manchmal nähe ich ihn versehentlich auch ein. Dann schneide ich ihn einfach durch – und schon gleitet er aus der Naht heraus.

Denken Sie bei der Vorbereitung Ihres Materials daran, dass Sie am Ende noch ein paar Streifen für den Randabschluss benötigen. Wenn Sie ausrechnen, wie viel Papier Sie für ein Objekt brauchen, müssen Sie den Rand und den beim Zuschneiden zwangsläufig entstehenden Verschnitt miteinrechnen. Kalkulieren Sie lieber zu großzügig als zu knapp. Es wäre jammerschade, wenn Sie den Korb, an dem Sie so hart gearbeitet haben, am Ende nicht fertigstellen könnten, weil Ihnen das Flechtmaterial ausgegangen ist.

Wenn Sie ausrechnen, in welchem Abstand Sie die Stiche beim Nähen setzen müssen, denken Sie daran, dass die Gesamtzahl der Streifen durch die Anzahl der Stiche teilbar sein muss. Bei allen Körben ist die Summe der Streifen durch zwei teilbar, bei den meisten auch durch drei – unter Umständen mit Ausnahme von Körben mit zwei Ecken oder mit rechteckiger Basis. In diesem Fall müssen Sie einen alternierenden Rhythmus finden, also z. B. nach 2 – 3 – 2 Streifen usw. einstechen, damit die Naht gleichmäßig wird.

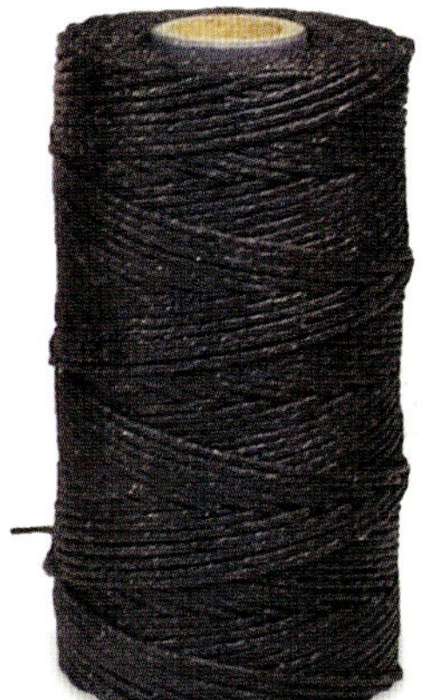

Vierfädiges gewachstes Leinen

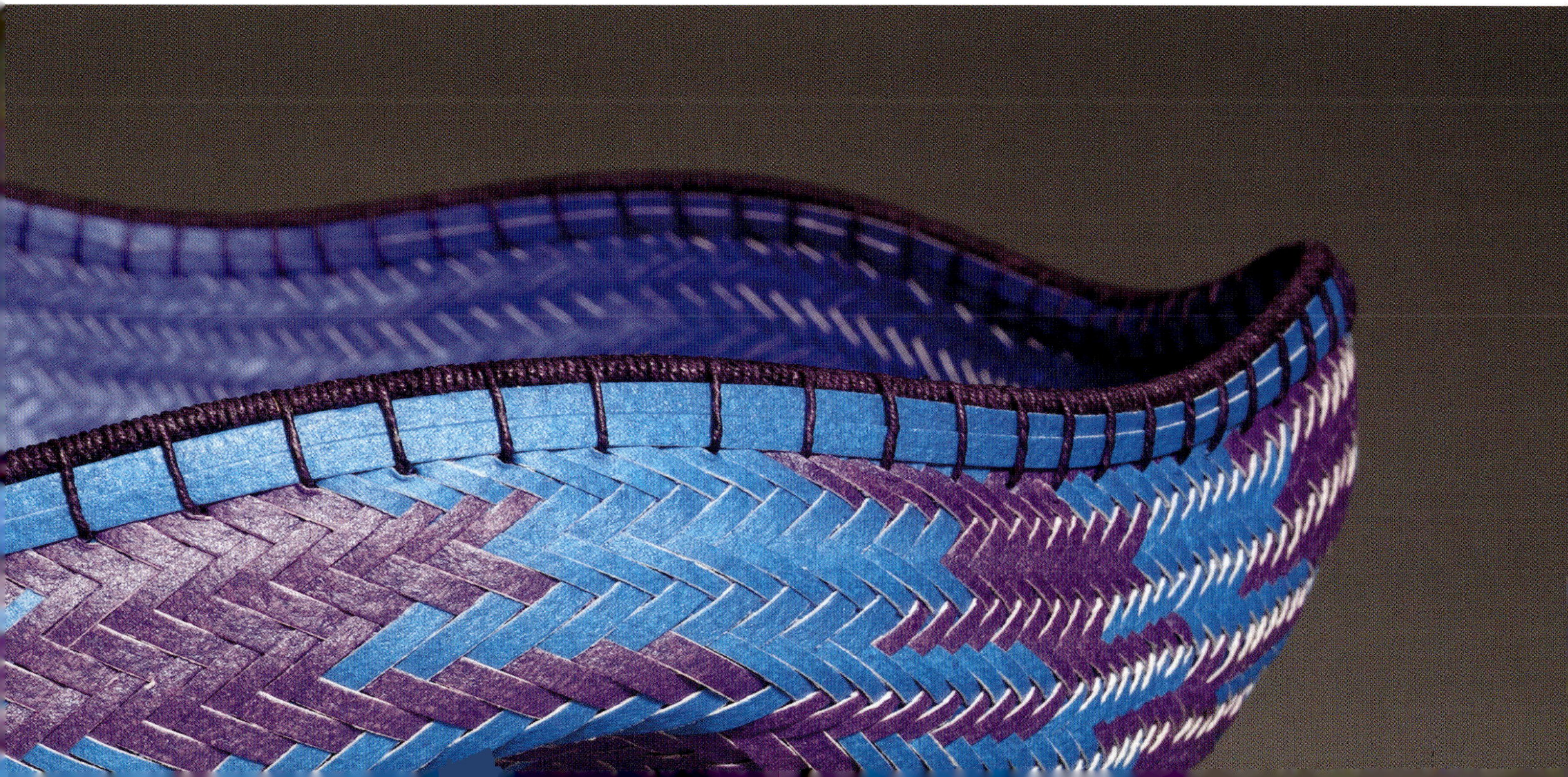

Gefaltete Ränder

Für einen gefalteten Rand müssen die Enden der Papierstreifen lang genug sein, um über 4 und unter 3 hindurchgefädelt zu werden. Länger ist vom Prinzip her noch besser. So können Sie die Enden fassen, wenn Sie diese abschneiden. Beim Falten entstehen rundum kleine Zacken.

Ausgangsbasis: Flechtweise siehe «Köperbindung im Diagonalgeflecht» (ab Seite 32); für die Gestaltung siehe Muster 1 (Seite 152)

Materialien
Papier: Ein Bogen grobkörniges Aquarellpapier (DIN A1, 300 g/m²), daraus 36 Streifen und einige Streifen für den Randabschluss herstellen

Zwei Farben, eine pro Seite (hier schwarz und türkisblau)

Flachahle
Seitenschneider
Draht, um den Korb bei der Fertigstellung in Form zu halten

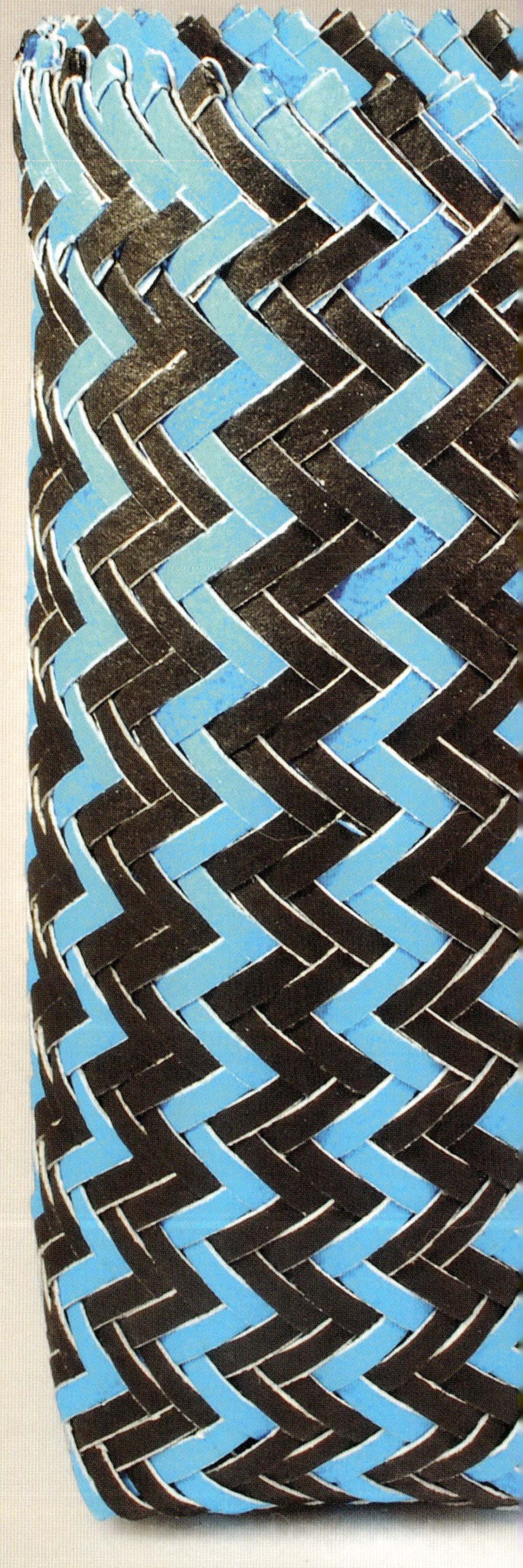

1. Etwas Grundsätzliches vorab: Betrachten Sie die Streifen immer paarweise. Einen innen liegenden Streifen nach vorne biegen (1a) und umfalten (1b). Das Geflecht mit einer Flachahle ein wenig lockern und den Streifen über 4 und unter 3 hindurchfädeln – derart weben Sie den Streifen über sich selbst (1c). Bei diesem Randabschluss beginnen Sie immer von der Innenseite her.

1a

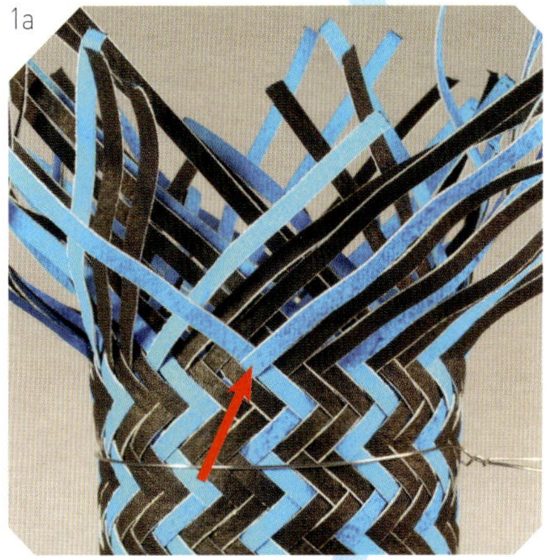

1b

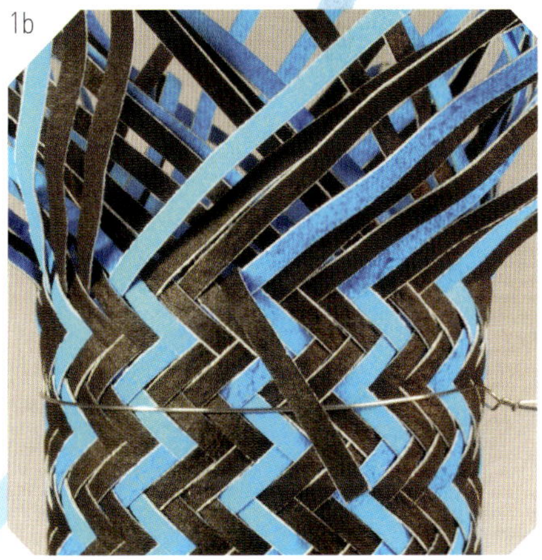

1c

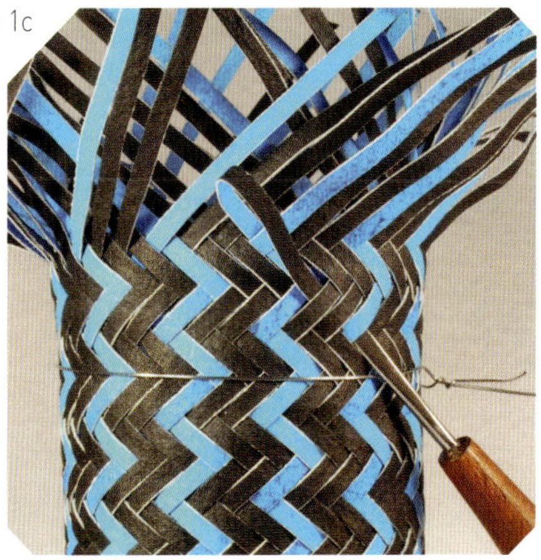

2a

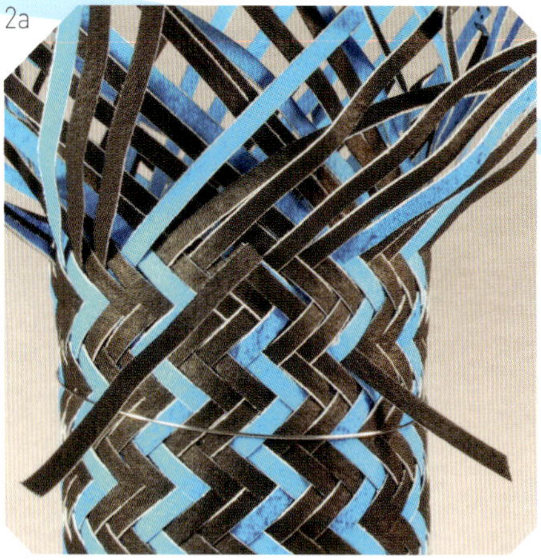

2b

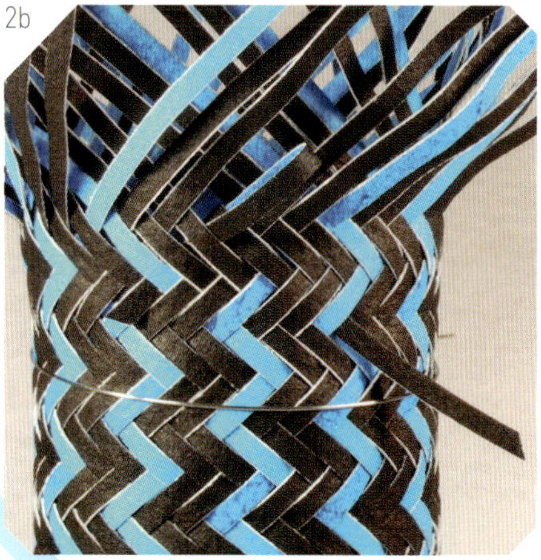

2c

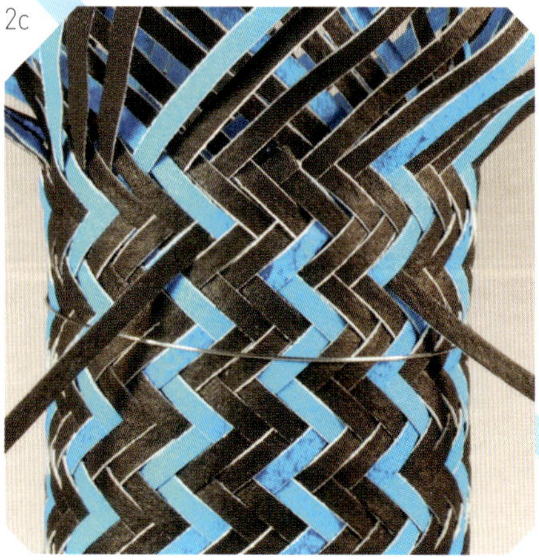

2d

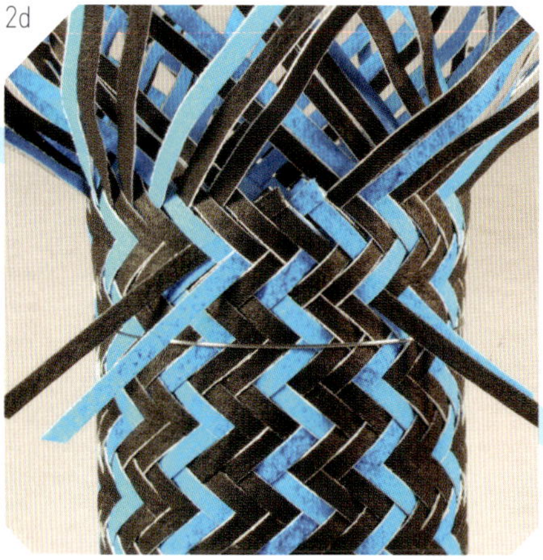

2e

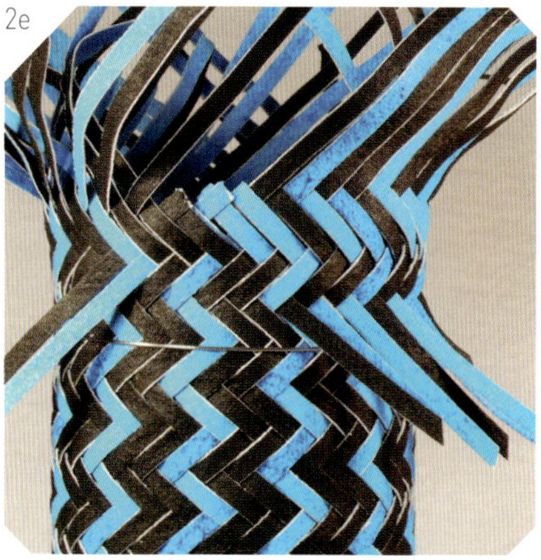

2f

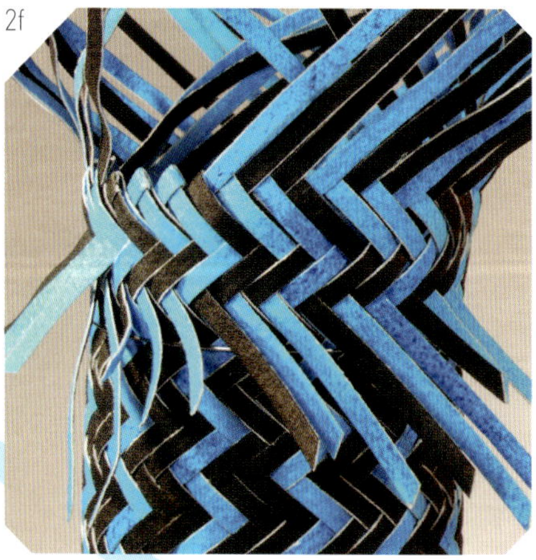

2g

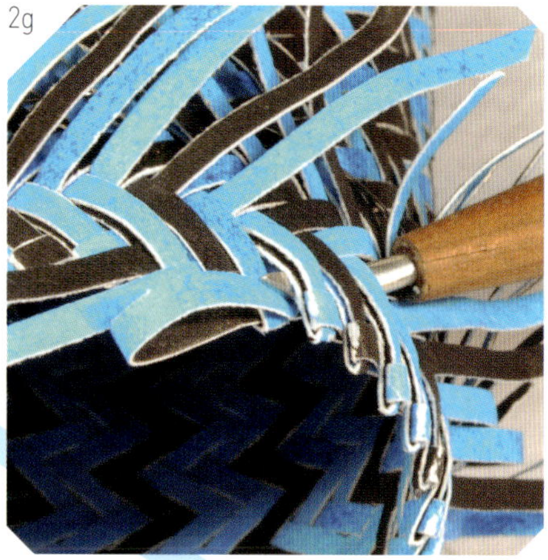

2. Den Streifen, der aus dem eben gefalteten Flechtelement herausschaut und in die andere Richtung zeigt, falten Sie nach vorne um (2a) und fädeln ihn über 1 und unter 3 hindurch (2b und 2c). Auf diese Weise fortfahren (2d) – oder zunächst alle innen liegenden Streifen und anschließend alle Streifen, die in die andere Richtung zeigen, umfalten (2d und 2f). So mache ich es meistens. Eventuell liegen die Streifen nach dem Einfädeln der ersten Portion doppelt, dann müssen Sie die Streifen, die übrig bleiben, unter beiden Lagen durchziehen (2g).

3a

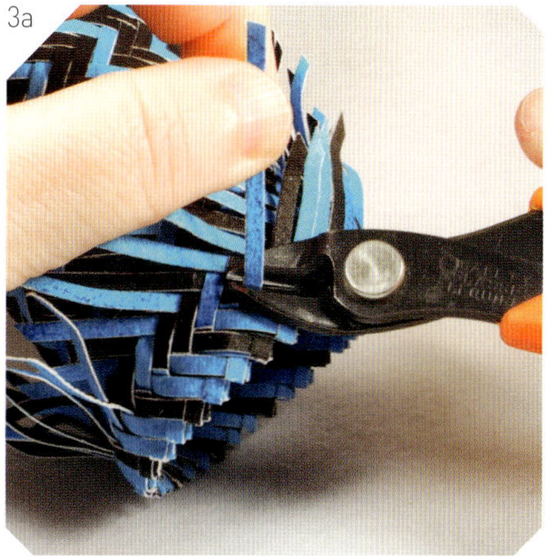

3b

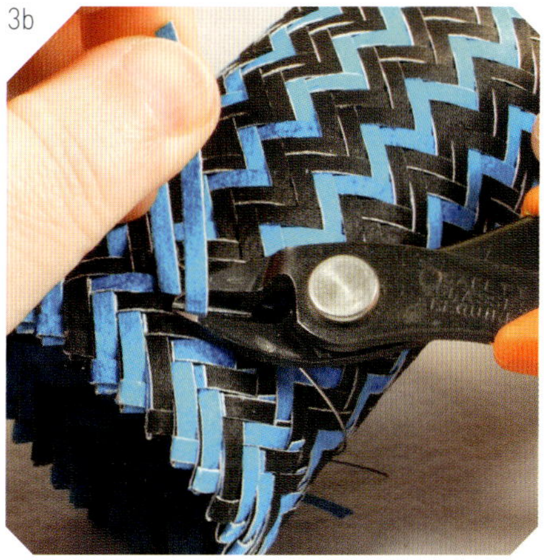

3. Wenn Sie fertig sind, können Sie die Streifenenden abschneiden – oder, wenn sie lang genug sind, noch weiter in das Geflecht einarbeiten. Ich arbeite zunächst in die eine und dann in die andere Richtung und versuche, die Enden so knapp wie möglich zu kappen, damit sie unter das Geflecht rutschen. Das funktioniert am besten, wenn ich ein wenig an den Streifen ziehe, um sie abzuschneiden. Das Ergebnis ist trotzdem nicht immer perfekt, manchmal lugt an der ein oder anderen Stelle das Ende eines Streifens hervor. Das ist nicht weiter schlimm, denn außer Ihnen wird es niemandem auffallen (3a). Die Streifen, die in die andere Richtung zeigen, auf die gleiche Weise zurückschneiden (3b).

4. Der Korb ist fertig. Körbe können auch komplett doppelwandig gearbeitet werden. Dafür benötigen Sie etwa doppelt so lange Streifen wie üblich. Ist die Öffnung weit genug, um mit beiden Händen im Inneren des Korbs zu arbeiten, können Sie die Streifenenden auch nach innen einflechten. Dann beginnen Sie mit den außen liegenden Streifen und arbeiten anschließend die innen liegenden ein. Die Reihenfolge ist also anders herum, als auf der Seite zuvor beschrieben.

Es ist auch möglich, alle Streifen, die in eine Richtung zeigen, nach außen, und alle, die in die andere Richtung zeigen, nach innen zu falten. Welche Streifen auf welcher Seite liegen sollen, ist Geschmackssache; hier spielen Farben und optische Wirkung eine entscheidende Rolle.

Die Farbe(n) des Papiers und das Flechtmuster haben großen Einfluss auf das Aussehen des Rands. Wenn Sie insgesamt drei Farben verwendet haben, erhält der Rand eine weitere Farbe und damit ein zusätzliches Designelement.

4

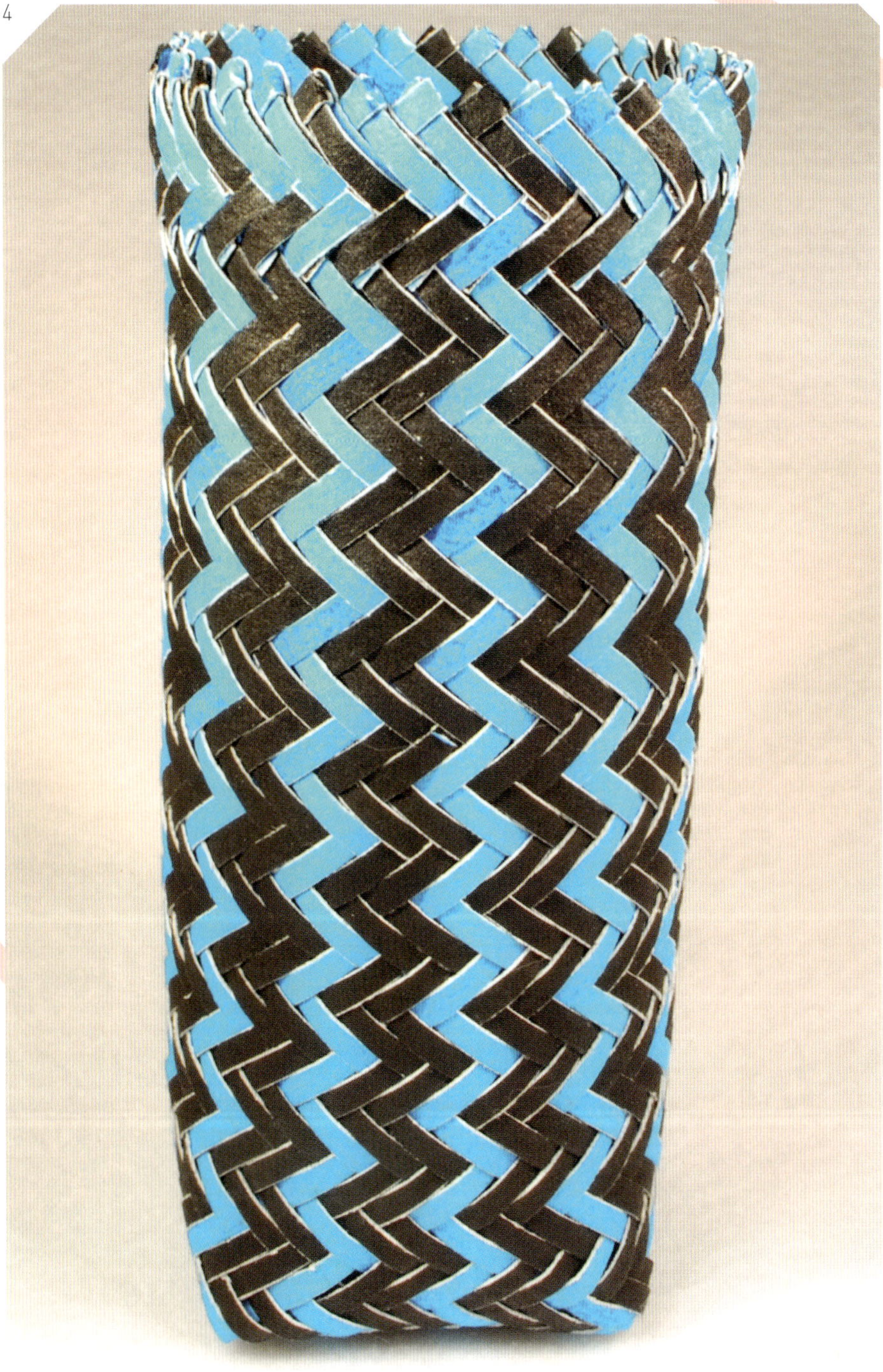

Umnähte Ränder

Für einen umnähten Rand muss der Korb rundum auf die gleiche Höhe geschnitten werden (Seite 80). Anschließend können Sie eine der im Folgenden genannten Techniken anwenden:

- Randabschluss mit Überwendlingsstich
- Randabschluss mit Kreuzstich
- Randabschluss mit Knoten
- Umwickelter Rand
- Mehrfach umwickelter Rand
- Randabschluss für ondulierenden Köper

Ob Sie zum Nähen einen eher kurzen oder einen eher langen Faden verwenden, spielt keine große Rolle: Er wird sich ohnehin fast zwangsläufig verknoten oder verheddern – sei es in den Klammern, die den Rand zusammenhalten, in dem Draht, der um den Korb geschlungen ist, oder im Geflecht selbst. Um sich die Arbeit zu erleichtern, können Sie die miteinander verschlungenen Enden des Drahts von sich wegdrehen, sodass der Faden nicht mehr in Gefahr ist, sich darin zu verfangen. Wenn Sie einen Knoten im Garn entdecken, lösen Sie ihn sofort, damit er sich nicht festzieht und beim Durchziehen des Fadens den Korb oder das Peddigrohr beschädigt.

Gewisse Frusterlebnisse werden Ihnen trotzdem kaum erspart bleiben. Bei einfach umnähten oder umknoteten Randabschlüssen gibt es die wenigsten Probleme, doch bei umwickelten wird es manchmal heikel. Trotzdem rate ich Ihnen dazu, den Faden lieber zu lang als zu kurz abzuschneiden – so müssen Sie seltener ansetzen und können es auf ein Minimum beschränken, aneinandergeknotete Fadenenden auf der Innenseite des Korbs unter dem Geflecht verstecken zu müssen. Entscheiden Sie selbst, wie es für Sie am besten passt.

Ich empfehle Ihnen, wann immer Sie den Korb hinstellen oder Peddigrohr anschrägen, das Fadenende am Korbrand festzuklammern, damit die Naht sich nicht lockert, vor allem bei umwickelten Rändern. Eine aufgegangene Naht zu erneuern, das macht viel Arbeit.

Zurückschneiden des Rands

1. Ich verwende zum Zurückschneiden des Rands einen Seitenschneider und trimme mit ihm beide Papierlagen auf einmal.

2. Es spielt keine Rolle, ob die außen liegenden Streifen nach dem Zurückschneiden nach rechts oder nach links zeigen (2a und 2b).

   Beachten Sie, dass der einfache Randabschluss (Seite 81), der Randabschluss mit Knoten (Seite 87) und der umwickelte Rand (Seite 92) sich nur für Papierstreifen von mindestens 5 bis 7 mm Breite eignen. Die sich kreuzenden Streifenenden müssen in beiden Richtungen so lang sein, dass der Rand nicht gleich aufgeht.

3. Je schmaler die Streifen sind, umso weniger Material ist vorhanden, das den Faden am Ausreißen hindert (3a und 3b).

   Es ist wichtig, dass man beim Zurückschneiden des Rands rundum auf einer Höhe bleibt. Oft landet man am Ende der Runde etwas tiefer oder höher, als es erforderlich ist. Dann muss man nachbessern.

1

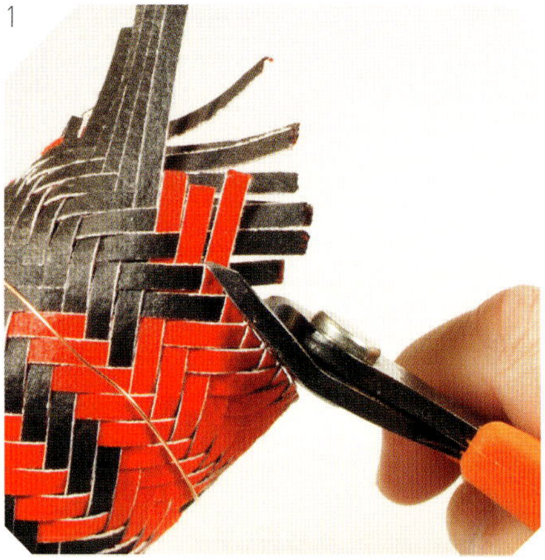

3a

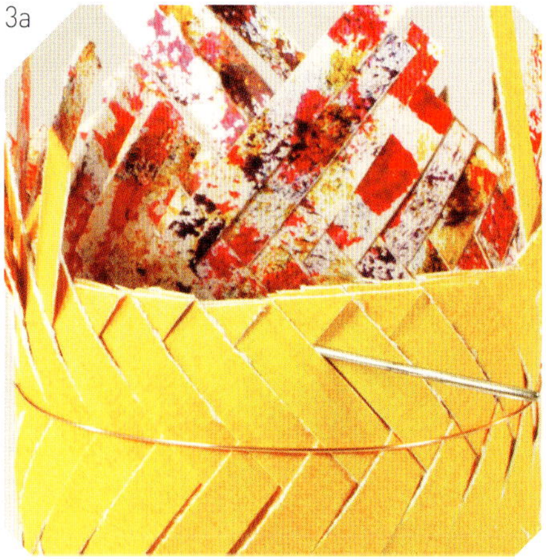

2a

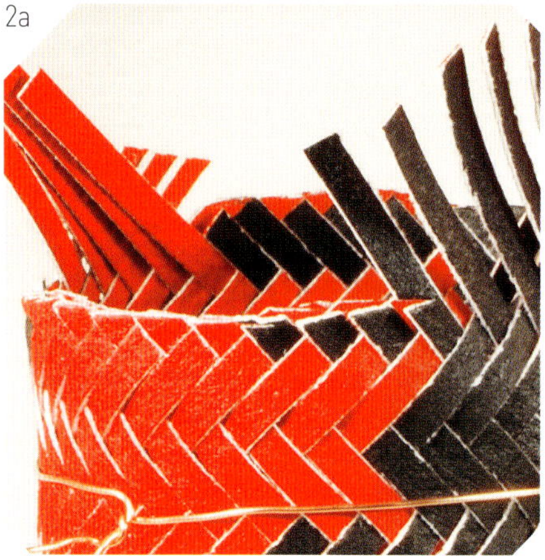

3b

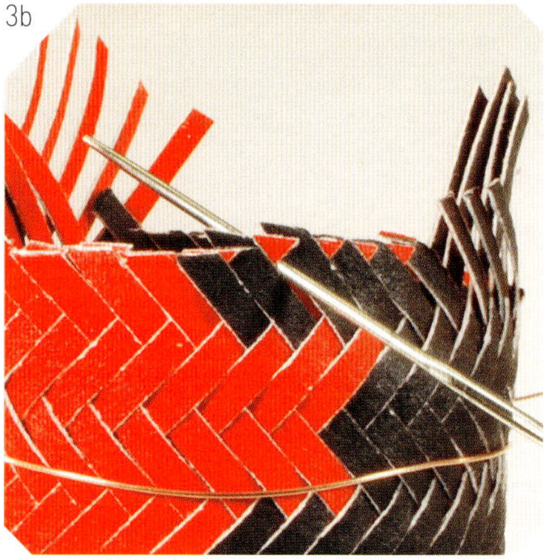

2b

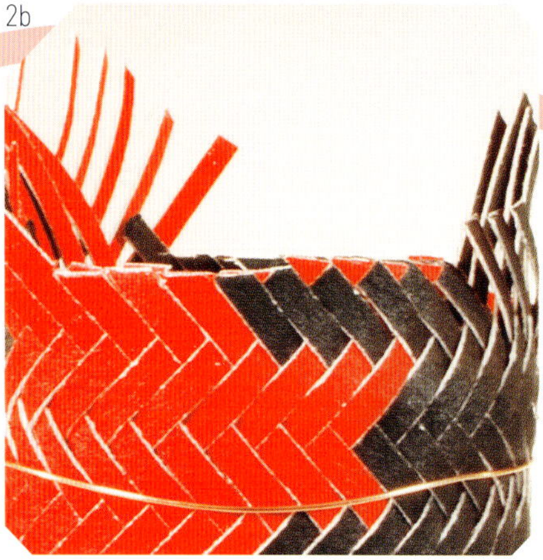

Einfacher Randabschluss mit Überwendlingsstich (und Kreuzstich)

Dieser Rand eignet sich nur für Körbe aus mindestens 7 mm breiten Streifen, weil pro Seite lediglich ein Randstück verwendet wird. Beim Überwendlingsstich wird nur in eine Richtung genäht, beim Kreuzstich wird der Faden über Kreuz zurückgeführt.

Ausgangsbasis: Projekt 1 (Seite 36) mit Papierstreifen in den unten genannten Farben; für den zweifarbigen Korb siehe Muster 4 (Seite 153)

Materialien

Papier: Ein Bogen grobkörniges Aquarellpapier (DIN A1, 300 g/m²), daraus 24 Streifen und einige Streifen für den Randabschluss herstellen

Zwei Farben, eine pro Seite (hier gelb und rot-weiß-gelb)

Klammern
Transparenter Klebstoff
Sticknadel ohne Spitze, Stärke 18
Schere und Seitenschneider
Flacher Zahnstocher
Draht, 0,5 mm Durchmesser, um den Korb in Form zu halten
Gewachstes Leinengarn oder gewachste Kunstseide

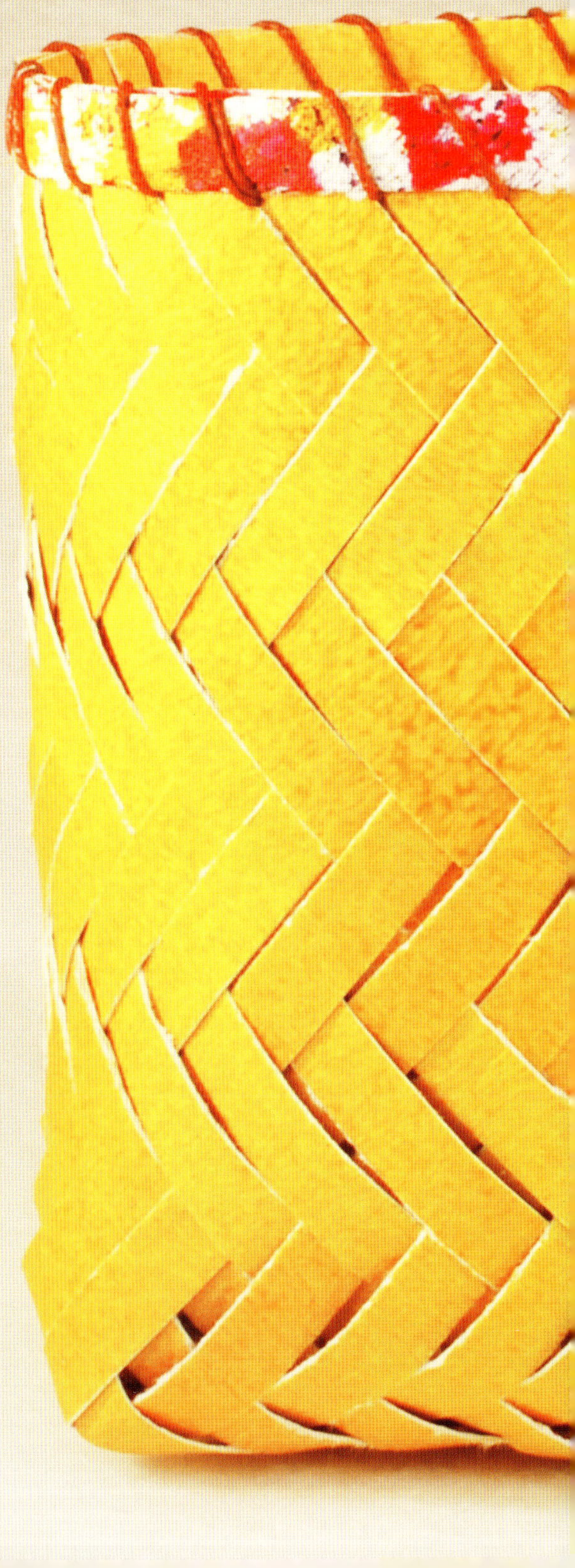

1. Nach dem Zuschneiden der Kante benötigen Sie zwei Papierstreifen in ausreichender Länge: einen für die Innenseite und einen für die Außenseite des Rands (1a). Legen Sie beide so an, dass die Anfänge der Papierstreifen ungefähr gegenüberliegen. Klammern Sie sie rundum fest. Die Enden sollten einander etwa 4 bis 5 cm (oder mehr) überlappen, je nach Breite der Streifen und Größe des Korbs. Je weiter sie übereinanderliegen, umso einfacher lassen sie sich umnähen. Ich schneide die Enden erst ab, wenn ich mindestens drei Überwendlingsstiche angebracht habe, manchmal auch mehr. Doch mit drei Stichen ist der Rand ausreichend gesichert. Ist das Material knapp, langen auch mal zwei Stiche. Aber einer ist definitiv zu wenig. Sind die Streifen bei mir einmal zu kurz, stückle ich sie so, dass ich jeden Ansatz mit drei Überwendlingsstichen fixieren kann (1b). Der Innenumfang des Korbs ist kleiner als der Außenumfang – ein kürzeres Randstück mag für ihn genügen. Wenn Sie den Rand betonen wollen, können Sie jetzt eine Einlage zufügen (siehe Schritt 11, Seite 86).

1a

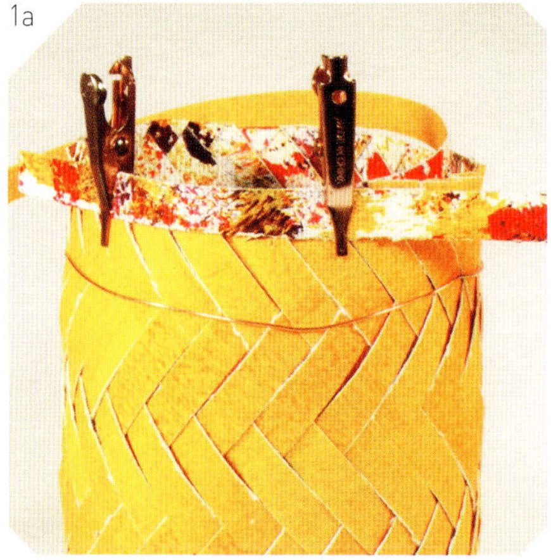

1b

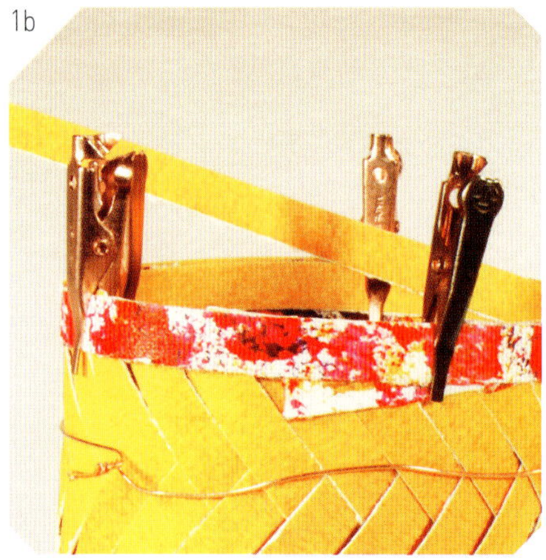

2. Zum Nähen benötigen Sie eine Sticknadel ohne Spitze, deren Öhr groß genug für gewachstes Leinengarn oder Kunstseide ist. Ich verwende eine Nadel in Stärke 18. Für dünneres oder dickeres Garn ist jeweils eine andere Nadelstärke erforderlich. In der Regel schneide ich den Faden auf Armlänge zu. Bei entsprechender Größe des Korbs wird das allerdings nicht reichen, um den Rand komplett zu umnähen. Arbeiten Sie einfach mit der Fadenlänge, mit der Sie am besten zurechtkommen.

3. Fädeln Sie den Faden ein, legen Sie das Fadenende über den Rand und klammern Sie es fest (4a).

4. Stechen Sie die Nadel zwischen zwei Streifen direkt unterhalb des Rands von außen ein und auf der gleichen Höhe wieder aus (also gleich unterhalb des inneren Randstreifens; 4a). Ziehen Sie den Faden fest, ohne das Geflecht zu verziehen. Meist lege ich die Naht parallel zu den Flechtstreifen an, doch Sie können natürlich auch andere Varianten ausprobieren (4b).

3

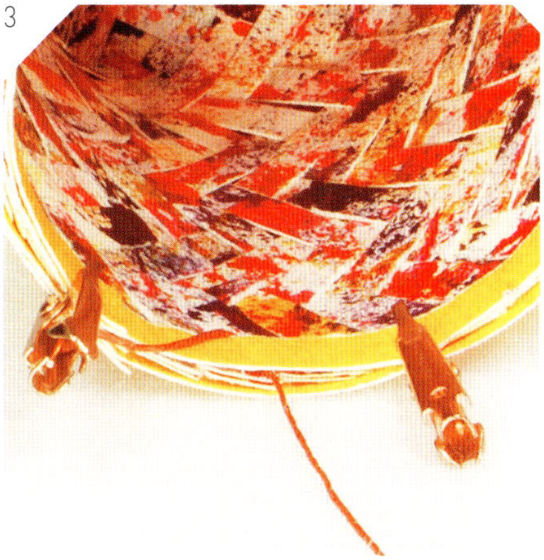

4a

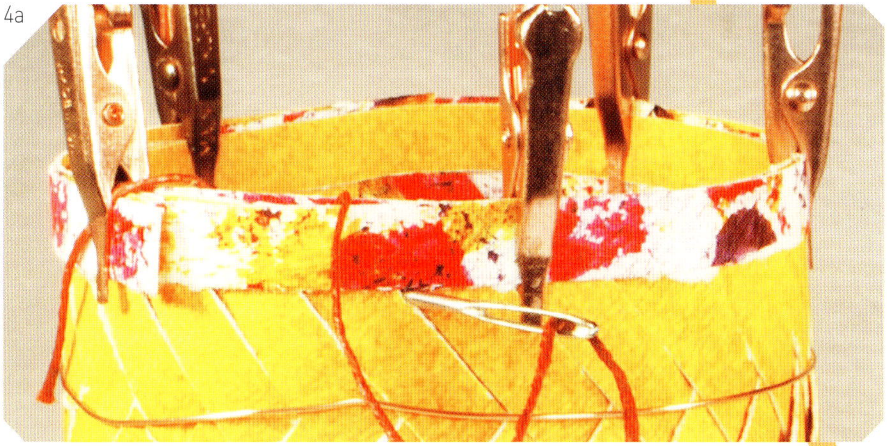

4b

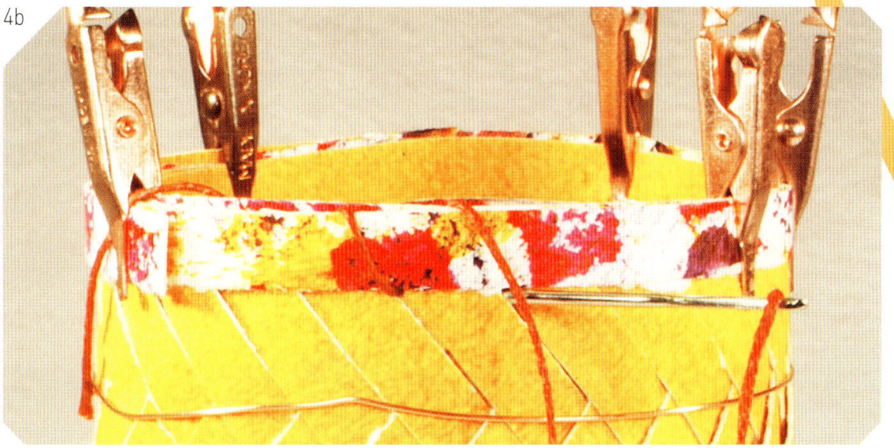

5

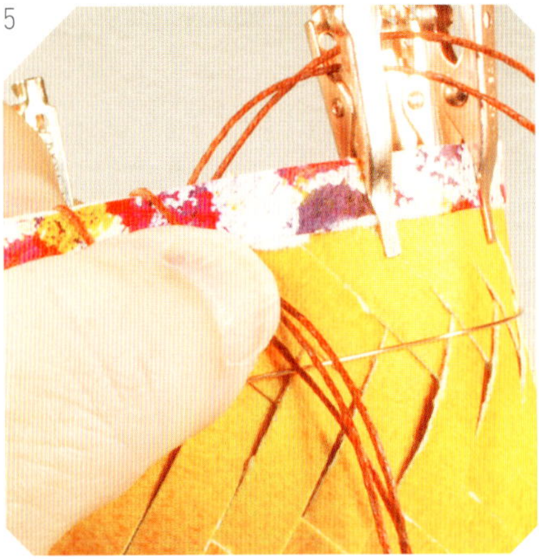

6

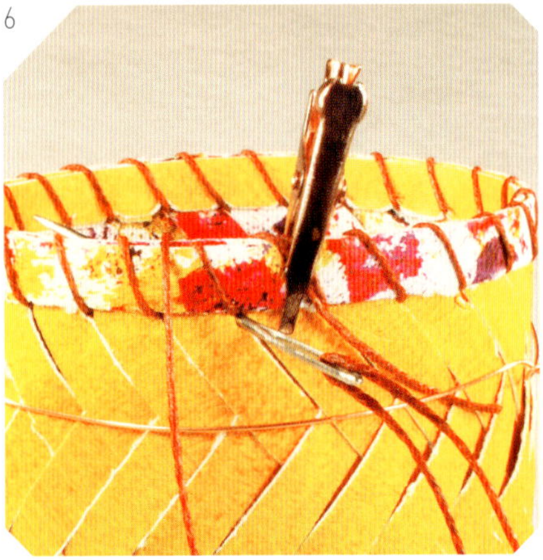

7a

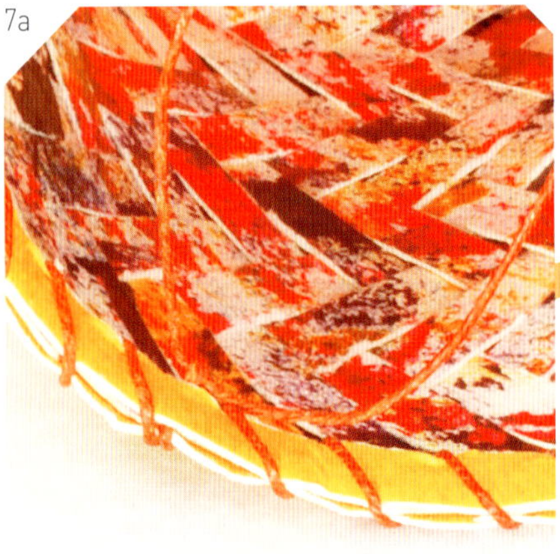

7b

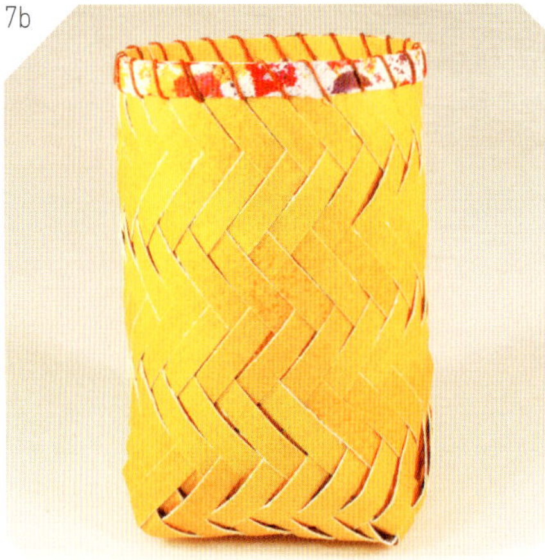

5. Den Faden nach vorne holen, mit dem Daumen straff halten und die Nadel zwischen den beiden nächsten Streifen wieder einstechen. Je nach Größe des Korbs können Sie den Faden durch jeden Zwischenraum führen oder jeweils einen oder zwei Streifen überspringen. Ich steche die Nadel tatsächlich immer nach jedem Flechtelement ein. Fahren Sie mit dem Nähen fort, bis Sie den Korb beinahe umrundet haben. Wenn Sie bei Ihrer Arbeit merken, dass ein Flechtstreifen hervorlugen sollte – und damit zu lang ist –, schneiden Sie ihn bündig zum Randstreifen ab.

6. Bevor Sie den Anfang der Naht erreichen, müssen Sie noch das Fadenende aus dem Weg räumen (hier ist es nach rechts gelegt) und festklipsen. Zum Schluss führen Sie die Nadel erneut durch den ersten Stich.

7. Jetzt können Sie die Fadenenden entweder verknoten oder mit einem Kreuzstich fortfahren (Schritt 8 und 9, auf der gegenüberliegenden Seite). Der Knoten sollte möglichst dicht am Rand liegen (7a). Tragen Sie mit einem flachen Zahnstocher einen Tropfen Klebstoff auf, um den Knoten zu sichern. Wenn der Klebstoff getrocknet ist, können Sie die Fadenenden abschneiden. Bei Verwendung von Kunstseide sollten Sie den Knoten sofort mit Klebstoff sichern, damit er nicht aufgeht. Wenn Sie beim Faden stückeln müssen, legen Sie das zweite Fadenende über den Rand, wie bei Punkt 3 beschrieben. Sie tun dies zusammen mit dem nach innen hängenden Ende des ersten Fadens, klammern beide fest und nähen weiter. Nach ein paar Stichen (oder nach dem Fertigstellen der Naht) können Sie die beiden Fadenenden dicht am Rand verknoten (7b).

8a

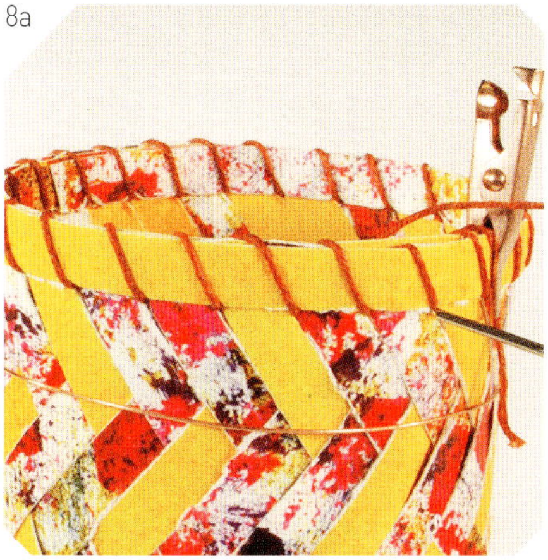

8b

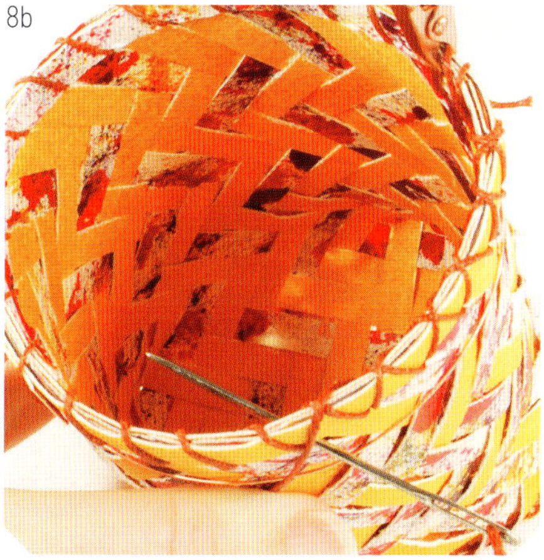

9

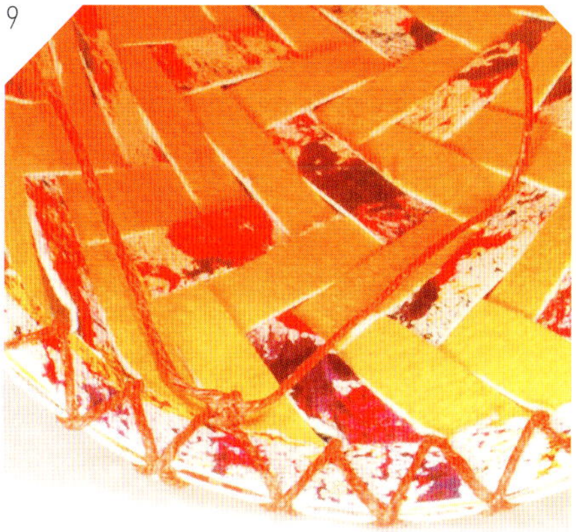

8. Anstatt die Fadenenden am Ende der Naht zu verknoten, können Sie auch einfach im Kreuzstich weiternähen. Sie müssen hierfür nur die Richtung wechseln und in dieselben Löcher stechen wie zuvor (8a). Ich richte die Fäden schon beim Nähen so aus, dass das Fadenkreuz genau auf der Kante liegt (8b). Soll es unterhalb der Kante liegen, müssen Sie die erste Naht in einem anderen Winkel gestalten. Lugt zwischen den Randstreifen das Ende eines Flechtstreifens hervor, schneiden Sie es bündig ab.

9. Sobald Sie den Anfang der Naht erreicht haben, die Fadenenden möglichst dicht am Rand verknoten.

10. Vergleichen Sie die beiden Ränder: oben der Randabschluss mit einfachem Überwendlingsstich (10a), unten der Randabschluss mit Kreuzstich (10b).

11. **Einlagen**
Wenn Sie den Rand betonen möchten, verwenden Sie zusätzlich eine Einlage. Sie wird beim Festklammern der Randstücke eingelegt (11a). Die Enden sollten einander, je nach Korbgröße, um 2 bis 2,5 cm überlappen. Den Anfang zwischen Korb und Innenrand (11b) und das Ende zwischen Korb und Außenrand legen (11c). Die Enden am besten so ausrichten, dass sie später unterhalb eines Fadenkreuzes liegen. Versehen Sie sie mit ein wenig Klebstoff und drücken Sie sie fest. So sind sie gut gesichert.

10a
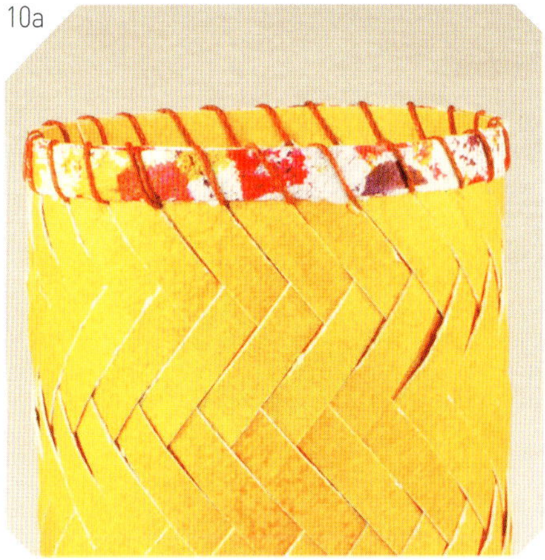

11b
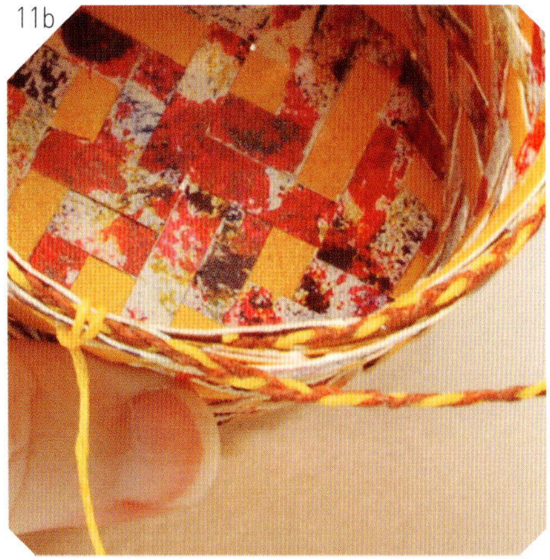

10b
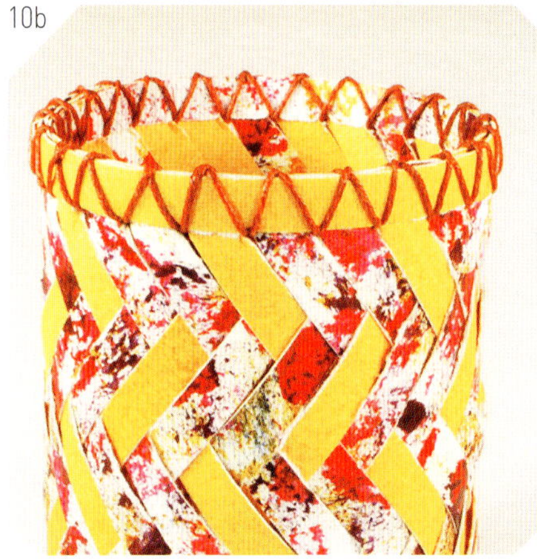

11c
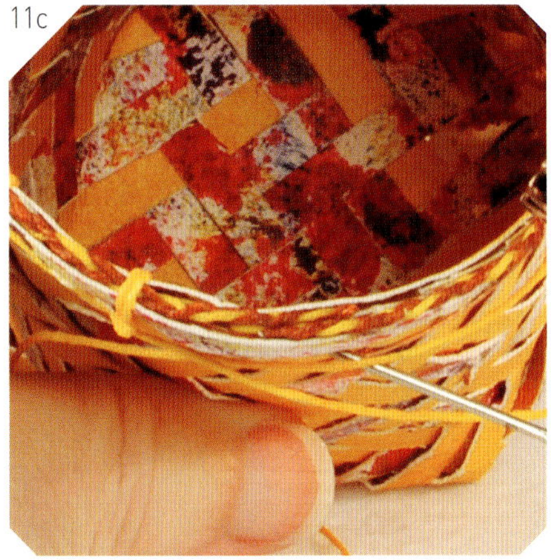

11a
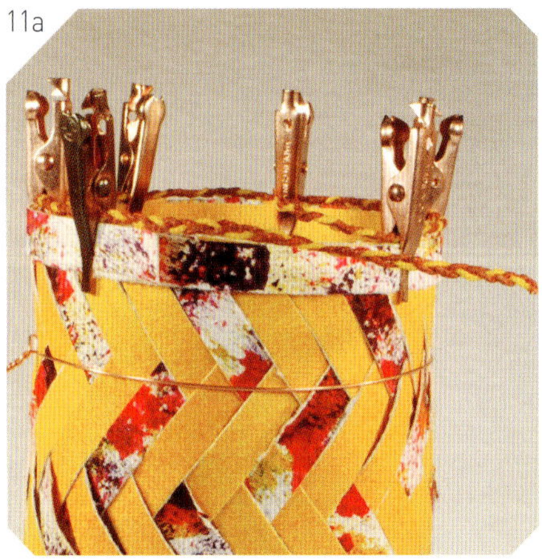

Randabschluss mit Knoten

Diesen dekorativen, einfachen Randabschluss habe ich einem Korbflechter vom Volk der Hmong abgeschaut. Er war Linkshänder, sodass auch ich die Technik ursprünglich links herum gelernt habe.

Ausgangsbasis: Projekt 1 (Seite 36); für die Gestaltung siehe Muster 4 (Seite 153)

Materialien

Papier: Ein Bogen grobkörniges Aquarellpapier (DIN A1, 300 g/m^2), daraus 24 Streifen und einige Streifen für den Randabschluss herstellen

Zwei Farben, eine pro Seite (hier gelb und rot-weiß-gelb)

Klammern
Transparenter Klebstoff
Sticknadel ohne Spitze, Stärke 18
Schere und Seitenschneider
Einlage, hier Dreistrangzopf aus Leinengarn
Flacher Zahnstocher
Gewachstes Leinengarn oder gewachste Kunstseide
Draht, 0,5 mm Durchmesser, um den Korb in Form zu halten

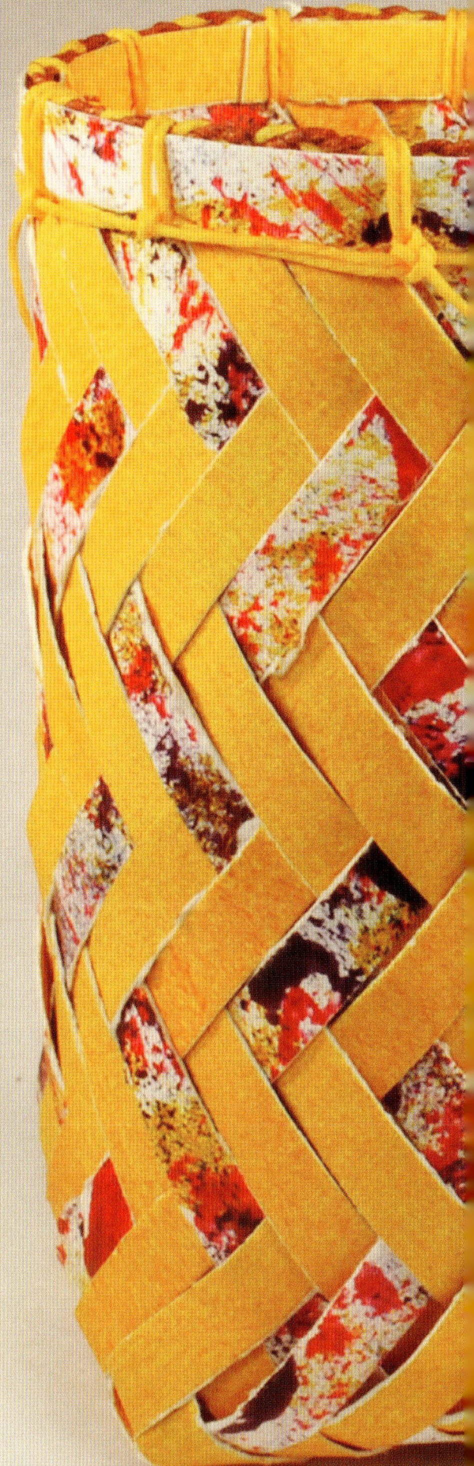

1

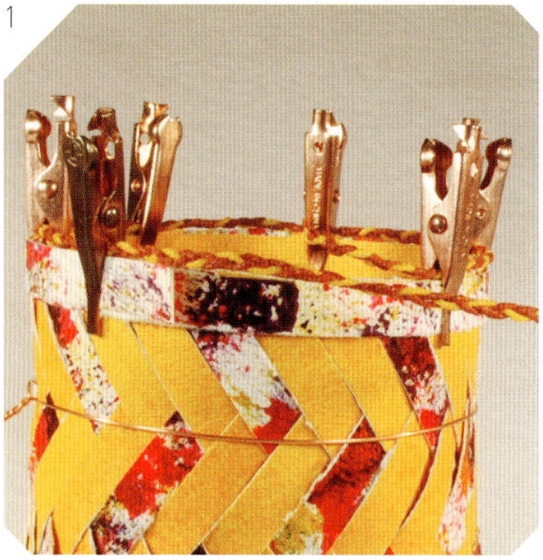

2

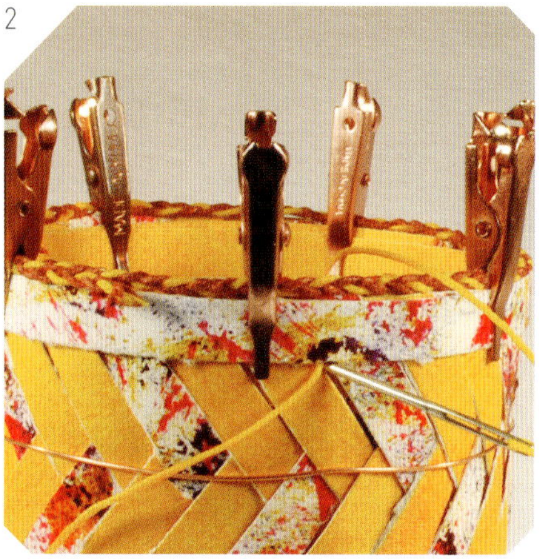

1. Nach dem Zuschneiden der Kante benötigen Sie zwei Papierstreifen in ausreichender Länge, einen für die Innenseite und einen für die Außenseite des Rands. Beide so anlegen, dass die Anfänge ungefähr gegenüberliegen. Klammern Sie sie rundum fest. Die Enden sollten einander etwa 4 bis 5 cm (oder mehr) überlappen, je nach Breite der Streifen und Größe des Korbs. Dieser Randabschluss eignet sich nur für Körbe aus mindestens 5 mm breiten Streifen, da lediglich ein Randstück pro Seite verwendet wird.

   Ich schneide die Enden der Randstücke erst ab, wenn ich mindestens drei Überwendlingsstiche angebracht habe, manchmal auch mehr. Doch mit drei Stichen ist der Rand ausreichend gesichert. Ist das Material knapp, reichen durchaus mal zwei Stiche. Aber einer ist definitiv zu wenig. Sind die Streifen bei mir einmal zu kurz, stückle ich sie so, dass ich jeden Ansatz mit drei Überwendlingsstichen fixieren kann. Als Einlage habe ich einen Zopf aus gewachstem Leinengarn verwendet.

2. Zum Nähen benötigen Sie eine Sticknadel ohne Spitze, deren Öhr groß genug für gewachstes Leinengarn oder Kunstseide ist. Ich verwende eine Nadel in Stärke 18. Für dünneres oder dickeres Garn ist jeweils eine andere Nadelstärke erforderlich. In der Regel schneide ich den Faden auf Armlänge zu. Bei entsprechender Größe des Korbs wird das allerdings nicht reichen, um den Rand komplett zu umnähen. Arbeiten Sie einfach mit der Fadenlänge, mit der Sie am besten zurechtkommen.

   Lassen Sie das Fadenende außen etwa 5 bis 8 cm lang hängen, und halten Sie es mit dem Daumen links von der Stelle fest, an der Sie die Nadel einstechen möchten. Stechen Sie die Nadel unterhalb des Randstreifens einmal nach hinten und über die Kante wieder nach vorne. Dann gehen Sie erneut durch dasselbe Loch.

3a

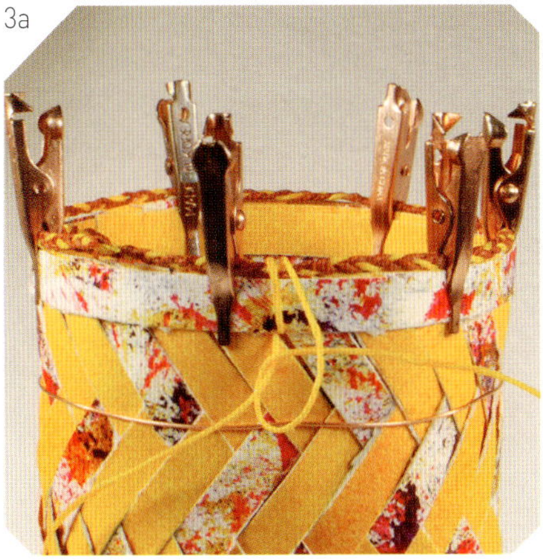

4b

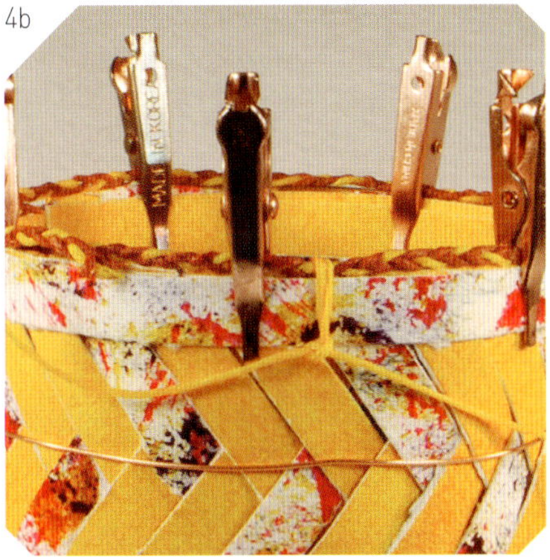

3b

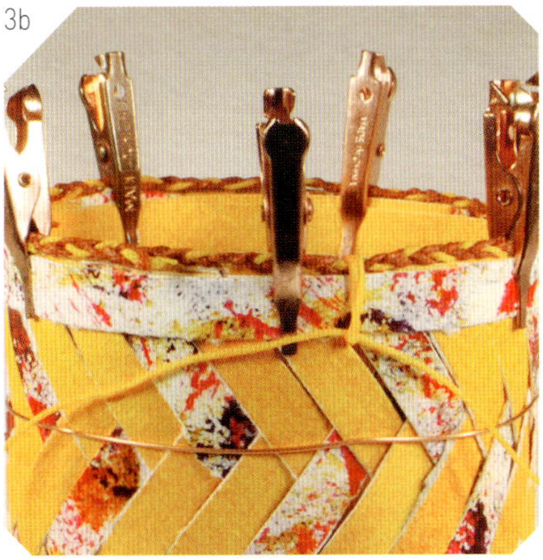

5

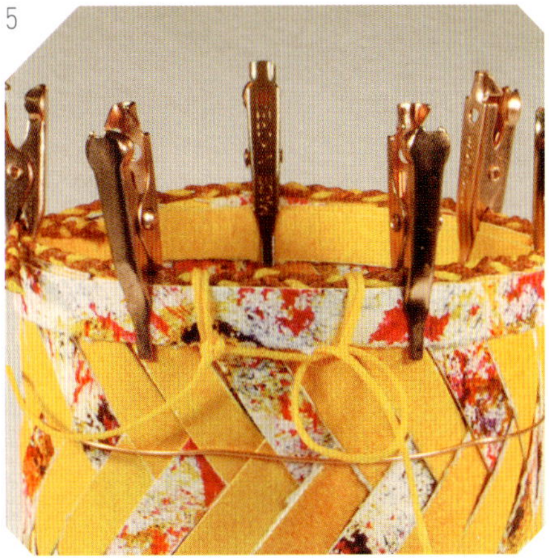

4a

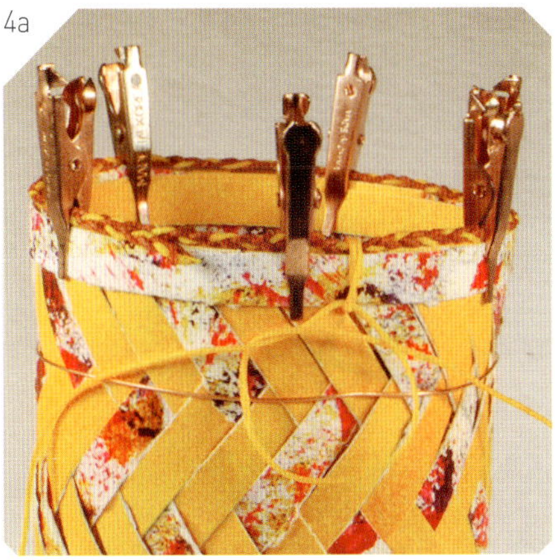

3. Holen Sie den Faden wieder nach vorne, um das herabhängende Fadenende durch die entstandene Schlaufe zu führen (3a). Halten Sie das Fadenende und ziehen Sie den Knoten fest (3b).

4. Legen Sie den Faden erneut um das Fadenende und führen Sie es durch die Schlaufe. Halten Sie beim Festziehen des Knotens das Fadenende straff (4a und 4b).

5. Stechen Sie die Nadel zwei oder drei Streifen weiter erneut zweimal ein und legen Sie dazwischen den Faden um die Kante. Anschließend führen Sie den Faden zweimal um das Zwischenstück und ziehen ihn fest. Auf diese Weise fahren Sie fort, bis Sie wieder am Anfang angekommen sind. Lugt das Ende eines Papierstreifens zwischen den Randstreifen hervor, schneiden Sie es bündig ab.

6. Wenn Sie die Runde vollendet haben, sichern Sie den herabhängenden Fadenanfang mit ein oder zwei Knoten. (Ein Knoten genügt normalerweise, doch zwei sind besser.) Beim Ansetzen neuer Fäden müssen beide Fadenenden über einen oder zwei Knoten mitgeführt werden. Ich gebe auf diese Knoten immer etwas Klebstoff, wenn der Rand fertig ist, so halten sie in jedem Fall.

7. Ist der letzte Knoten festgezurrt, den Faden noch einmal um den/die ersten Knoten schlingen (7a–7d). Den letzten und den/die ersten Knoten mit etwas Klebstoff benetzen, um ihn/sie zu sichern. Die Fadenenden erst abschneiden, wenn der Klebstoff getrocknet ist.

8. So sieht der fertige Korb vor dem Abschneiden des Fadenendes aus.

6

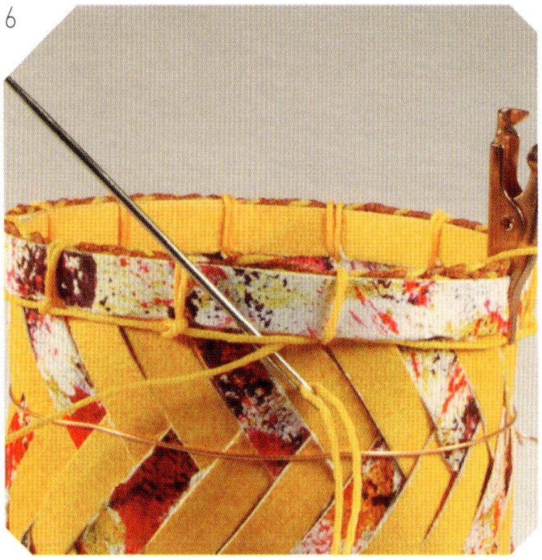

7c

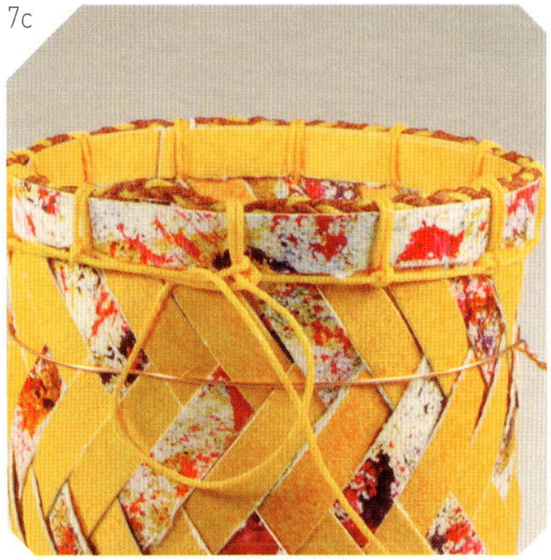

7a

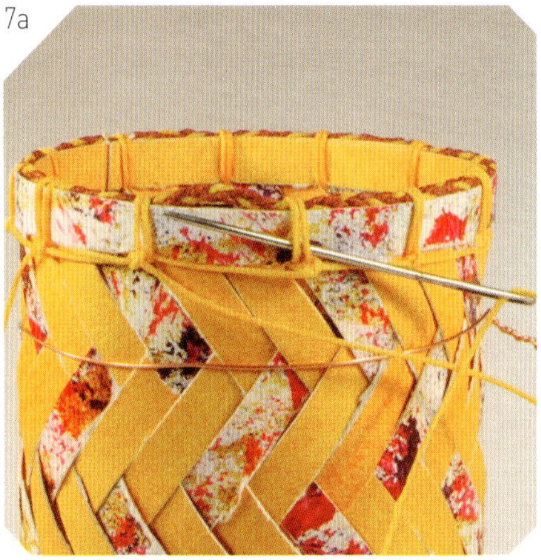

7d

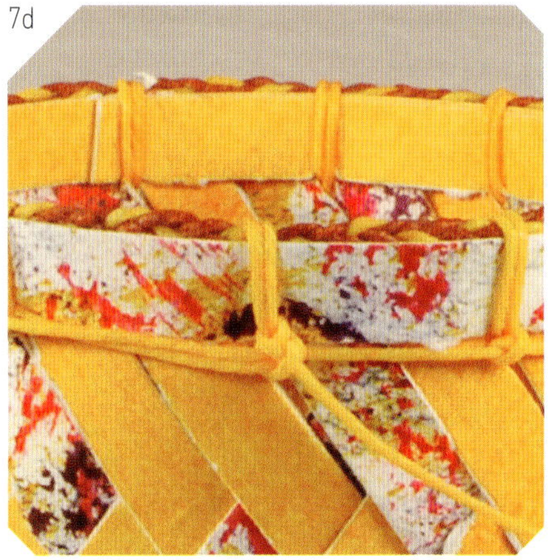

7b

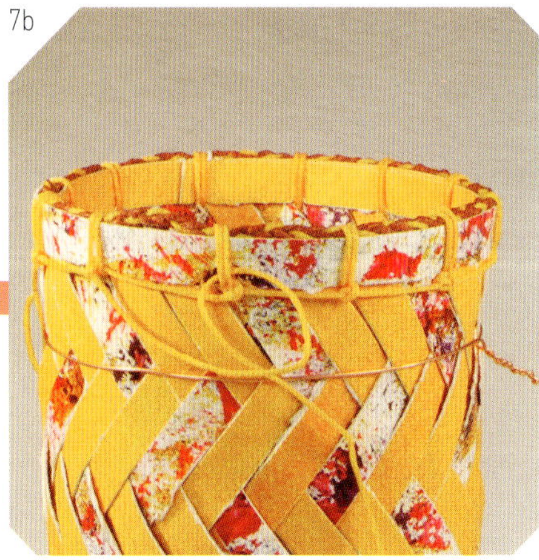

8

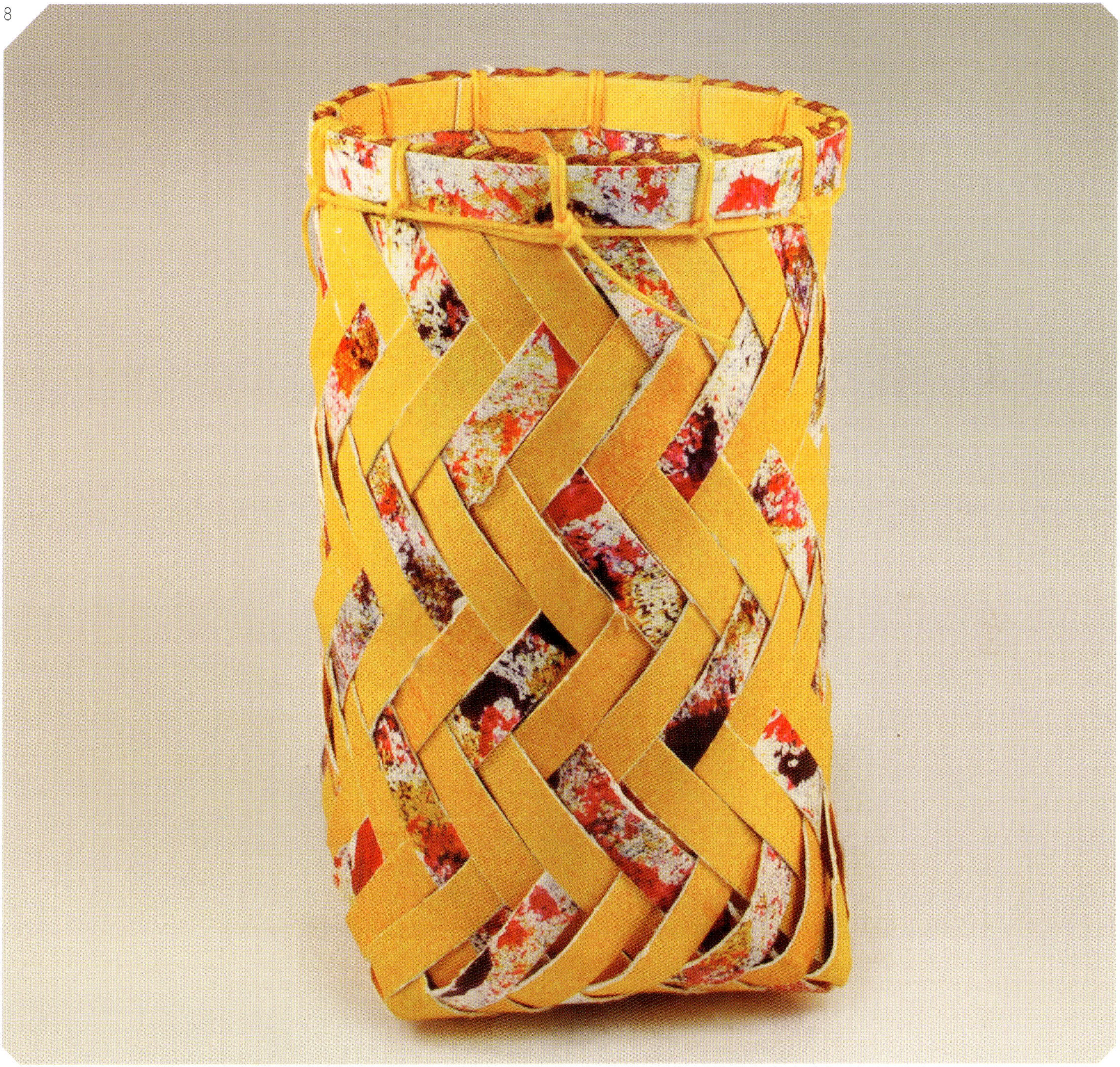

Umwickelter Rand

Dieser Randabschluss gehört in meinen Augen zu den etwas anspruchsvolleren Techniken. Er verleiht dem Korb ein sauberes, «fertiges» Aussehen, braucht aber auch ein wenig mehr Zeit und Geschicklichkeit.

Ausgangsbasis: Projekt 1 (Seite 36), Muster 1 (Seite 152); für einen passenden Deckel siehe Seite 111–114

Materialien

Papier: Ein Bogen grobkörniges Aquarellpapier (DIN A1, 300 g/m²), daraus 24 Streifen und einige Streifen für den Randabschluss herstellen

Zwei Farben, eine pro Seite (hier gelb und rot-weiß-gelb)

Klammern
Peddigrohr, 1,75 mm Durchmesser
Transparenter Klebstoff
Sticknadel ohne Spitze, Stärke 18
Schere und Seitenschneider
Flacher Zahnstocher
Gewachstes Leinengarn oder gewachste Kunstseide
Draht, 0,5 mm Durchmesser, um den Korb in Form zu halten
Scharfes Messer

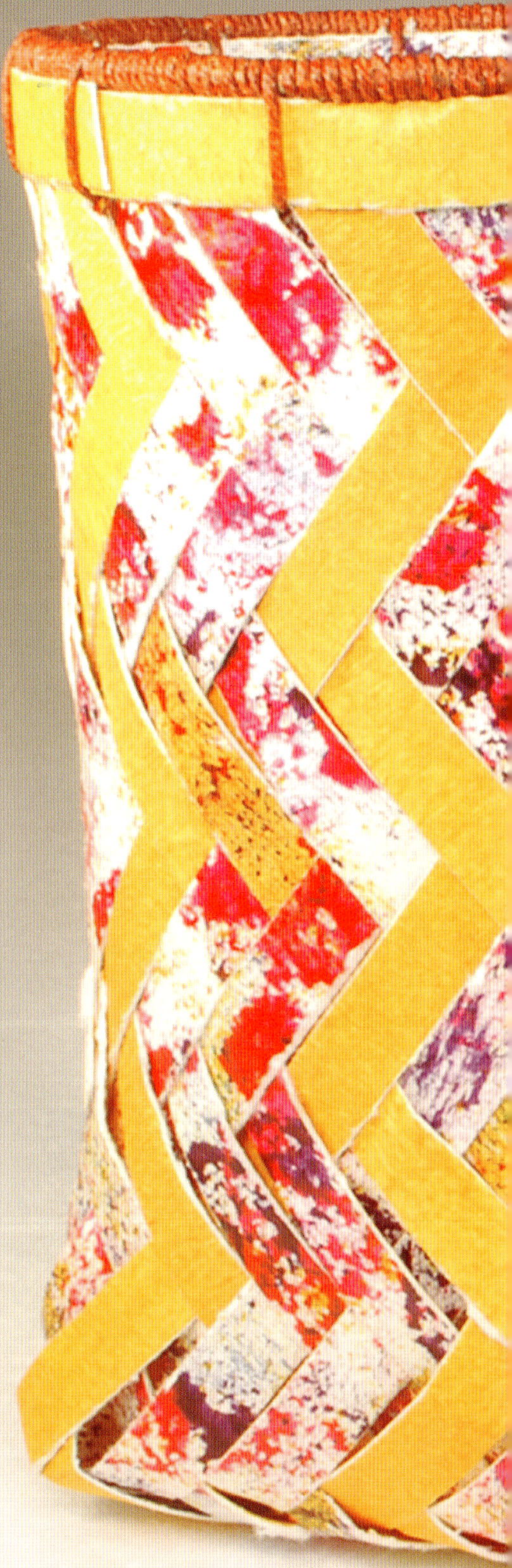

1a

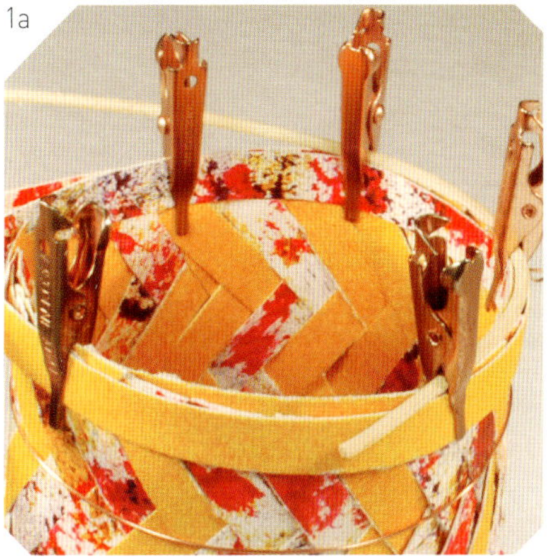

2

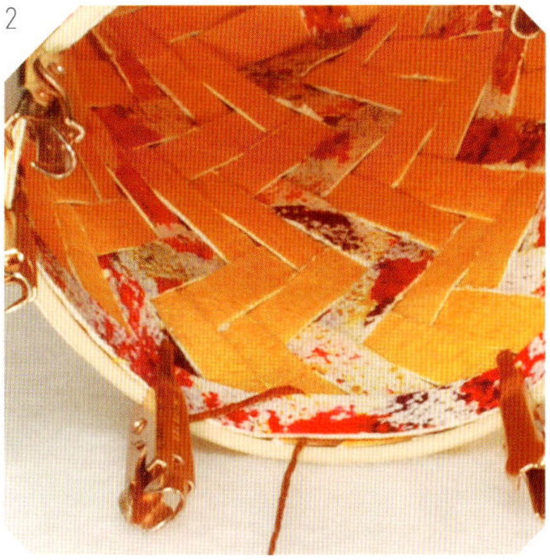

1b

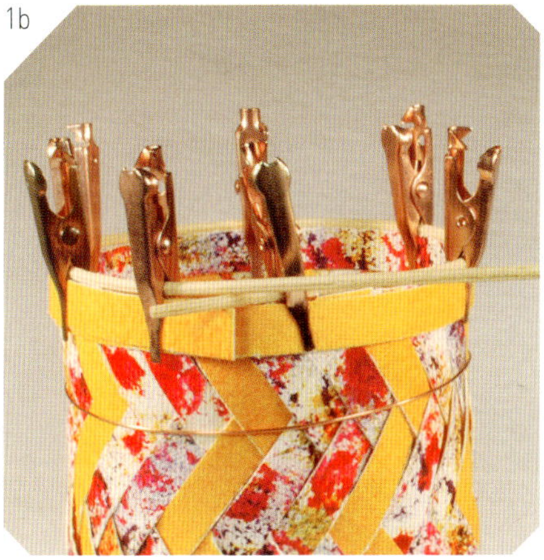

1. Bei diesem Rand kommt ein weiteres Element ins Spiel: ein Stück Peddigrohr (1,75 mm Durchmesser). Das Peddigrohr dient als Einlage. Es sollte ein paar Zentimeter länger sein als der Umfang der Korböffnung. Auch dieser Randabschluss eignet sich nur für Körbe, die aus mindestens 5 mm breiten Streifen geflochten sind, weil pro Seite lediglich ein Randstück verwendet wird. Das Peddigrohr zusammen mit den beiden Randstreifen an die Oberkante des Korbs klammern. Das Rohr rechts von der Stelle anlegen, an der die Randstreifen überlappen (1a und 1b).

2. Das Garn einfädeln und die Nadel von unten nach oben zwischen Innenrand und Korb hindurchführen. Das Fadenende einige Zentimeter hängen lassen und am Korbrand festklammern. Ehe Sie mit dem Umwickeln des Peddigrohrs beginnen, überprüfen Sie, ob der innere Randstreifen den gesamten Umfang des Korbs abdeckt. Es sollten auch nirgends die Enden von Flechtstreifen hervorlugen. Ist das der Fall, ziehen Sie das Randstück vorsichtig vom Korb weg und schneiden Sie die Kante nach (siehe Schritt 7, Seite 103).

3. Umwickeln Sie das Peddigrohr von vorne nach hinten – etwa über die Hälfte des Abstands, den Sie zwischen zwei Einstichstellen haben wollen. Wenn Sie nach jedem zweiten Papierstreifen in den Korb stechen, um das Rohr zu fixieren, umwickeln Sie es folglich so weit, wie es der Breite des ersten Papierstreifens entspricht.

4. Unterhalb des Randstücks stechen Sie zwischen zwei Papierstreifen von außen nach innen in den Korb und umwickeln das Peddigrohr weiter wie gehabt. Achten Sie darauf, den Faden straff zu halten, und fixieren Sie die Umschnürung mit dem Daumen. Vor allem bei der ersten Umwicklung nach dem Einstechen müssen Sie den Faden fest anziehen – allerdings nicht so fest, dass der Korb sich verzieht oder das Peddigrohr bricht.

3

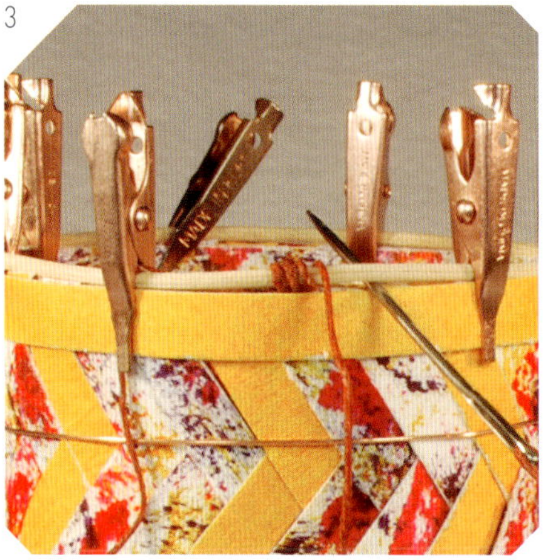

4

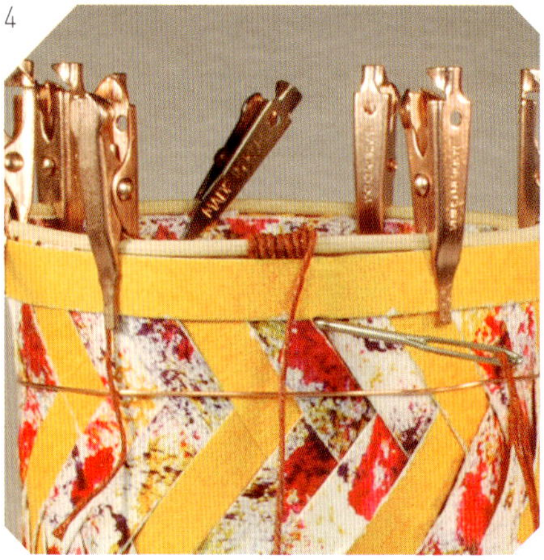

5. Fahren Sie mit dem Umwickeln fort und schieben Sie das Garn mit den Fingernägeln immer schön zusammen, damit die Schlingen dicht an dicht liegen und das Peddigrohr vollständig bedecken (5a). Schlingen Sie den Faden um das Rohr, bis Sie sich oberhalb der nächsten geplanten Einstichstelle befinden. Führen Sie die Nadel von vorne zwischen zwei Streifen hindurch und wickeln Sie weiter. Ich achte darauf, immer erst dann in den Korb zu stechen, wenn ich den Faden senkrecht nach unten führen kann. Das ist nicht immer möglich – manchmal verläuft der Faden ein wenig nach links oder rechts –, doch die Abweichung sollte möglichst gering sein (5b).

5a

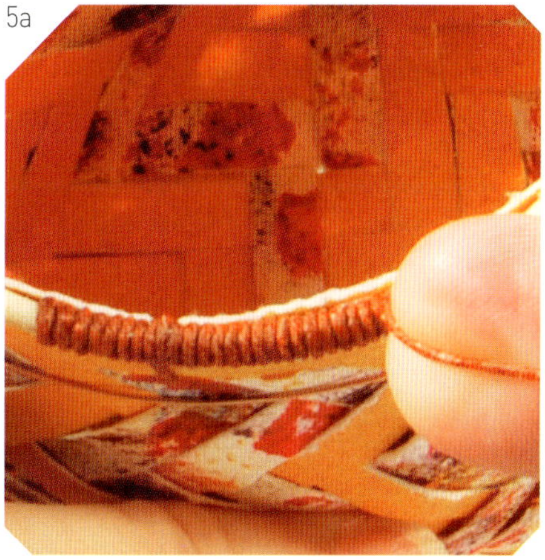

5b

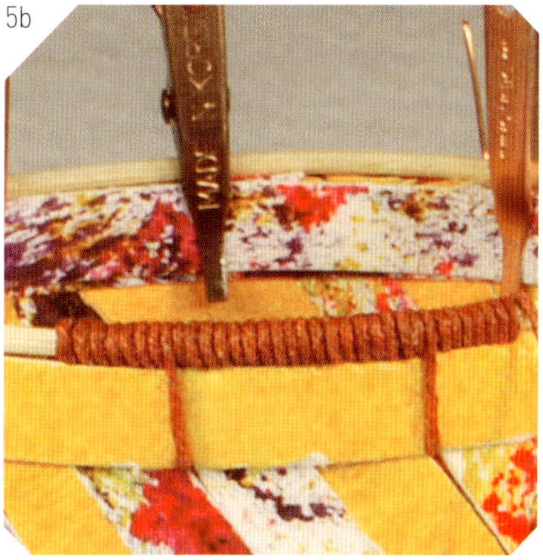

Peddigrohr anschrägen

Wenn Sie Peddigrohr als Randeinlage verwenden, müssen Sie dessen Enden anschrägen. Nur so hat die Stelle, an der die Enden überlappen, später in etwa denselben Durchmesser wie das restliche Rohr. Beide Enden werden seitlich – nicht unten bzw. oben – angeschrägt. Etwas längere Überstände sind empfehlenswert, um die Enden beim Anschrägen gut festhalten zu können. Und wenn etwas schiefgeht, haben Sie genügend Spielraum für einen zweiten Versuch. Ein scharfes Messer ist ein Muss, mit einem stumpfen zu arbeiten, ist nicht nur frustrierend, sondern auch gefährlich.

Wenn Sie noch nie Peddigrohr angeschrägt haben, sollten Sie zunächst an einem Reststück üben, bis Sie den Bogen raus haben. Das Anschrägen auf dem Korb ist, je nach Korbgröße, etwas schwieriger. Mit etwas Übung wird Ihnen die Technik leichter von der Hand gehen. Die angeschrägte Kante (Faskante) sollte, in Abhängigkeit von der Korbgröße, zwischen 0,6 und 3,5 cm lang sein.

6. Ist das Peddigrohr größtenteils umwickelt, fixieren Sie das Garn mit einer Klammer, damit es sich beim Anschrägen der Kanten nicht lockert. Den Korb mit den Rohrenden nach oben und der Öffnung nach rechts auf die Seite legen. Das Rohrende, das von Ihnen weg zeigt, fassen und es vorsichtig auf etwa 1,3 bis 2,5 cm anschrägen. Dieses Ende wird später innen liegen. Das andere Ende mit der Hand aus dem Weg halten oder vorübergehend in den Korb stecken. Versuchen Sie nicht, alles mit einem einzigen Schnitt zu erledigen – gehen Sie schrittweise vor. Und bemühen Sie sich vor allem, die Spitze möglichst filigran zu gestalten (6a). Schauen Sie sich das Ergebnis von der Seite an, so können Sie gut überprüfen, ob die angeschrägte Fläche schön gleichmäßig geworden ist. Es sollte einen möglichst glatten Übergang geben von dem ungeschnitten zu dem geschnitten Bereich des Peddigrohrs (6b).

6a

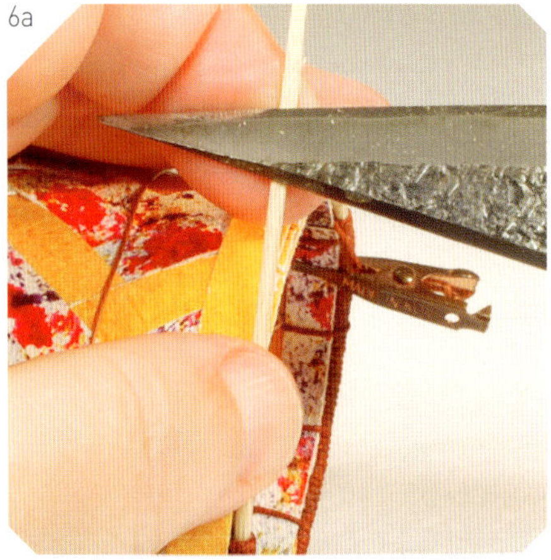

6b

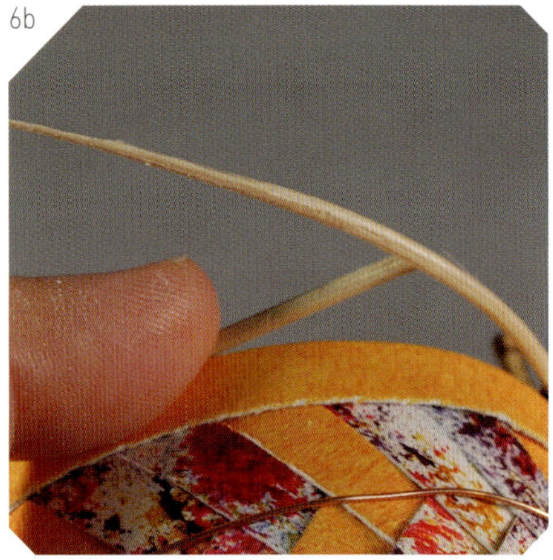

7. Halten Sie das zweite Rohrende (es liegt später außen) neben das angeschrägte Ende und schneiden Sie es auf der Höhe ab, auf der die angeschrägte Fläche des ersten Rohrs beginnt. Markieren Sie die Stelle, ab der das Rohr angeschrägt werden muss mit einem Stift oder dem Fingernagel. Den Korb drehen, sodass die Rohrenden unten liegen und das unbearbeitete Ende von Ihnen weg zeigt.

8. Das fertige Ende vorübergehend an den Korbrand klemmen, damit es aus dem Weg ist, und Rohrende Nummer zwei anschrägen, wie eben beschrieben. Passen Sie auf, dass Sie sich nicht in die Finger schneiden. Die angeschrägten Flächen sollen möglichst gut aufeinanderpassen, müssen sich aber nicht perfekt aneinanderschmiegen. Je akkurater Sie gearbeitet haben, umso weniger fällt die Stelle später ins Auge.

9. Sind die Enden angeschrägt und wieder an den Korbrand geklemmt, fahren Sie mit dem Umwickeln des Peddigrohrs fort, bis Sie an die Spitze des ersten Rohrs kommen. Diese sollte später nicht zwischen den Fäden hervorlugen. Wickeln Sie das Garn locker zwei- bis dreimal um das Rohr, ziehen Sie es dann von unten aus fest und schieben es über das Rohrende, sodass die Spitze komplett darunter verschwindet (9a und 9b).

7

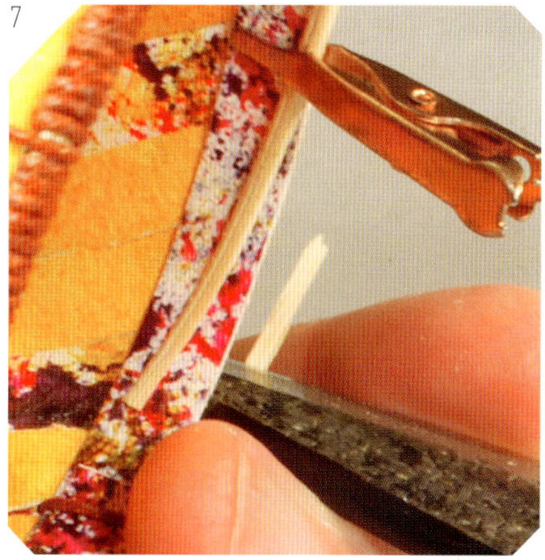

9a

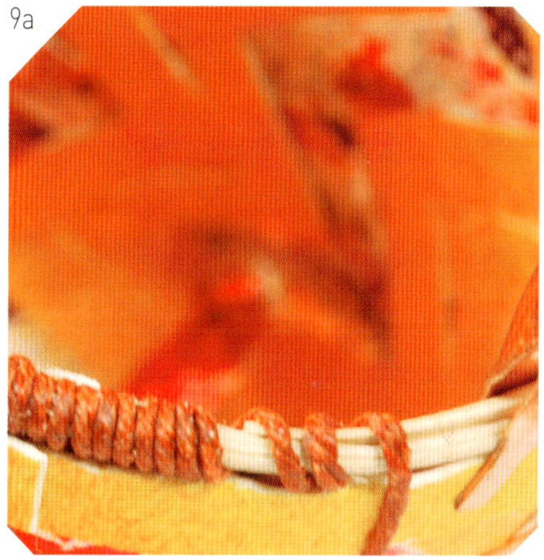

9b

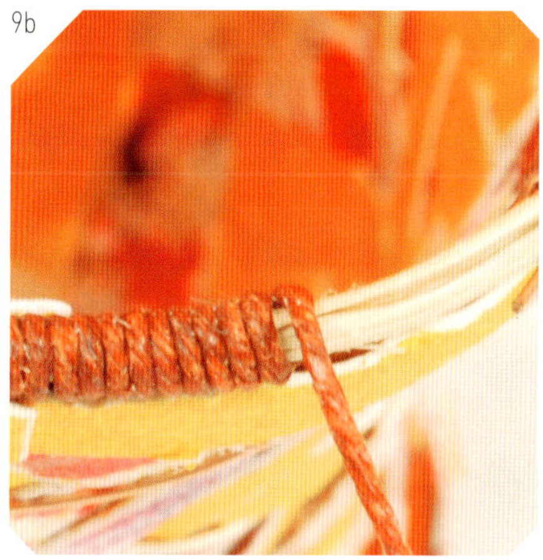

10. Fahren Sie fort, bis Sie die Spitze des zweiten Rohrs erreichen. Umwickeln Sie die Spitze möglichst dicht. Schieben Sie die Schlingen von oben zusammen, damit Sie die filigrane Spitze nicht versehentlich mit den Fingern beschädigen.

11. Ist das Peddigrohr komplett umwickelt und die Runde geschlossen, drücken Sie die Schlingen noch einmal in beide Richtungen zusammen. Sie sollten so dicht liegen, wie es möglich ist.

12. Nach der letzten Schlinge führen Sie die Nadel von oben nach unten zwischen Innenrand und Korbwand hindurch und verknoten die Fadenenden knapp unterhalb des Randstreifens. Den Knoten unter den Rand schieben und mit einem Tropfen Klebstoff fixieren. Er wird nicht komplett unter dem Randstreifen verschwinden, aber kaum auffallen. Wenn der Klebstoff trocken ist, können Sie die Fadenenden abschneiden und ebenfalls unter den Rand schieben.

10

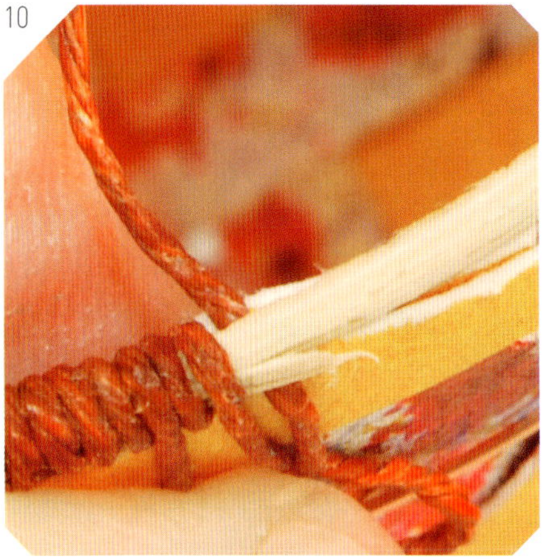

11

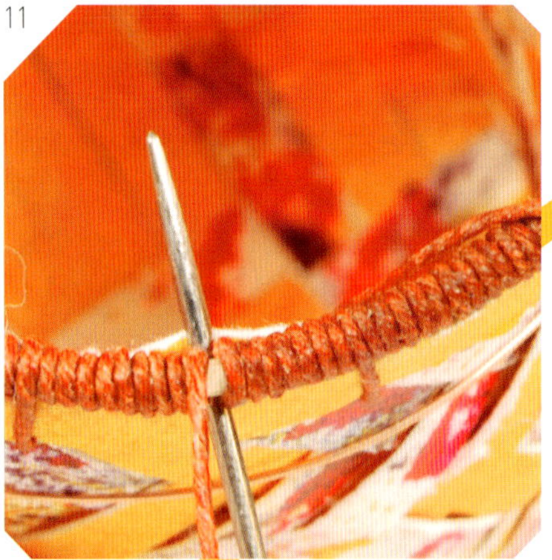

12

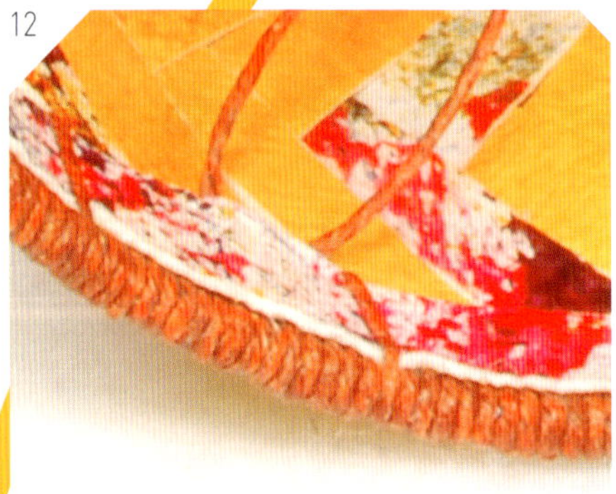

13. Der Korb ist fertig.

14. Möglicherweise stellen Sie am Ende der Runde fest, dass beim letzten Stich der Abstand nicht mehr stimmt (z. B. zwei oder vier Papierstreifen anstatt drei zwischen den Stichen liegen). Dann haben Sie sich irgendwo verzählt. Wenn ich feststelle, dass der Fehler erst gegen Ende passiert ist, wickle ich das Garn noch mal ab und korrigiere ihn. Meistens jedoch verzähle ich mich schon am Anfang. Dann bleibt alles, wie es ist. Außer mir wird das sowieso niemandem auffallen.

13

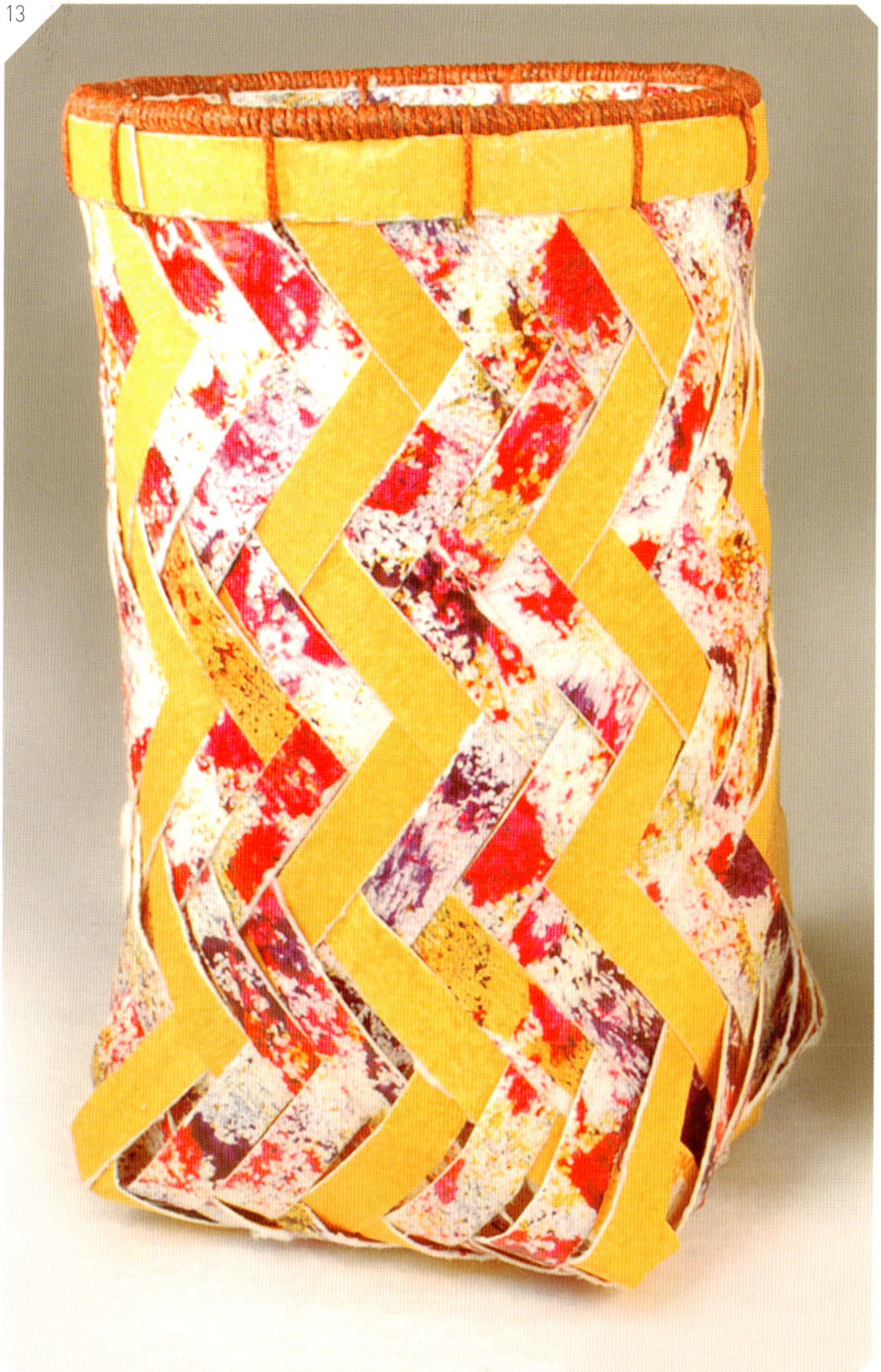

Mehrfach umwickelter Rand

Diese Technik unterscheidet sich von der zuletzt beschriebenen nur dadurch, dass für den Randabschluss insgesamt vier Papierstreifen statt zwei verwendet werden: zwei außen und zwei innen.

Ausgangsbasis: Projekt 5 (Seite 124)

Materialien

Papier: Ein Bogen grobkörniges Aquarellpapier (DIN A1, 300 g/m^2), daraus 72 Streifen und einige Streifen für den Randabschluss herstellen

Zwei Farben, eine pro Seite (hier grau und gelbgrün)

Peddigrohr, 1,75 mm Durchmesser
Klammern
Transparenter Klebstoff
Sticknadel ohne Spitze, Stärke 18
Schere und Seitenschneider
Flacher Zahnstocher
Draht, 0,5 mm Durchmesser, um den Korb in Form zu halten
Gewachstes Leinengarn oder gewachste Kunstseide
Scharfes Messer

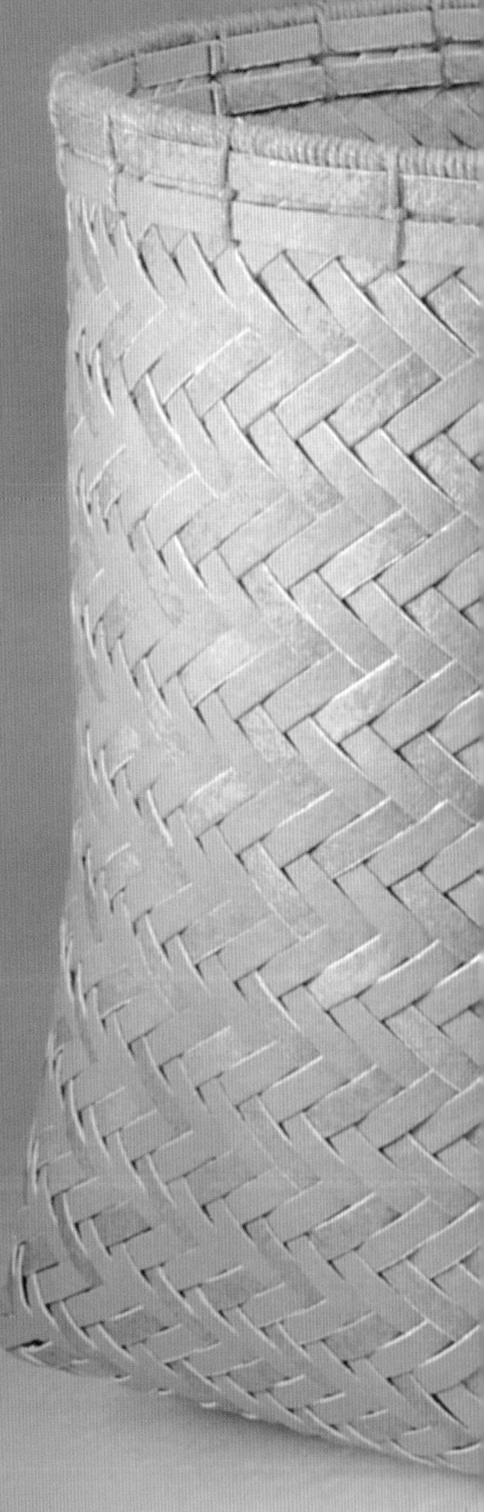

1
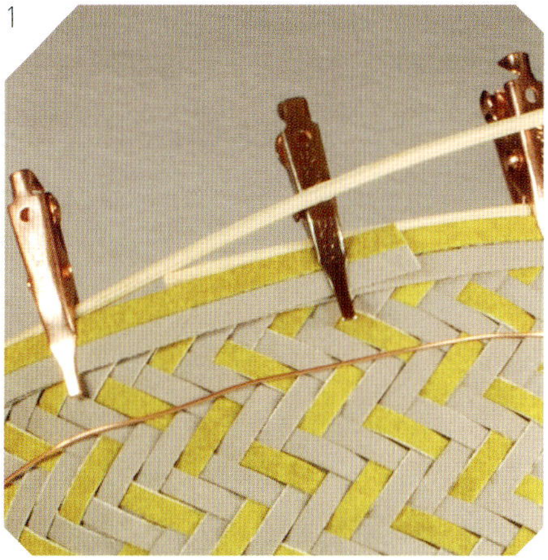

2
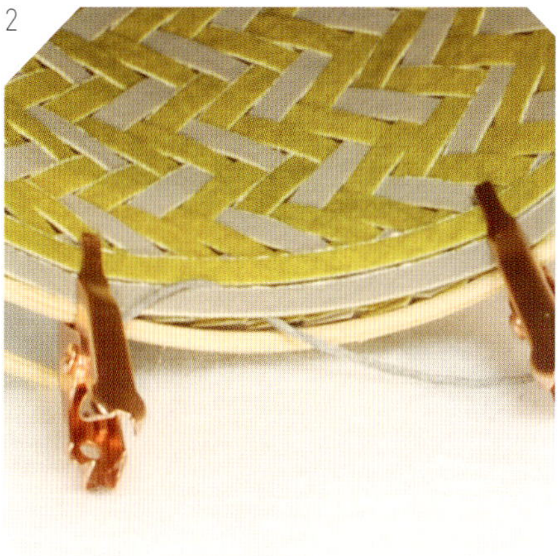

3
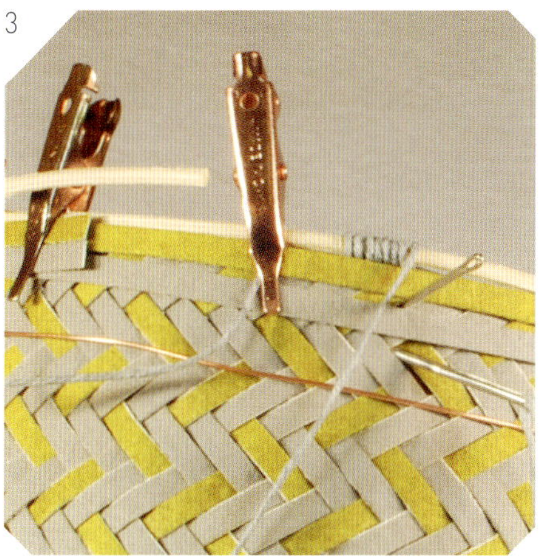

1. Klammern Sie die Randstreifen und das Peddigrohr an den Korbrand. Überprüfen Sie dabei, ob die beiden inneren Streifen, die Sie mehr oder weniger nach Gefühl festklemmen müssen, richtig liegen. Die Streifen schieben sich leicht übereinander oder nach oben oder unten.

2. Fädeln Sie das Garn ein und führen Sie die Nadel von unten nach oben zwischen dem oberen (!) Innenrand und der Korbwand hindurch.

3. Umwickeln Sie das Peddigrohr von vorne nach hinten – etwa über den halben Abstand zwischen zwei Einstichstellen. Bei zwei übereinanderliegenden Randstreifen müssen Sie festlegen, wo genau Sie unterhalb und zwischen den Randstreifen in den Korb stechen möchten. Die beiden Einstichstellen sollten möglichst vertikal übereinanderliegen – auf dem Foto ist die untere mit einer zusätzlichen Nadel markiert.

4

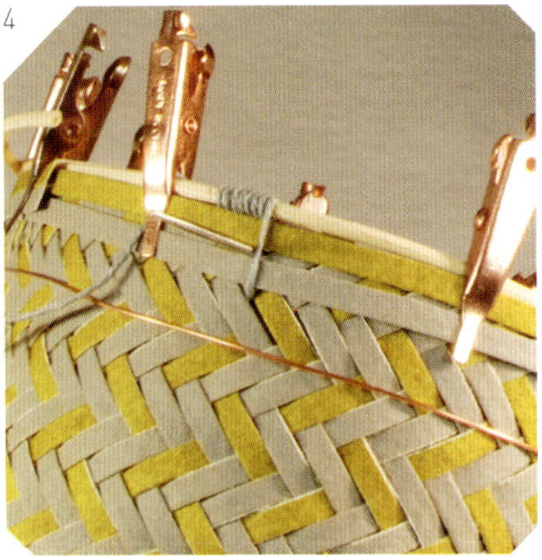

5

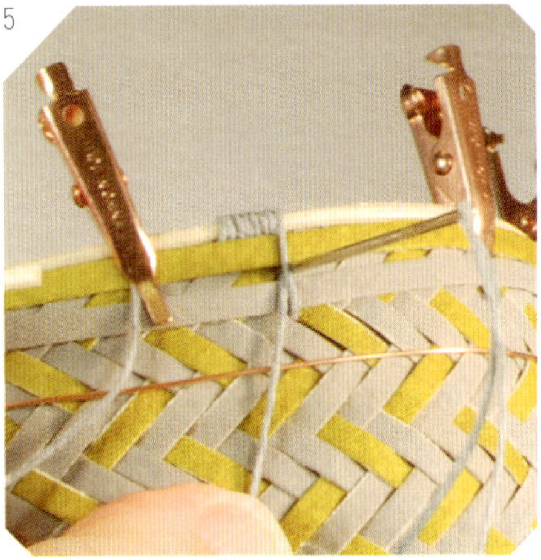

6

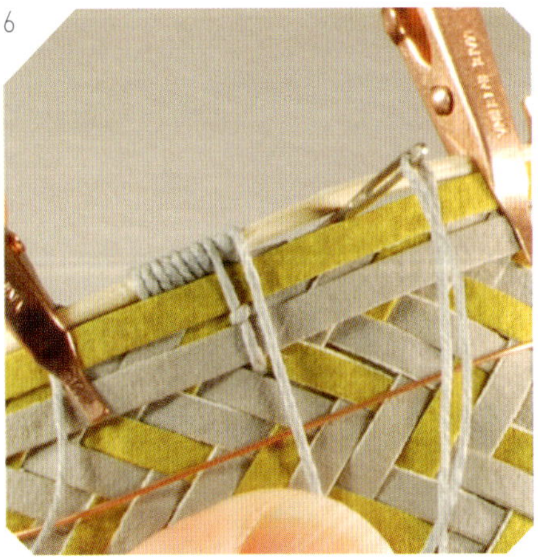

4. Führen Sie die Nadel unterhalb des unteren Randstreifens von außen ein und auf der anderen Seite wieder aus. Stechen Sie sie dann von innen zwischen den beiden Randstreifen hindurch nach außen. Die Naht sollte möglichst vertikal liegen. Beim Ausstechen landet die Nadel entweder links oder rechts neben dem Faden – bei mir ist es meist links. Das spielt unterm Strich keine Rolle. Wichtig ist aber, dass Sie konsequent bei einer Variante bleiben.

5. Ziehen Sie den Faden fest (aber nicht so fest, dass der Korbrand sich verzieht) und fixieren Sie ihn mit dem linken Daumen. Die Nadel um den vertikalen Stich herumführen und in das Ausstichloch zwischen den Randstreifen stechen.

6. Den Faden straff ziehen und mit dem Umwickeln des Peddigrohrs fortfahren. Die beiden Randstreifen an der nächsten Einstichstelle umnähen, wie eben beschrieben.

7a

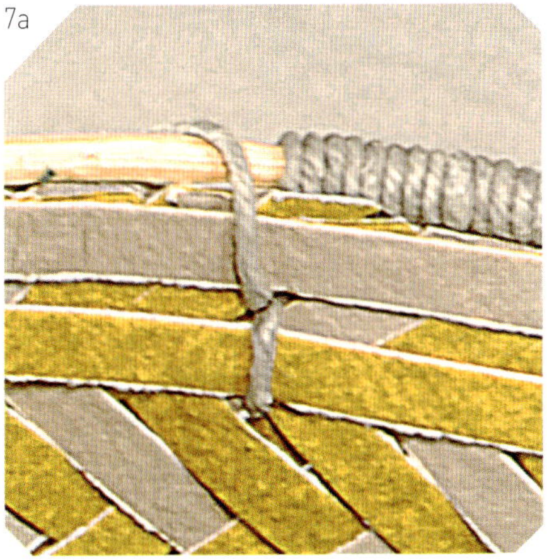

7c

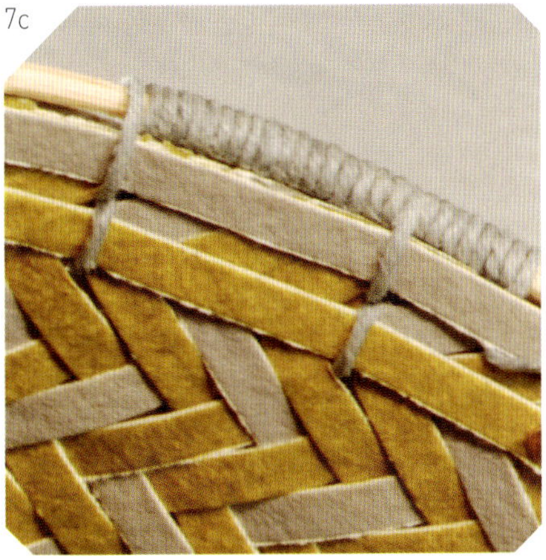

7b

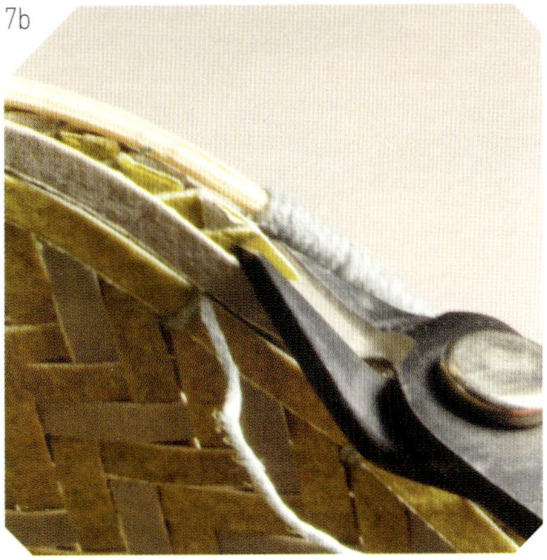

7d

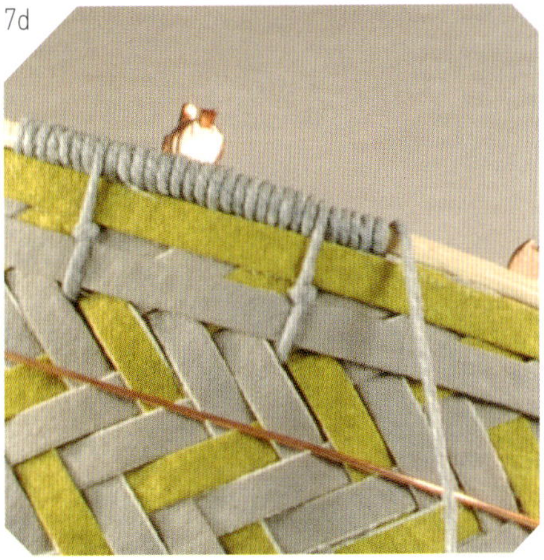

7. Bevor Sie nach dem Einstechen wieder mit dem Umwickeln des Peddigrohrs beginnen, überprüfen Sie, ob die Randstreifen den Korb oben auch tatsächlich sauber abschließen. Manchmal lugen oben noch Papierspitzen hervor (7a). Sollte das der Fall sein, ziehen Sie das Randstück vorsichtig vom Korb weg und schneiden die Kante nach (7b–d). Bei manchen Körben muss der Rand komplett nachgearbeitet werden, bei anderen gar nicht oder nur wenig – je nachdem, wie sauber Sie vorher vorgegangen sind. Auch beim Nähen werden einzelne Papierstreifen manchmal nach oben gedrückt.

8. Am Ende der Runde die beiden Enden des Peddigrohrs anschrägen, wie auf Seite 96–98 beschrieben. Zum Schluss die Schlingen noch einmal in beide Richtungen zusammendrücken. Sie sollten so dicht wie möglich liegen.

9. Führen Sie nach der letzten Schlinge die Nadel von oben nach unten zwischen dem oberen inneren Randstreifen und der Korbwand hindurch und verknoten Sie die Fadenenden knapp unterhalb des Randstreifens. Den Knoten unter den Rand schieben und mit einem Tropfen Klebstoff fixieren.

10. Der fertige Korb. Möglicherweise stellen Sie am Ende der Runde fest, dass beim letzten Stich der Abstand nicht mehr stimmt. Dann haben Sie sich irgendwo verzählt. Ich würde den Fehler nicht korrigieren – es sei denn, er wäre erst gegen Ende passiert. Außer Ihnen wird er sowieso niemandem auffallen.

9

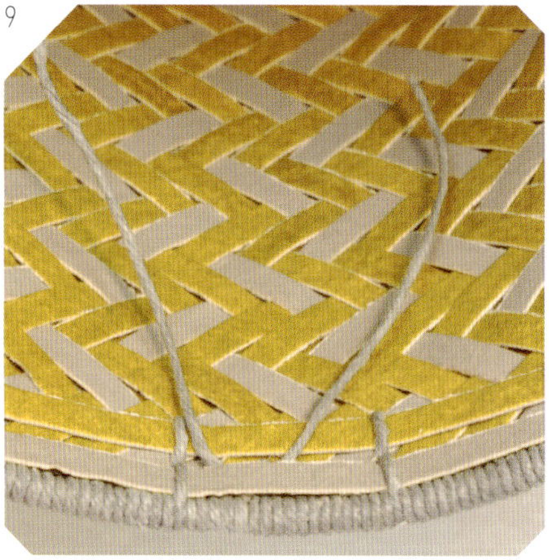

10

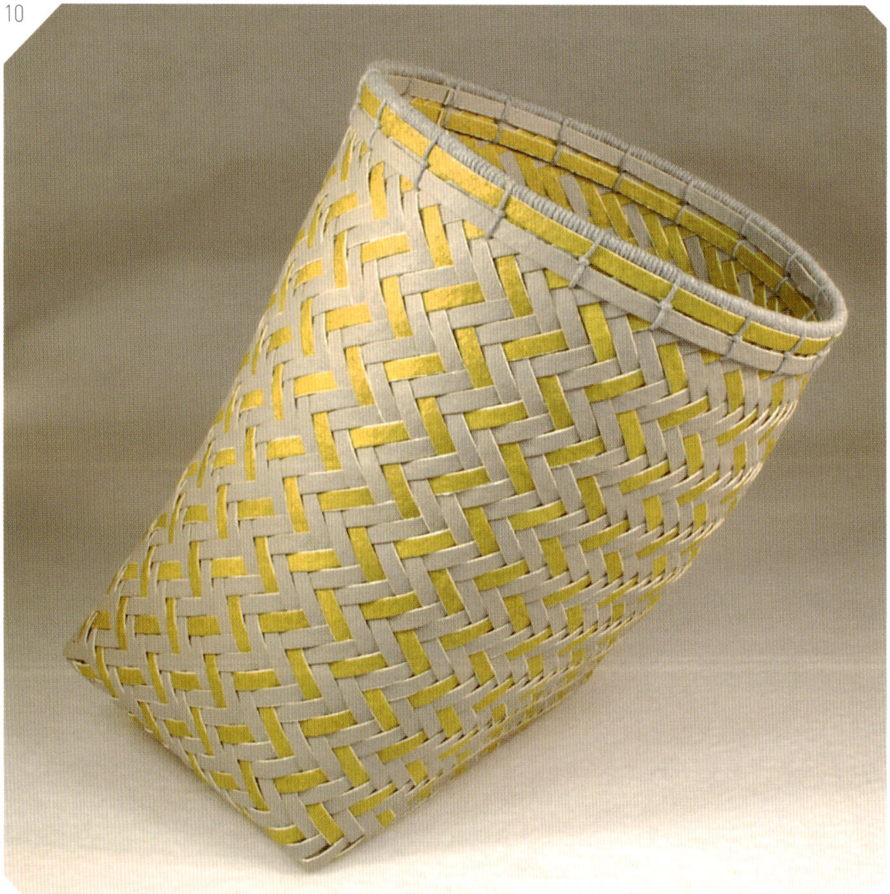

Weitere Randabschlüsse

Randabschlüsse können mit einer beliebigen Anzahl von Randstreifen gestaltet werden. Fixieren Sie die einzelnen Streifen von oben nach unten sukzessive und sichern Sie die Naht auf dem Rückweg, indem Sie den Faden umschlingen (siehe Schritt 6, Seite 102). Im Prinzip können Sie die Außenseite des Korbs komplett verkleiden – vorausgesetzt, die Öffnung ist weit genug, um mit Nadel und Faden im Korbinneren hantieren zu können. Allerdings müssen Sie die Randstreifen, bevor Sie sie festnähen, irgendwie provisorisch fixieren. Mit einem Hilfsfaden, den Sie an einigen Stellen rund um den Korb anbringen, können Sie das beispielsweise tun. Oder auch mit Malerkrepp, der sich rückstandslos wieder ablösen lässt – am besten vorher ausprobieren.

Wenn ich außen drei oder mehr Randstreifen anbringe, belasse ich es auf der Innenseite dennoch bei maximal zwei Streifen. Die beiden Streifen sorgen für die nötige Stabilität, alle weiteren wären reine Dekoration – im Inneren des Korbs wären sie somit also sinnlos. Auch ließen sich die Streifen für das Nähen nur schwer fixieren oder festhalten.

Wenn Sie mehr als zwei Randstreifen verwenden, müssen Sie den – in der Regel recht langen – Faden besonders vorsichtig anziehen, damit der Korb sich nicht verzieht.

Sie können zusätzliche Streifen auch noch annähen, wenn der eigentliche Rand schon fertig ist. Das Verfahren ist immer dasselbe: Die Nadel von innen nach außen stechen, den Faden über die gewünschte Anzahl Papierstreifen führen und beim Zurücknähen die Naht durch Umschlingen des Fadens sichern. Das Fadenende sollte lang genug sein, damit Sie es am Korbrand festklemmen können. Wenn Sie wieder am Anfang der Naht angelangt sind, verknoten Sie die Fadenenden und sichern den Knoten mit einem Tropfen Klebstoff. Der Knoten lässt sich nicht verstecken, ist aber nicht zu sehen, weil er im Inneren des Korbs liegt.

Randabschlüsse für ondulierenden Köper

Bei Randabschlüssen für ondulierenden Köper gehen Sie etwas anders vor. Da der Korbrand wellenförmig ist, können Sie ihn nur nach Augenmaß zurechtschneiden.

Ausgangsbasis: Projekt 4 (Seite 66)

Materialien

Papier: Für beide Körbe ein Bogen grobkörniges Aquarellpapier (DIN A1, 300 g/m²).
In Längsrichtung eine Linie in der Mitte ziehen und beide Hälften unterschiedlich einfärben, z. B. rot und gelb wie hier. Die Rückseite habe ich rot eingefärbt. Alle Streifen quer aus dem Papierbogen zuschneiden.

Materialbedarf für Korb 1:
12 Streifen à 3 mm, 24 Streifen à 7 mm und 12 Streifen à 11 mm

Materialbedarf für Korb 2:
24 Streifen à 2 mm, 48 Streifen à 3 mm und 24 Streifen à 4 mm plus jeweils ein paar Streifen für den Randabschluss

Peddigrohr, 1,75 mm Durchmesser
Klammern
Transparenter Klebstoff
Filzstift
Sticknadel ohne Spitze, Stärke 18
Schere und Seitenschneider
Flacher Zahnstocher
Gewachstes Leinengarn oder gewachste Kunstseide
Draht, 0,5 mm Durchmesser, um den Korb in Form zu halten
Scharfes Messer

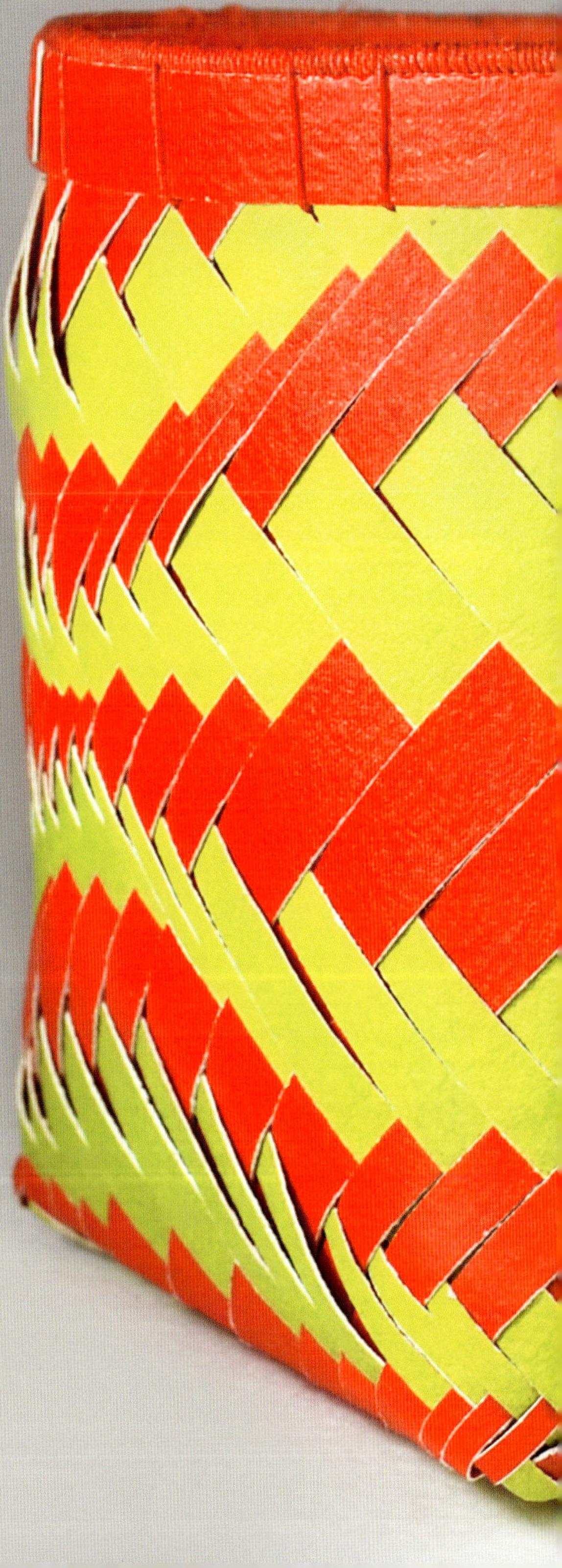

Randabschluss für einen Korb aus breiten Papierstreifen

1. Schneiden Sie den Korb auf die gewünschte Höhe zurück. Klemmen Sie einen aussortierten Papierstreifen so gerade wie möglich an den Rand. Hierbei können Sie sich an den Wiederholungen des Flechtmusters orientieren. Achten Sie darauf, dass der Streifen bei jeder Musterwiederholung auf der gleichen Höhe sitzt. Das Ergebnis wird nicht perfekt sein, aber ziemlich akkurat.

2. Oberhalb des festgeklemmten Streifens ziehen Sie mit einem Filzstift eine Linie. Da dabei oft Farbe auf den Papierstreifen gelangt, ist es ratsam, einen Abfallstreifen zu verwenden. Passen Sie auf, dass Sie nicht versehentlich einen Strich unter dem Streifen ziehen. Nun entfernen Sie den Streifen und schneiden den Rand entlang der Markierungslinie exakt zu.

3. Für den Rand wähle ich einen der breitesten Streifen. Bei Streifenbreiten von 5 bis 7 mm oder mehr genügt für die Innen- und Außenseite jeweils ein Randstreifen.

1

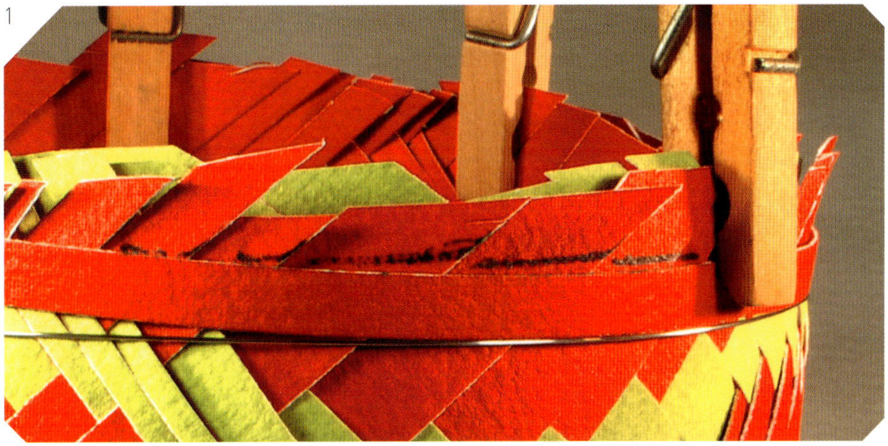

2

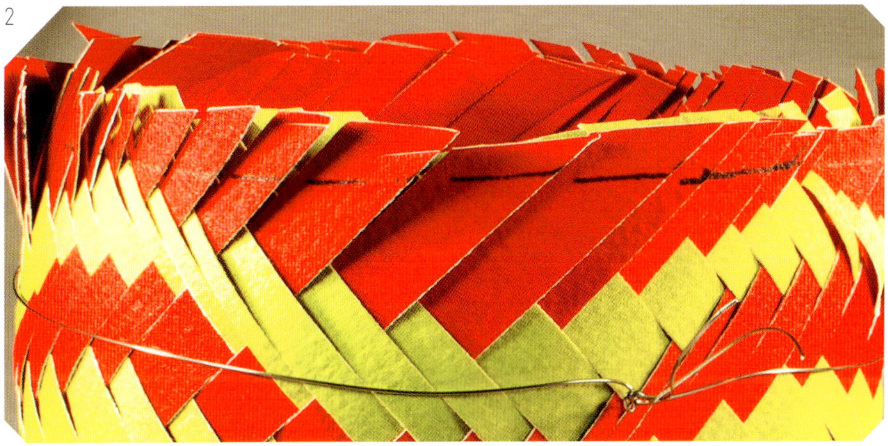

3

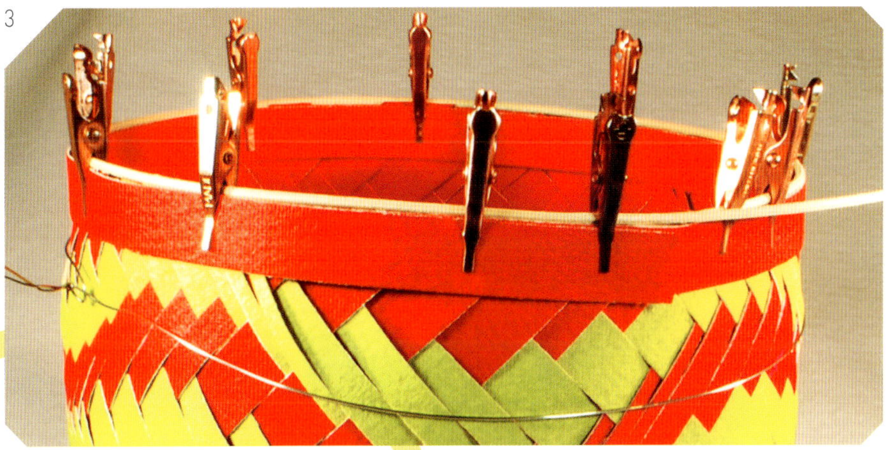

4. Der Rand enthält außerdem eine Einlage aus Peddigrohr. Das Festnähen des Randstreifens ist nicht ganz so einfach wie bei einem Korb mit «normalem» Köper, denn die Einstichstellen, die auch hier direkt unter dem Rand liegen sollten, sind meist unregelmäßig verteilt. Haben Sie eine geeignete Stelle gefunden, schauen Sie, wo Sie als Nächstes einstechen könnten. Möglicherweise liegen zwei, drei oder mehr Streifen zwischen den beiden Einstichstellen. Doch da das Flechtmuster sich rund um den Korb wiederholt, folgt auch die Naht – wenn Sie sorgfältig arbeiten – einem bestimmten Rhythmus. Hier wiederholt sich das Wellenmuster insgesamt viermal. Zählt man nur die gelben Streifen, habe ich insgesamt dreimal nach 2, 2, 2, 1, 1, 1 und 3 (= insgesamt zwölf Streifen) eingestochen.

5. Der Korb ist fertig.

4

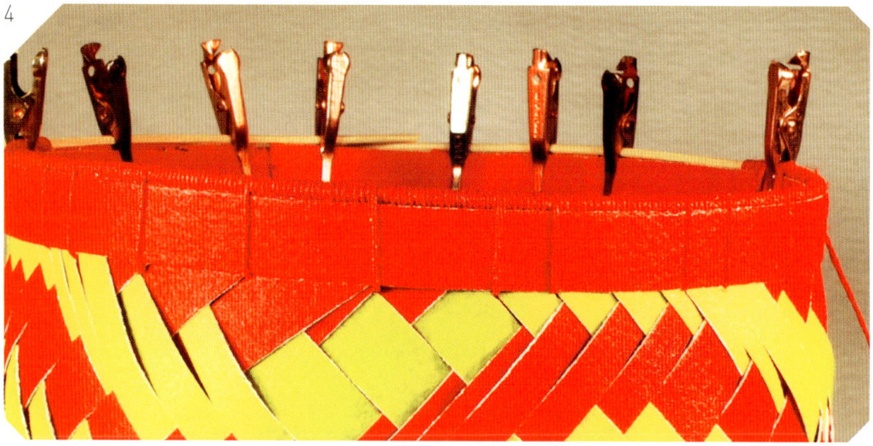

5

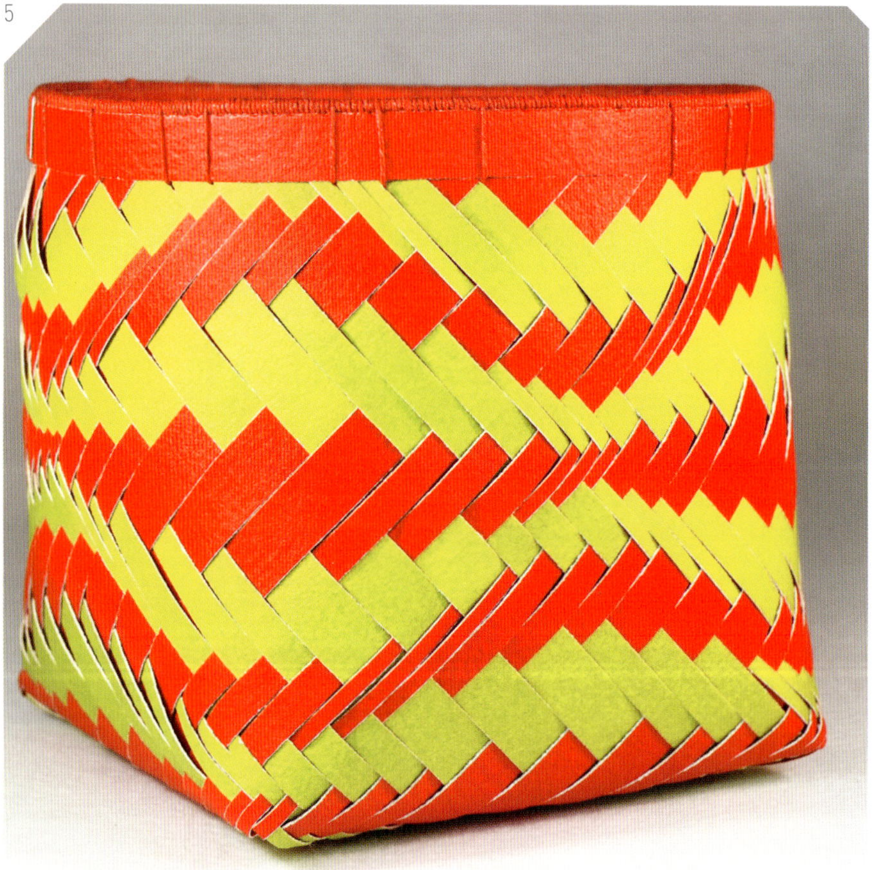

Randabschluss für einen Korb aus schmalen Papierstreifen

1. Auch bei Körben aus schmalen Streifen, deren Breite nur geringfügig variiert, klammere ich vor dem Zuschneiden einen Reststreifen an den Rand und markiere die Schnittlinie mit einem Filzstift.

2. Ist der breiteste Streifen schmaler als 5 mm, verwende ich innen und außen jeweils zwei Streifen, die ich an den Kanten aneinanderlege und als Einheit behandle. Das würde ich normalerweise nicht tun, weil die Streifen gerne übereinander rutschen. Bei Körben mit ondulierendem Köper aus schmalen Streifen ist es jedoch die einfachste Möglichkeit der Randgestaltung.

3. Natürlich können Sie für den Rand auch von vornherein zwei breitere Streifen zuschneiden. Zählt man nur die gelben Streifen, habe ich bei diesem Korb achtmal nach 3, 4 und 5 (= insgesamt zwölf Streifen) eingestochen.

1

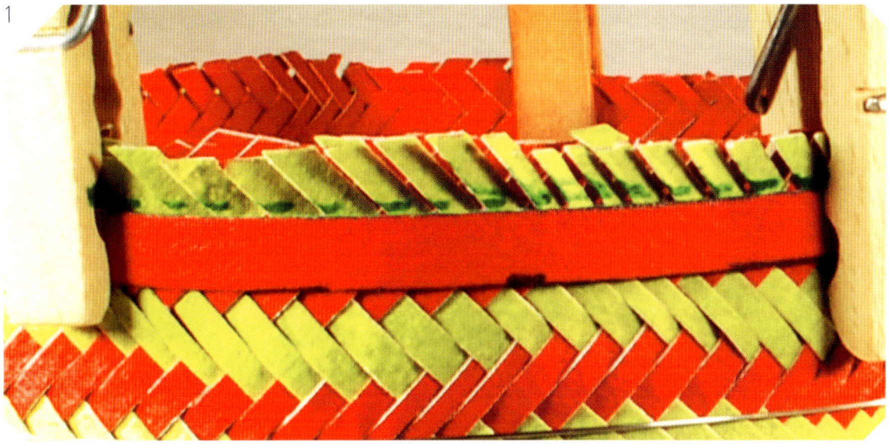

2

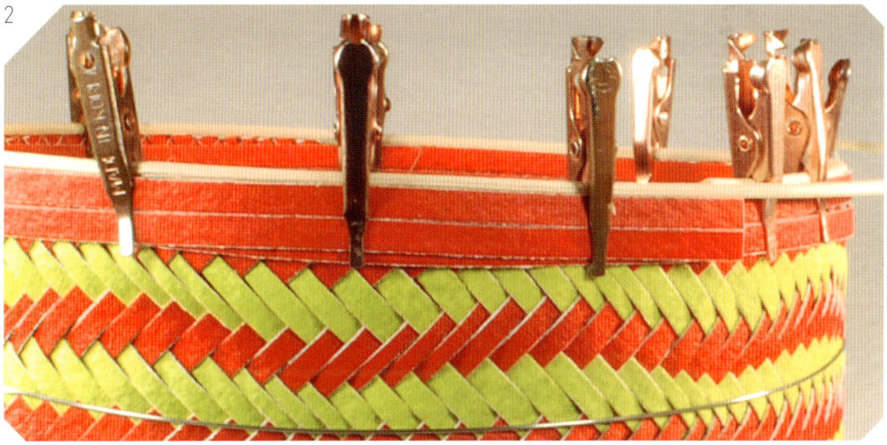

3

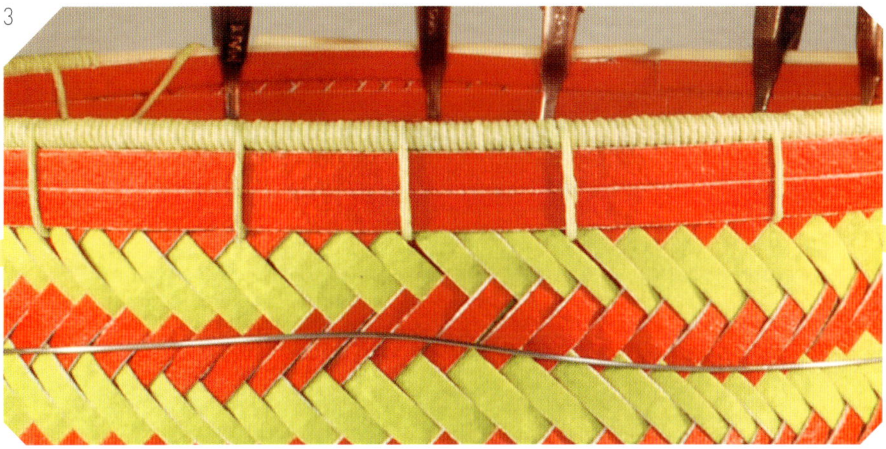

4. Es ist wichtig, vor dem Umwickeln des Peddigrohrs zu überprüfen, ob auf der Innenseite des Korbs überstehende Enden von Papierstreifen zu kappen sind. Die Wellen erschweren das Zuschneiden eines sauberen ebenen Rands. Sollten Sie nachbessern müssen, ziehen Sie das Randstück vorsichtig vom Korb weg und schneiden Sie die Kante nach (siehe Schritt 7, Seite 103 mit den Abbildungen 7b–d). Der Randabschluss wird genauso gearbeitet wie der umwickelte Rand. Die Enden des Peddigrohrs anschrägen und die Fadenenden unter dem inneren Randstreifen verknoten (Seite 96–98).

5. Der Korb ist fertig.

5

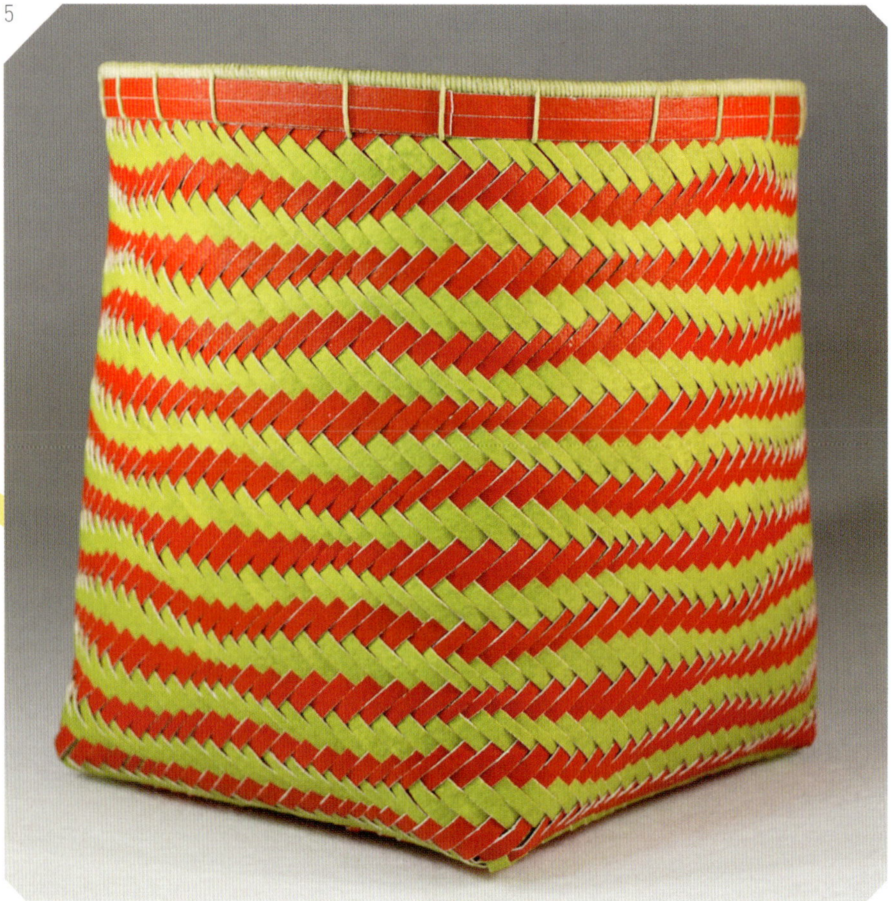

Rechts: «Licorice», Foto: Ken Rowe

Deckel

Für jeden Korb gibt es einen passenden Deckel, könnte man in Anlehnung an das bekannte Sprichwort sagen. Deckel werden auf die gleiche Weise geflochten wie die Körbe, für die sie bestimmt sind. Sie können einen Deckel von der Höhe des Korbs herstellen und mit diesem dann die komplette Außenseite des Korbs bedecken. Ein Deckel kann aber auch flach gestaltet werden und nur 1 oder 2 cm über den Korb reichen. Oder Sie fertigen einen Deckel, der irgendwo zwischen den Extremen liegt.

Anmerkung: Dieser Deckel passt auf den Korb, der mit dem umwickelten Rand abschließt (Seite 92–99); für die Gestaltung siehe Muster 1 (Seite 152)

Materialien

Papier: Ein Bogen grobkörniges Aquarellpapier (DIN A1, 300 g/m²), daraus 24 Streifen plus ein paar Streifen für den Randabschluss herstellen

Zwei Farben, eine pro Seite (hier gelb und rot-weiß-gelb)

Klammern
Transparenter Klebstoff
Sticknadel ohne Spitze, Stärke 18
Schere und Seitenschneider
Flachahle
Flacher Zahnstocher
Gewachstes Leinengarn oder gewachste Kunstseide
Einlage, hier Dreistrangzopf aus Leinengarn
Draht, 0,5 mm Durchmesser, um den Deckel in Form zu halten

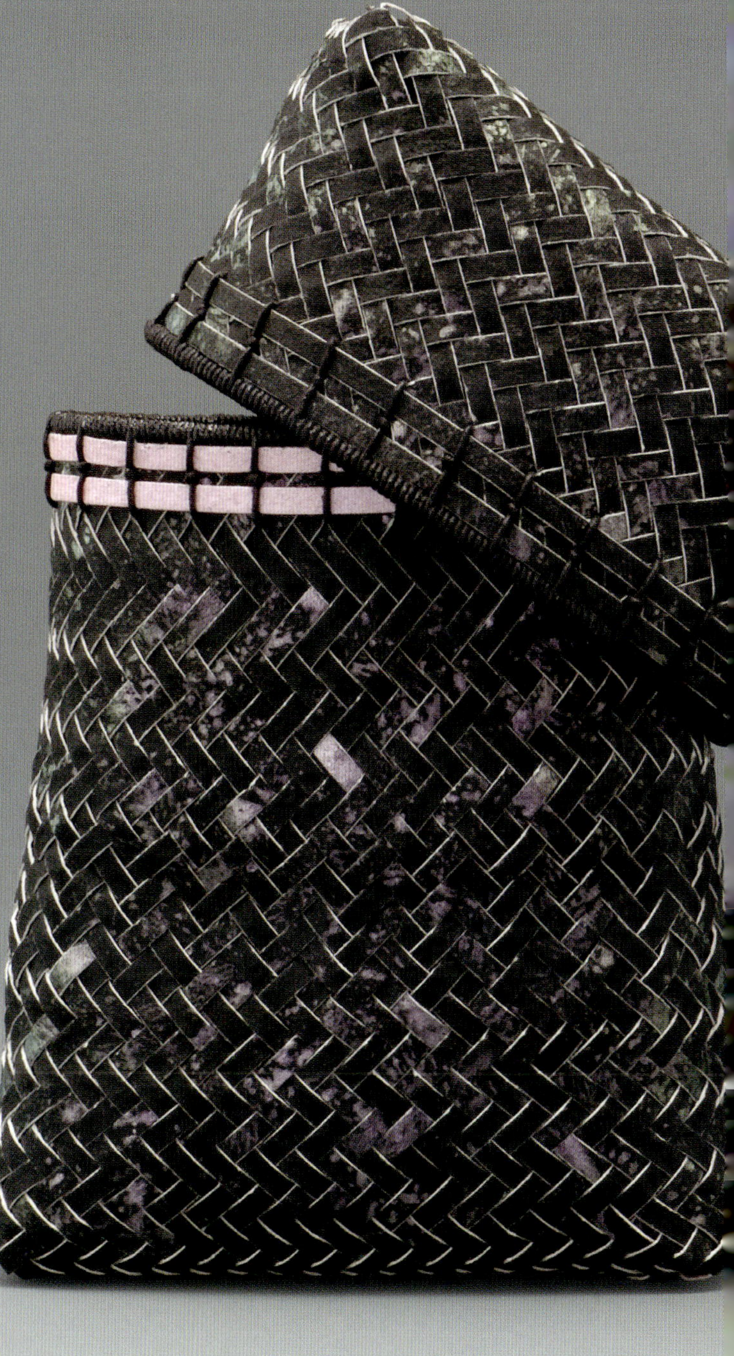

1a

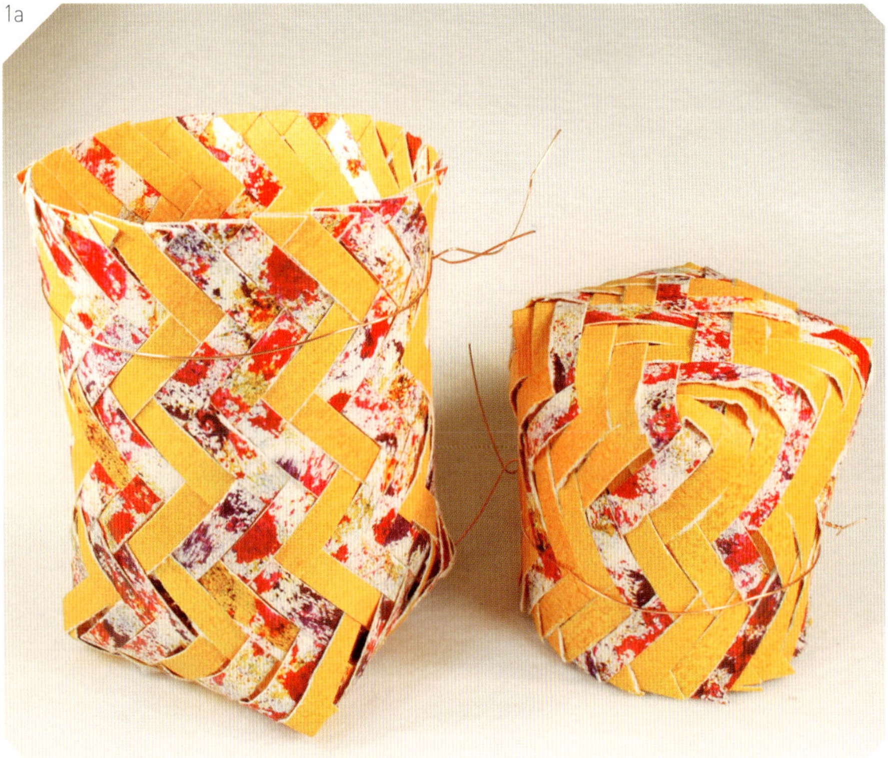

1. Ich empfehle Ihnen, die Randabschlüsse sowohl des Korbs als auch des Deckels erst zu arbeiten, wenn bei beiden die Seiten fertig ausgearbeitet sind (1a). So ist es für Sie sicherer, dass der Deckel später tatsächlich auf den Korb passt. Wenn Sie die Passung von Korb und Deckel prüfen wollen, so können Sie das mit gewissen Abstrichen tun – mit dem fertigen Korbrand haben Sie dann das endgültige Gegenstück für den Deckel in der Hand. Schneiden Sie für das versuchsweise Prüfen die Ränder ungefähr auf die gewünschte Höhe zu. Setzen Sie dann den Deckel vorsichtig auf den Korb. Dabei müssen Sie bedenken, dass Randstücke, Einlage und Garn sowohl am Korb als auch am Deckel leicht auftragen. Wie auf Foto 1b zu erkennen ist, ist der Korb zu groß für den Deckel.

1b

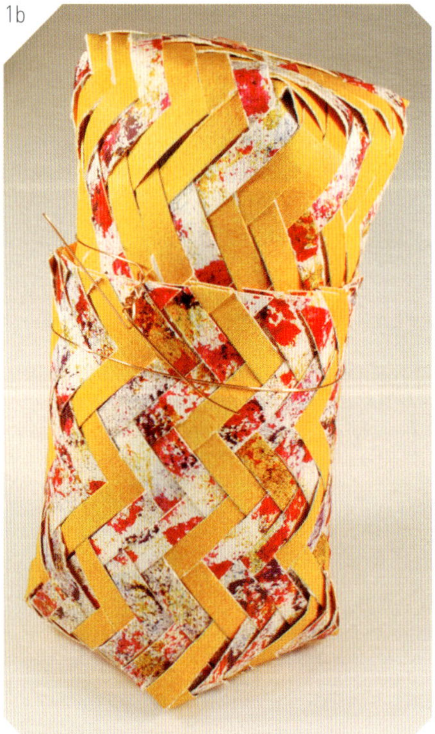

2. In solchen Fällen können Sie die Korböffnung etwas verkleinern, indem Sie das Geflecht vorsichtig zusammendrücken. Ein Stück Draht leistet dabei gute Dienste. Es ist nicht schlimm, wenn sich der Korb vorübergehend verformt, doch einen Nachteil gibt es: Das Umnähen des Rands wird schwieriger, wenn Sie den Korb zu fest zusammendrücken (2a). Wahrscheinlich müssen Sie den Rand nach dem Verdichten nachschneiden. Auf Foto 2b ist zu sehen, dass die Korböffnung nun kleiner, aber immer noch zu groß für den Deckel ist.

2a

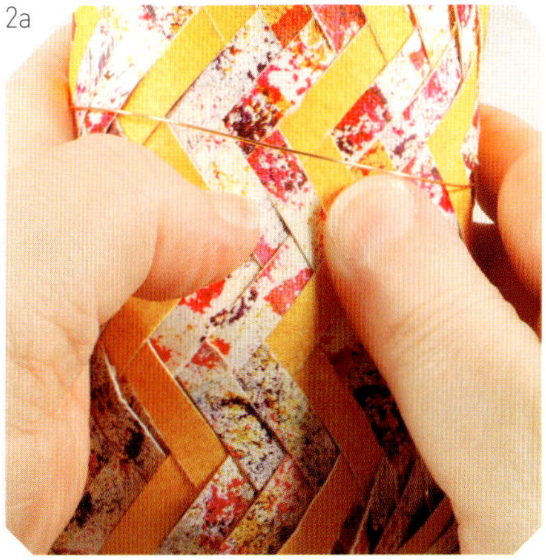

2b

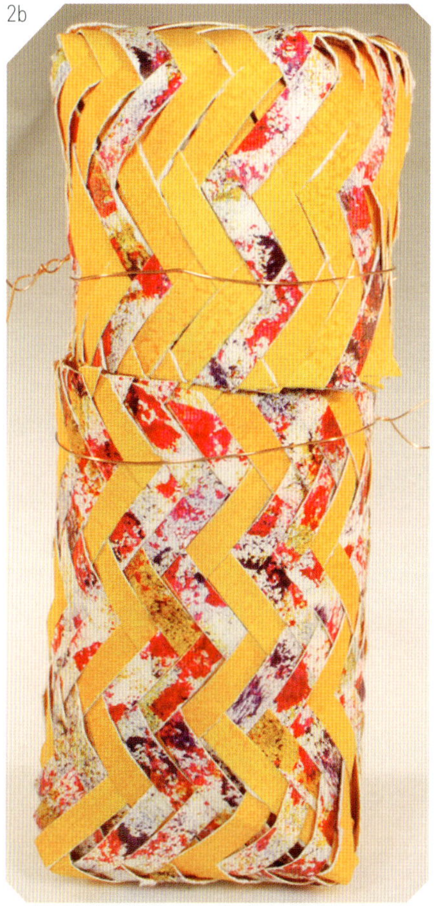

3. Um einen Deckel zu weiten, braucht man normalerweise nur den Boden zu korrigieren. Wenn das Geflecht am Boden eng gewebt ist, können Sie es lockern, indem Sie in den Deckel fassen und das Geflecht vom Rand aus nach unten und außen drücken. Vorsicht – der Deckel sollte sich dabei nicht verformen (3a)! Wahrscheinlich müssen Sie vor dem Lockern auch den Draht ein bisschen weniger spannen. Nach dieser Aktion passt der Deckel schließlich auf den Korb (3b). In den meisten Fällen reicht es aber aus, die Öffnung des Korbs etwas zu verdichten. Anschließend können Sie die Ränder von Korb und Deckel arbeiten. Der Korb schließt mit dem umwickelten Rand ab (Seite 92–99), der Deckel mit dem einfachen Randabschluss mit Überwendlingsstich und Kreuzstich (Seite 81–86). Als Einlage wurde ein Dreistrangzopf aus Leinengarn genutzt.

4. Der Deckel sitzt optimal, wenn Sie den Korb umdrehen können, ohne dass er gleich herunterfällt. Eine solche Passung hinzubekommen, erfordert ein wenig Übung. Ist der Deckel zu eng, lässt er sich nicht gut auf- und absetzen. Zudem können Korb und Randabschluss beschädigt werden. Wenn bei einem zu knapp kalkulierten Deckel keine Notmaßnahme hilft, müssen Sie in den sauren Apfel beißen und einen neuen, etwas weiteren Deckel flechten. Foto 4a und 4b zeigen den fertigen Korb mit und ohne Deckel.

3a

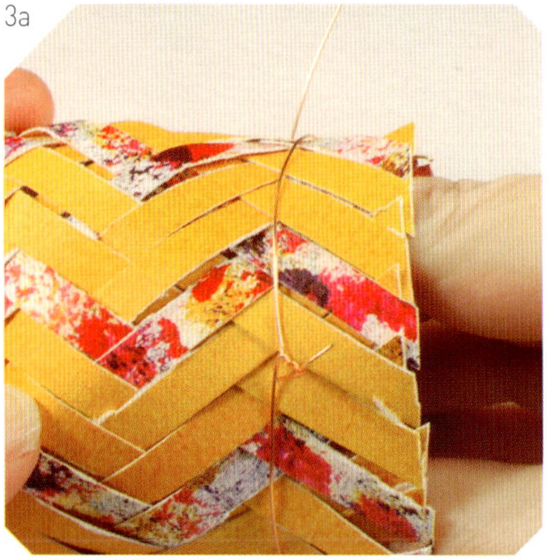

4a

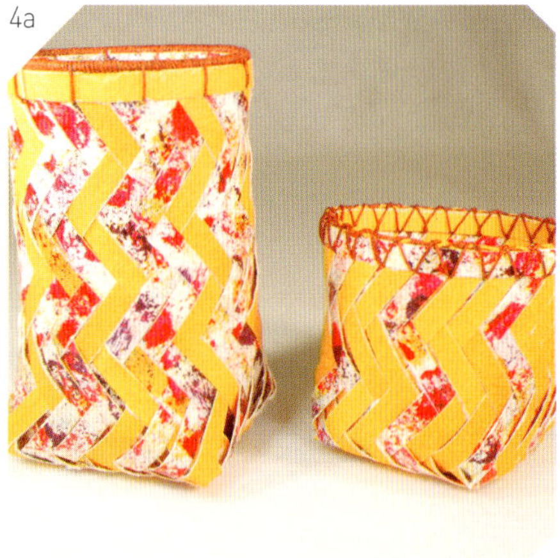

3b

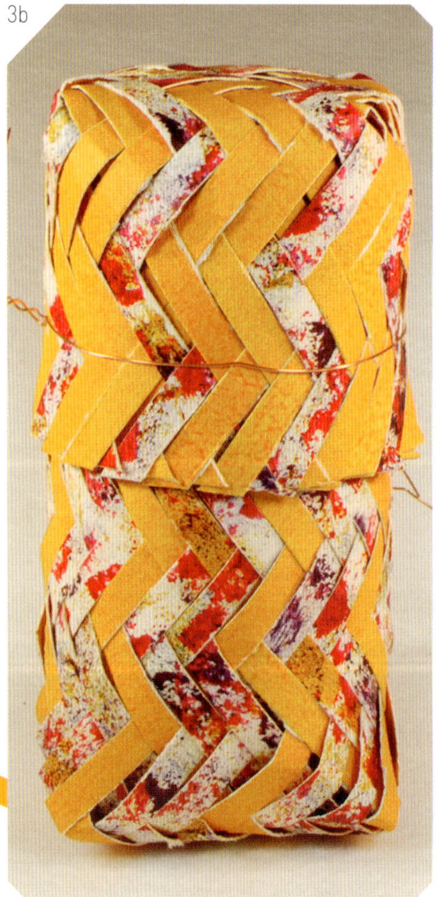

4b

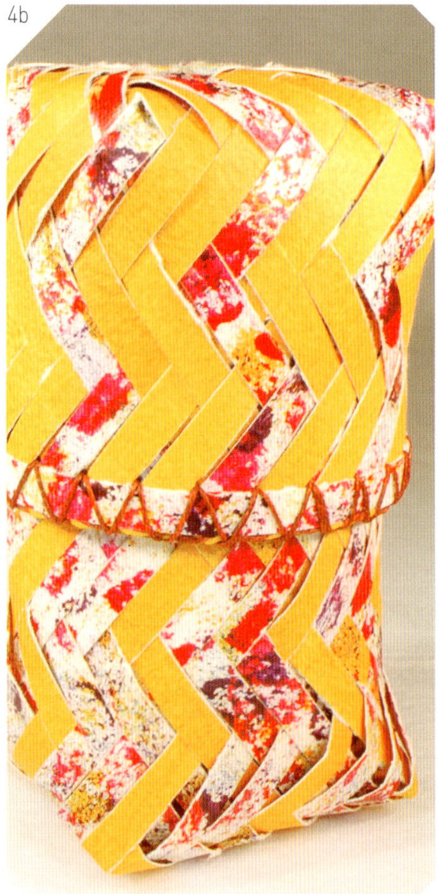

Geklebte Ränder

Viele meiner Flechtobjekte enden ungleichmäßig – sie winden und drehen sich in alle Richtungen. Mit einem Stück Draht lassen sich die Papierstreifen nicht zusammenhalten, bis ich Randstreifen und Einlage befestigt habe. In solchen Fällen verdichte ich das Geflecht besonders sorgfältig und setze viel mehr Klammern als üblich.

Ausgangsbasis: Unendliche Schleife (Seite 150–151)

Materialien
Papier: Genügend grobkörniges Aquarellpapier (DIN A1, 300 g/m²) für 252 etwa 18 cm lange Streifen plus einige längere Streifen für den Randabschluss

Zwei Farben, eine pro Seite (hier rot-orange-gelb und schwarz)

Peddigrohr rund, 1,75 mm
Klammern
Matt-Medium für Acrylfarbe
Gefäß mit Wasser und Pinsel
Sticknadel ohne Spitze, Stärke 18
Schere und Seitenschneider
Flacher Zahnstocher
Gewachstes Leinengarn oder gewachste Kunstseide
Scharfes Messer

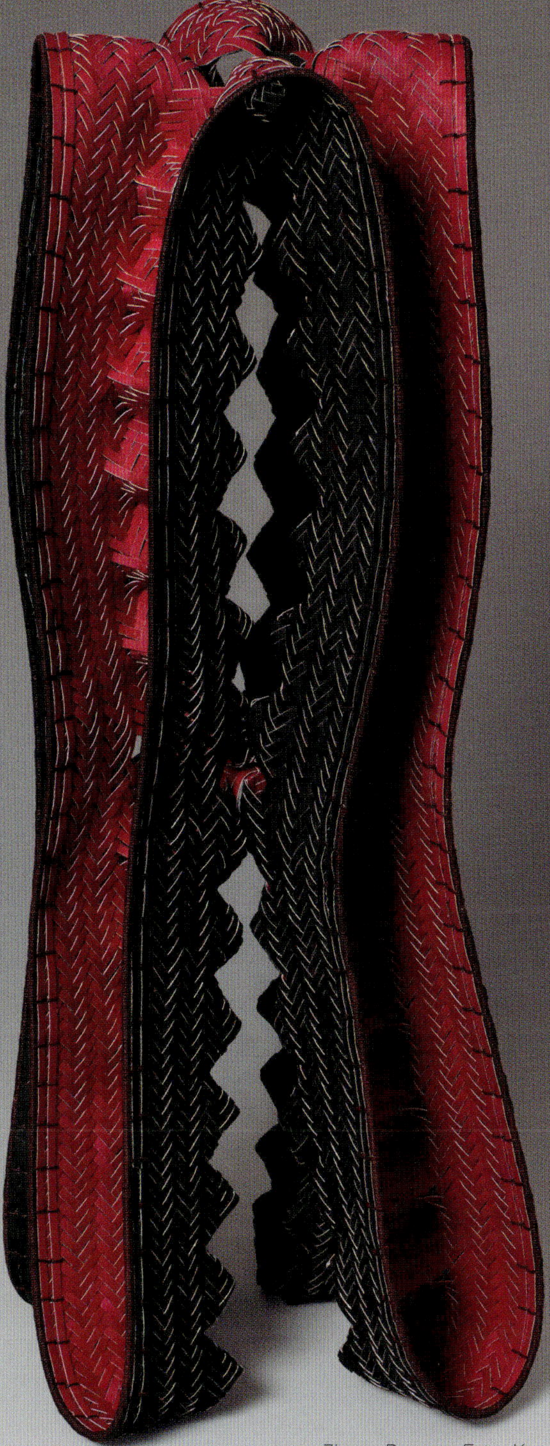

«Zipper Dance», Foto: Ken Rowe

1

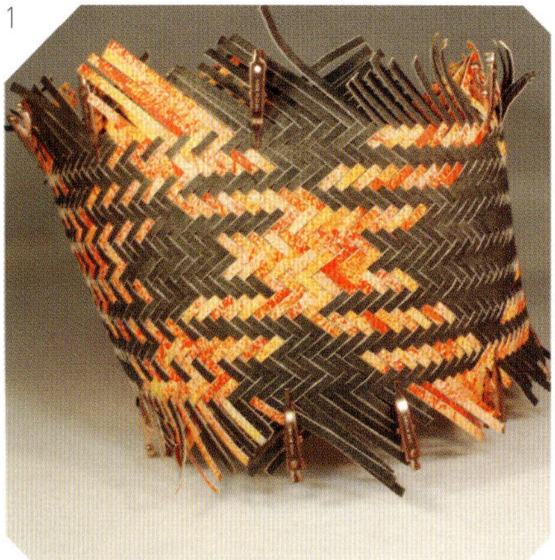

2a

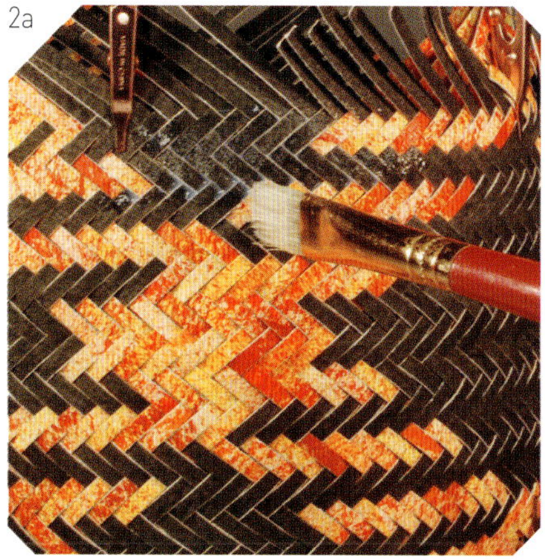

2b

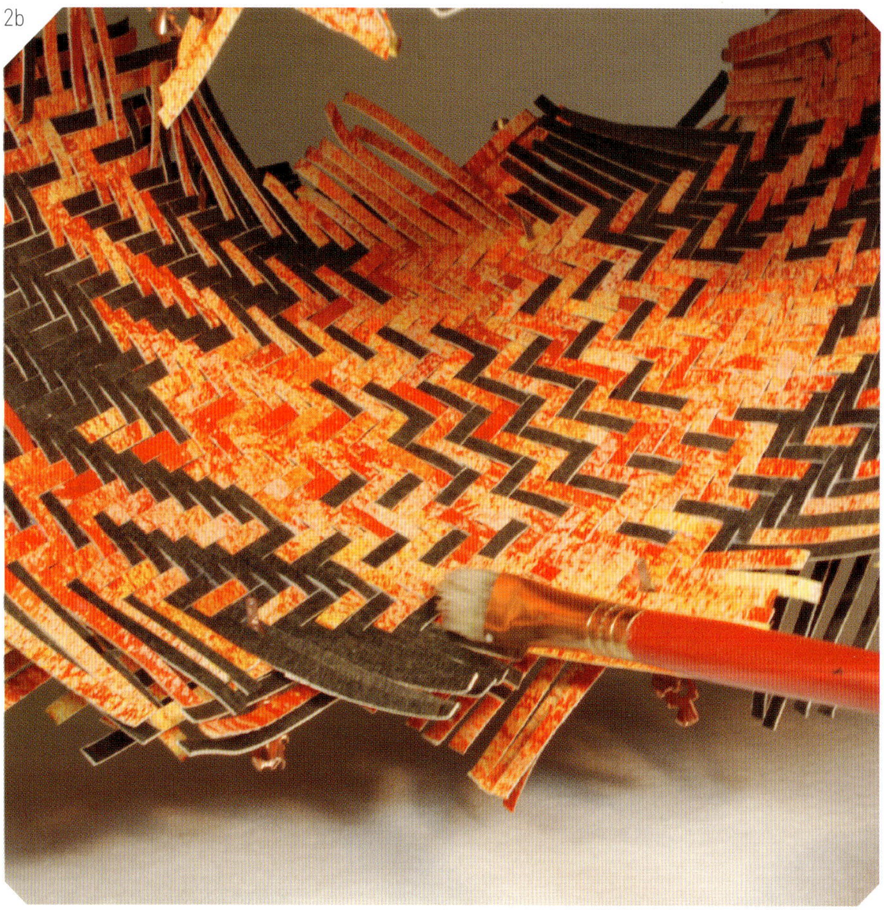

1. Diese unendliche Schleife ist einfach zu flechten, lässt sich aber mit einem Stück Draht nicht zusammenhalten. Glücklicherweise benötige ich dank der verklebten Ränder nicht allzu viele Klammern.

2. Zum Verkleben Matt-Medium für Acrylfarbe im Verhältnis von etwa 1:5 gründlich mit Wasser verdünnen. Ich messe die Mengen nach Gefühl ab, sodass die Mischung jedes Mal eine etwas andere Konzentration hat. Einen Pinsel in das verdünnte Medium tauchen und das Geflecht an den Rändern innen und außen etwa 1,5 bis maximal 2,5 cm breit einpinseln (2a und 2b).

3

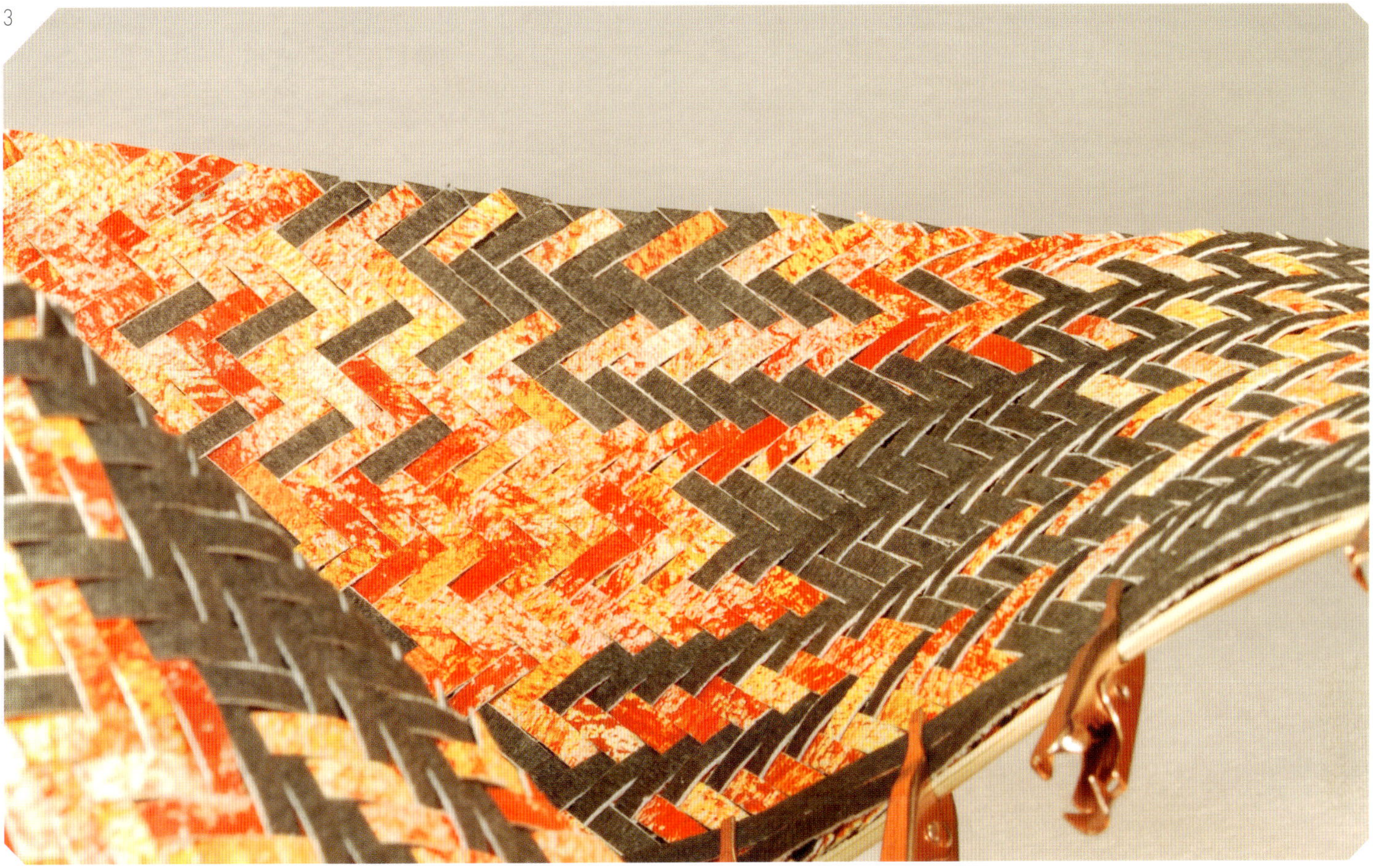

3. Lassen Sie das Medium vollständig trocknen. Schneiden Sie anschließend die Ränder zu und klammern Randstreifen sowie Einlage fest. Keine Sorge – der Rand wird nicht aufgehen.

4

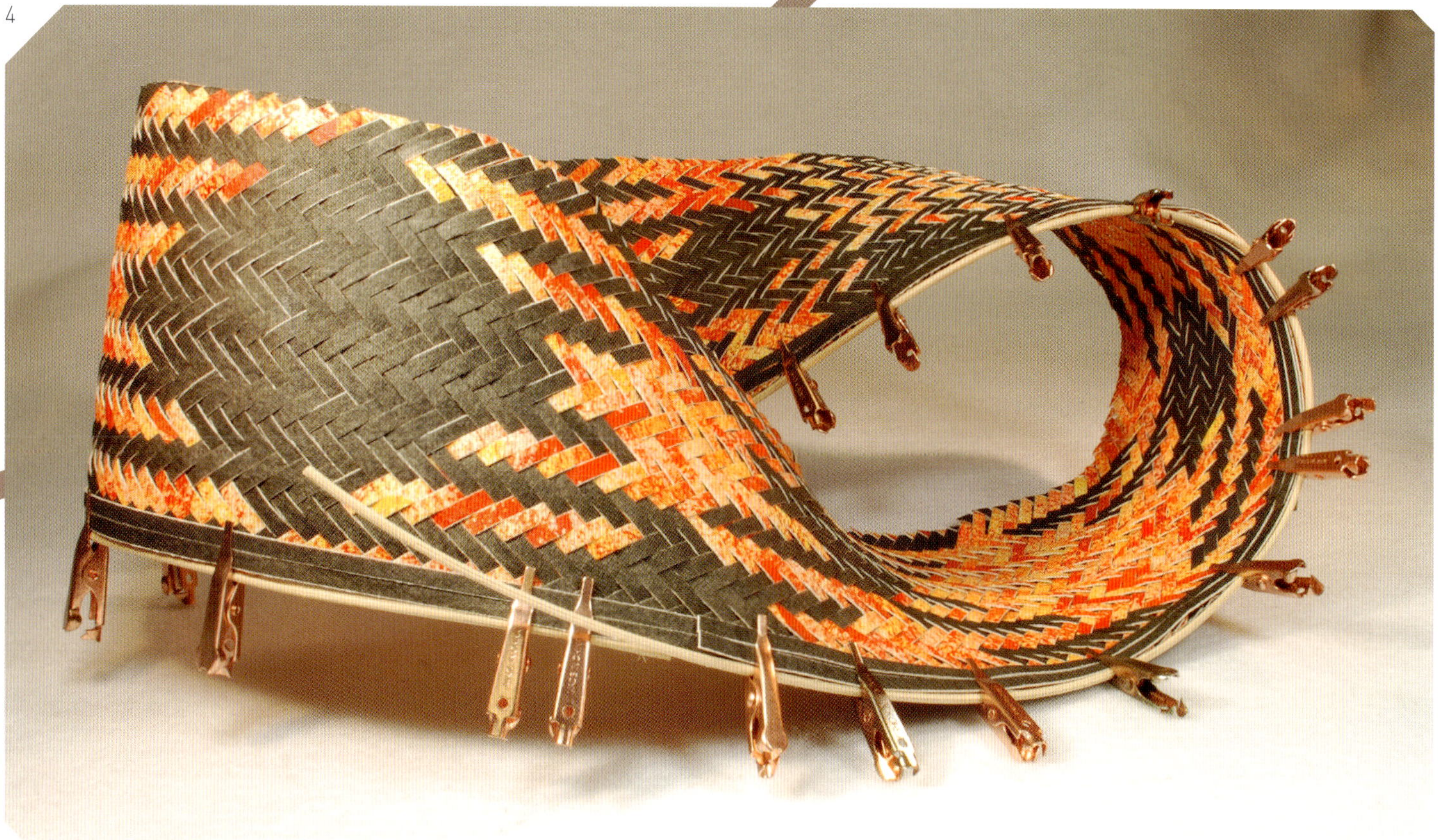

4. Wenn Sie Peddigrohr stark biegen, um eine Rundung nachzuformen, müssen Sie aufpassen, dass es nicht bricht. Lassen Sie sich Zeit, verwenden Sie viele Klammern und fixieren Sie das Rohr Stück für Stück ganz behutsam am Geflecht. Zu viele Klammern sind besser als zu wenige. Die angeschrägten Enden der Einlage positionieren Sie an einem möglichst geraden Abschnitt. Versuchen Sie erst gar nicht, sie rund zu biegen und gleichzeitig zu umwickeln.

Das Prozedere erfordert Umsicht und Fingerspitzengefühl. Das Peddigrohr dürfen Sie vor dem Umwickeln und Festnähen nicht zu stark unter Spannung setzen. Wegen des Malmediums benötigen Sie etwas mehr Kraft als sonst, um das Geflecht mit der Sticknadel zu durchstechen.
Bei dieser unendlichen Schleife wurden für den Randabschluss außer Peddigrohr je zwei Randstreifen verwendet.

5. Das fertige Objekt.

5

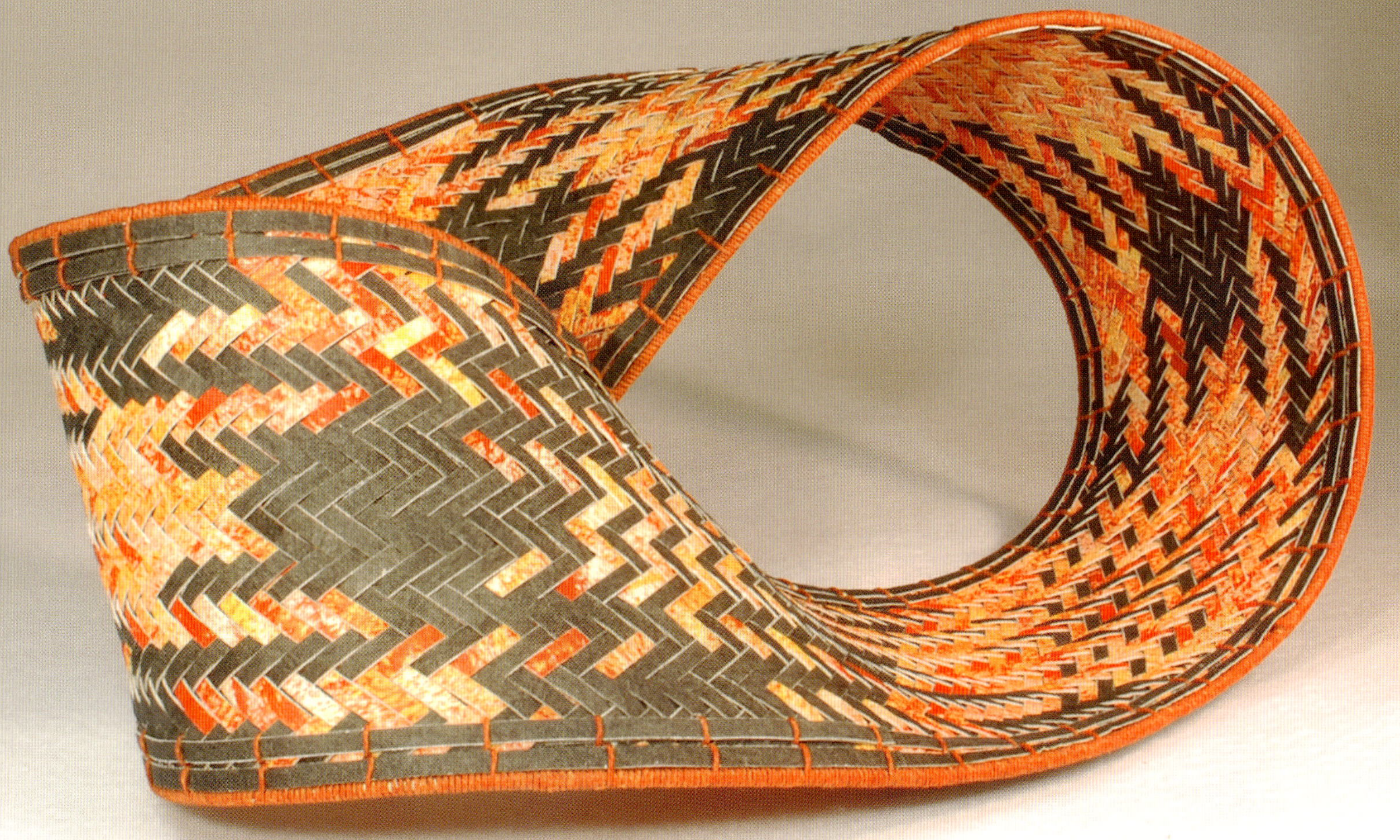

«Ocher Infinity»

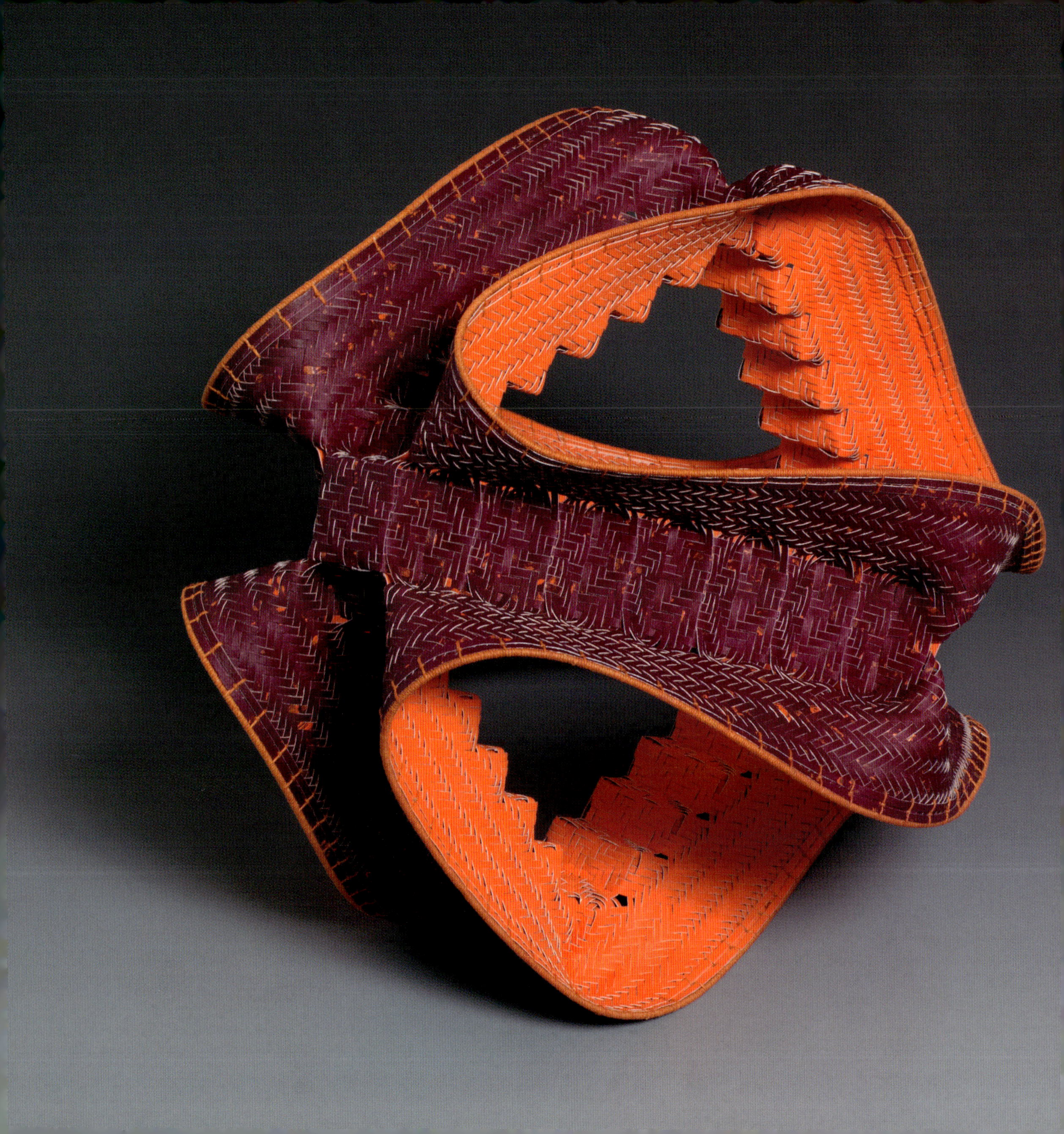

Strukturen

Asymmetrische Körbe

Für asymmetrische Körbe flechte ich an der Basis auf jeder Seite eine unterschiedliche Anzahl von Papierstreifen in Dreiergruppen ein. Wahrscheinlich denken Sie, dass der Boden des Korbs dann einfach rechteckig oder rautenförmig aussehen wird, doch beim Flechten geschehen interessante Dinge: Das Werkstück verliert buchstäblich die Bodenhaftung. Die Wände stehen dann nicht senkrecht, sondern neigen sich zu einer Seite. Wenn ich einen asymmetrischen Korb konstruiere, weiß ich vorher nie genau, wie er später anmutet und ob er von allein stehen wird – es sei denn, ich habe das gleiche Modell vorher schon einmal geflochten.

Vorausgehende Seite: «Satellite»
Rechts: «Tilt», Foto: Ken Rowe

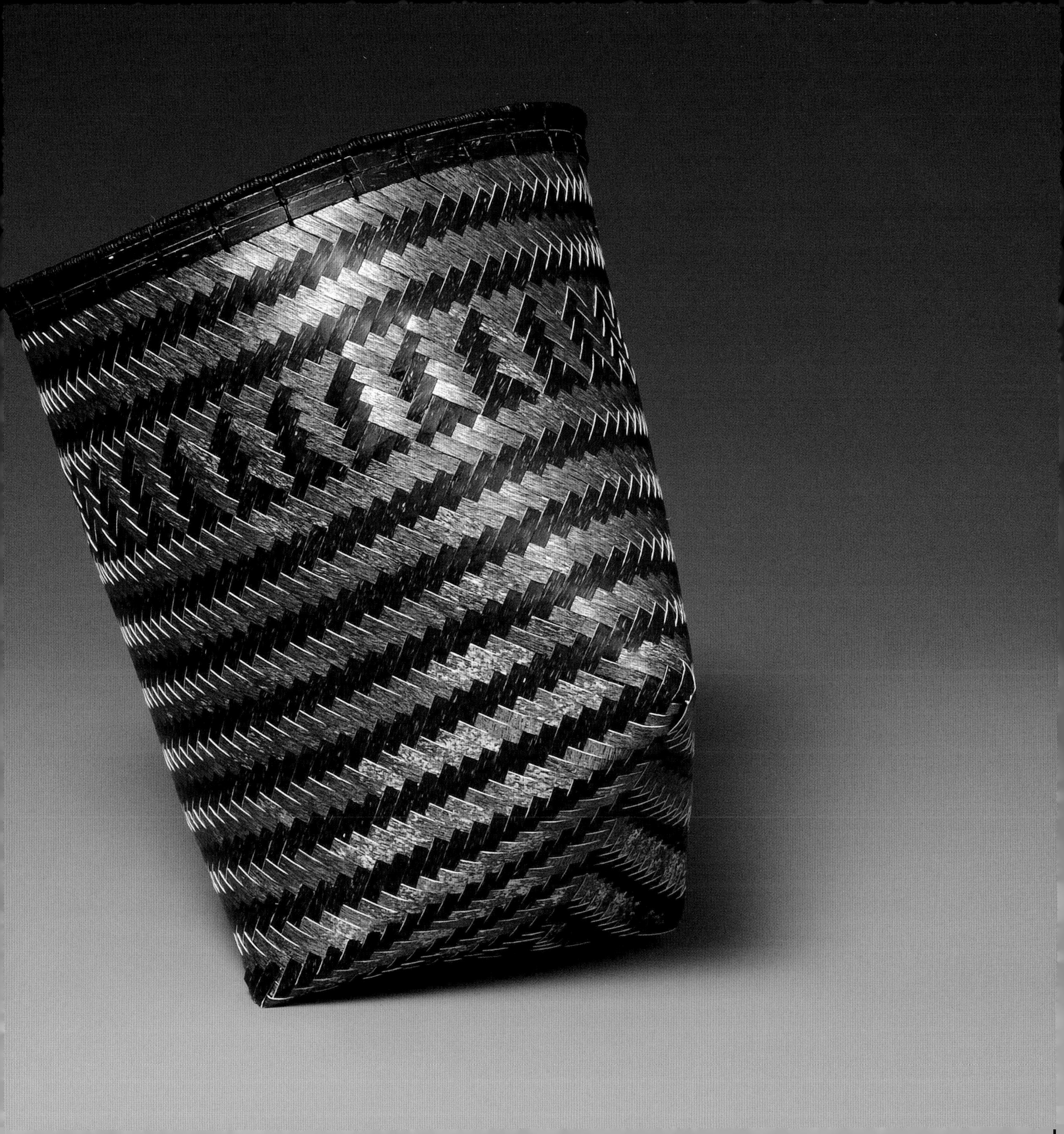

Projekt 5: Asymmetrische Körbe mit viereckiger Basis

Beim Flechten asymmetrischer Körbe bieten sich zahlreiche Variationsmöglichkeiten. Schon ein einziges zusätzliches Set aus drei Papierstreifen auf einer Seite kann das Aussehen des Korbs verändern. Auch für Objekte mit ondulierendem Köper ist diese Technik geeignet. Wichtig ist nur, dass Sie immer komplette Streifensets ansetzen.

Alle vier Körbe in diesem Kapitel haben eine viereckige Basis.

Korb 1

Materialien

Papier: Ein Bogen grobkörniges Aquarellpapier (DIN A1, 300 g/m²), daraus 72 Streifen plus einige Streifen für den Randabschluss herstellen

Zwei Farben, eine pro Seite (hier grau und gelbgrün)

Klammern
Angelgewichte
Flachahle
Materialien für den Randabschluss
Lineal
Seitenschneider
Bei Bedarf zwei Sticknadeln ohne Spitze
Bei Bedarf Flachrundzange

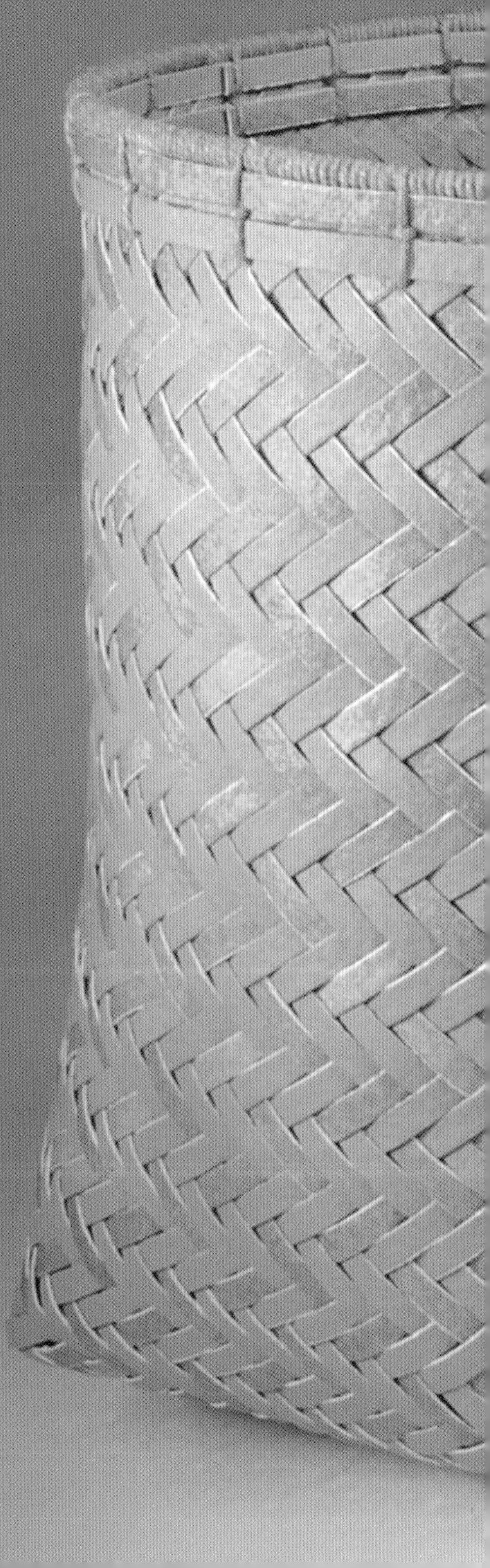

1. Für diesen Korb benötigen Sie insgesamt 72 Papierstreifen – einfarbig, zweifarbig oder halbe-halbe eingefärbt. Flechten Sie eine quadratische Basis wie für Projekt 1 (ab Seite 36). Hier wurden 18 Streifen längs und 18 quer verwendet bzw. 9 Streifen pro Seite. Man kann auch sagen, dass rundum drei Sets à 3 Streifen hinzugefügt wurden. An das Geflecht arbeiten Sie an einer Seite zwei weitere Sets à 3 (= 6) Streifen ein. An der nächsten Seite 4 × 3 (= 12), an der dritten 6 × 3 (= 18 Streifen) einflechten. Die Basis hat jetzt 30 × 42 Streifen (9, 15, 21 und jeweils 27 an den Seiten). Der Pfeil zeigt die Mitte des Bruchs.

1

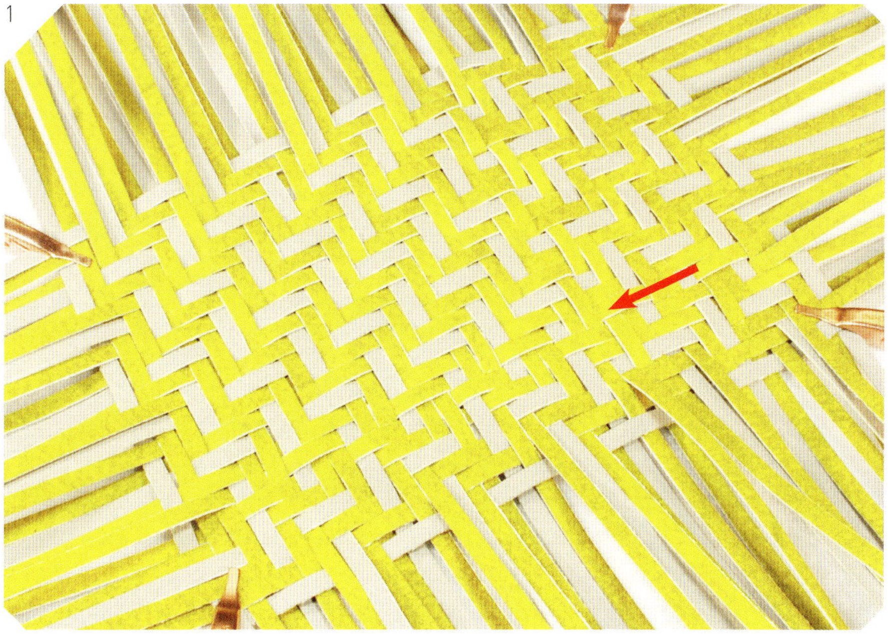

2. Beim Flechten der Ecken werden Sie feststellen, dass die Basis nicht flach auf der Unterlage aufliegt (2a). Es kann sein, dass der Korb nach dem Hochziehen der Wände nicht steht, sondern sich auf eine Seite legt. Dann können Sie vorübergehend ein Angelgewicht einlegen. Oft lässt sich der Korb zum Stehen bringen, wenn man ein wenig mit der Basis experimentiert. Manchmal (aber nicht immer) genügt es bereits, die Ecken gut zu formen (2b).

3. Beim Flechten asymmetrischer Körbe muss man die Gewichtsverteilung bedenken. Entweder indem man so arbeitet, dass der Korb von alleine steht. Oder indem man ein Gewicht nutzt. Manchmal lässt sich der Schwerpunkt tatsächlich schon verlagern, indem man ein paar Zentimeter vom Rand herunterschneidet. Funktioniert das nicht oder möchte man die Wände nicht kürzen, kann man ein Gewicht in den Boden legen, um den Korb auszubalancieren. Ich verwende herkömmliche Angelgewichte, die übers Internet oder im Fachhandel erhältlich sind.

2b

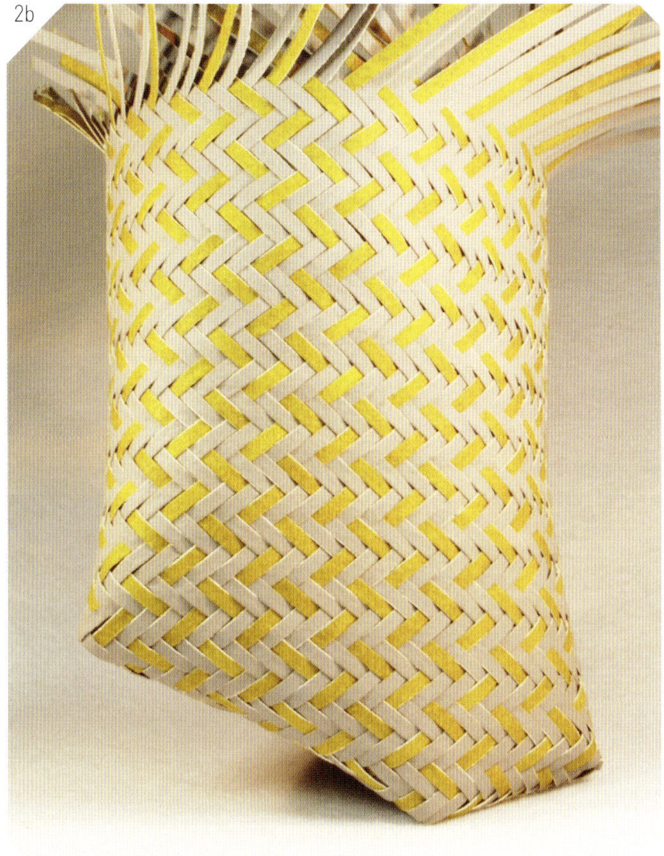

2a

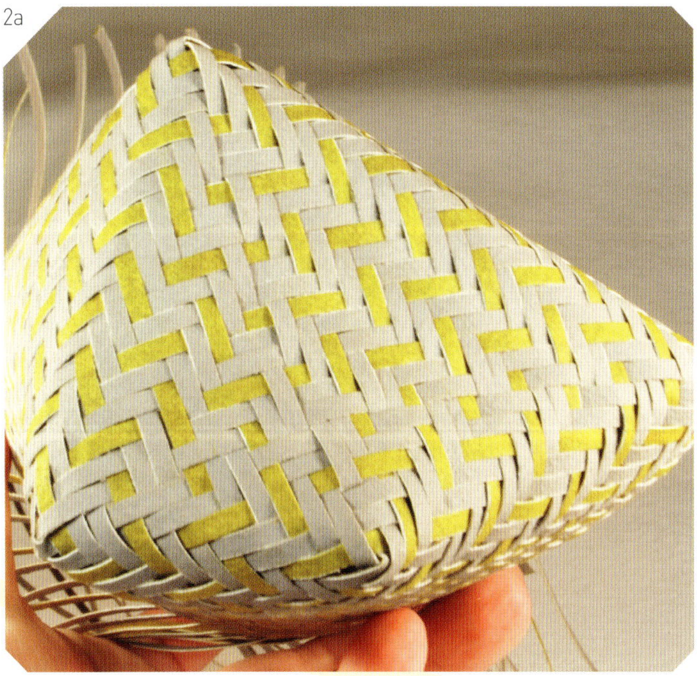

Es gibt Angelgewichte in vielerlei Größen und Formen – von unter einem bis zu über 200 g. Normalerweise haben sie ein Öhr, sodass man sie einnähen kann. Ich kaufe meist kleine bis mittelgroße kugelförmige Gewichte. Achten Sie beim Kauf darauf, dass Ihre Nadel mitsamt Faden durch das Öhr passt. Zumindest der Faden muss sich durchfädeln lassen.

4a

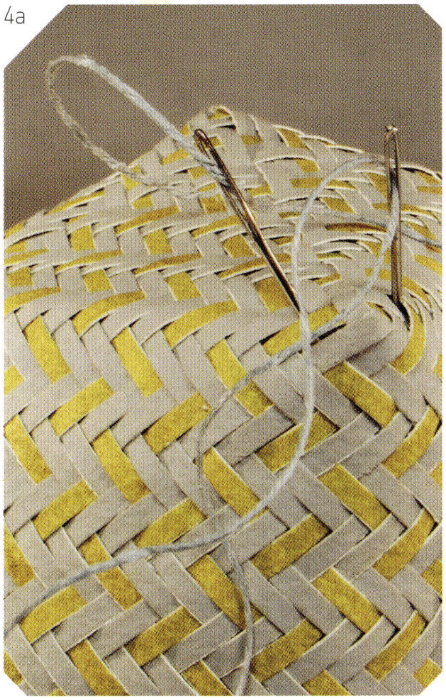

4b

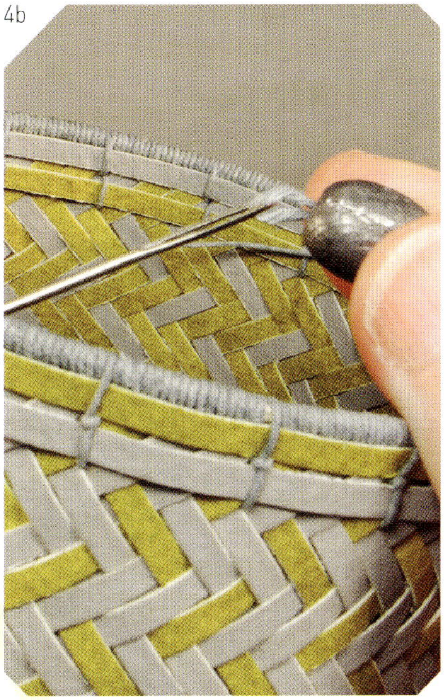

5a

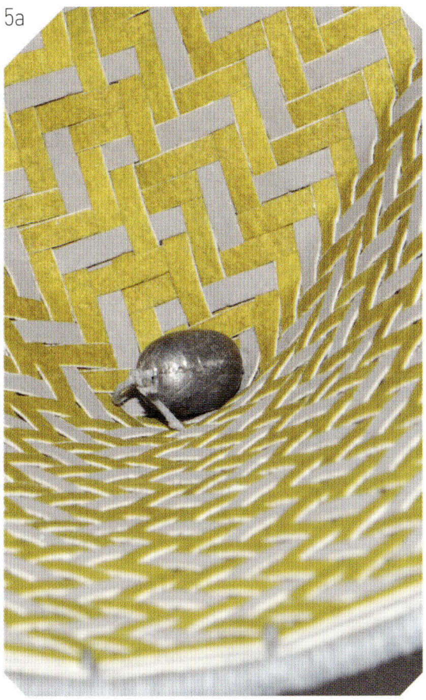

5b

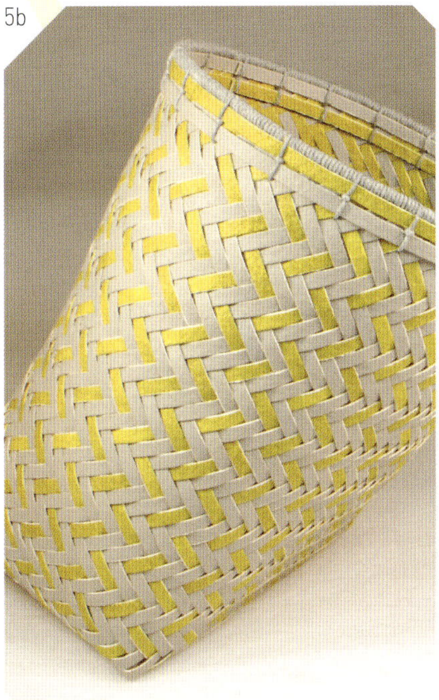

4. Das Gewicht muss beim Einnähen so platziert werden, dass der Korb steht. Manchmal kommen mehrere Stellen und/oder Ausrichtungen infrage. Zum Befestigen fädeln Sie einen langen Faden an seinen beiden Enden in jeweils eine Näh- oder Sticknadel ein. Dann stechen Sie mit beiden Nadeln dort, wo das Gewicht platziert werden soll, von außen in den Korb (4a). Fädeln Sie den Faden durch das Öhr, lassen Sie das Gewicht in den Korb fallen, entfernen Sie die Nadeln und verknoten Sie die Fadenenden. Wenn die Öffnung des Korbs so groß ist, dass Sie mit den Händen hineinfassen können, ist das ganz einfach (4).

5. Bei schmalen Körben benötigen Sie zum Verknoten der Fadenenden eine Flachrundzange und einen ziemlich langen Faden. Schlinge Nummer eins ziehen Sie möglichst dicht an das Gewicht: Ein Fadenende zurren Sie mit der Zange fest und das andere halten Sie dabei fest. Möglicherweise müssen Sie mit der Zange zwischendurch nachgreifen. Schlinge Nummer zwei wird genauso geschlungen und sorgt dafür, dass das Gewicht gut fixiert ist (5a). Etwas Klebstoff auf den Knoten geben und nach dem Trocknen die Fadenenden abschneiden. Hier habe ich das Gewicht so platziert, dass der Korb sich zu einer Seite neigt (5b).

6. Ein mehrfach umwickelter Rand dient als Abschluss.

Korb 2 und 3

Materialien

Papier: Ein Bogen grobkörniges Aquarellpapier (DIN A1, 300 g/m²), daraus 42 bzw. 54 Streifen plus einige Streifen für beide Randabschlüsse herstellen

Zwei Farben, eine pro Seite (hier rot und gelb)

Klammern
Angelgewicht für einen Korb
Flachahle
Materialien für den Randabschluss
Lineal
Seitenschneider
Zwei Sticknadeln ohne Spitze

1. Für beide Körbe weben Sie eine Basis aus 3, 9, 9 und 21 oder 30 × 24 Streifen. Die Pfeile zeigen die Mitte des Bruchs (1a und 1b).

1a

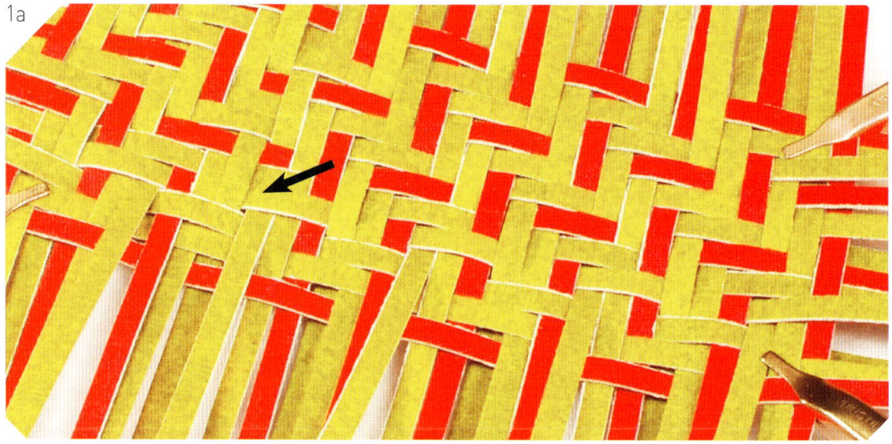

1b

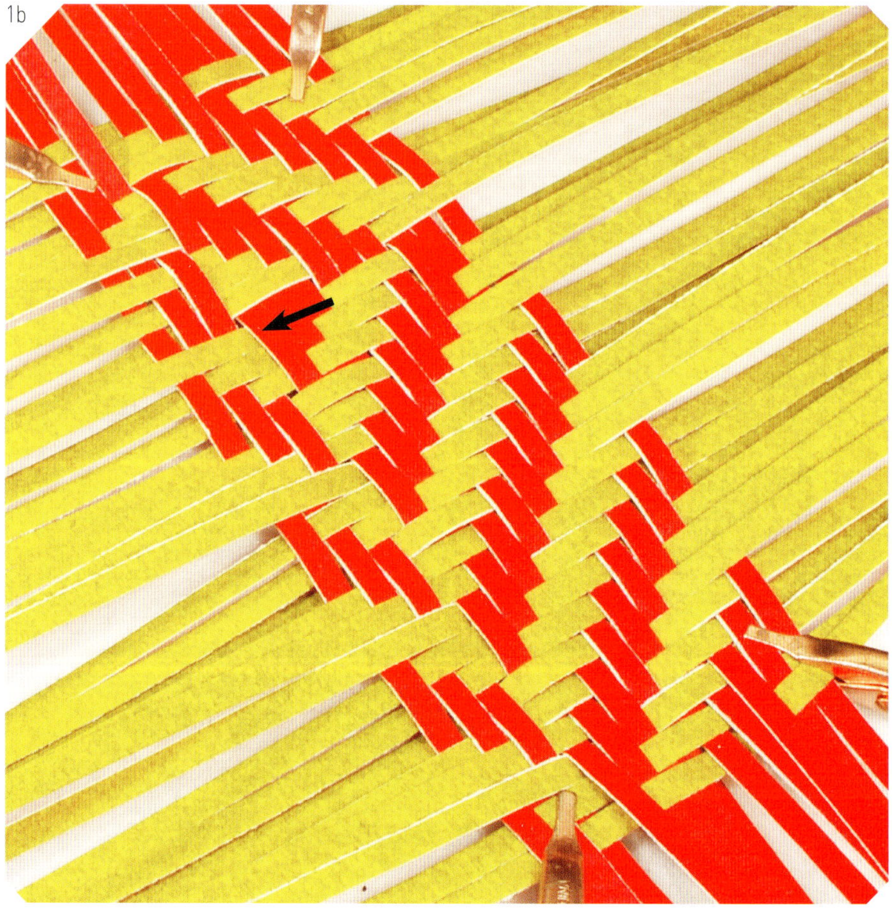

2

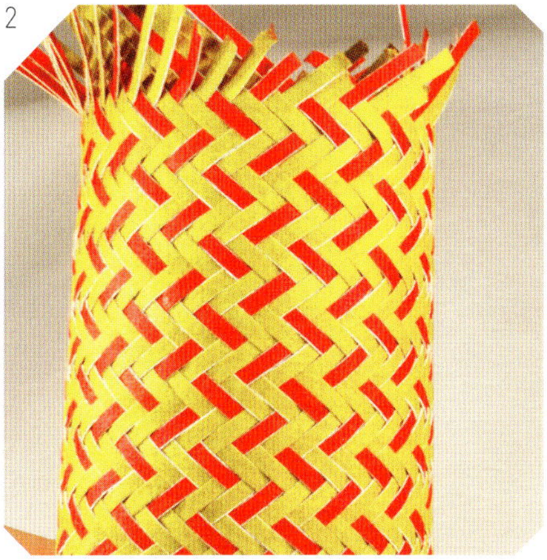

3c

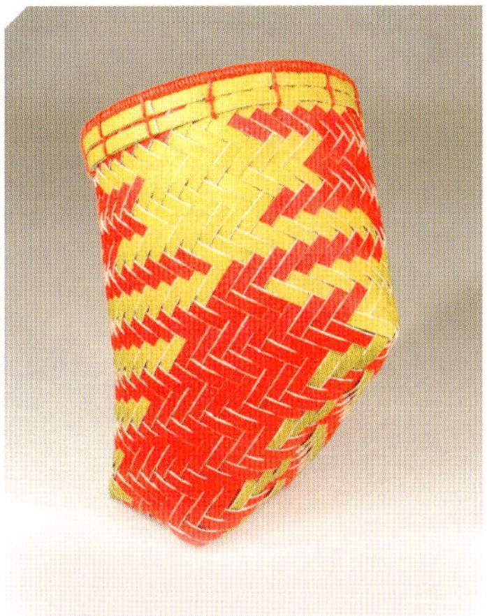

3a

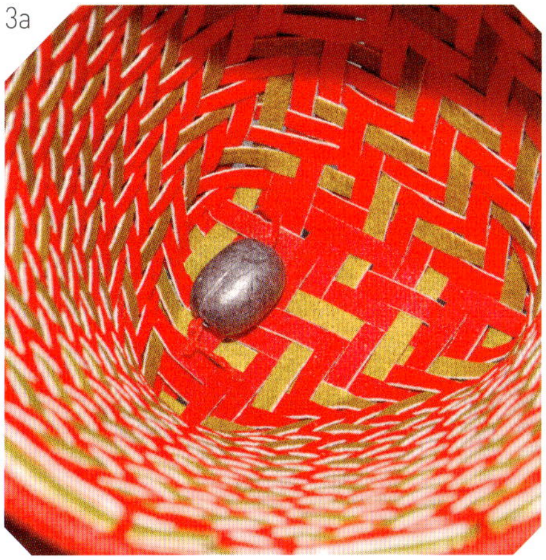

3b

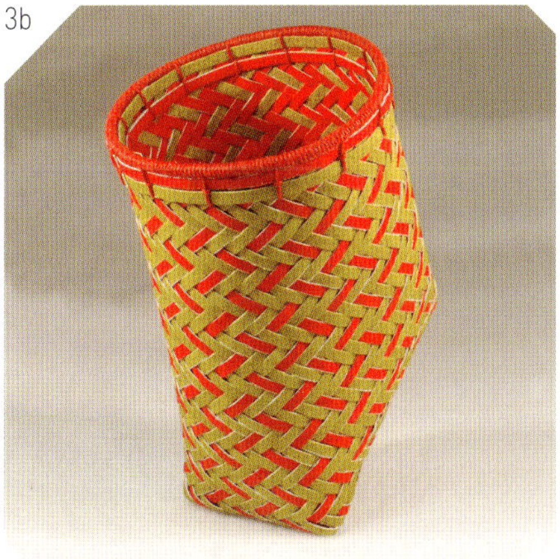

2. Beide Körbe fallen um, wenn die Wände fertig sind.

3. Damit Sie den größeren Korb erhalten, müssen Sie den Rand um etwa 3,5 cm zurückschneiden und ein Gewicht einnähen (3a und 3b). Der kleinere Korb steht von allein, wenn Sie den Rand um etwa 5 cm zurückschneiden (3c).

4. **Fertigstellung.** Es gibt viele Möglichkeiten zur Gestaltung des Korbrands. Siehe hierzu Seite 70–119. Wenn Sie sich für eine Variante entschieden haben, folgen Sie der entsprechenden Anleitung.

Korb 4

Materialien

Papier: Ein Bogen grobkörniges Aquarellpapier (DIN A1, 300 g/m²), daraus 60 Streifen plus einige Streifen für den Randabschluss herstellen

Zwei Farben, eine pro Seite (hier schwarz und blau-pink-weiß)

Klammern
Flachahle
Materialien für den Randabschluss
Lineal
Seitenschneider

1. Für diesen Korb benötigen Sie insgesamt 60 Papierstreifen. Flechten Sie eine Basis wie für Projekt 2 (12 × 12 Streifen). An jeder Seite arbeiten Sie zwei weitere Sets à drei Streifen ein. Anschließend flechten Sie an einem Ende der Basis an zwei Seiten noch zweimal drei Streifen ein. Die Ecken sind auf dem Foto mit Pfeilen markiert. Die fertige Basis besteht aus 30 × 30 Papierstreifen.

2. Der komplett geflochtene Korb hat eine flache Basis, aber er hat schiefe Wände (2a). Den Effekt können Sie verstärken: Je mehr zusätzliche Streifen Sie an einem Ende der Basis einflechten, umso stärker wird die Neigung (2b).

1

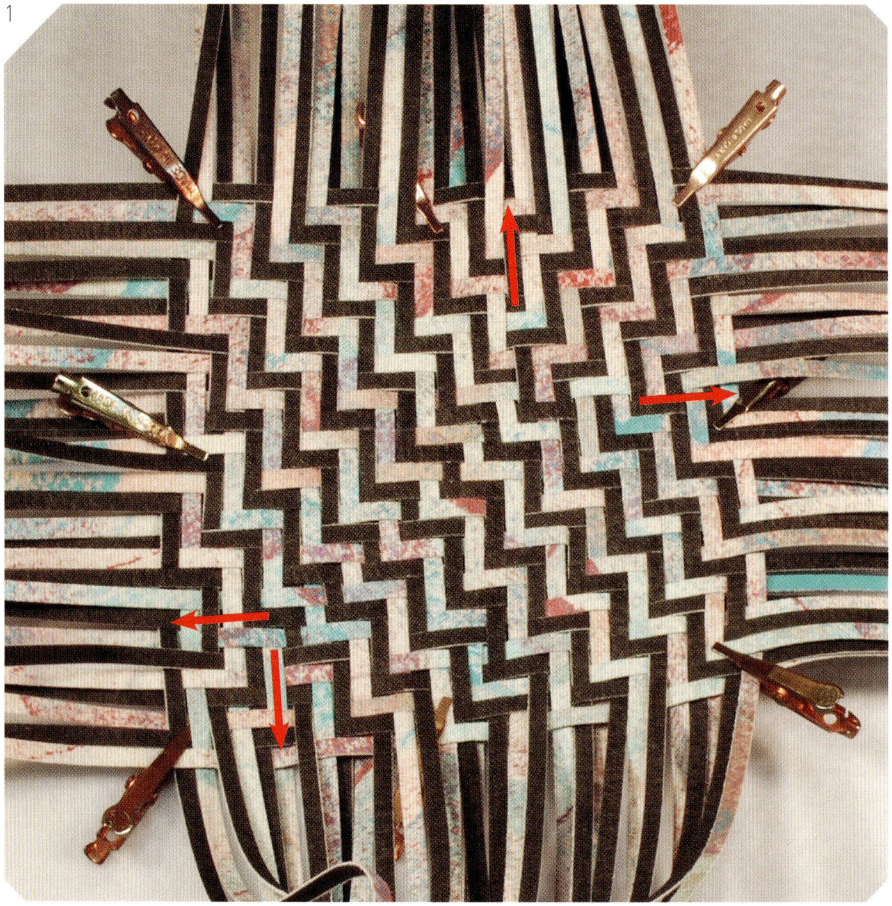

2a

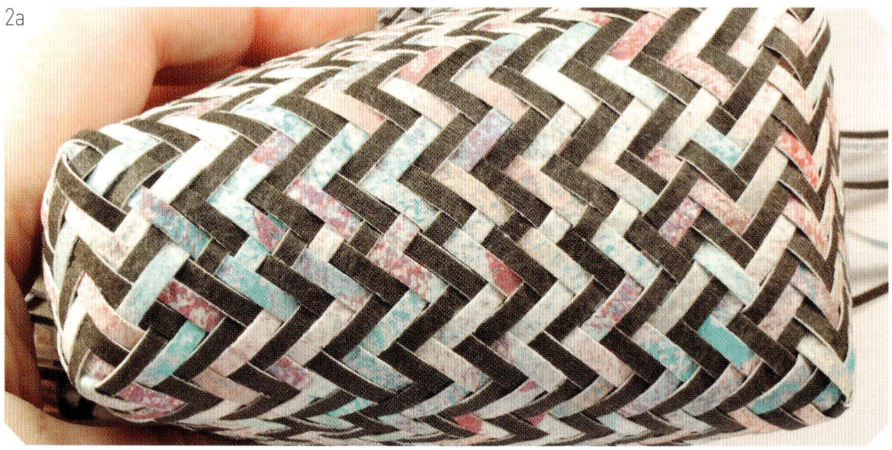

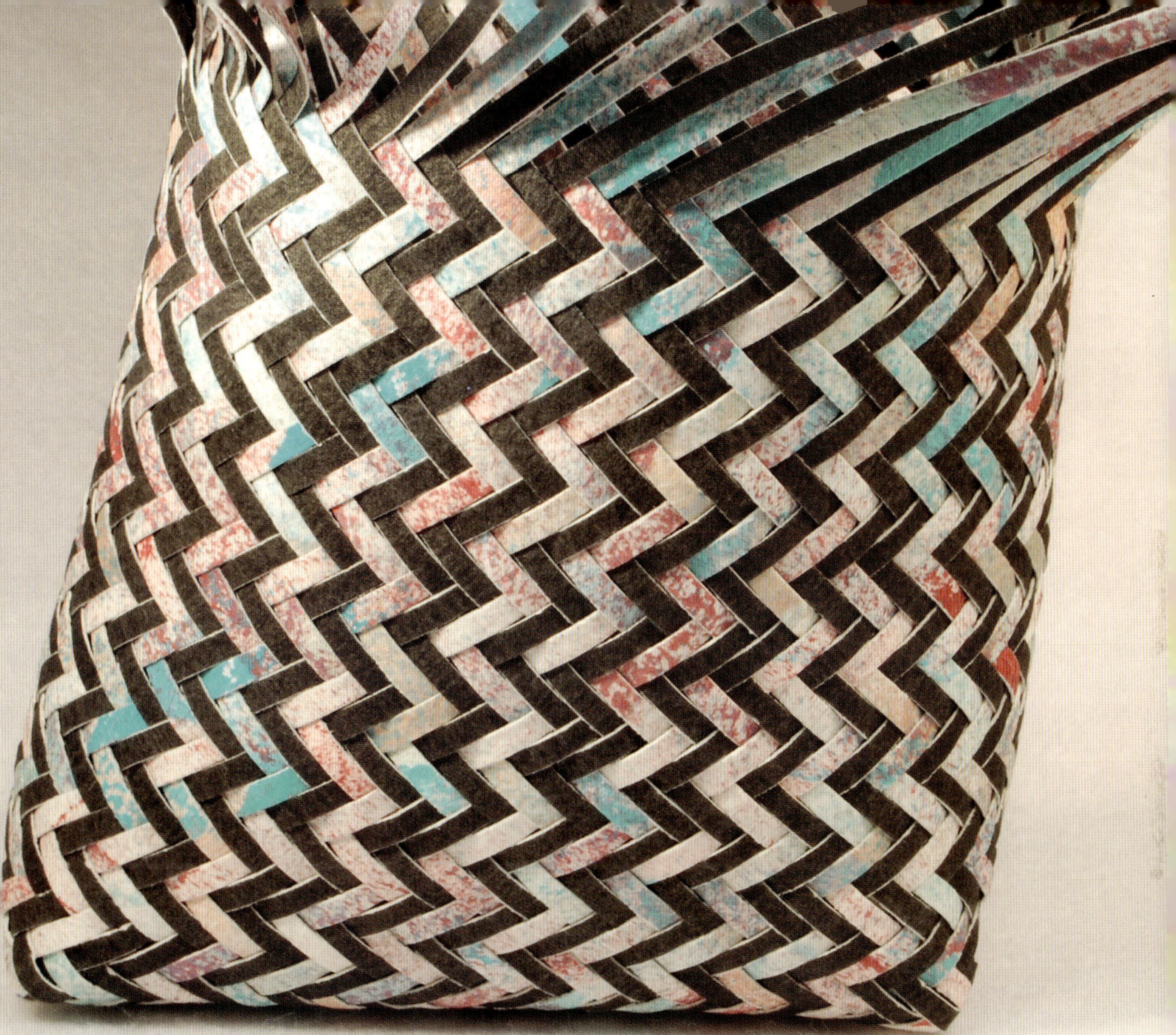

2b

3. **Fertigstellung.** Es gibt viele Möglichkeiten zur Gestaltung des Korbrands. Schauen Sie sich hierzu Seite 70–119 an. Wenn Sie sich für eine Variante entschieden haben, folgen Sie der entsprechenden Anleitung.

Treppenförmiger Boden

Diese Flechttechnik habe ich vor ein paar Jahren entdeckt. Ich nutze sie gerne, um lange Streifen zu arbeiten und füge die Enden dann zusammen. So entstehen skulpturale Formen. Die «Treppenstufen» verleihen dem Geflecht Stabilität und erweitern den Gestaltungsspielraum. Manche meiner Objekte fielen schlichtweg in sich zusammen, würde ich versuchen, sie aus einfachen, flachen Basen zu konstruieren. Auch für die Herstellung traditionellerer Korbformen eignet sich diese Technik hervorragend.

1. Sie benötigen 12 Streifen à 38 cm und 36 Streifen à 18 cm. Legen Sie sechs lange Streifen der Länge nach vor sich hin, und flechten Sie sechs kürzere Streifen ein (Seite 38). Arbeiten Sie daran weiter, bis eine quadratische Basis aus 12 × 12 Streifen vor Ihnen liegt. Alle kürzeren Streifen zeigen dabei in die eine, alle längeren Streifen in die andere Richtung. Ziehen Sie die Streifen so zurecht, dass sie jeweils auf einer Höhe enden. Verdichten Sie das Flechtwerk ein wenig, wenn es zu locker ist.

2. In Längsrichtung setzen Sie von unten nach oben ein weiteres Quadrat an. Orientieren Sie sich hierbei an dem vorhandenen Geflecht. Den ersten Streifen des zweiten Quadrats arbeiten Sie spiegelbildlich zum letzten Streifen des ersten Quadrats ein – liegt dieser beispielsweise anfangs über 2, muss der neue Streifen anfangs unter 2 liegen usw.

1

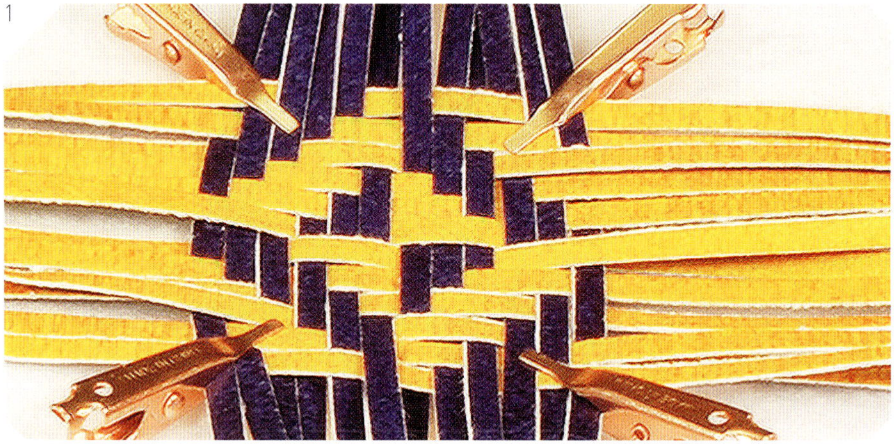

2a

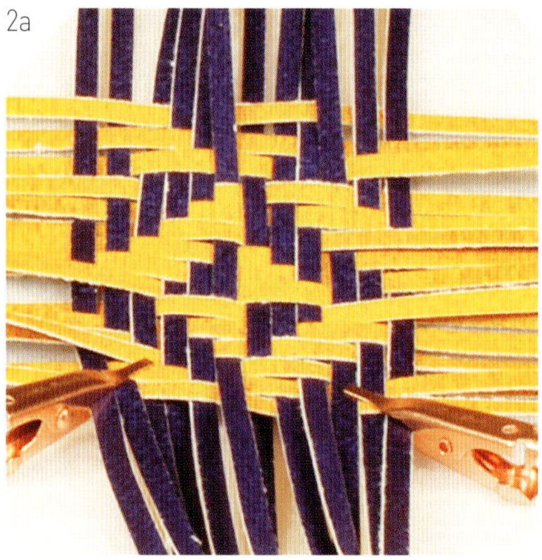

2c

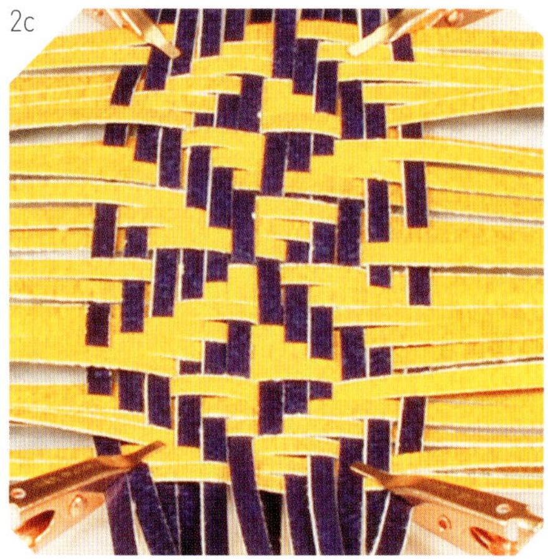

2b

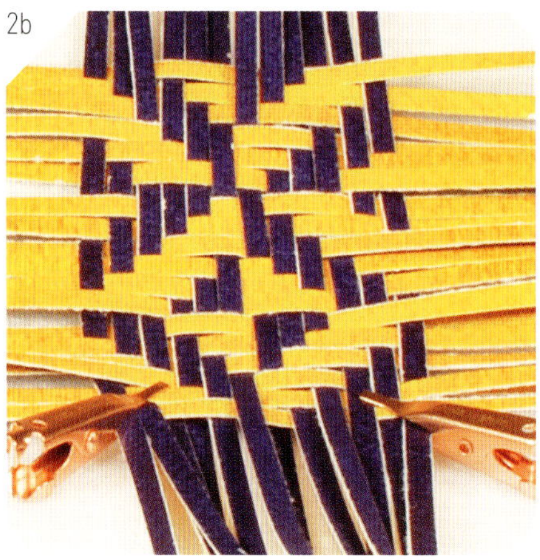

3

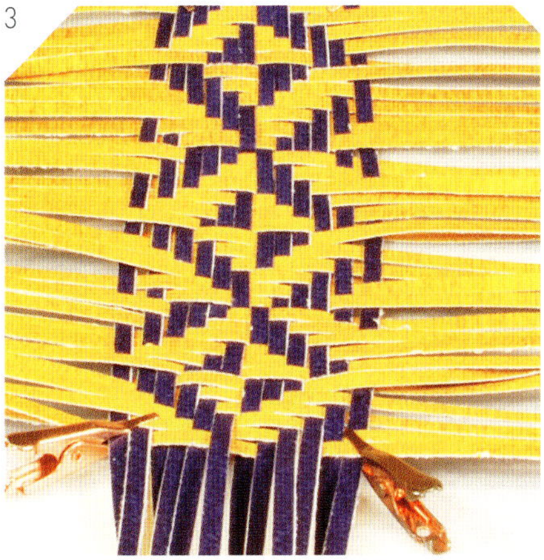

4c

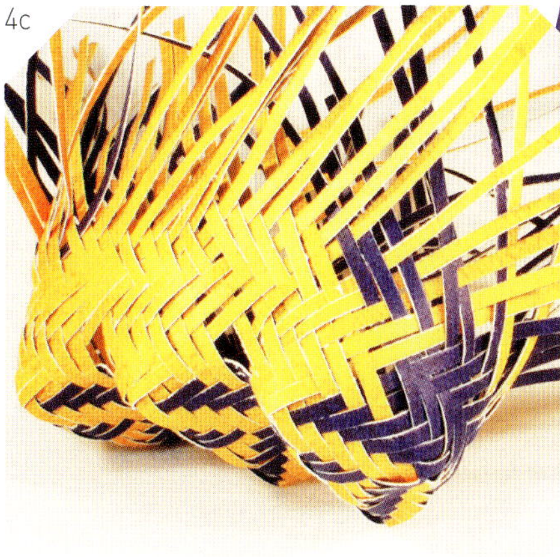

4a

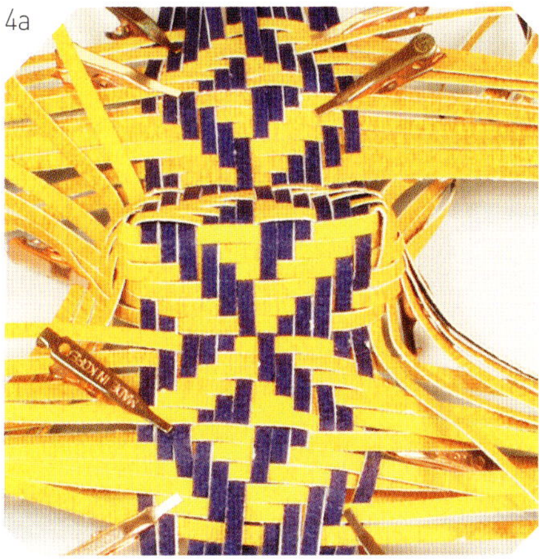

4d

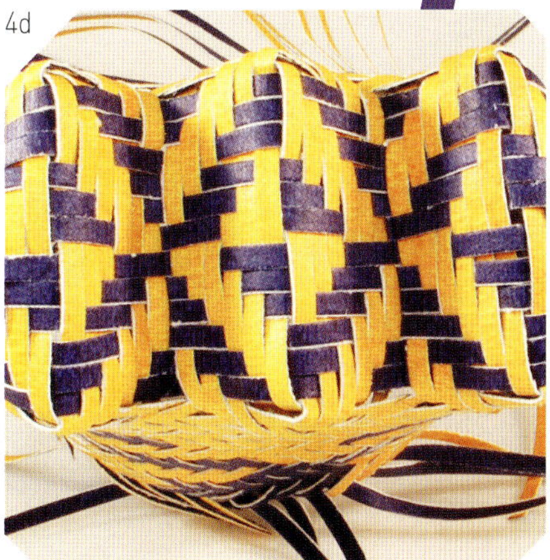

4b

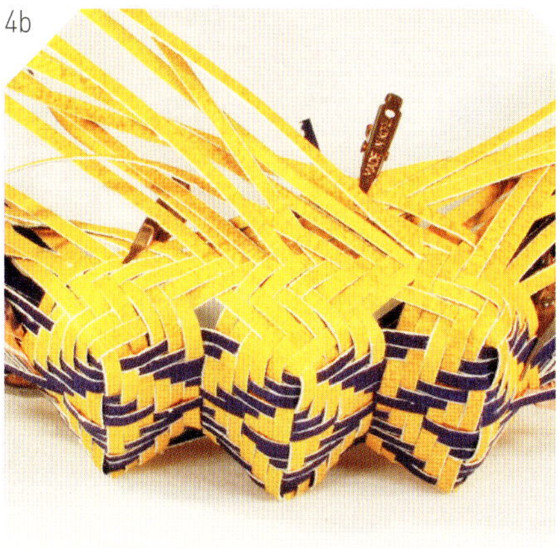

Das Muster von unten nach oben aufbauen, sodass es im Endergebnis aussieht wie das erste Quadrat (2a–2c).

3. Um am anderen Ende ein weiteres Quadrat anzusetzen, drehen Sie das Werkstück um 180 Grad. Sie haben nun insgesamt drei Quadrate. Das Geflecht verdichten Sie so, dass alle Quadrate gleich groß sind.

4. Auf jeder langen Seite können Sie nun drei und an jedem Kopfende eine Ecken flechten – insgesamt flechten Sie also acht Ecken. Ich wechsle dabei immer von einer Längsseite auf die andere. Das Geflecht wird so gleichmäßiger, als wenn ich zunächst alle Ecken auf einer Seite fertige und dann alle Ecken auf der anderen Seite. Außerdem lässt sich der Streifen so leichter zickzackförmig falten (4a). Abbildung 4b zeigt alle aus den Längsseiten geflochtenen Ecken. Anschließend kommen die Ecken an den beiden Kopfenden an die Reihe (4c). Abbildung 4d zeigt den Boden des Korbs.

5

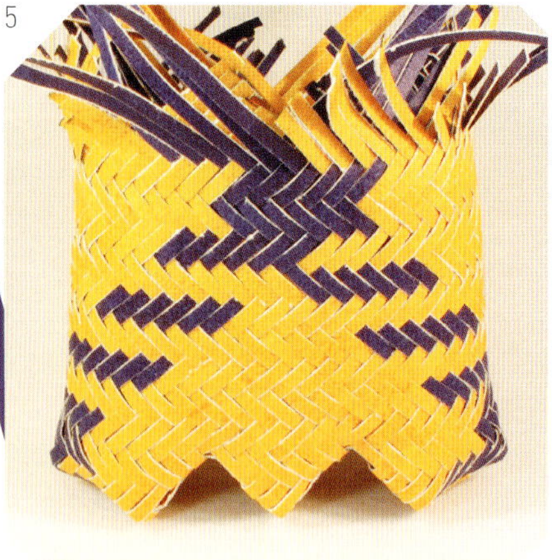

6

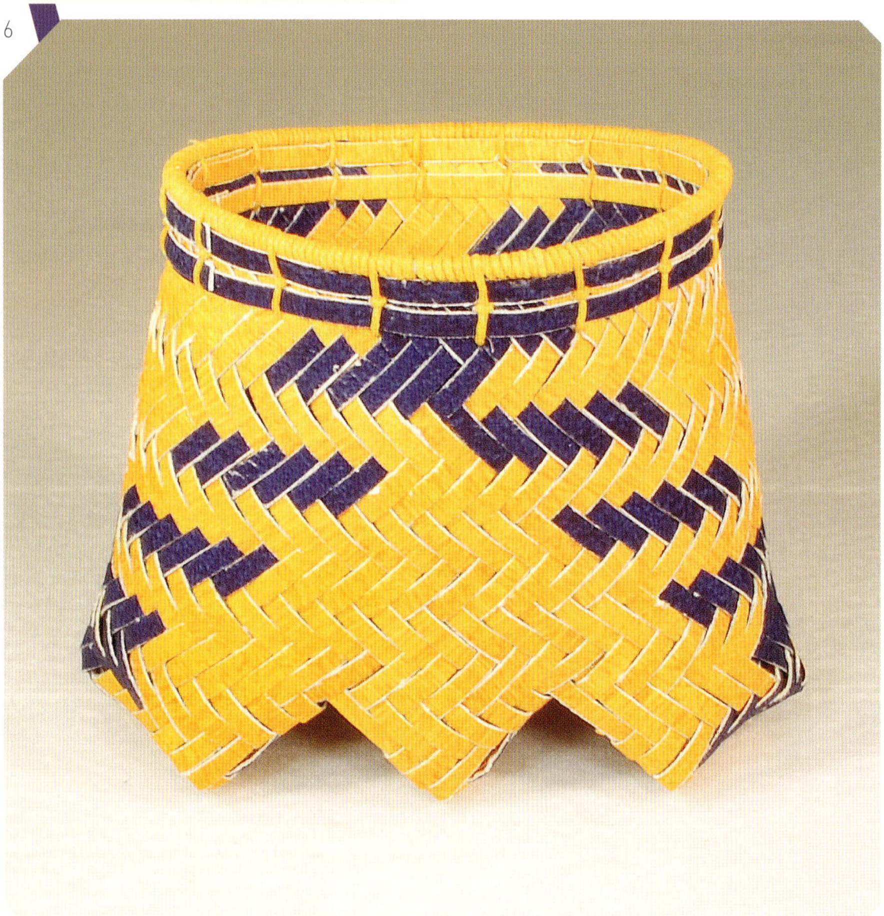

5. Sie erhalten dank dieser Flechttechnik einen Korb in länglicher Form, der unten auf drei Stufen steht.

6. **Fertigstellung.** Es gibt viele Möglichkeiten zur Gestaltung des Korbrands. Schauen Sie sich hierzu Seite 70–119 an. Wenn Sie sich für eine Variante entschieden haben, folgen Sie der entsprechenden Anleitung.

7. Bei dieser Technik kommt es vor allem auf die längeren Papierstreifen an: Schneiden Sie diese lieber etwas zu lang als zu kurz zu. So passiert es Ihnen nicht, dass beim Flechten der Korbwände das Material ausgeht, ehe Sie die gewünschte Höhe erreicht haben. Solches ist ärgerlich, denn dann müssen Sie am Ende die kürzeren Streifen anpassen, was bedeutet: kappen.

Die hier vorgestellte Flechttechnik lädt zum Experimentieren ein und bietet viele Variationsmöglichkeiten: Sie können mit kleineren und größeren Quadraten oder Rechtecken beginnen und sich vom Aussehen des fertigen Korbs überraschen lassen. Oder Sie flechten zusätzliche Quadrate an Ihr Basisgeflecht und erhalten folglich mehr Stufen.

Eine weitere Idee: Flechten Sie das Mittelquadrat komplett aus längeren Streifen und setzen Sie dann an allen vier Seiten mit kürzeren Streifen weitere Quadrate an. So erhalten Sie eine x- oder +-förmige Basis.

Einzelobjekte verbinden

Oft setze ich meine Arbeiten aus mehreren Einzelobjekten zusammen. Es gibt verschiedene Möglichkeiten, diese miteinander zu verflechten. Das Verdichten dauert wesentlich länger als bei einem einfachen Korb, denn die Papierstreifen lassen sich wegen der teilweise spitzen Winkel nur schwer zusammenschieben. Ein gutes Ergebnis erfordert Geduld und Durchhaltevermögen.

Objekt aus mehreren Körben mit zwei Ecken

1. Aneinanderflechten der Seiten

1. Gestalten Sie aus 10 × 10 Papierstreifen die Basis für einen Korb mit zwei Ecken. Wiederholen Sie dies für den zweiten Korb. Die Wände flechten Sie jeweils bis zur Hälfte hoch.

2. Um die Körbe im 3/3-Köper zusammenzufügen, müssen Sie das Geflecht an den Seiten teilweise aufdröseln und hier eine Lücke schaffen. Ziehen Sie dafür zunächst den Streifen heraus, der direkt neben dem gelben Streifen verläuft (2a). Anschließend lösen Sie zwei der drei Streifen, über die der herausgezogene Streifen ursprünglich gewebt wurde – die Streifen verlaufen unter dem gelben Streifen, einer liegt unter 1 und einer unter 2. Ein dritter Streifen liegt unter 3. Der aufgedröselte Bereich mit den beiden Streifen direkt daneben zeigt folgendes Muster: über 1, über 2 und über 3. Insgesamt entsteht durch dieses Vorgehen eine Lücke in V-Form im Geflecht (2b). Dieses V simuliert eine Ecke und

1

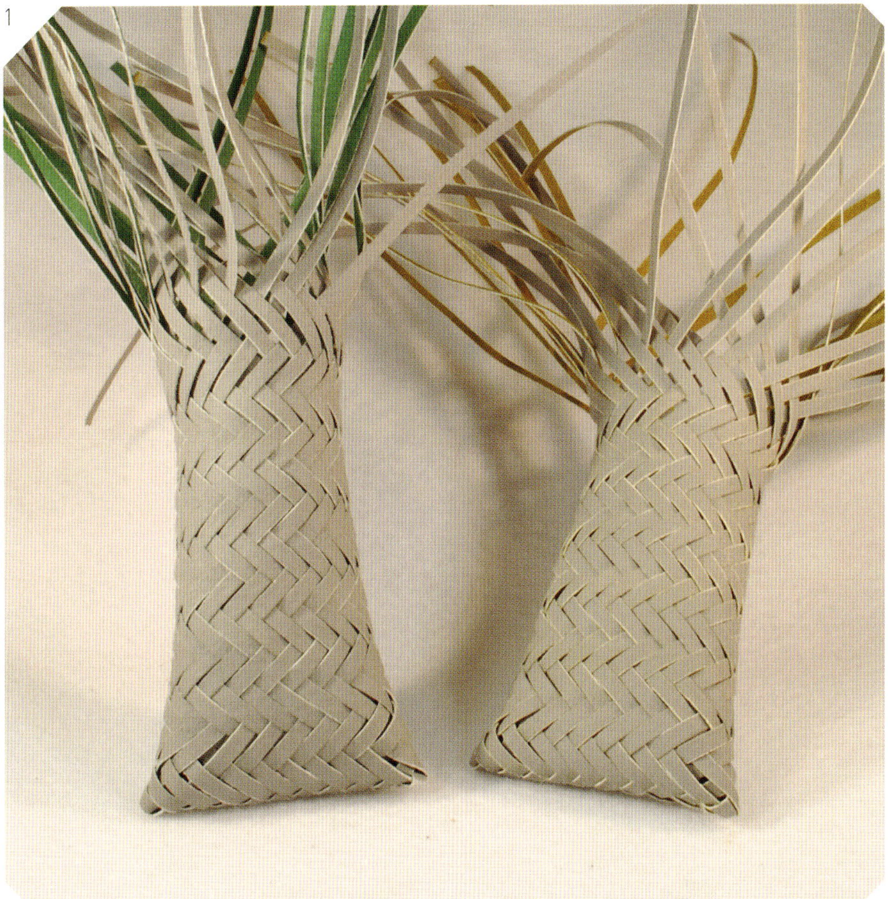

2a

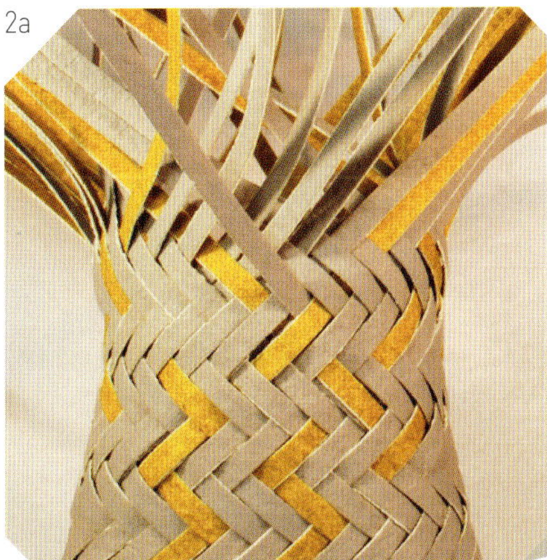

2b

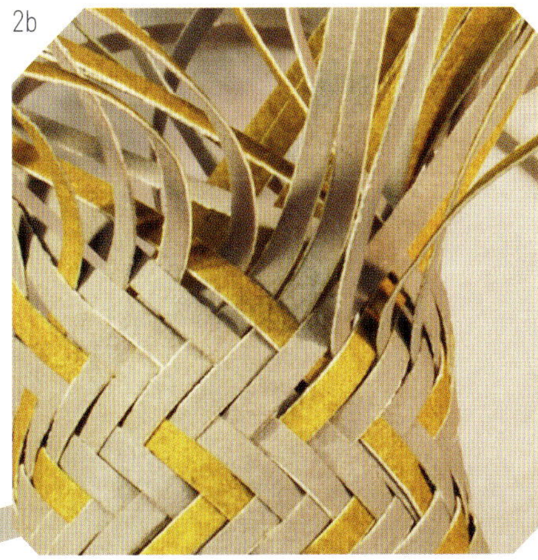

kann mit dem V eines zweiten Werkstücks verflochten werden. Arbeiten Sie die Vs an beiden Körben dort, wo sie miteinander verflochten werden sollen, und halten Sie die Bereiche dann mit Klammern offen (2c).

3. Die beiden Werkstücke positionieren Sie so, dass die beiden Vs einander gegenüberliegen (3a). Weil das Geflecht an dieser Stelle gelöst wurde, kann es direkt im Köpermuster miteinander verbunden werden: über oder unter 3. Die Streifen des rechten Werkstücks flechten Sie in die Streifen des linken Werkstücks ein (3b und 3c). Mit Klammern halten Sie das Geflecht zusammen. Ein paarmal flechten Sie hin und her und verdichten dabei alles immer wieder gut.

2c

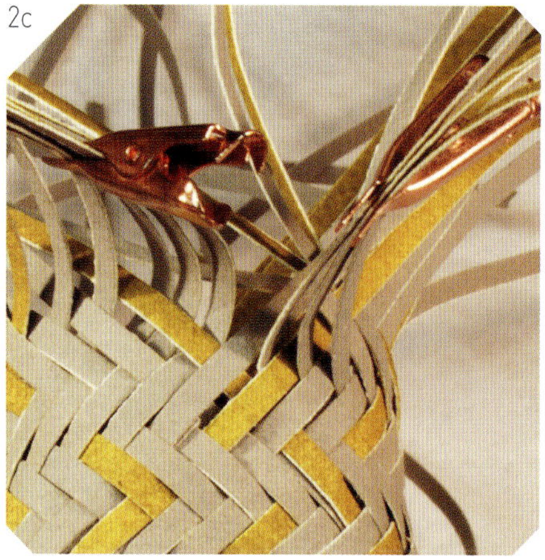

3b

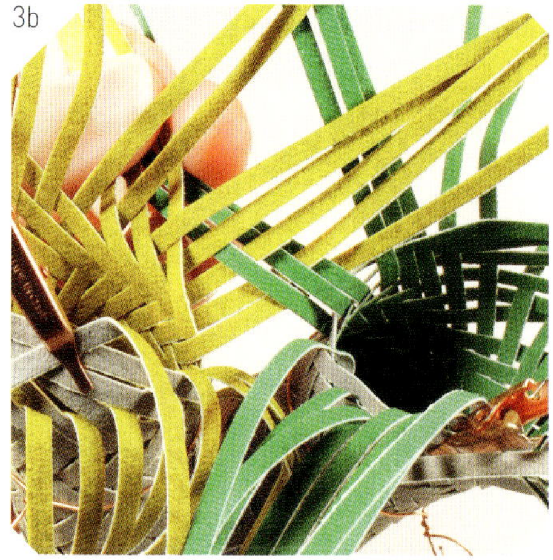

3a

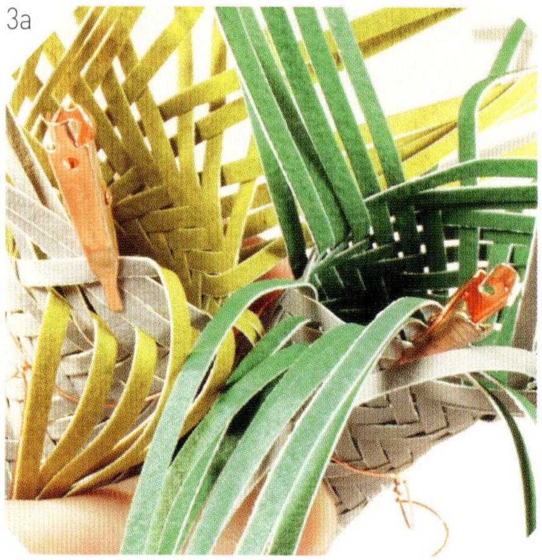

3c

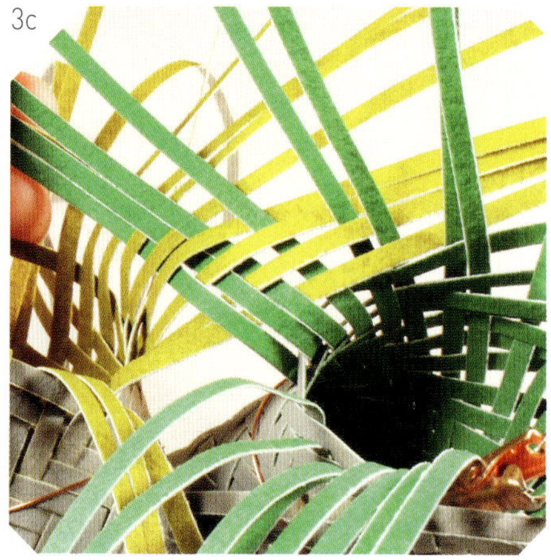

4a

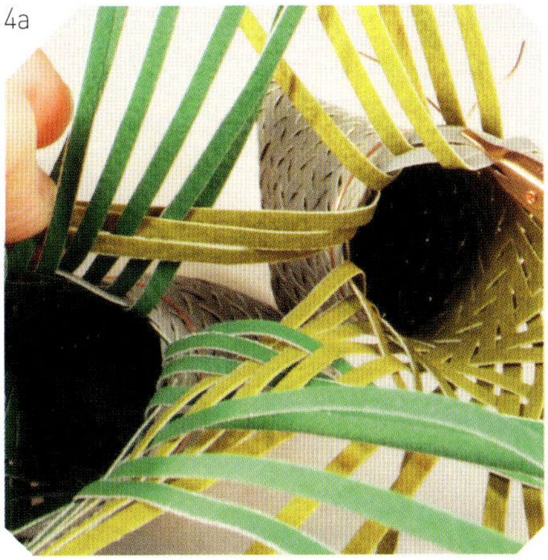

4d

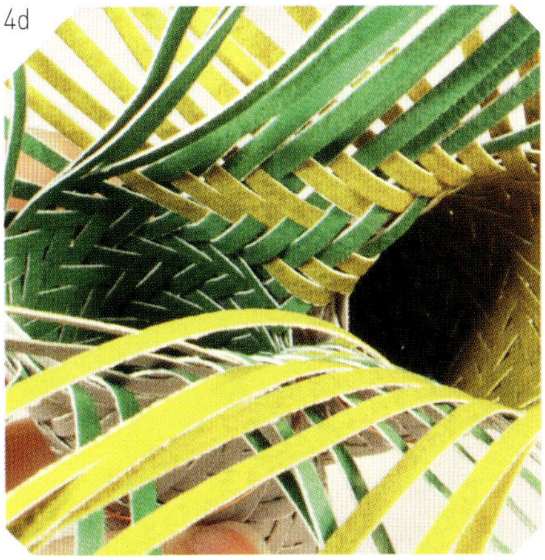

4b

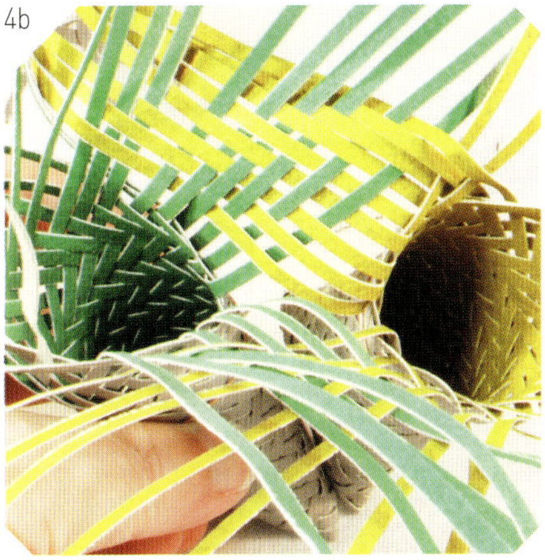

4e

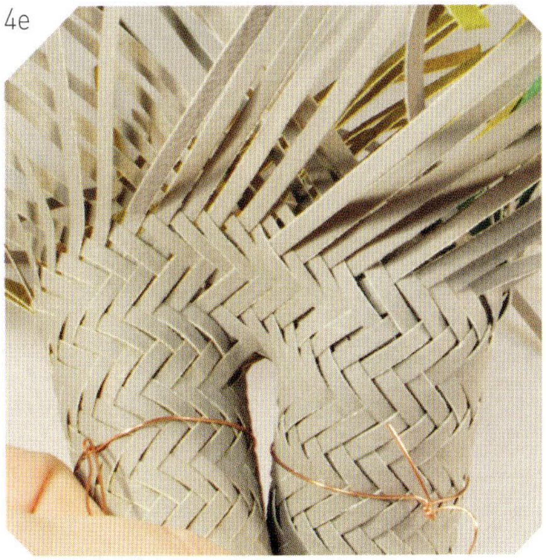

4c

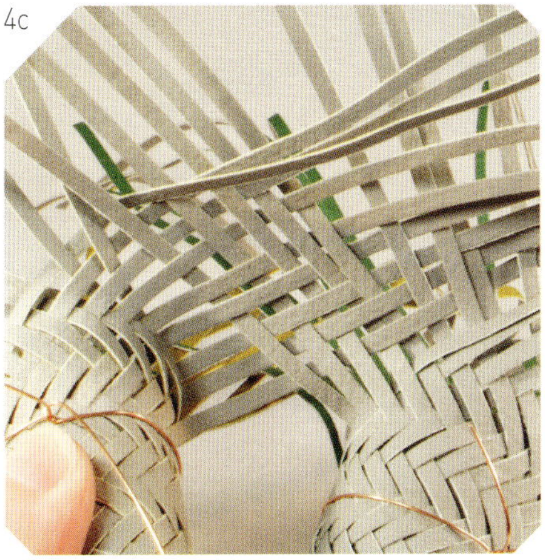

4. Drehen Sie das Werkstück und flechten Sie die zweite Seite der Vs zusammen (4a). Wieder flechten Sie drei- oder viermal hin und her und verdichten alles. Sie arbeiten derart weiter, bis alle Wände auf einer Höhe sind (4b–c). An der Verbindungsstelle entsteht ein Loch, das durch das Verdichten des Geflechts kleiner wird. Weiter an den Korbwänden arbeiten (4d–e). Ehe Sie den Rand erreichen, sollten Sie den Korb jedoch in die gewünschte Form bringen – entweder binden Sie die beiden «Beine» dann zusammen oder drücken Sie mit Abstandhaltern auseinander.

5a

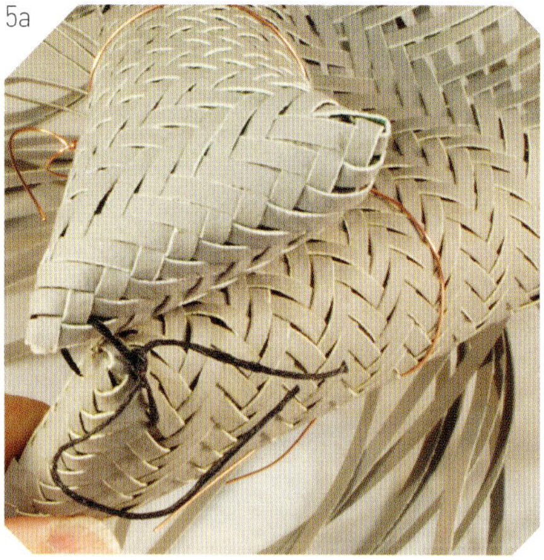

5b

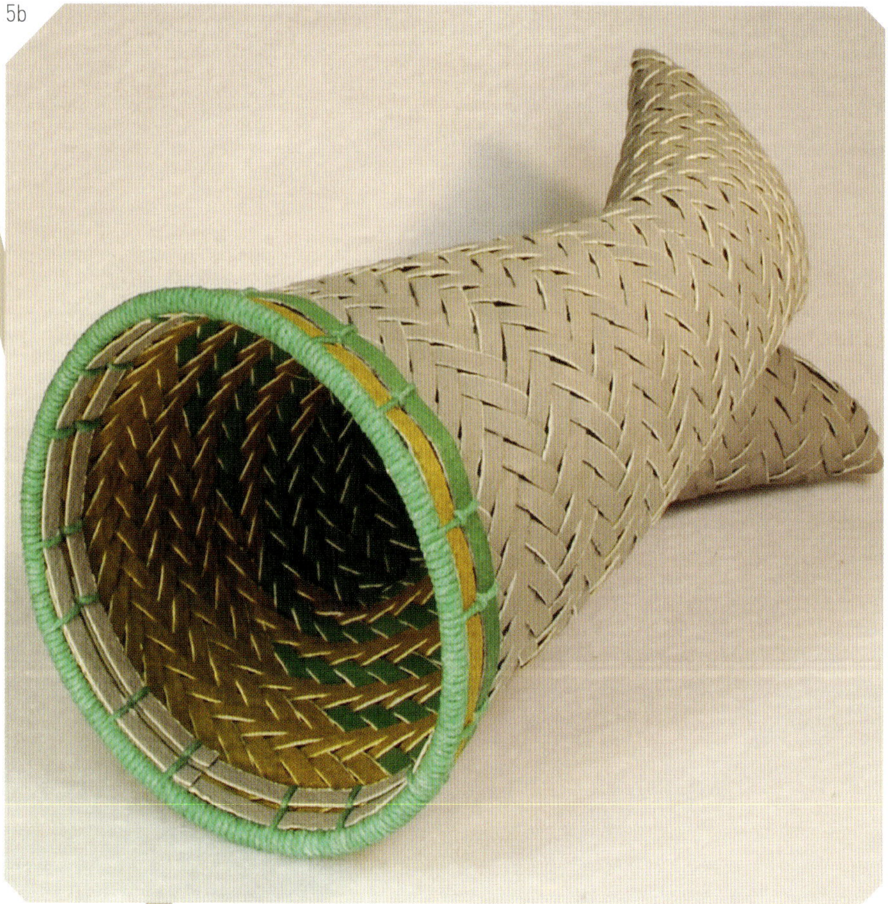

5. Hier habe ich die Beine mit Resten von gewachstem Leinengarn leicht gegeneinander verdreht zusammengebunden (5a). Dass dieser Korb nicht stehen, sondern auf der Seite liegen soll, war mir da natürlich klar (5b).

6. Beim zweiten, identisch gearbeiteten Objekt habe ich mit einem Rest Leinengarn ein Stück Plastikstrohhalm zwischen die beiden Körbe gespannt (6a–b). Solche Entscheidungen treffe ich schon bald nach dem Verbinden der Körbe. Beim Flechten und Verdichten muss ich wissen, wo die Reise hingeht. So kann ich das Geflecht leichter in die gewünschte Form bringen. Wenn ich zu lange warte und die Wände schon weit gediehen sind, ist das sehr viel schwieriger. Eine Garantie gibt es aber ohnehin nicht. Abstände bleiben nach dem Entfernen der Abstandhalter normalerweise erhalten. Zusammengebundene Teile lösen sich nach dem Herausziehen des Fadens manchmal wieder voneinander. Im Fall des Falles binde ich sie erneut möglichst unauffällig mit farblich passendem Garn zusammen. Auf diese Weise zusammengeflochten, sehen die beiden Körbe aus wie ein Torso mit zwei Beinen.

Es gibt verschiedene Möglichkeiten, Einzelobjekte miteinander zu verflechten: Ende an Ende, Seite an Seite oder irgendwo dazwischen. Am einfachsten ist es, wenn beide Werkstücke die gleiche Höhe haben. Die beiden außen liegenden Papierstreifen müssen in dieselbe Richtung zeigen, also entweder alle nach rechts oder alle nach links. Verbinden können Sie aber auch unterschiedlich große oder hohe Objekte – so entstehen sehr interessante Gebilde.

Sie können schließlich auch drei oder mehr Einzelobjekte miteinander verflechten, entweder hintereinander oder in einer anderen Konstellation. Hierfür eignen sich alle Körbe mit Köperbindung im Diagonalgeflecht, ob quadratisch oder rechteckig; es müssen nicht unbedingt Körbe mit zwei Ecken sein. Die Formen lassen sich untereinander mischen.

6b

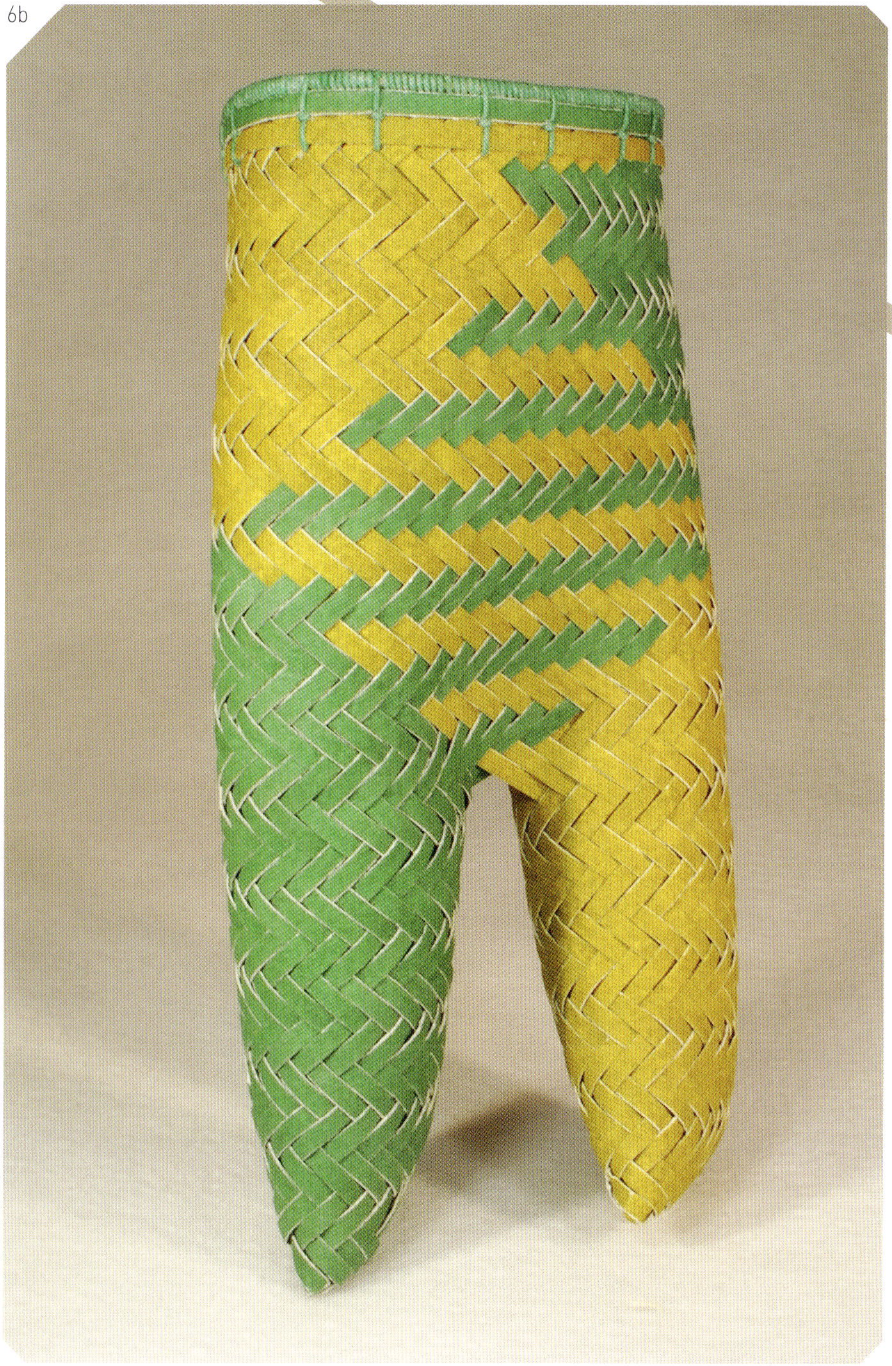

6a

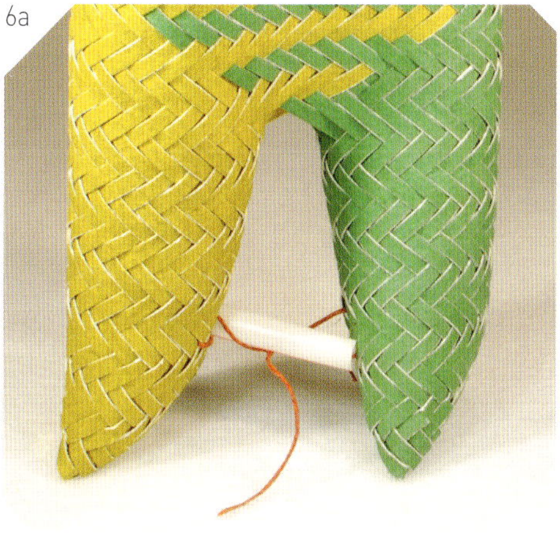

2. Aneinanderflechten der Ecken

7. Ausgangspunkt sind die Basisquadrate für drei Körbe mit zwei Ecken aus je 10 × 10 Streifen. Sie arbeiten dann jeweils nur eine Ecke aus (7a–b), denn an den unbearbeiteten Ecken werden die Elemente verbunden. Halten Sie dazu zwei Teile mit den unbearbeiteten Ecken nach oben nebeneinander (7c). Die Ecken verflechten Sie dann an einer Seite miteinander (7d). Flechten Sie ein paarmal hin und her und verdichten Sie das Geflecht. Fahren Sie weiter fort, bis alles auf einer Höhe ist.

7a

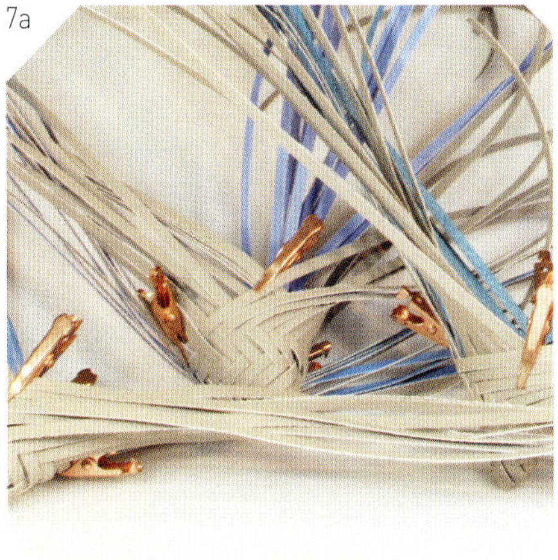

7d

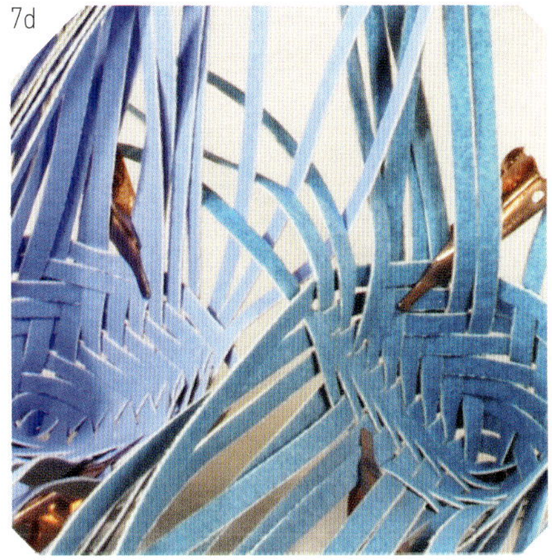

7b

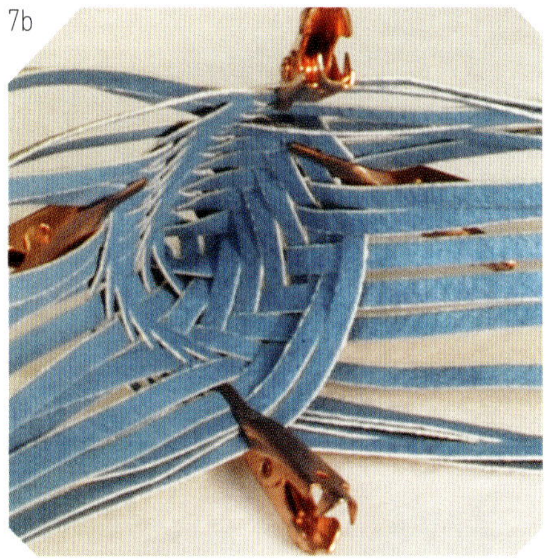

7e

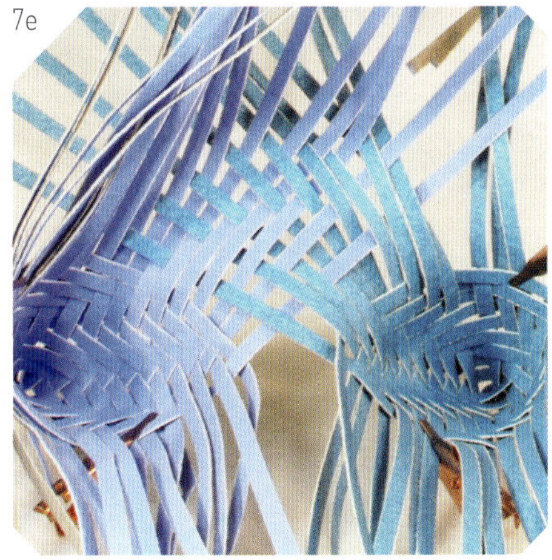

7c

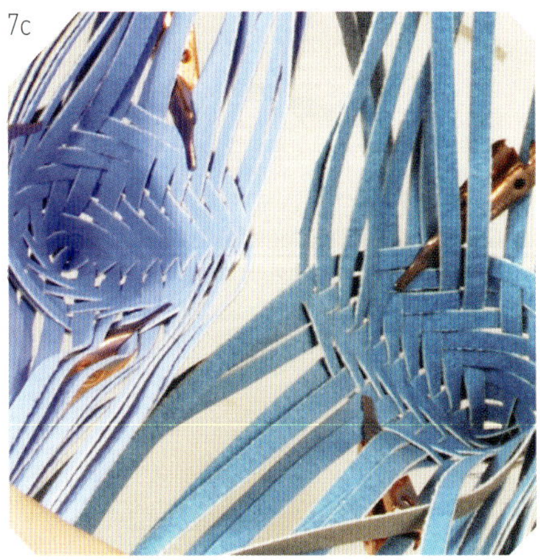

8. Den dritten Korb halten Sie neben den ersten und erarbeiten die Ecken (8a). Wieder flechten Sie ein paarmal hin- und her und verdichten alles (8b). Anschließend auf die gleiche Weise den dritten mit dem zweiten Korb verbinden (8c). In der Mitte bleibt ein Loch. Es lässt sich durch – möglichst vorsichtiges – Verdichten des Geflechts verkleinern (8d). Normalerweise entscheide ich jetzt, ob ich die drei verbliebenen Ecken mit einem Stück gewachstem Leinengarn zusammenbinden will (dann liegt der Korb auf der Seite, 8e) oder mit Abstandhaltern spreizen möchte, sodass der Korb später steht.

8a

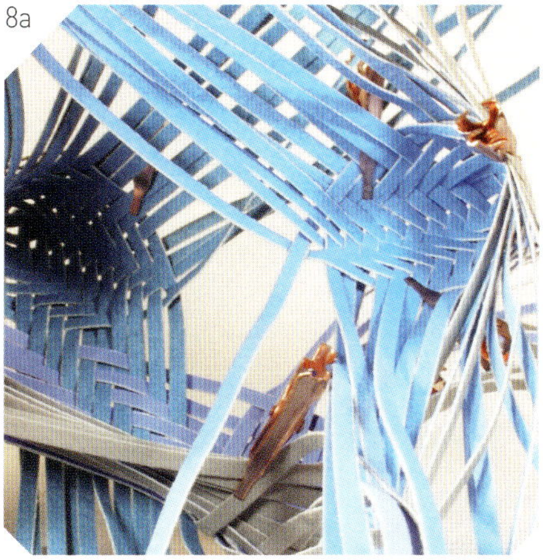

8d

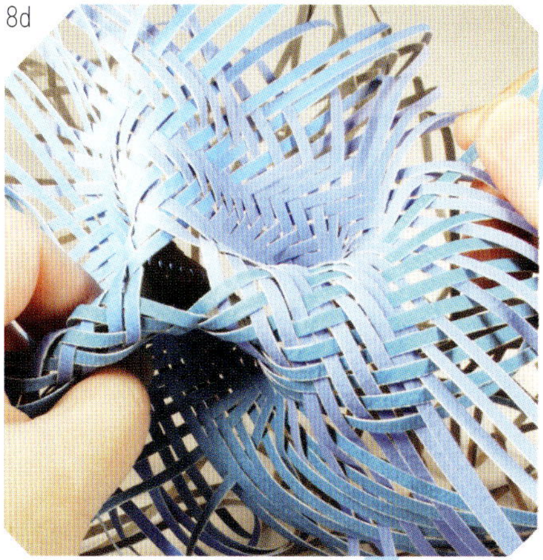

8b

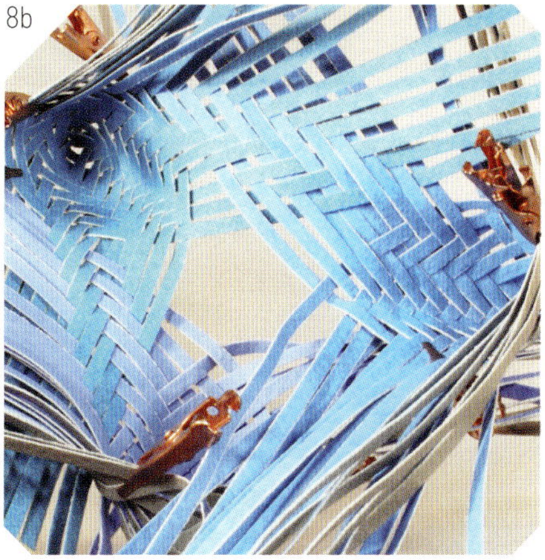

8e

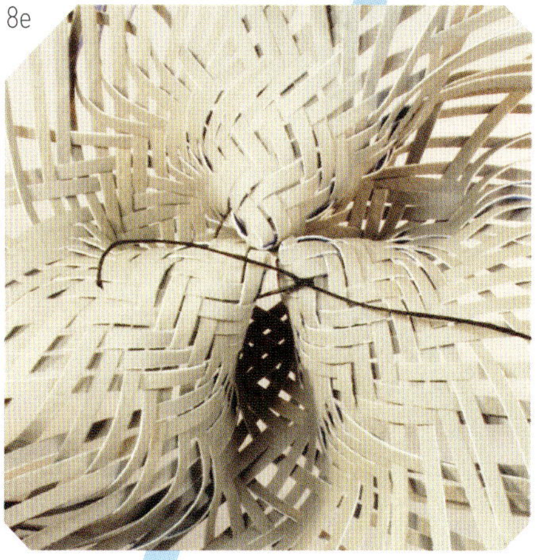

8c

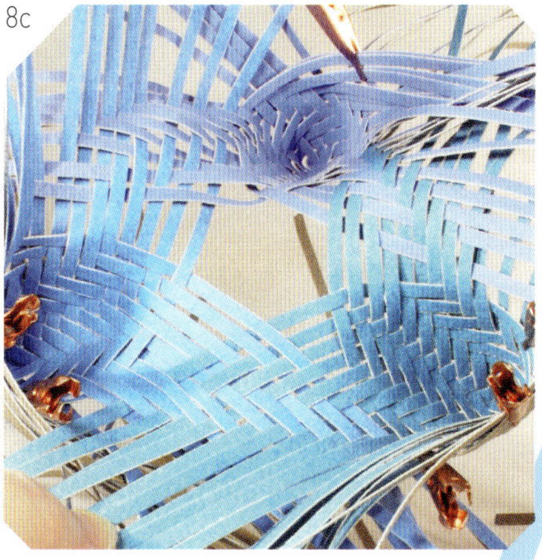

9a

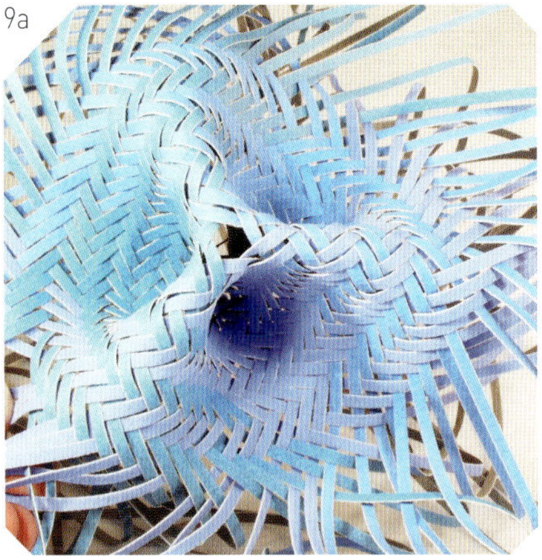

10b

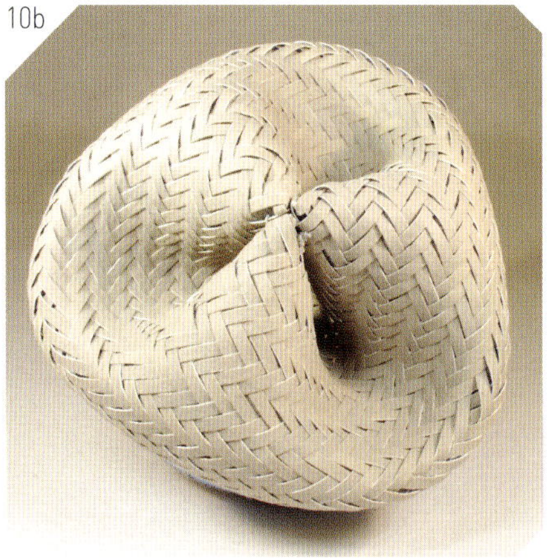

9b

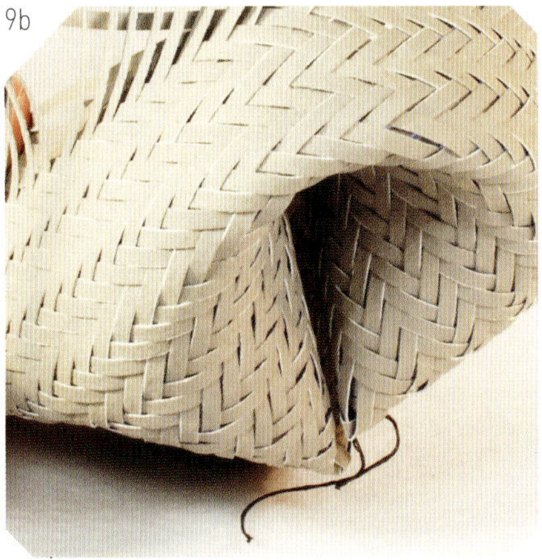

10c

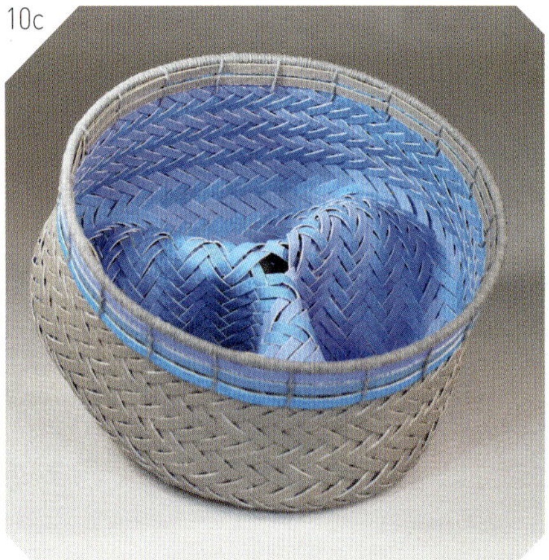

10a

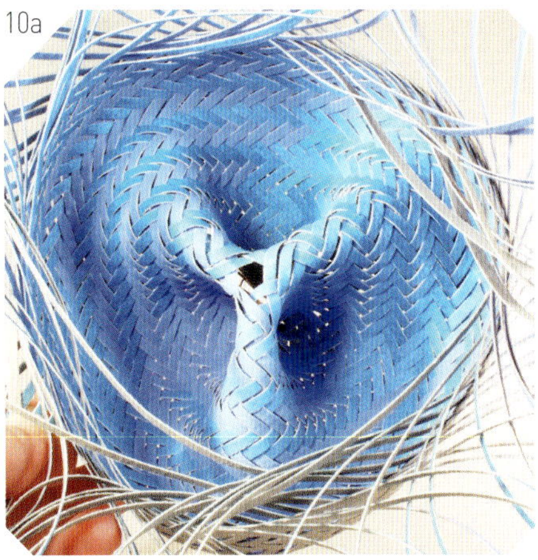

9. Ich konzentriere mich darauf, das Geflecht möglichst gleichmäßig zu verdichten, und arbeite noch ein, zwei Reihen, ehe ich entscheide, welche Seite innen und welche außen liegen soll (9a). In diesem Fall habe ich mich für Grau als Außenseite entschieden und den Korb folglich von dieser Seite aus weitergeflochten und komprimiert (9b). Welchen Weg Sie auch wählen werden, eins ist in jedem Fall gewiss: Das Verdichten wird Ihnen ordentlich Arbeit machen. Das Geflecht möchte nach außen ausbrechen, soll aber senkrecht nach oben gehen und sträubt sich hartnäckig gegen jeden Versuch, es in Form zu bringen – bis man plötzlich einen Punkt erreicht, ab dem es keinen Widerstand mehr leistet.

10. Je größer der Korb ist, umso länger dauert es, bis man an diesen Punkt gelangt. Flechten Sie unverdrossen weiter und vertrauen Sie darauf, dass es irgendwann leichter gehen wird (10a). Nach dem Abschneiden der Fadenenden habe ich die drei Ecken mit einem farblich passenden grauen Faden zusammengenäht, der kaum auffällt (10b). Der fertige Korb war zunächst ein paar Zentimeter höher als auf dem Bild (10c). Ich habe den Rand etwa um 5 cm zurückgeschnitten, damit das Innere besser zu sehen ist.

11. Hier in diesem Fall wollte ich, dass die Ecken den Abstand zueinander behalten. Um zu verhindern, dass sie sich beim Flechten der Wände verschieben, habe ich zwischen ihnen Stücke von Plastikstrohhalmen angebracht (11a). Nach dem Entfernen dieser Abstandhalter steht der Korb auf spitzen Füßen (11b).

Sie können jede beliebige unbearbeitete Ecke eines Korbes mit jeder beliebigen unbearbeiteten Ecke eines anderen Korbes verflechten – oder zwei Ecken desselben Korbs miteinander, wenn Sie Herausforderungen mögen. Hierfür eignen sich alle Körbe mit Köperbindung, ob mit zwei Ecken oder mit quadratischer oder rechteckiger Basis. Es ist außerdem möglich, Ecken und Seiten miteinander zu verbinden (siehe zum Vorgehen Seite 136, Abbildung 3a–c). Dann entsteht an der Korbwand eine Ausbuchtung.

11a

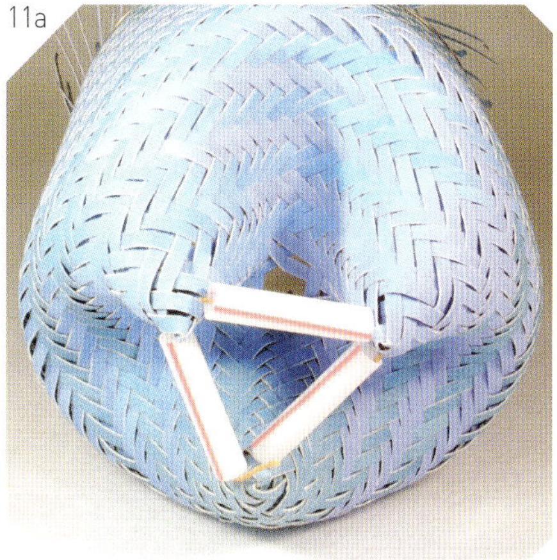

11b

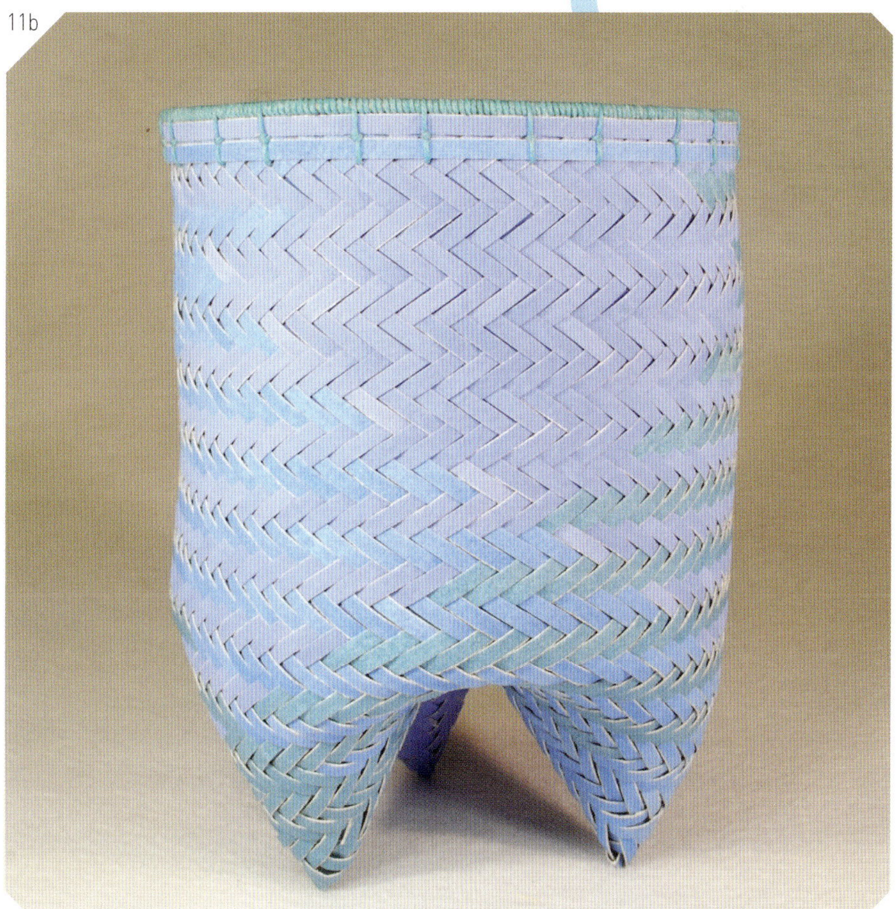

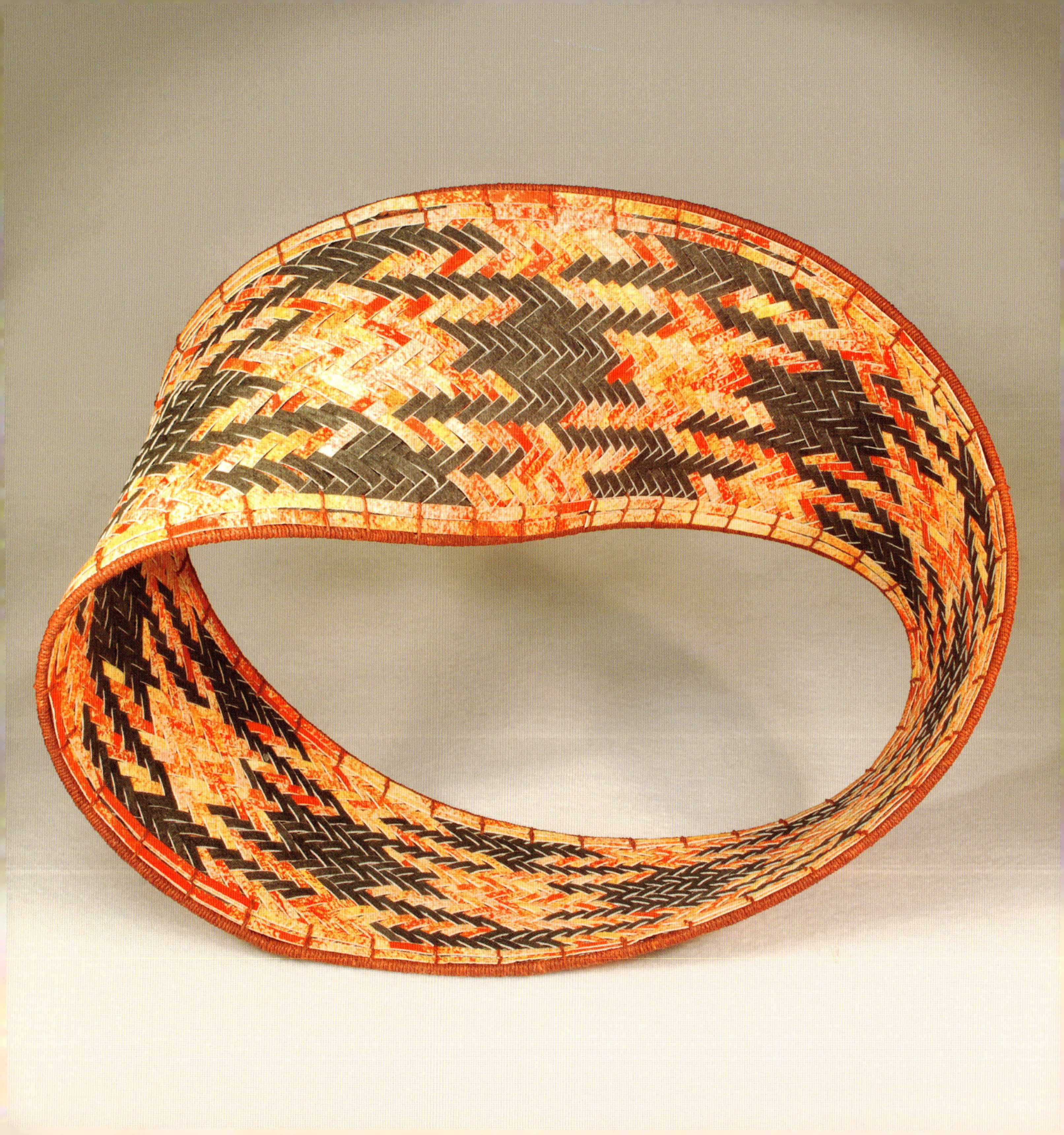

Streifen aus aneinandergeflochtenen Quadraten

Eine weitere praktische Technik besteht im Aneinanderflechten von Quadraten im 3/3-Köper – in meinen Augen die einfachste Möglichkeit, Streifen mit durchgehendem Muster herzustellen. Diese Methode wende ich zum Flechten von Möbiusbändern und unendlichen Schleifen an.

Einen solchen Streifen habe ich auch schon mal um einen Baumstamm drapiert – ähnlich wie ein «Guerilla Knitter», der Pfähle oder Bäume einstrickt. Man kann ein solches Band auch als Kragen an einem Korb befestigen oder auf andere fantasievolle Arten verwenden – Arten, an die ich noch nicht gedacht habe. Möbiusbänder haben eine Drehung, unendliche Schleifen zwei. Diese Details sind beim Entwurf zu beachten. Auch ist es wichtig, zu wissen, dass ein Möbiusband nur eine Kante und eine Seite hat, während bei einer unendlichen Schleife zwei Kanten und zwei Seiten zu gestalten sind.

Der Flechtstreifen muss so lang und so fest sein, dass er sich erstens problemlos verdrehen lässt und zweitens nicht auseinanderfällt. Auch benötigen Sie etwas Platz zum Bearbeiten der Kante. Je breiter der Streifen ist, umso länger dauert das Verdrehen.

Bei der Konstruktion unendlicher Schleifen spielen Muster- und Farbunterschiede zwischen Vorder- und Rückseite keine Rolle, denn nach zweimaligem Verdrehen liegen die Streifen beim Zusammenflechten automatisch richtig.

Ein Möbiusband ist hingegen nur einmal verdreht, die Vorderseite des Streifens wird also an die Rückseite geflochten. Im Muster entsteht ein Bruch – es sei denn, Sie planen voraus. Wenn Sie eine ungerade Anzahl von Quadraten in jeweils unterschiedlichen Farben abwechselnd aneinanderflechten, ist die Farbe an den Enden des Streifens gleich. Doch nach einmaligem Verdrehen ist der Rhythmus wieder korrekt. Bei der unendlichen Schleife benötigt man hingegen eine gerade Anzahl von Quadraten in unterschiedlichen Farben, weil sie zweimal verdreht wird.

Die Streifen aus aneinandergeflochtenen Quadraten können auch mehr als ein- oder zweimal verdreht werden; sie müssen dafür lediglich lang genug sein. Beachten Sie, dass bei einer geraden Anzahl von Verdrehungen zwei Ränder und zwei Seiten entstehen und bei einer ungeraden Anzahl nur ein Rand und eine Seite wie beim Möbiusband.

Links: «Ocher Möbius»

1a

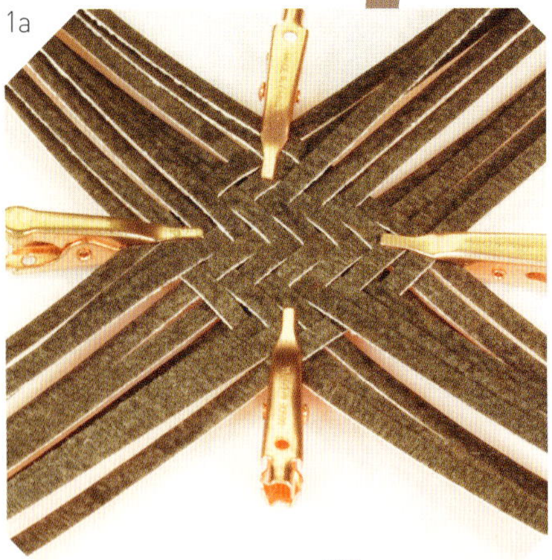

1b

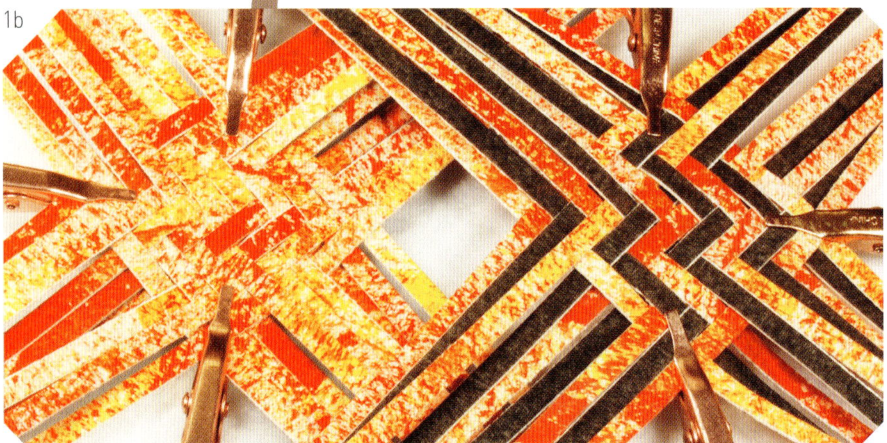

1c

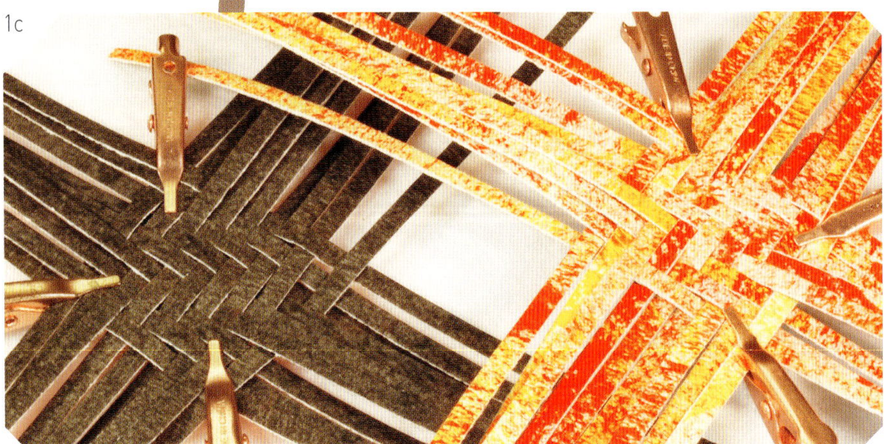

1. Alle Quadrate bestehen aus 9×9 Streifen (3/3-Köper) und werden auf die gleiche Weise geflochten. Dadurch kann man sie problemlos aneinandersetzen – letztlich kommt es bei dem Projekt nicht darauf an, wie man beginnt, sondern wie im Ergebnis die einzelnen Objekte passen (1a). Zum Verbinden der Quadrate setzen Sie Ecke an Ecke. Die Vs müssen dabei von links nach rechts laufen, nicht von oben nach unten (1b). Damit Sie den 3/3-Köper nahtlos fortsetzen können, müssen die Quadrate außerdem spiegelbildlich arrangiert werden (siehe Foto). Es spielt keine Rolle, wenn Ihre Quadrate anders aussehen als die hier abgebildeten. Wichtig ist nur, dass das Muster stimmig zusammengeflochten wird (1c). Haben Sie den Eindruck, dass das nicht möglich ist, drehen Sie eines der Quadrate um 180 Grad. Geht es dann immer noch nicht, sollten Sie überprüfen, ob die Quadrate tatsächlich auf identische Art hergestellt wurden.

2. Sind die Quadrate richtig ausgerichtet, können Sie mit dem Zusammenflechten beginnen (2a). Das Geflecht müssen Sie noch gut verdichten (2b). Dann können Sie weitere Quadrate ansetzen (2d).

2a

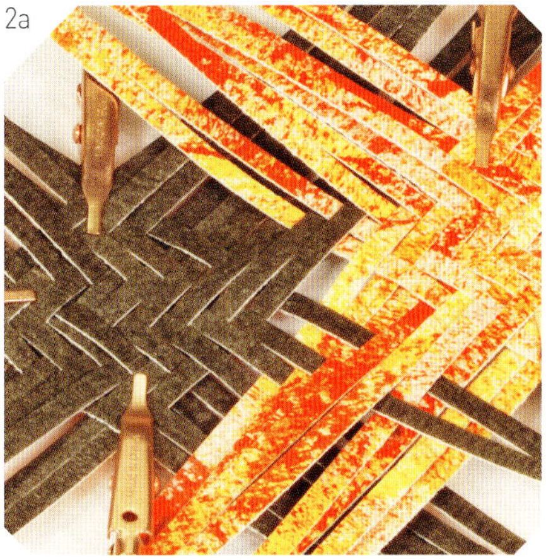

2b

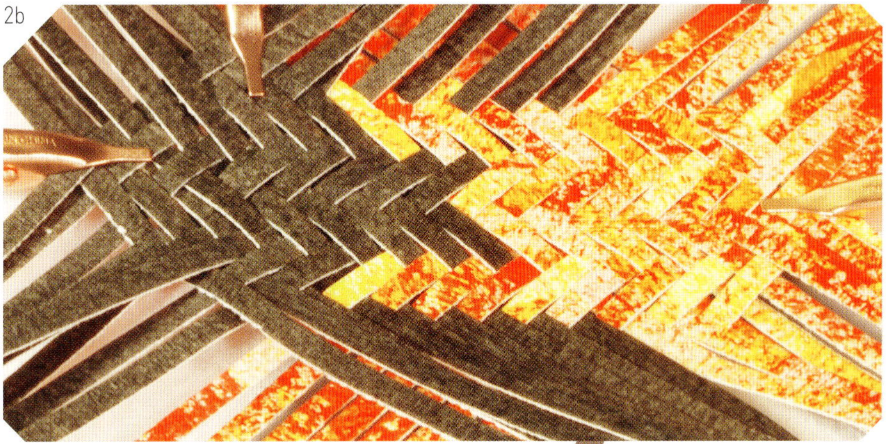

2c

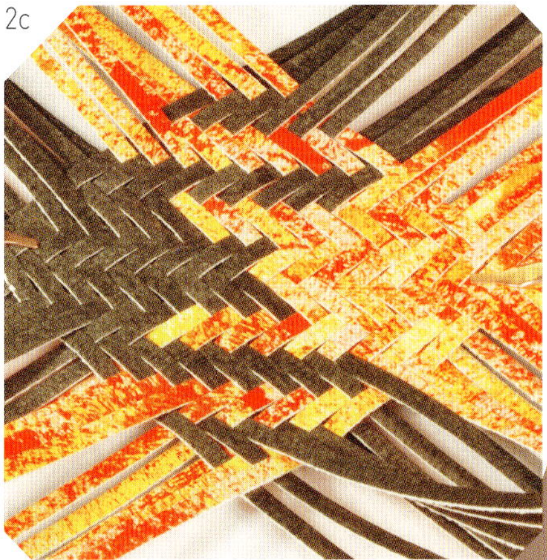

2d

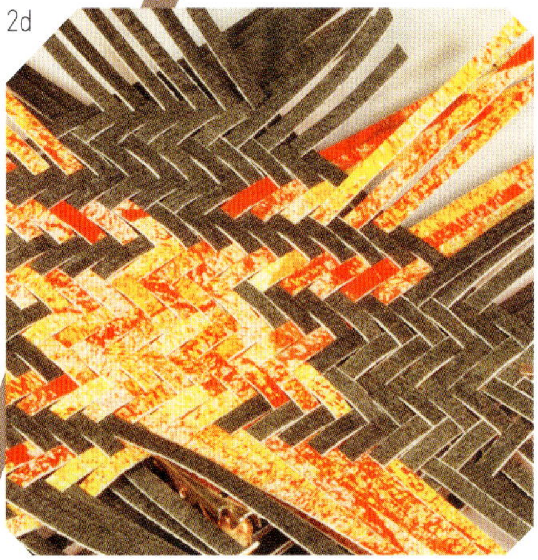

3. Für das Möbiusband benötigen Sie eine ungerade Anzahl von Quadraten, damit das Muster nach dem Verdrehen des Streifens aufgeht. Bei diesem Beispielprojekt habe ich 13 Quadrate auf der Mittellinie aneinandergesetzt (3a). Auf dem einen Foto sehen Sie die Enden vor dem Verdrehen (3b), auf dem anderen sind sie nach dem Verdrehen gezeigt (3c). Weil das Möbiusband nur einmal gewendet ist, lassen sich die Enden des Streifens nicht so einfach zusammenflechten, wie dies bei der unendlichen Schleife mit zwei Drehungen der Fall ist: Das Flechtmuster liegt beim Möbiusband spiegelverkehrt, sodass in einem gebrochenen Köper gearbeitet werden muss. Ein Beispiel: Führt ein Streifen über 3, führt der gegenüberliegende unter 3 usw. (3d). Beim Zusammenflechten entsteht eine Linie mit dem System, dass ein Element, zwei Elemente und dann drei gekreuzt werden – Sie kennen das Vorgehen vom Korb mit vier Ecken auf quadratischem Boden (Seite 36) (3e).

3a
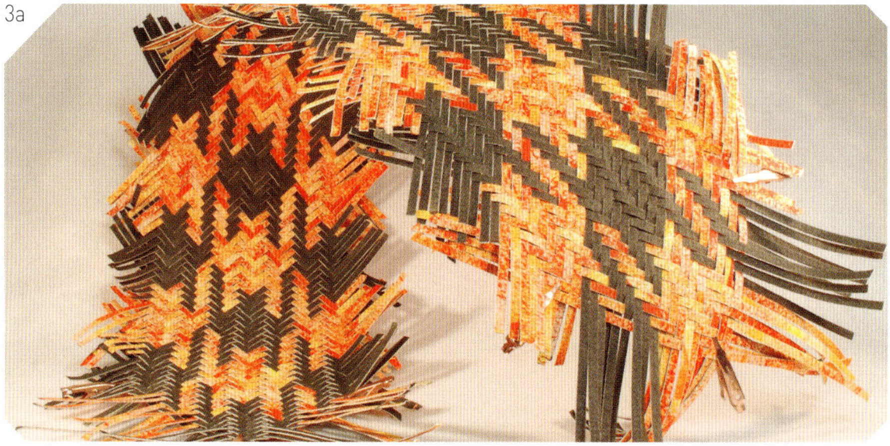

3b
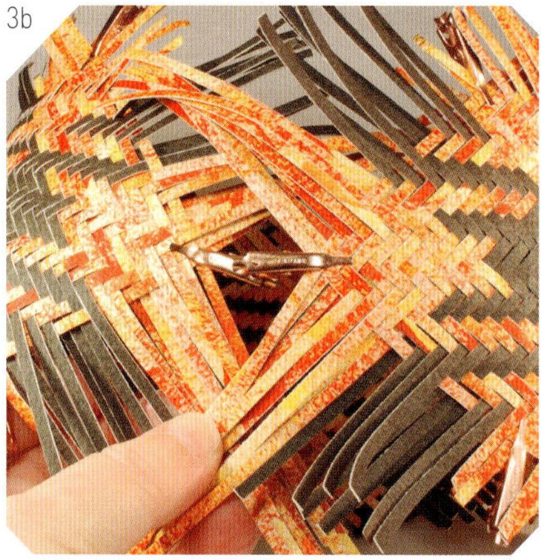

3d
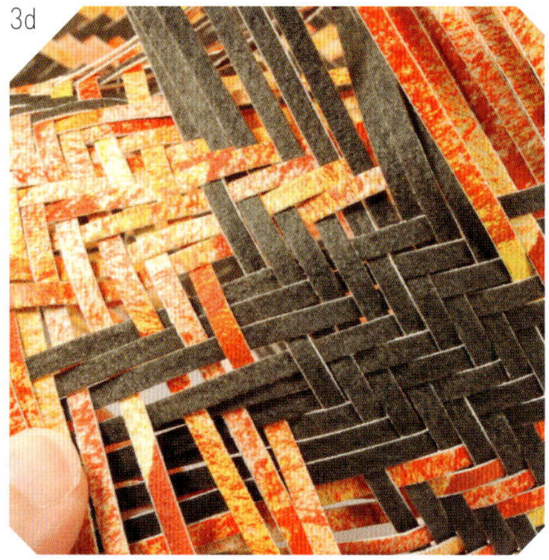

3c
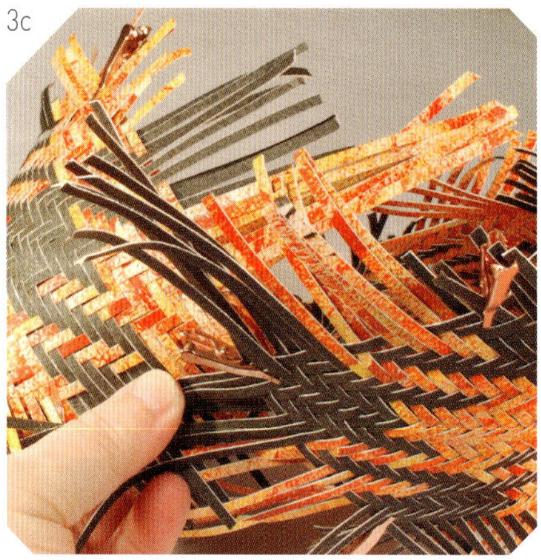

3e
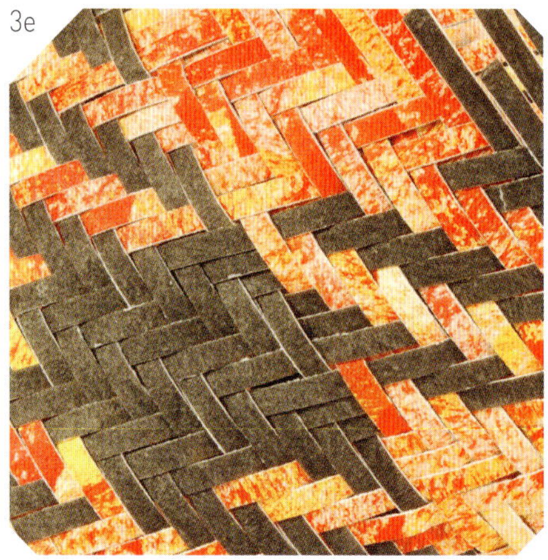

3f

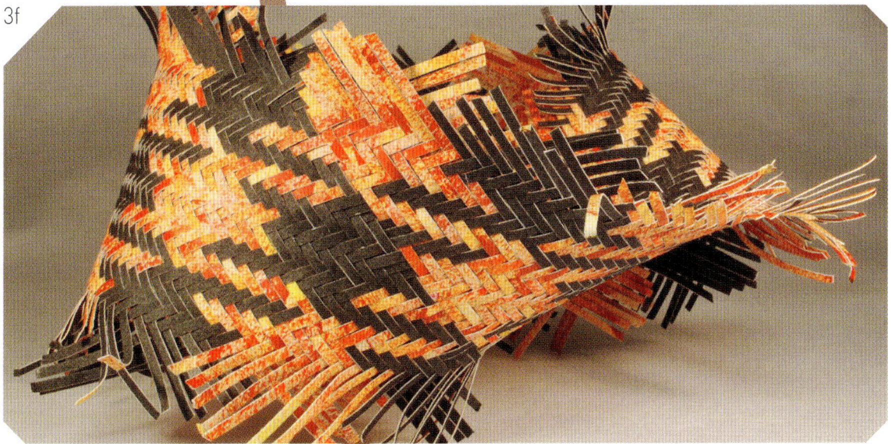

3g

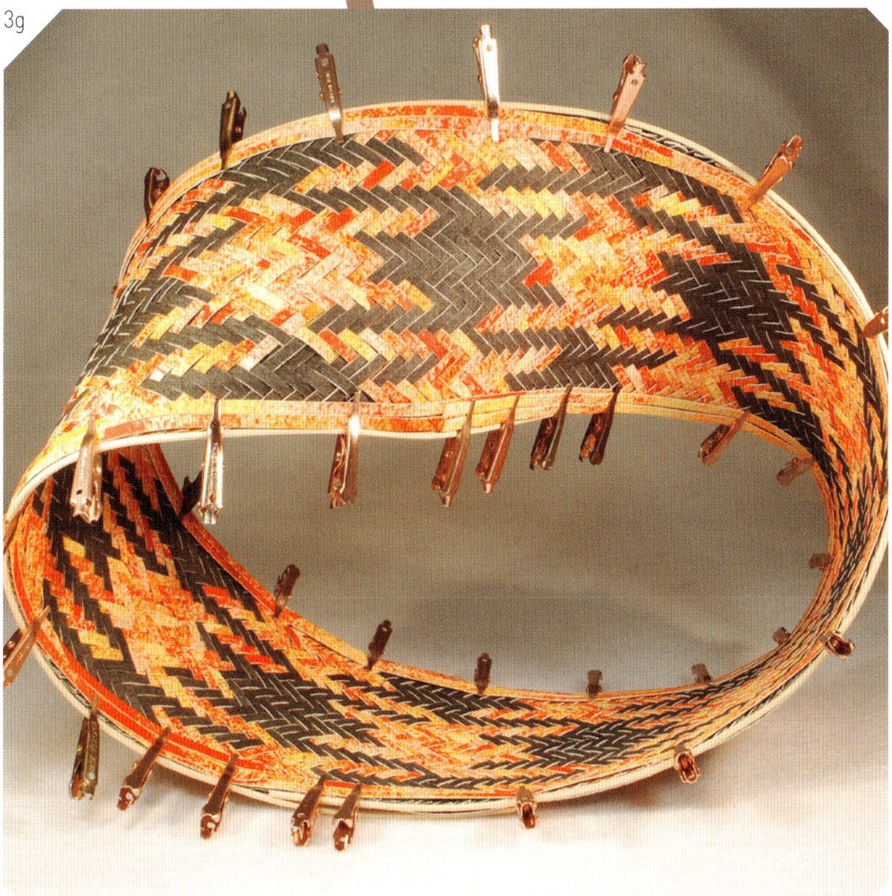

So sieht das Möbiusband vor dem Beschneiden des Rands aus (3f). Hier ist der beschnittene Rand mit gestaltetem Randstreifen abgebildet (3g). Wenn Sie genau hinschauen, erkennen Sie, dass es nur eine durchgehende Kante gibt.

4. Für eine unendliche Schleife benötigen Sie eine gerade Anzahl von Quadraten, damit das Muster aufgeht. Für dieses Beispielprojekt habe ich 14 Quadrate aneinandergeflochten (4a). Die beiden Enden vor und nach dem Verdrehen (4b und 4c).

4a

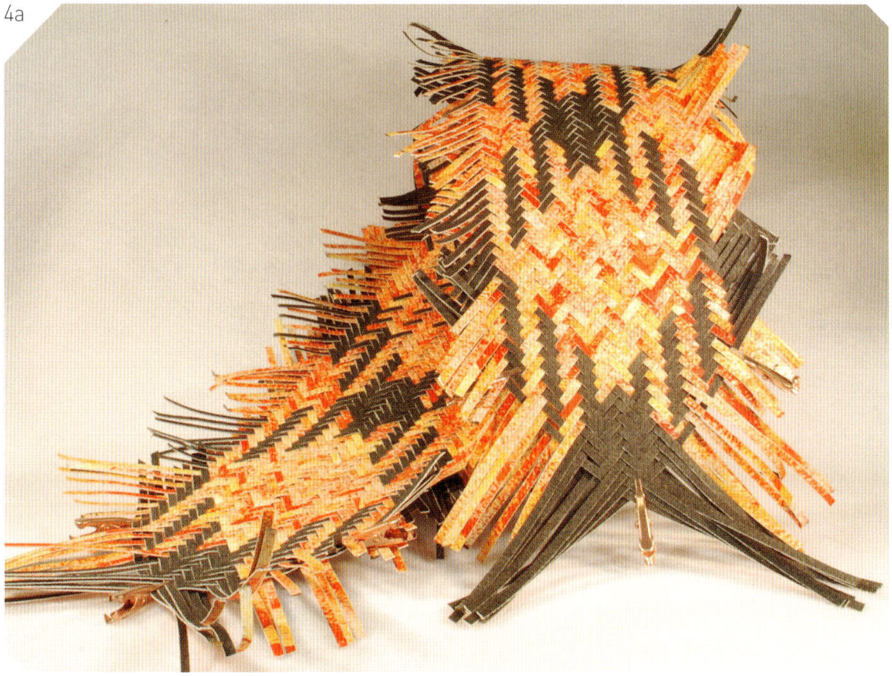

4b

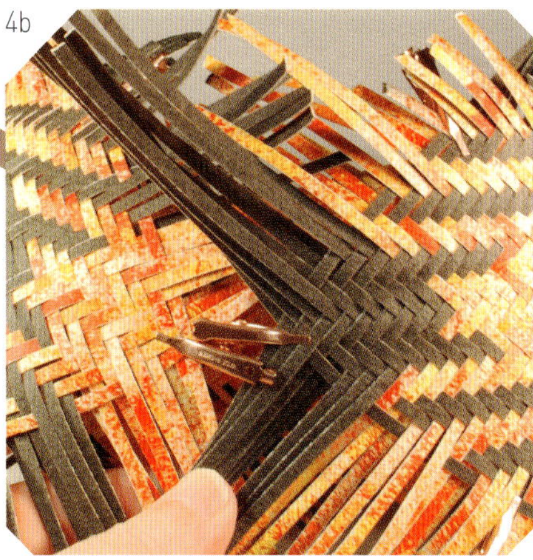

4c

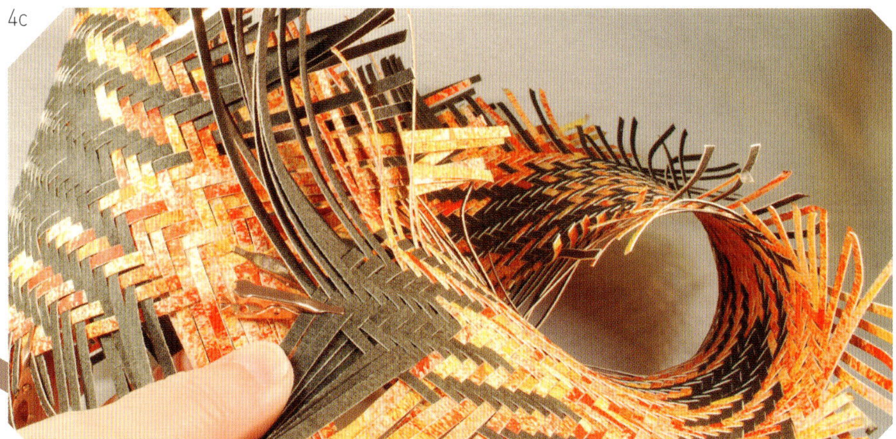

4d

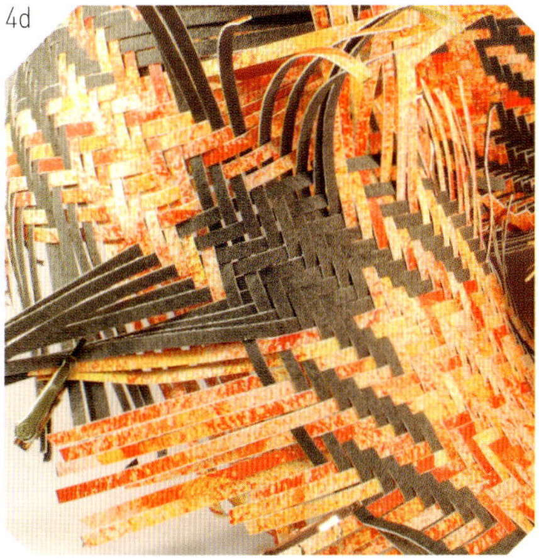

4e

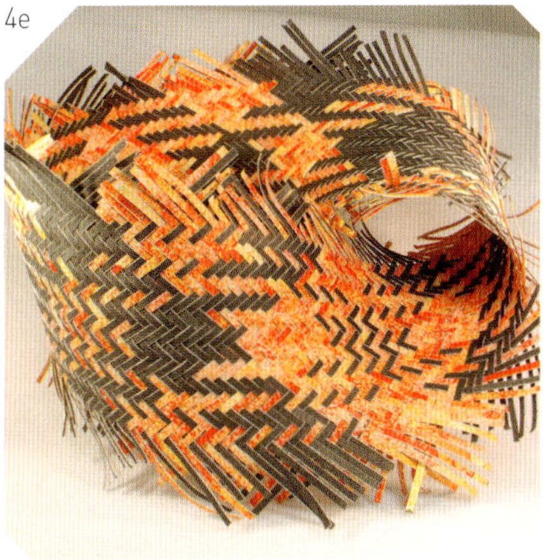

Die beiden miteinander verflochtenen Enden (4d). Da der Streifen zweimal verdreht wird, lassen sich die Endquadrate problemlos im 3/3-Köper verbinden. Die Schleife vor dem Beschneiden der Ränder (4e) und nach dem Beschneiden mit Randstreifen auf einer Seite (4f). Die Randstreifen für die zweite Kante fehlen noch. So ist gut zu sehen, dass diese Schleife zwei Kanten hat.

4f

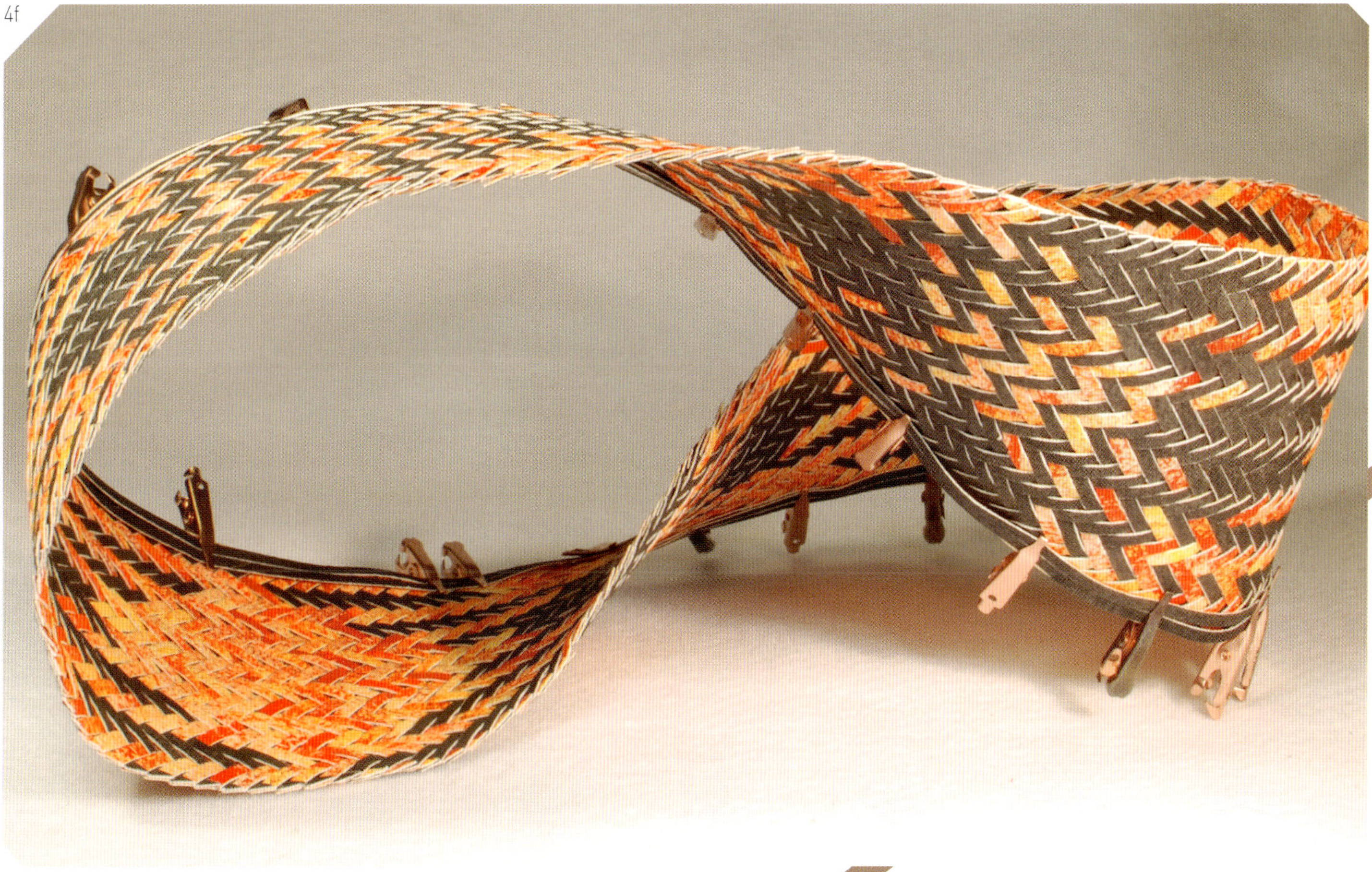

Farbwirkungen

Im Folgenden finden Sie Beispiele für zweifarbige Grundmuster und wie sie nach dem Flechten anmuten. Die Körbe sind jeweils mit einer eher kleinen Basis gearbeitet. Mit mehr Flechtstreifen und Farben lässt sich eine schier unendliche Zahl von Mustern erzeugen. Probieren Sie einfach weitere Varianten aus, wenn Sie mögen.

Muster 1 bis 7

Diese Muster werden mit Papier gestaltet, das auf jeder Seite in einer anderen Farbe bemalt ist, vom Aufbau her folgen Sie Projekt 1 – Korb mit vier Ecken auf quadratischem Boden (Seite 36).

1. Bauen Sie dieses Muster mit einem Streifen in der einen und zwei Streifen in der anderen Farbe von der Mitte aus auf. Vorder- und Rückseite muten entgegengesetzt an. Hier sind die Außenwände des Korbs aus je zwei schwarzen Streifen und einem blauen Streifen aufgebaut. Es entsteht ein vertikales Zickzackmuster. Die Basis besteht aus 18 × 18 Streifen.

2. Bei diesem Muster wechselt die Farbe nach jedem Streifen. Die Farbfolge auf der Rückseite ist die entgegengesetzte, aber das Flechtmuster sieht auf beiden Seiten praktisch gleich aus. Auch hier entsteht ein vertikales Zickzackmuster, doch es läuft nach links. Damit beim Hochflechten der Wände nicht zwei gleiche Farben aneinanderstoßen, dürfen die äußeren Streifen der Basis nicht dieselbe Farbe haben wie die Streifen im Zentrum. Sie benötigen für die Basis folglich eine gerade Anzahl von Dreiersets. Die Basis dieses Korbs besteht aus 24 × 24 Streifen.

1a
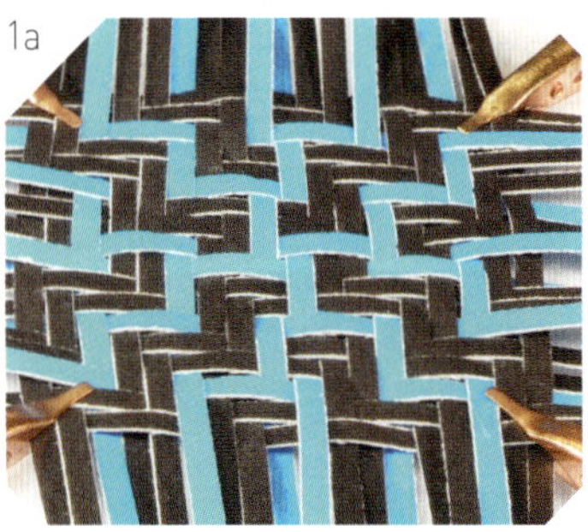

1b
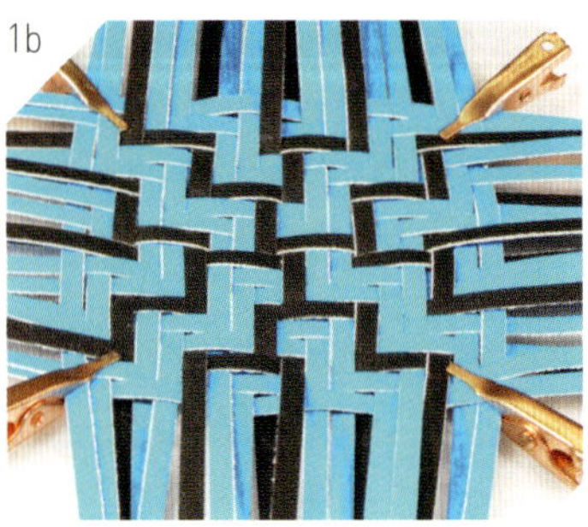

1c
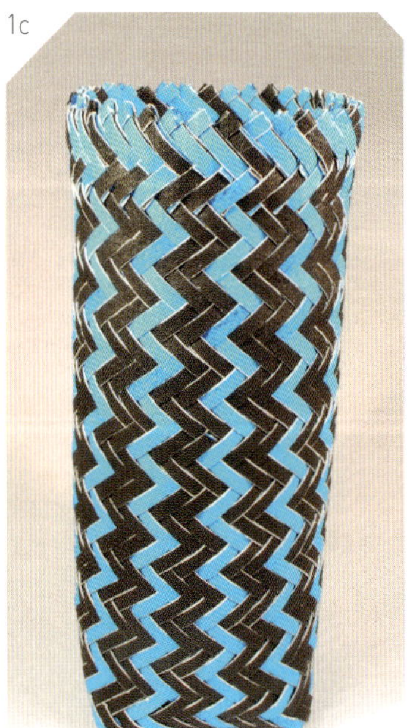

2a
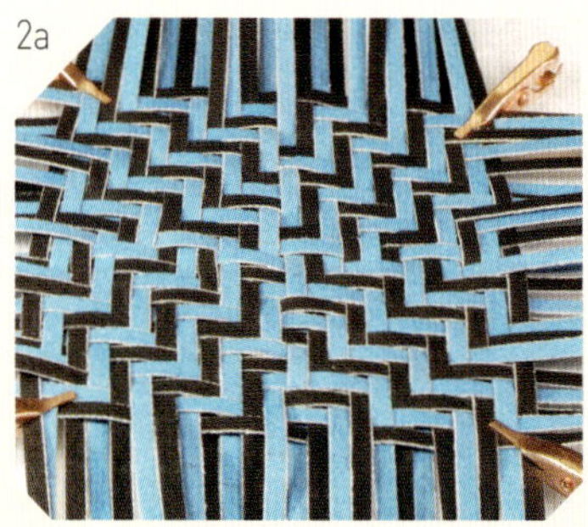

2b
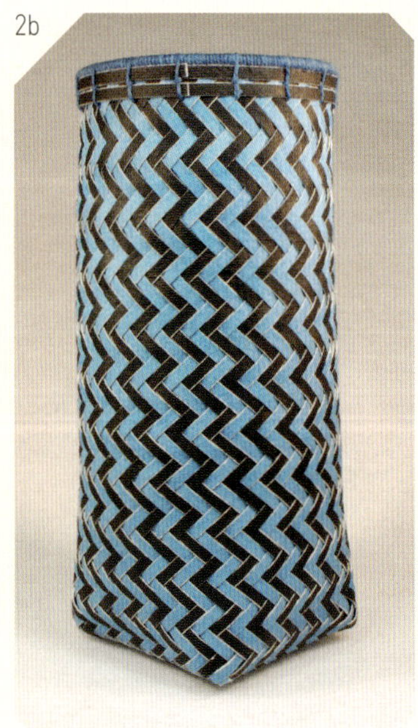

3. Dieses Muster ist wie Muster 2 gearbeitet. Nur wurde diesmal, ausgehend von der Mitte, eine ungerade Anzahl Dreiersets an jede Seite angefügt. Im Ergebnis entsteht ein aufgebrochenes, aber nicht uninteressantes Zickzackmuster – die Linien verlaufen alle nicht durchgängig. Die Basis dieses Korbs besteht aus 18 × 18 Streifen.

3a

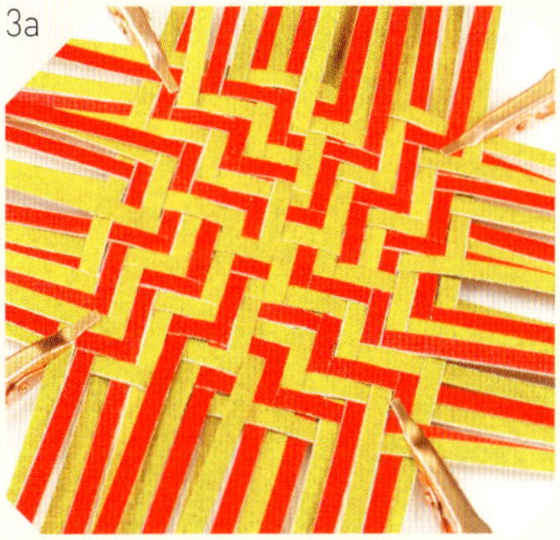

3b

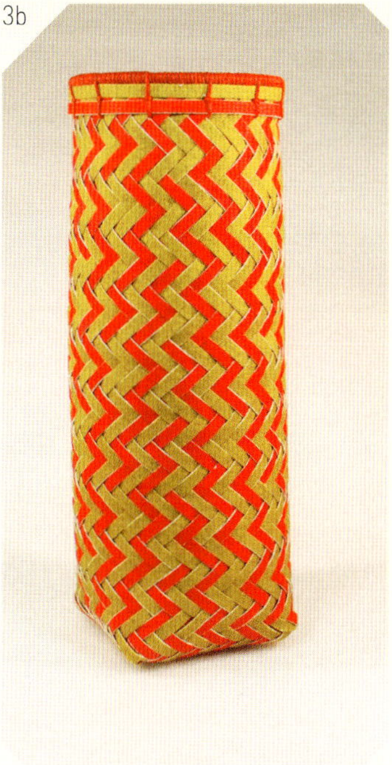

4. Für dieses Muster abwechselnd zwei Streifen in einer und einen Streifen in der zweiten Farbe in alle Richtungen flechten, es wird dabei vom Zentrum ausgehend gearbeitet. Vorder- und Rückseite muten farblich genau umgekehrt an. An den Wänden liegen die gedoppelten schwarzen Streifen außen. Die blauen Streifen sind von den schwarzen eingerahmt und wirken auf mich wie Butzenscheiben. Fischgrätmuster ist vielleicht der bessere Name. Die Basis dieses Korbs besteht aus 18 × 18 Streifen.

4a

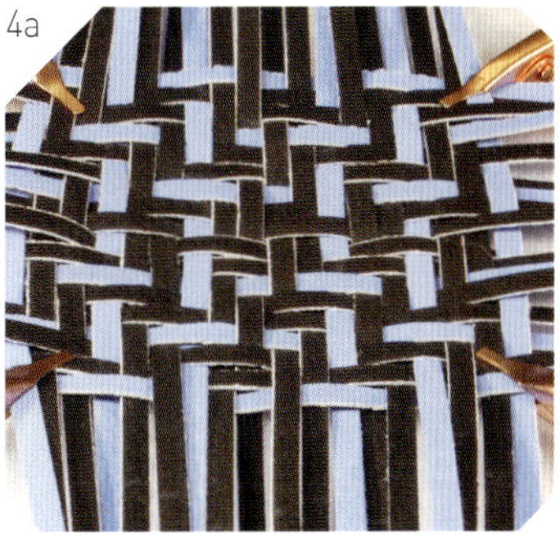

4b

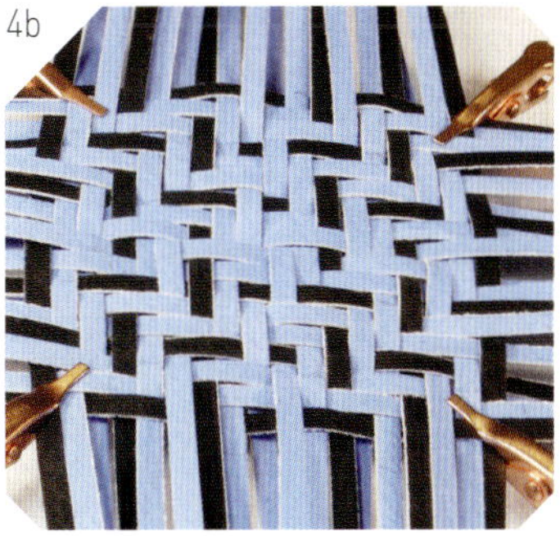

4c

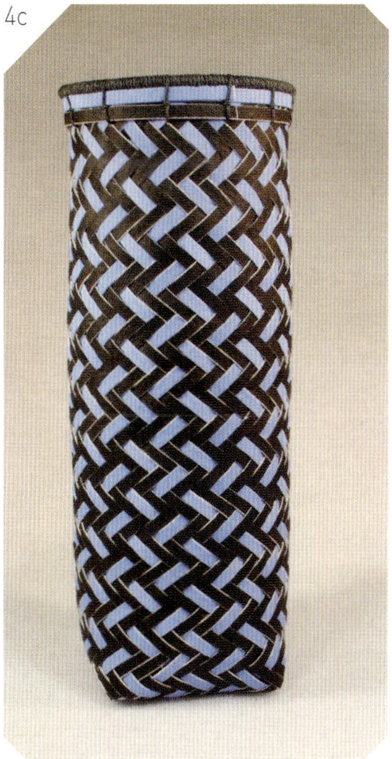

5. Schaut man die Basis von oben an, zeigen alle gelben Streifen in die eine und alle schwarzen Streifen in die andere Richtung. An den Wänden entsteht dadurch ein Muster aus verschiedenen Rauten – einfarbige und gestreifte Rauten wechseln sich ab.

Bei einem 3/3-Köper sind die Rauten am schönsten, wenn die Gesamtzahl der Streifen durch 9 teilbar ist, der Quadratzahl von 3. Die Basis dieses Korbs besteht aus 18 × 18 Streifen bzw. 9 Streifen pro Seite ab Zentrum. Wenn Sie das Köpermuster auf einer anderen Grundzahl aufbauen, erhalten Sie das beste Ergebnis, wenn die Summe der Streifen durch das Quadrat des Köpers teilbar ist. Bei einem 2/2-Köper benötigen Sie also eine Anzahl, die durch 4 teilbar ist, bei einem 4/4-Köper eine durch 16 teilbare Anzahl.

5a

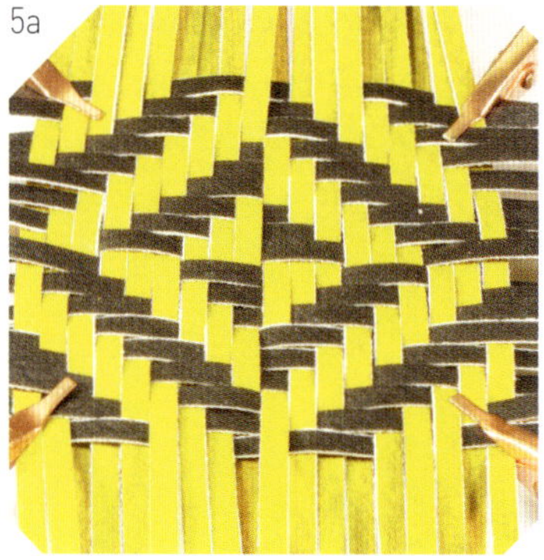

5b

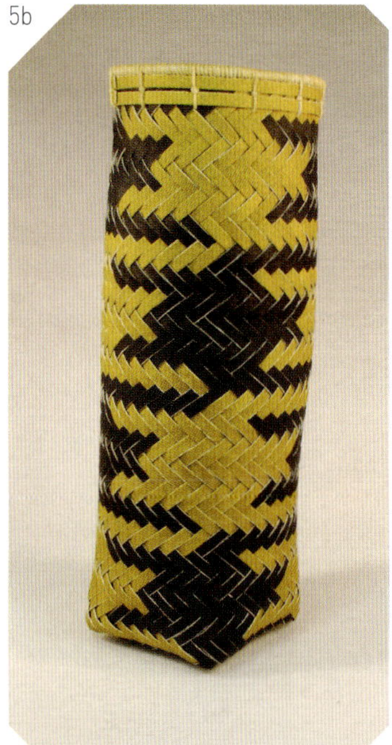

6. Bei diesem Muster habe ich von der Mitte aus gewebt, diesmal habe ich in jede Richtung zur Hälfte die eine Farbe genutzt, für die andere Hälfte dann die zweite. Es entstanden derart einfarbige und gestreifte Rauten. Die Rauten sind jeweils doppelt so groß wie die in Muster 5. Die Basis für diesen Korb besteht aus 18 × 18 Streifen.

6a

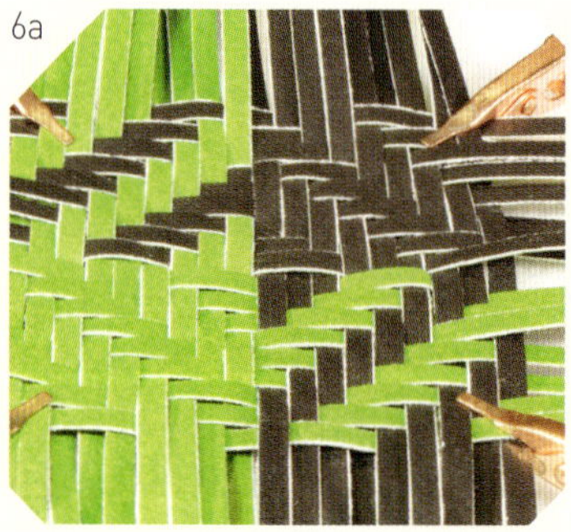

6b

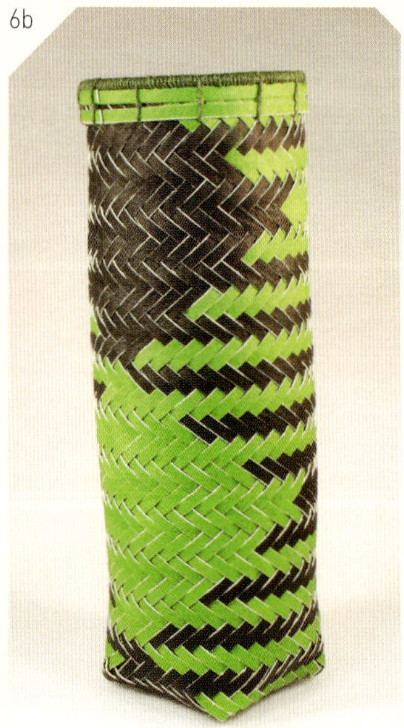

7. Hier ist der Anfang identisch mit dem von Muster 6. Allerdings gibt es nach jeweils neun Streifen einen Farbwechsel. An den Wänden entstehen größere und kleinere Rauten und Rechtecke. Die Basis für diesen Korb besteht aus 36 × 36 Streifen.

7a

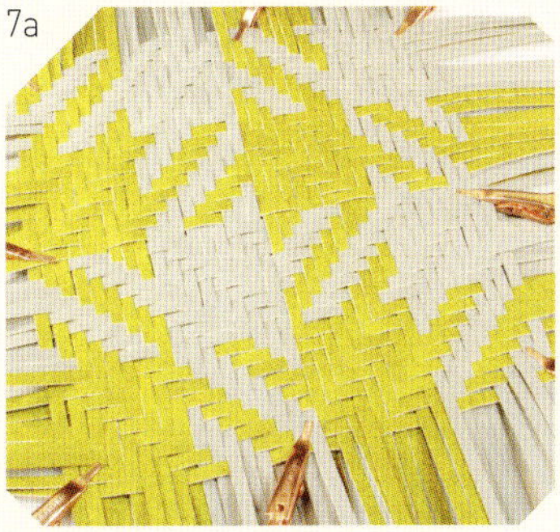

7b

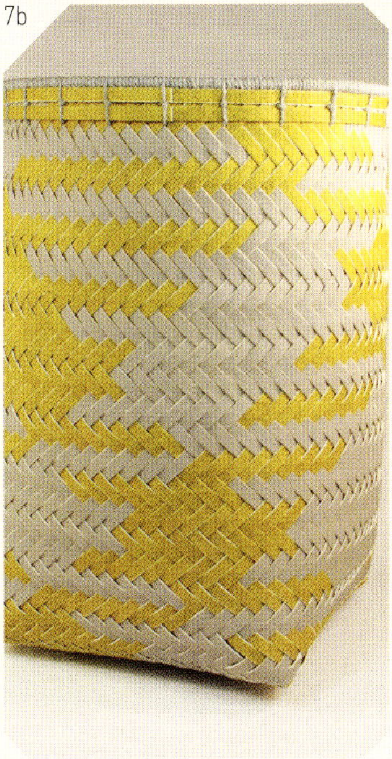

Muster 8 bis 10

Diese Muster werden mit Papier erzeugt, das auf jeder Seite in einer anderen Farbe bemalt ist, vom Aufbau her folgen Sie dem Projekt 2 – Korb mit zwei Ecken (Seite 46).

8. Bei dem zweifarbigen Muster werden abwechselnd rote und gelbe Streifen eingeflochten. Die Randstreifen werden an den Ecken um sich selbst zurückgeflochten, sodass die Farbe doppelt liegt und das Zickzackmuster an den Wänden immer wieder unterbrochen ist. Dieser Verdopplungseffekt muss bei Mustern für einen Korb mit zwei Ecken immer mitbedacht werden. Die Basis des abgebildeten Beispiels besteht aus 12 × 12 Streifen.

8a

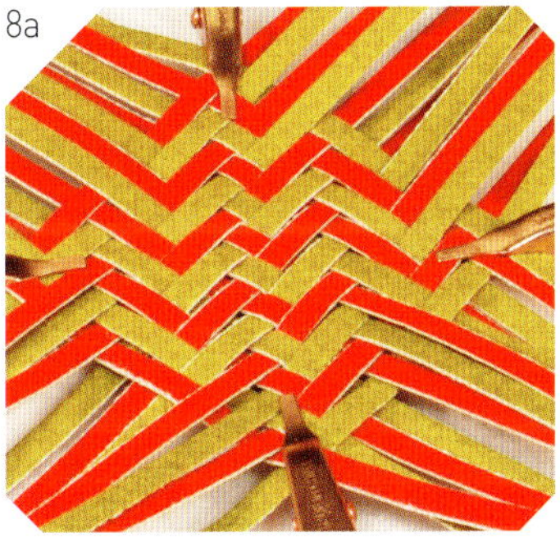

8b

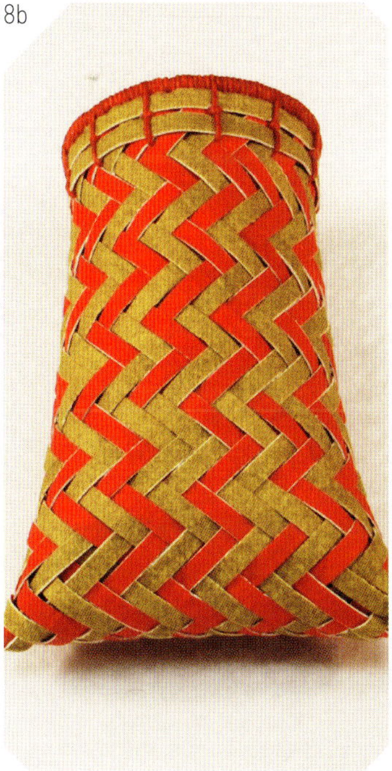

9. Bei diesem Muster werden je zwei Streifen der einen und einen Streifen der anderen Farbe verwendet. Der Verdopplungseffekt ist einkalkuliert. Damit das Muster aufgeht, gilt es, die doppelt vorkommenden Randstreifen zu vermeiden.

Die Farbfolge für das Muster: 1 × rot, 1 × gelb, 2 × rot, 1 × gelb, 2 × rot, 2 × gelb, 2 × rot, 1 × gelb und 1 × rot. Die Rückseite ist von den Farben her umgekehrt angelegt, sie befindet sich beim fertigen Korb außen. Es entsteht ein vertikales Zickzackmuster wie bei Muster 1. Die Basis für diesen Korb besteht aus 12 × 12 Streifen.

9a

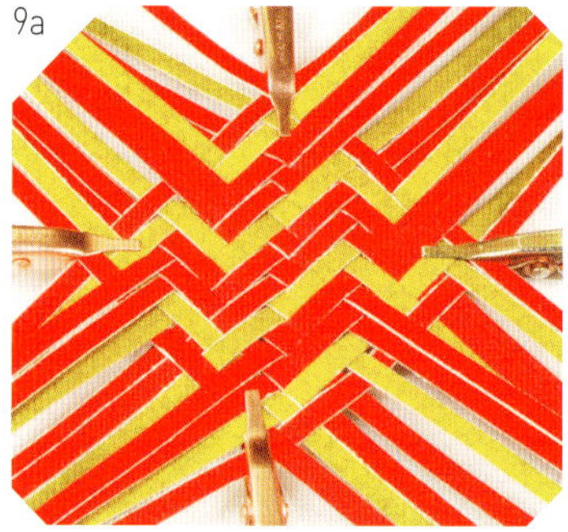

9b

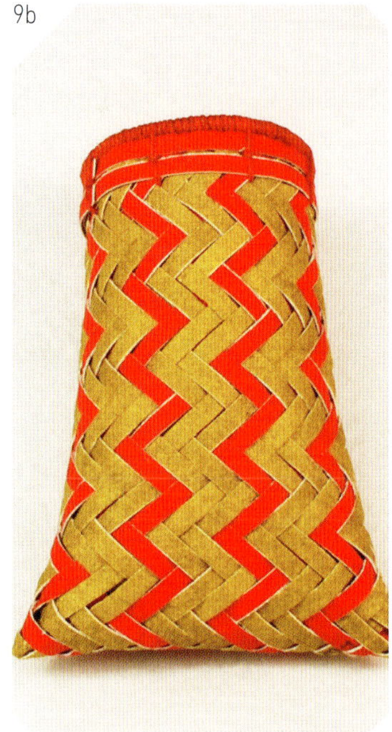

10. Die Basis für diesen Korb sieht Basis 9 täuschend ähnlich, doch für das Fischgrätmuster an den Wänden (siehe Muster 4) benötigen Sie im Zentrum einen 2/2-Köper, der in einen 3/3-Köper übergeht. Wenn Sie sich das zweite Foto (10b) genau anschauen, sehen Sie, dass das Muster – vom Zentrum aus – unter 1, über 2 und unter 2 führt und der 3/3-Köper erst im Anschluss beginnt. Bei einer so kleinen Basis ist das schwierig zu erkennen, weil viele Streifen am Rand über/unter 1 und 2 führen. Auch an den Ecken müssen Sie zunächst einen 2/2-Köper flechten und in den 3/3-Köper wechseln. Die Basis für diesen Korb besteht aus 12 × 12 Streifen.

10a

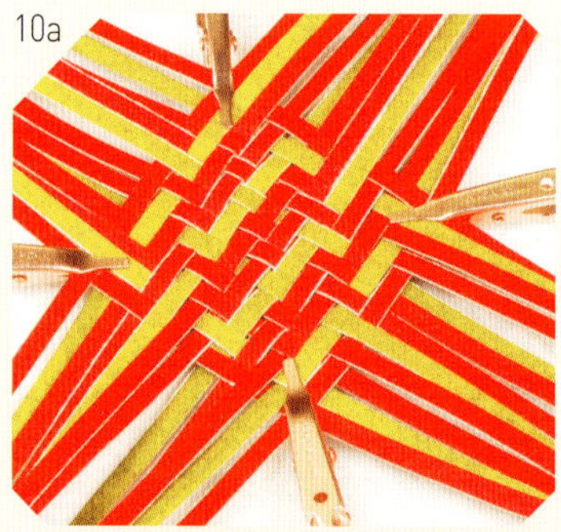

10b

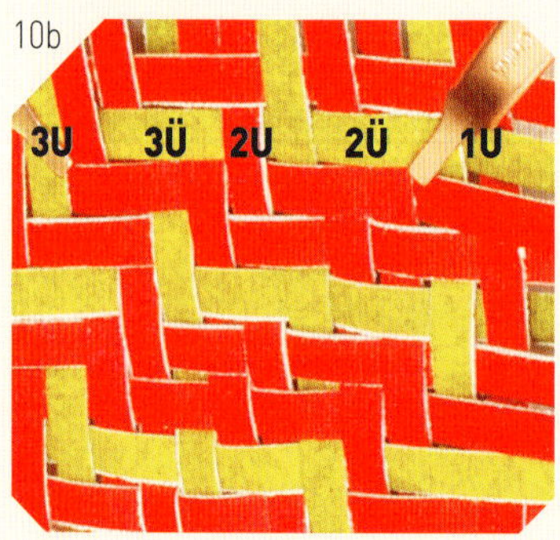

10c

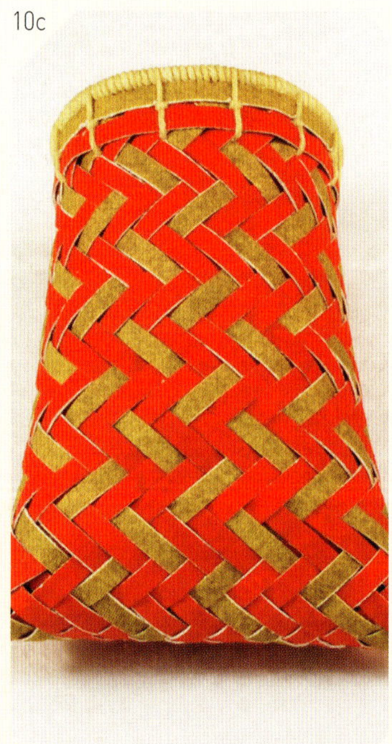

Muster 11 bis 14

Im Folgenden kommt Papier zum Einsatz, dessen Vorderseite zweifarbig ist – die Farben wechseln jeweils an der Mittellinie bzw. im Bruch. Die Papierrückseite habe ich in Schwarz eingefärbt. Die Basis ist als Quadrat gestaltet – der Farbwechsel der Streifen sollte immer unter dem Geflecht verborgen sein.

11. Bei dieser Basis sind die Farben rundum in der gleichen Abfolge (blau-orange) arrangiert, sodass sie sich auf allen Seiten gegenüberliegen. Meines Wissens ist dies das einzige Muster für diese Basisvariante, das an den Korbwänden zu horizontalen Streifen führt. Von der Mitte bis zum Rand weisen alle orangefarbenen Streifenteile in die eine und alle blauen Streifenteile in die andere Richtung. Wenn Sie den Boden umdrehen, ist es genauso. Die Basis für diesen Korb besteht aus 18 × 18 Streifen.

11a

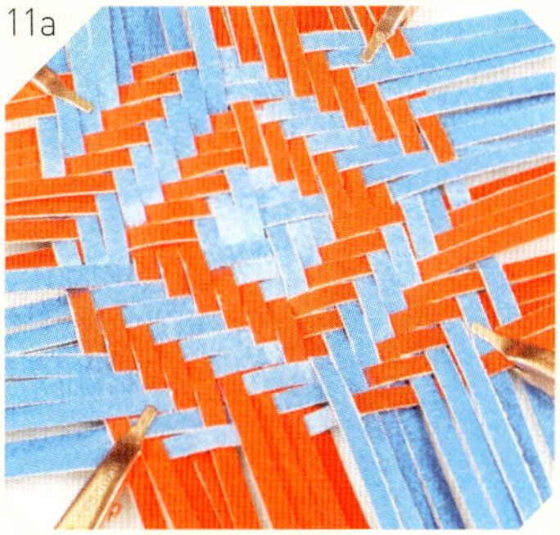

11b

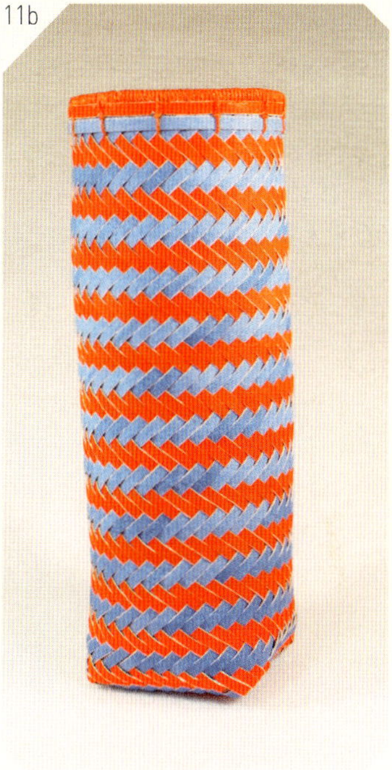

12. Bei dieser Basis sind die Farben in Blöcken angeordnet. An den Korbwänden entsteht ein Rautenmuster. Die Basis für diesen Korb besteht aus 18 × 18 Streifen.

12a

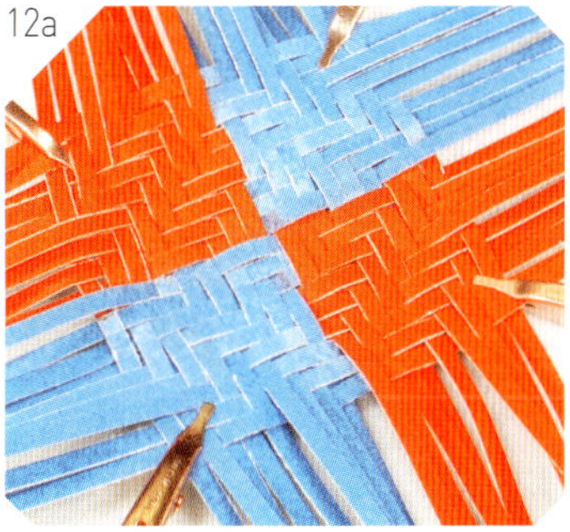

12b

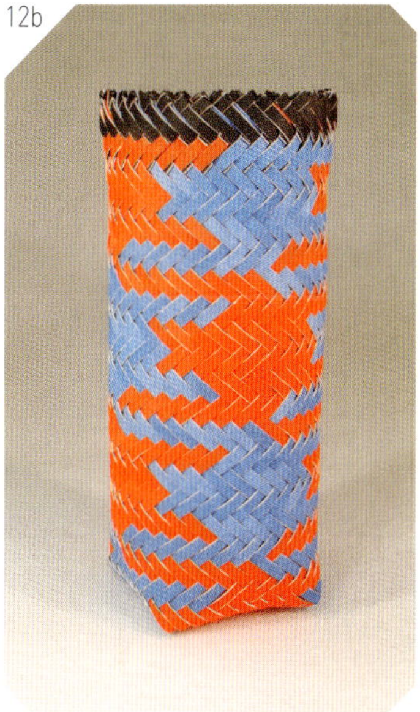

13. Das Muster wird zunächst aufgebaut wie Muster 12, doch dann werden die Farben in umgekehrter Richtung eingeflochten, sodass an den Spitzen der Quadrate weitere einfarbige Quadrate und dazwischen große zweifarbige Quadrate entstehen. Die zweifarbigen Flächen verbinden sich zu großen Rauten. Die Basis für diesen Korb besteht aus 36 × 36 Streifen.

Wenn Sie eine größere Basis weben und möchten, dass die kleinen Rauten die Gestaltung des Korbs prägen, müssen Sie die einfarbigen Quadrate der Basis dort platzieren, wo die Ecken gearbeitet werden. Für größere Rauten müssen die gemischtfarbigen Quadrate an den Ecken liegen. Wenn Sie an der Basis drei Wiederholungen mit Farbwechsel arbeiten möchten, beginnen Sie mit den einfarbigen Quadraten für die kleinen Rauten. Für die größeren Rauten starten Sie mit den gemischtfarbigen Quadraten.

13a

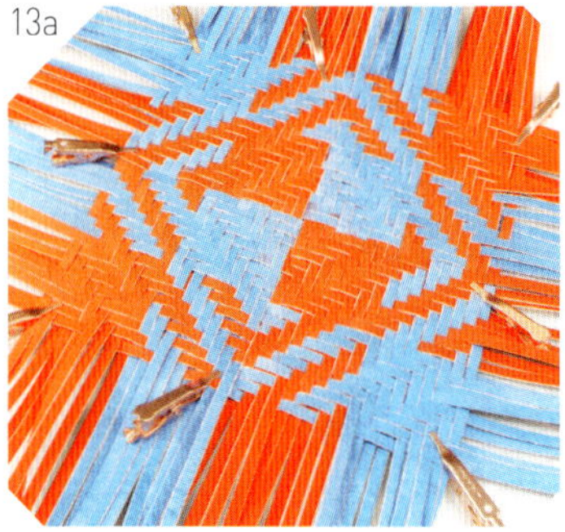

13b

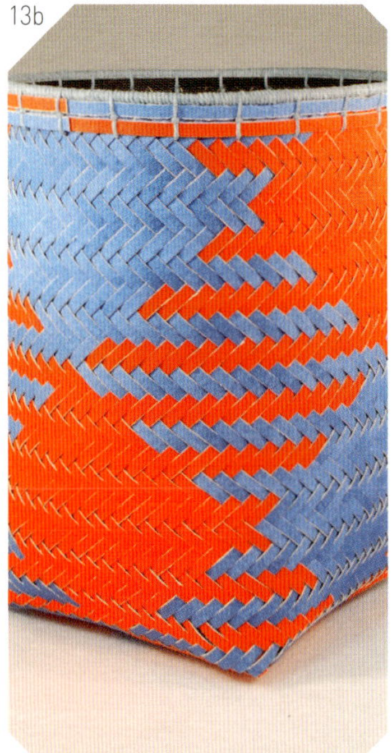

14. Hier wechseln die Farben im Rhythmus 2:1 – zwei Streifen werden in die eine, ein Streifen wird in die andere Richtung eingeflochten. Da die Streifen bis zur Mitte mit einer Farbe bemalt sind, ergibt sich so beispielsweise zweimal Blau-Orange und einmal Orange-Blau. Fahren Sie in diesem Rhythmus fort, bis die Basis komplett ist. An den Wänden entsteht ein vertikales Zickzackmuster, das sich nur geringfügig von Muster 1 unterscheidet. Während sich dort breite und schmale Farbbänder abwechseln, findet der Wechsel hier innerhalb des Musters statt.

14a

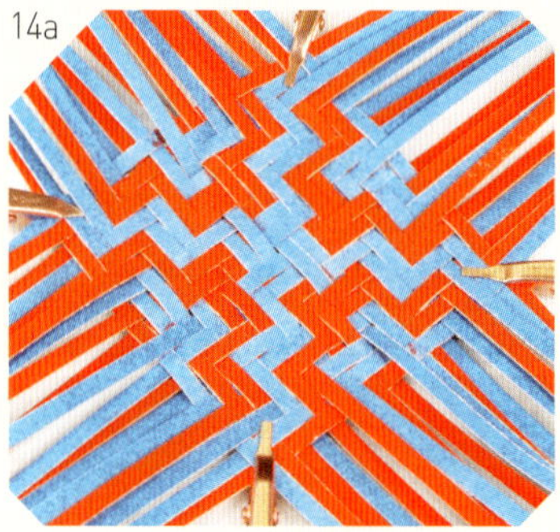

14b

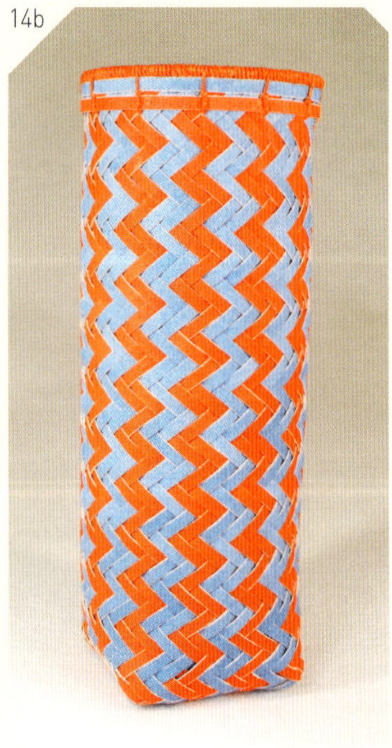

Muster 15 und 16

Diese Muster wurden mit Papier erstellt, das auf der Rückseite schwarz eingefärbt ist, auf der Vorderseite ist es zweifarbig. Es wurde die Basis für zwei Ecken verwendet (Projekt 2 – Korb mit zwei Ecken, Seite 46). Die Farbe wechselt an der Mittellinie (unter 1). Der Farbwechsel sollte immer unter dem Geflecht verborgen sein.

15. Hier zeigt eine Farbe in die eine und die zweite Farbe in die andere Richtung. Die Farbe wechselt entlang der Mittellinie. An den Wänden entstehen verschiedene, sich abwechselnde Rauten. Die Basis für diesen Korb besteht aus 12 × 12 Streifen.

15a

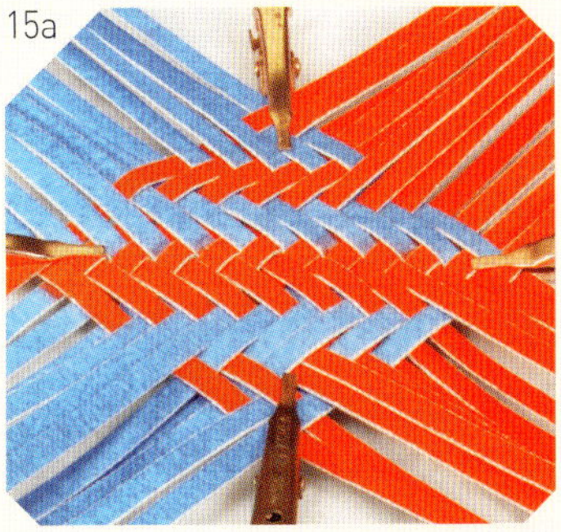

15b

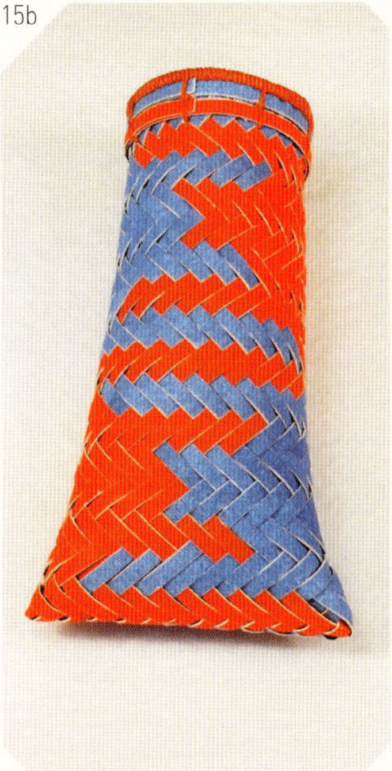

16. Entlang der Mittellinie wechselt die Farbe in diesem Muster. Da jedes Streifenende eine andere Farbe hat, liegt hier nicht das Problem der doppelten Randstreifen vor. An den Wänden entsteht ein Zickzackmuster. Die Basis für diesen Korb besteht aus 12 × 12 Streifen.

16a

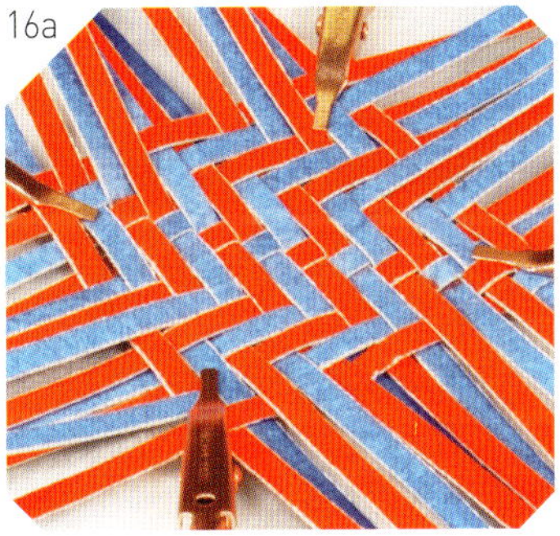

16b

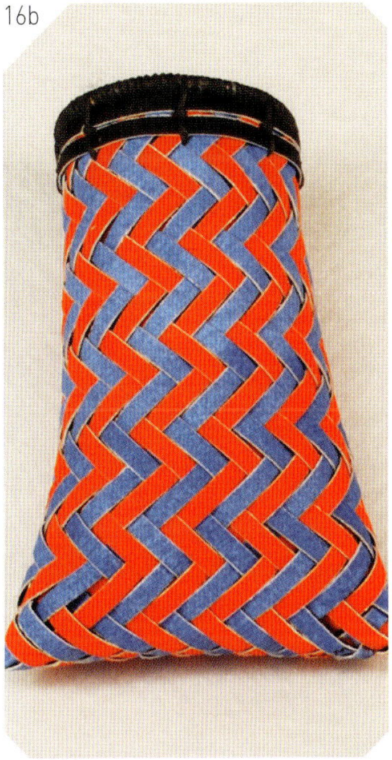

Fehler beheben

Fehler im Flechtmuster der Basis

Fehler in der Basis entdeckt man immer mal wieder – am häufigsten beim Verdichten des Geflechts. Am besten lassen sich Fehler mithilfe einer Flachahle beheben, mit der falsch eingearbeitete Streifen aus dem Geflecht herausgezogen werden können. Bei diesem Manöver ist Vorsicht angebracht, denn der Streifen kann knicken oder zerreißen – insbesondere dann, wenn die Basis bereits gut verdichtet ist. Fehler sollten Sie deshalb möglichst vor dem Verdichten korrigieren!

1. Der Pfeil deutet auf den Fehler.
2. Den falsch eingeflochtenen Streifen wird mit der Flachahle vorsichtig herausgezogen.
3. Der bis zur fehlerhaften Stelle herausgezogene Streifen.
4. Nun wird Streifen wieder korrekt eingeflochten.
5. Die Korrektur kurz vor dem Abschluss.
6. Die fertige Korrektur: Der Streifen ist wieder vollständig eingeflochten.

1

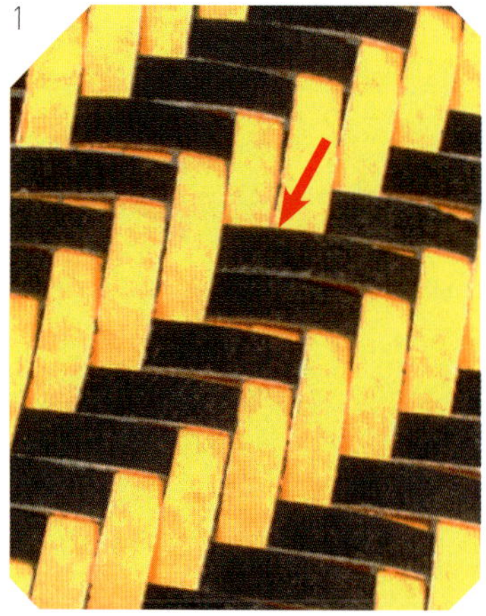

4

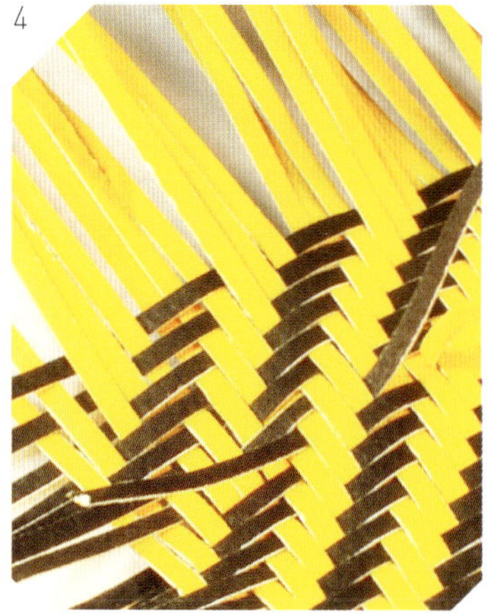

2

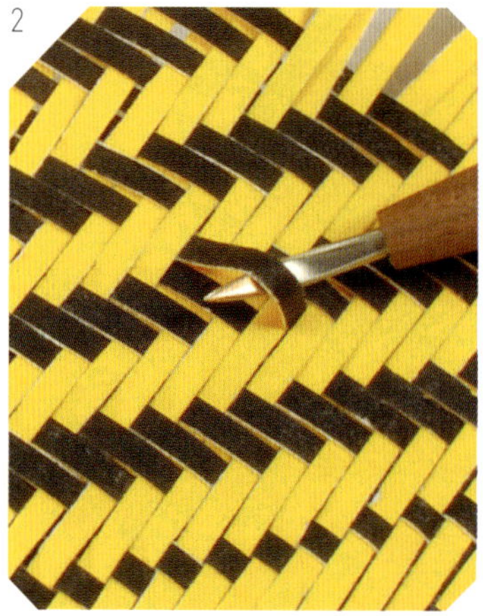

5

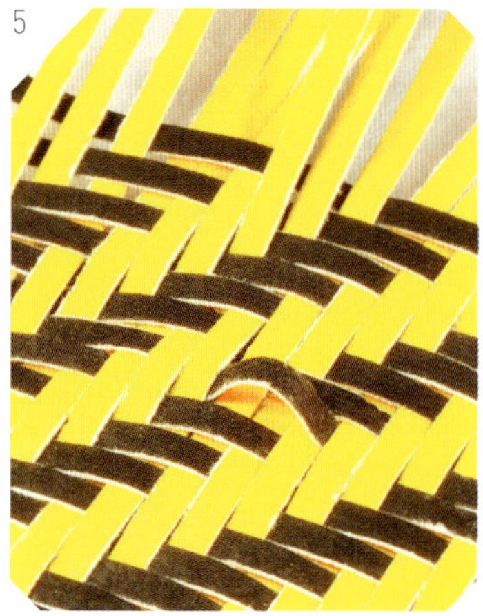

3

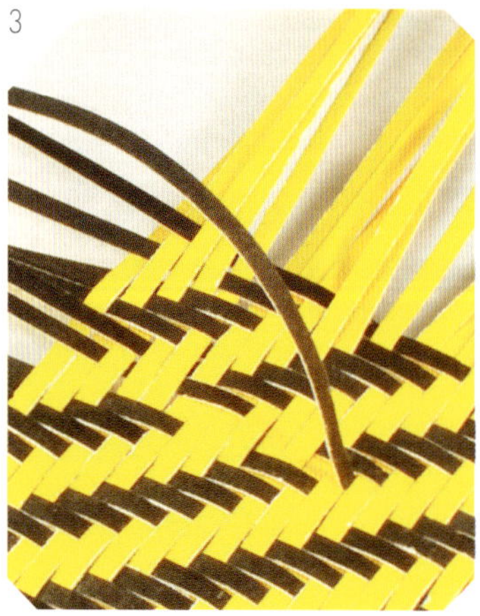

6

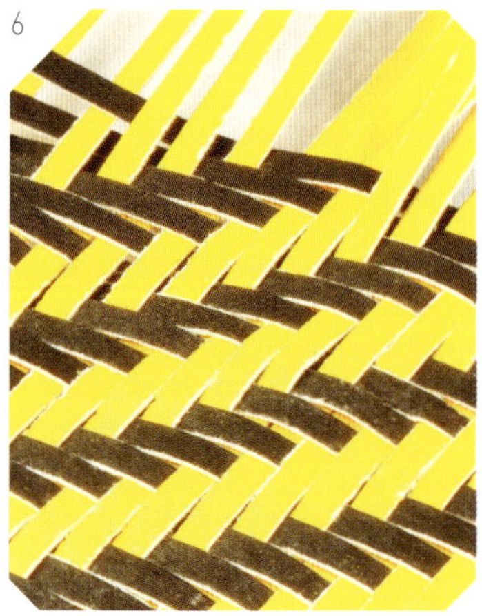

Sichtbare Farbwechsel bei zweifarbigen Basen

Beim Verflechten von Streifen mit einem Farbwechsel in der Mitte lugt am Ende zuweilen hier und da die falsche Farbe hervor – meist nur ein wenig und kaum störend, denn den Boden des Korbs werden Sie später nicht sehen. Wenn Sie den Fehler trotzdem korrigieren möchten, müssen Sie oft nur leicht an dem betreffenden Streifen ziehen. Der Farbwechsel verschwindet bereits dann unter dem darüber liegenden Streifen – vorausgesetzt, die Basis wurde noch nicht verdichtet. Am einfachsten ist das bei Streifen, die relativ weit außen liegen.

1. Der Pfeil deutet auf den Fehler.
2. Streifen aus einer größeren Basis herauszuziehen, ohne sie zu knicken oder zu zerreißen, ist schwierig. Das hat mit der dabei entstehenden Reibung zu tun. Diese tritt selbst dann auf, wenn der Boden noch nicht verdichtet ist. Um den Fehler zu korrigieren, ohne den Streifen zu beschädigen, ziehen Sie diesen mit einer Ahle an der Außenkante des Geflechts ein wenig hoch, und zwar auf der Seite, an der der Farbwechsel zu sehen ist.
3. Die entstandene Wölbung an der nächstmöglichen Stelle weiter nach innen hin zum Zentrum ziehen. Dies führen Sie durch, bis der Farbwechsel unter dem darüber liegenden Streifen verschwunden ist (3a–c).
4. Die Wölbung transportieren Sie derart weiter bis zur gegenüberliegenden Außenkante durch das Geflecht. Den Streifen holen Sie nur so weit hoch, dass die Position des Farbwechsels korrigiert werden kann. Wenn Sie zu weit gehen, kann der Farbwechsel plötzlich auf der anderen Seite herausgucken. Bei Bedarf so lange nachjustieren, bis alles stimmt.

1

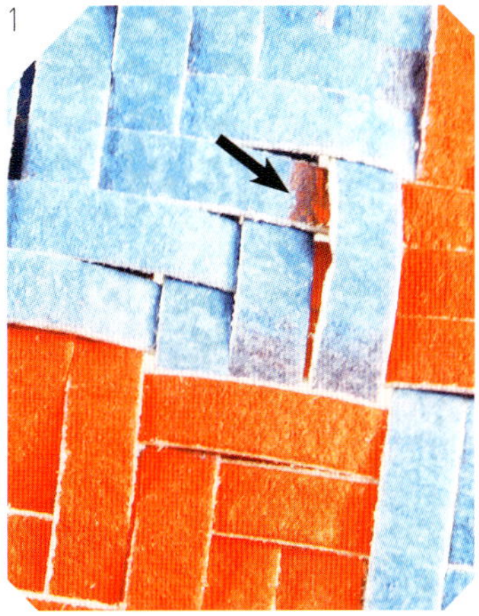

3b

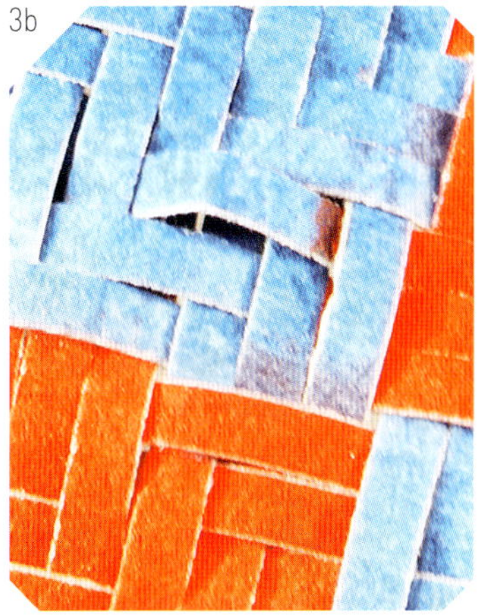

2

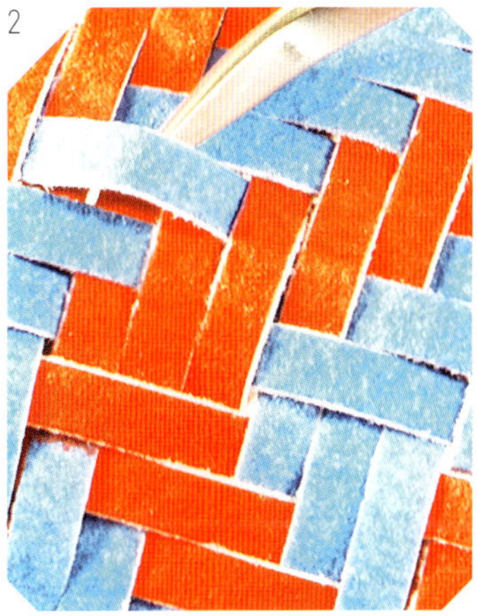

3c

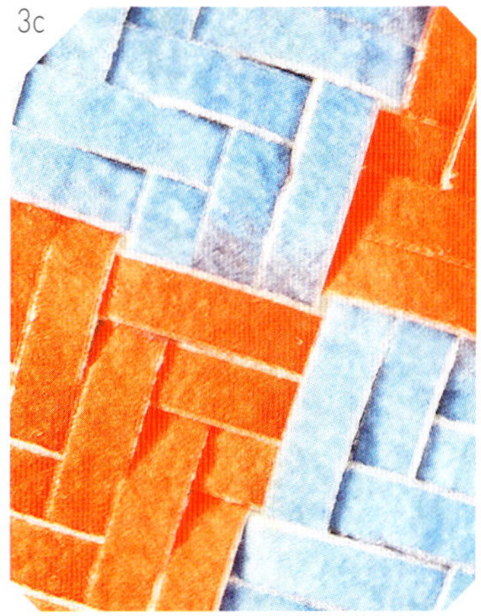

3a

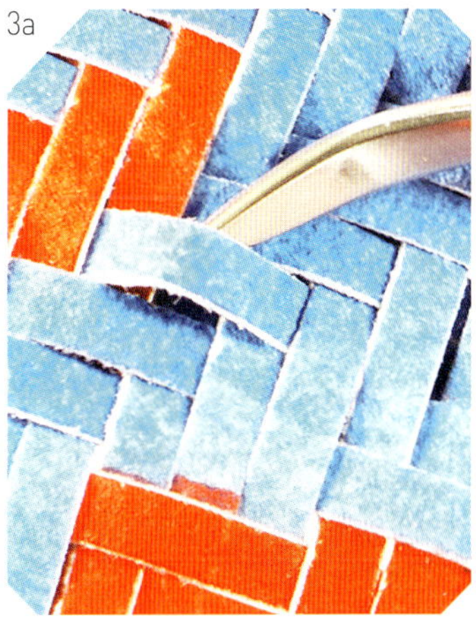

4

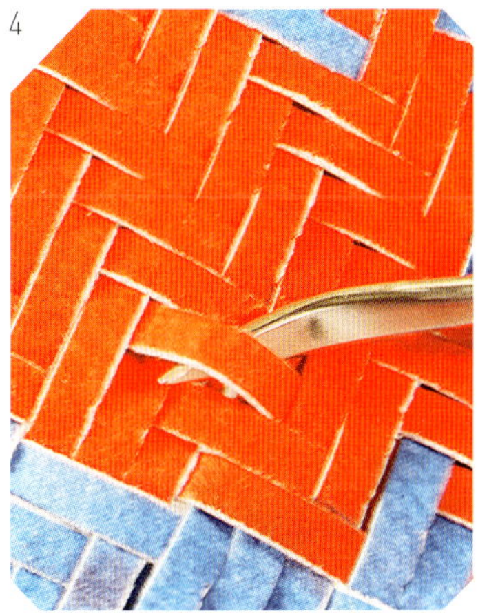

1

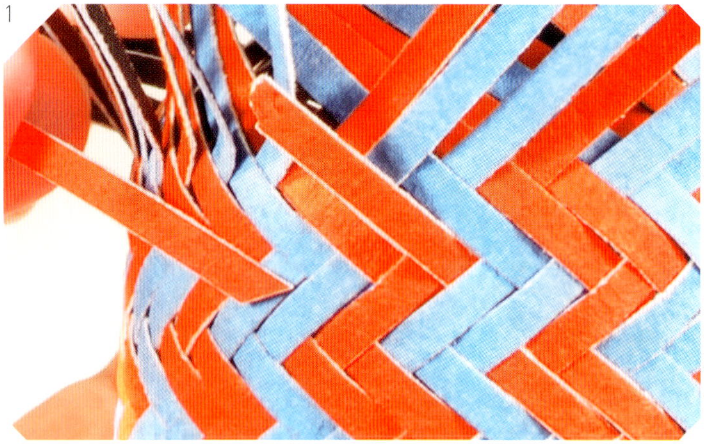

2

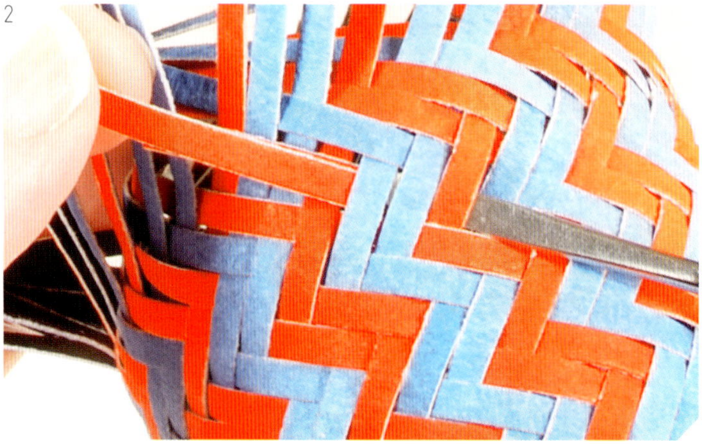

3

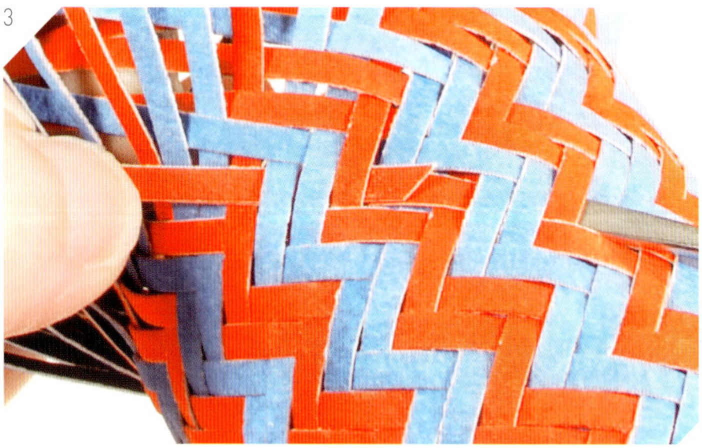

4

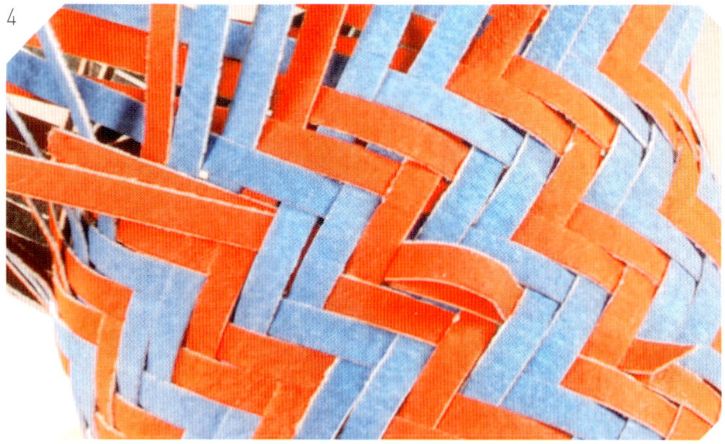

5

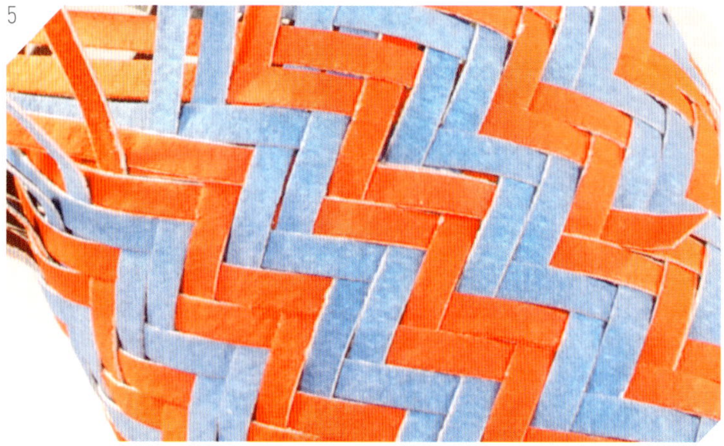

6

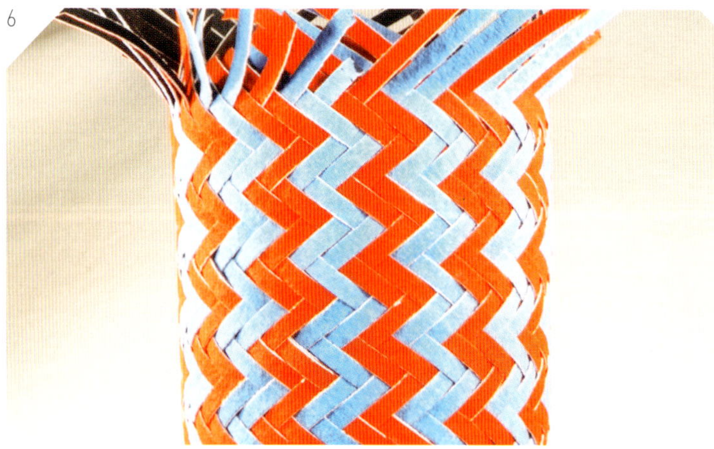

Zu kurze Streifen

Papierstreifen können brechen oder entpuppen sich manchmal als zu kurz, wenn man bei ihrer Ausrichtung nicht aufgepasst hat. So setzen Sie Streifen an:

1. Schneiden Sie ein Ende eines Reststreifens spitz zu, um sich das Einflechten zu erleichtern.

2. Unter einer Dreiergruppe schaffen Sie mit der Flachahle vorsichtig etwas Raum und legen den neuen Streifen über den zu kurzen Streifen.

3. Den neuen Streifen ziehen Sie unter einer weiteren Dreiergruppe hindurch.

4. Das Ergebnis sieht wie abgebildet aus.

5. Das Ende lassen Sie ca. 1 bis 1,5 cm überstehen.

6. Den Korb flechten Sie zu Ende. Hierbei flechten Sie die übereinander liegenden Streifen zusammen ein, bis der alte Streifen aufgebraucht ist.

   Normalerweise schneide ich das Ende des angesetzten Streifens erst ab, wenn der Korb fertiggestellt ist. Damit es unter dem darüber liegenden Streifen verschwindet, ziehe ich beim Schneiden ein wenig daran und setze den Schnitt so knapp wie möglich. Manchmal liegt das Ende des zu kurz geratenen Streifens an der Innenwand frei, doch meist ist es unsichtbar.

Fehler beim Flechten der Korbwände

Fehler im Muster der Korbwände entdeckt man in der Regel recht schnell, vor allem beim Verdichten des Geflechts. Meist liegen die Ecken nur eine oder zwei Reihen unterhalb der Reihe, an der man gerade arbeitet, und sind leicht zu beheben.

1. Der häufigste Fehler: Ein Streifen führt über 2 oder 4.

2. Manchmal sind auch benachbarte Streifen in der falschen Reihenfolge verflochten.

3. Wenn Sie einen Fehler finden, können Sie die Stelle aufdröseln und neu flechten oder den bzw. die betreffenden Streifen herausziehen (3a–d).

4. Anschließend flechten Sie den bzw. die Streifen korrekt wieder ein.

1

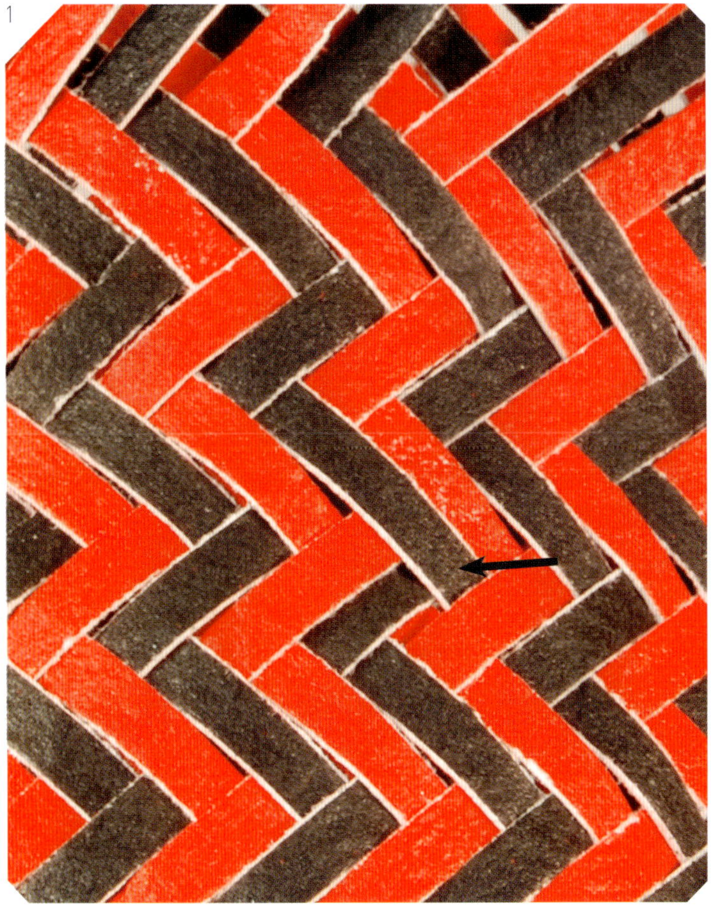

2

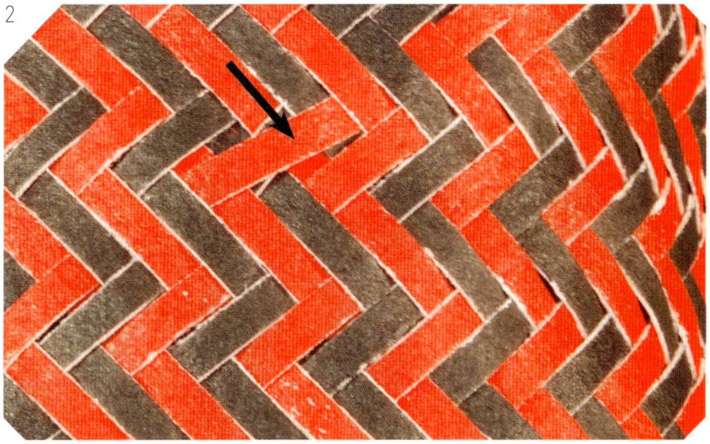

3a

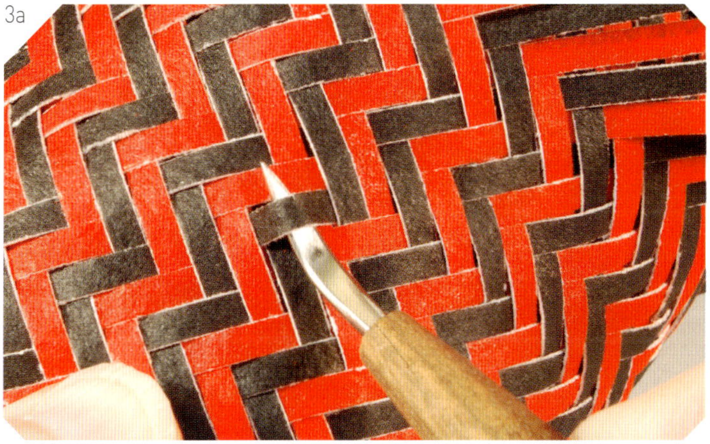

3b

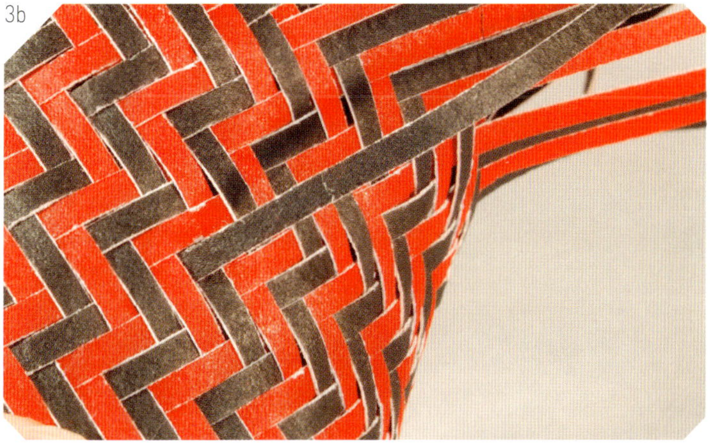

3c

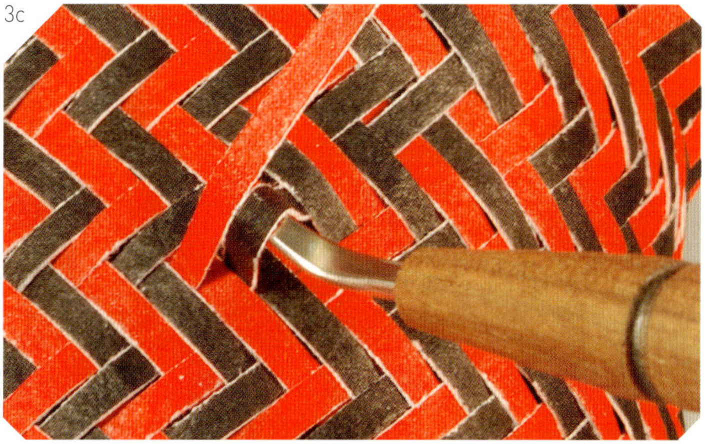

3d

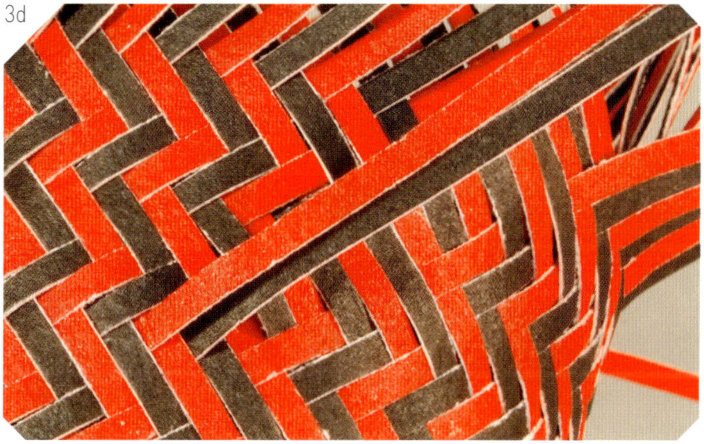

4

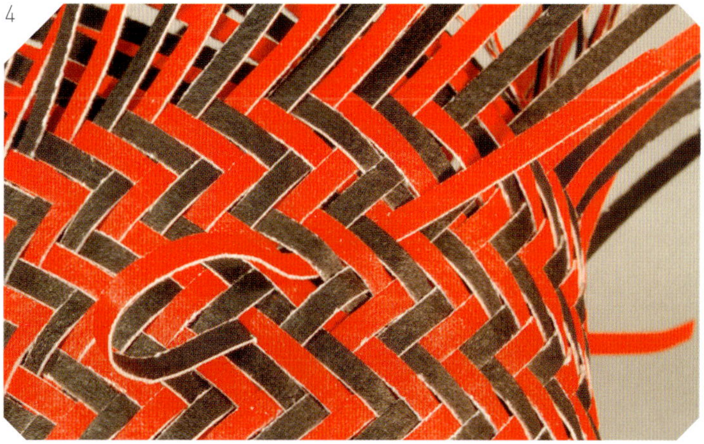

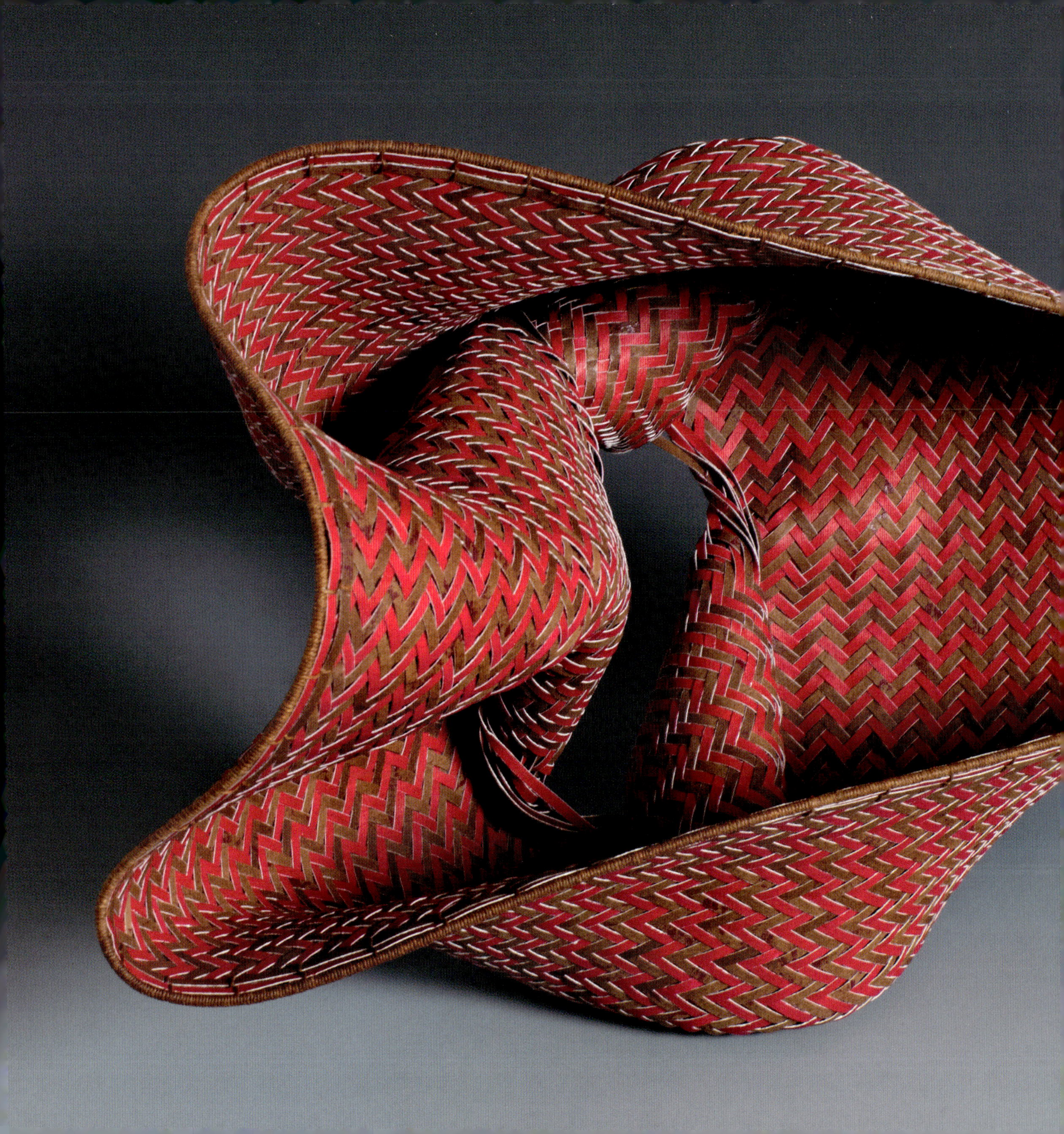

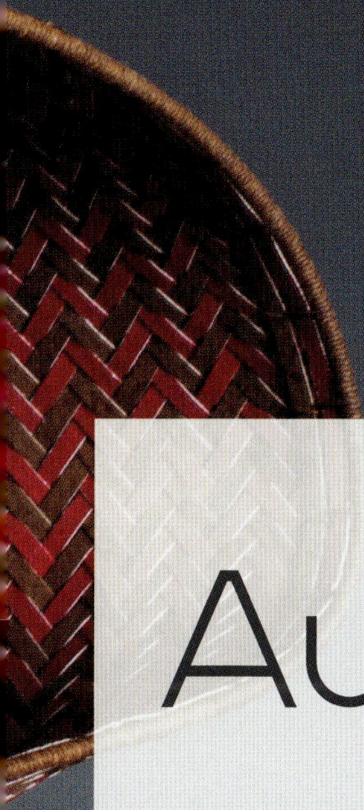

Auf Entdeckungsreise

Ich finde es sehr lohnend, zum Niederschreiben oder Aufzeichnen von Ideen eine Art Tage- oder Skizzenbuch zu führen. Ich praktiziere das schon seit 30 Jahren und benutze dafür ein 12×20 cm großes Skizzenbuch mit Spiralbindung. Meist liegt es neben meinem Bett. Häufig fällt mir kurz vor dem Einschlafen etwas ein, und wenn ich es nicht gleich aufschreibe, finde ich keine Ruhe. Bringe ich meine Idee zu Papier, muss ich mir hingegen keine Sorgen machen, dass ich sie am nächsten Morgen womöglich vergessen haben.

Gelegentlich müssen lose Blätter für Ideenskizzen herhalten, weil ich mein Buch nicht bei mir habe. Später hefte ich die Blätter ein, damit sie nicht in irgendeinem Papierstapel verloren gehen. Inzwischen bin ich beim fünften Buch angelangt.

Es gibt lange Phasen, in denen ich kaum etwas aufschreibe, genauso wie es Phasen gibt, in denen ich andauernd Ideen für neue Entwürfe notiere. Sie alle umzusetzen, ist schon aus Zeitgründen unmöglich. Doch einmal notiert, sind sie zumindest immer verfügbar. Und wenn ich nach Inspirationsquellen suche oder einen neuen Weg einschlagen möchte, blättere ich einfach in meinem Buch zurück.

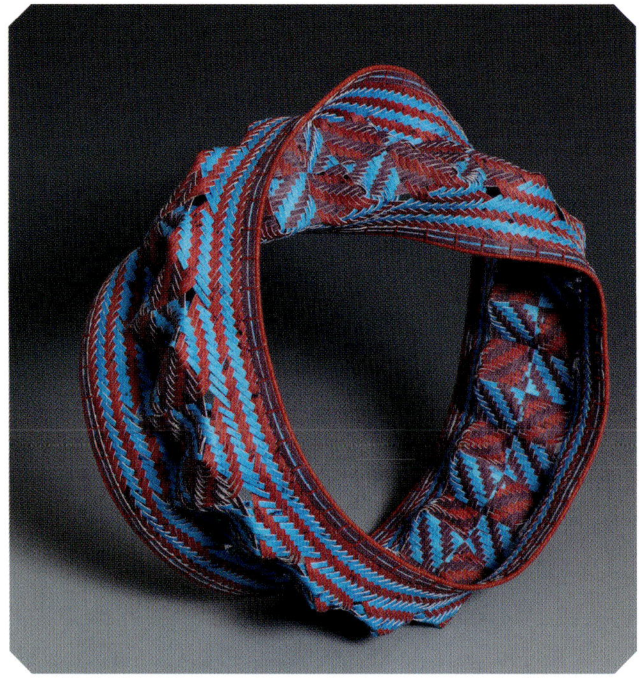

«Möbius 2»
Auf den folgenden Seiten sind einige Objekte abgebildet, die bei meinen Experimenten mit mathematischen Körpern entstanden sind. Fotos: Ken Rowe, wenn nicht anders angegeben.

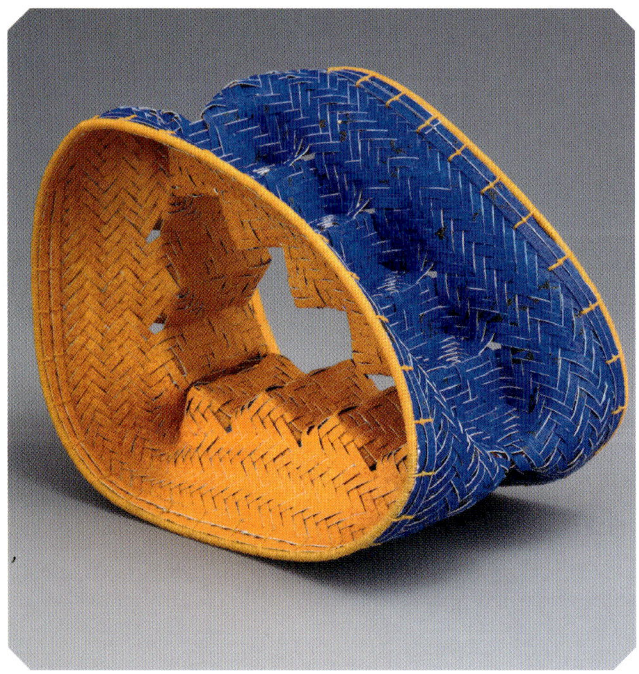

«Pythagoras 1»
Eine Interpretation rechtwinkliger Dreiecke nach dem Satz des Pythagoras

Vorausgehende Seite: «Displacement», Foto: Ken Rowe

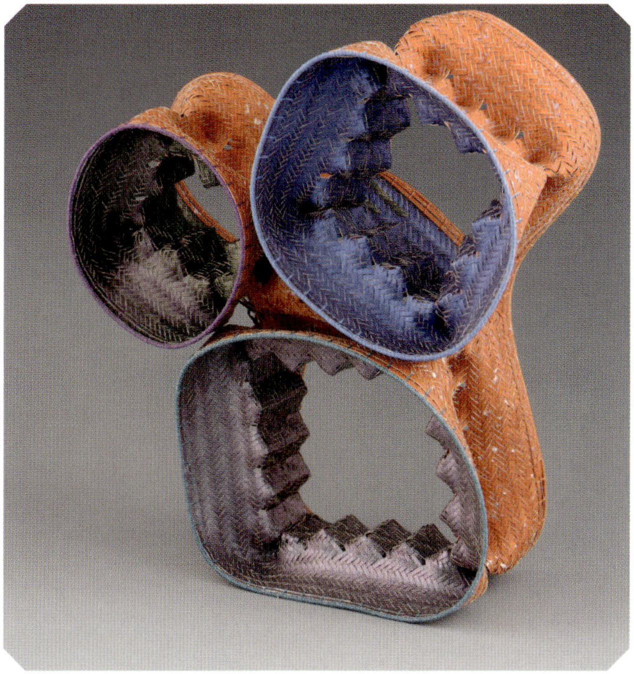

«Pythagoras 2»
Eine Interpretation des geometrischen Beweises für den Satz des Pythagoras

Aus meiner Sicht gibt es auf dieser Welt Inspirationsquellen zuhauf. Obwohl ich als Künstlerin prozessorientiert und kaum konzeptuell arbeite, schöpfe ich viele meiner Ideen aus der Mathematik und der Geometrie. Ich nutze diese Inspirationen als Möglichkeit, neue Verfahrensweisen oder Techniken zu entwickeln, mit denen ich Dinge so umsetzen kann, wie ich sie mir vorstelle.

Ich habe mit Möbiusbändern und unendlichen Schleifen herumexperimentiert, Objekte nach dem Satz des Pythagoras entwickelt ($a^2 + b^2 = c^2$) und mich von dreidimensionalen Gebilden anregen lassen.

Seit einiger Zeit beschäftige ich mich auch mit platonischen Körpern und arbeite an der Vollendung einer Serie. Platonische Körper sind Polyeder aus deckungsgleichen regelmäßigen Vielecken. An jeder Spitze (oder Ecke) trifft die gleiche Anzahl an Vielecken zusammen. Ein Würfel (Hexaeder) ist z. B. ein platonischer Körper.

Insgesamt gibt es nur fünf platonische Körper: den Tetraeder (Oberfläche aus vier Dreiecken), den Hexaeder oder Würfel (Oberfläche aus sechs Quadraten), den Oktaeder (Oberfläche aus acht Dreiecken), den Dodekaeder (Oberfläche aus zwölf Fünfecken) und den Ikosaeder (Oberfläche aus zwanzig Dreiecken). Meine erste Serie ist inzwischen fertig. Und ich habe bereits mit einer zweiten und dritten begonnen. Für eine vierte habe ich auch schon Ideen. Um die Serien voneinander abzugrenzen, arbeite ich jedes Mal mit einer anderen Technik oder Variation.

Wenn ich mit den platonischen Körpern fertig bin, wären da noch die archimedischen und Johnson-Körper mit 13 bzw. 92 Varianten. Und eine Vielzahl von Prismen und Antiprismen ...

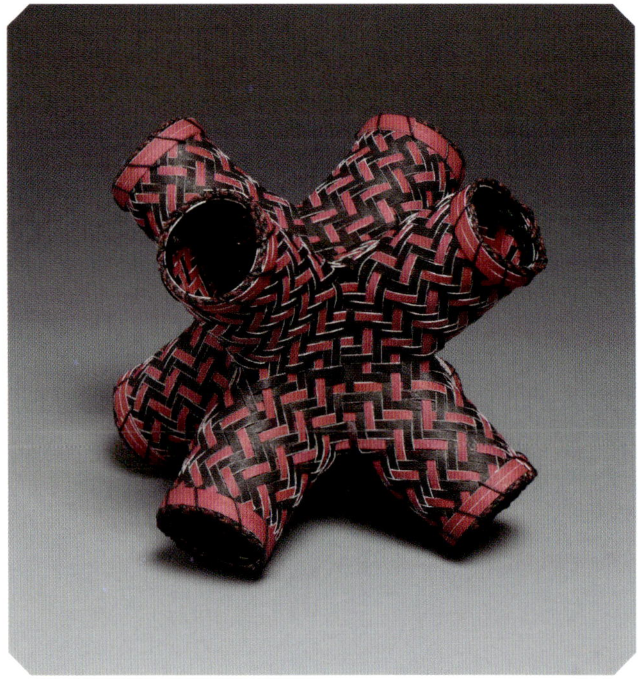

«Hexahedron»
Für diesen Hexaeder habe ich sechs quadratische Basen miteinander verflochten.

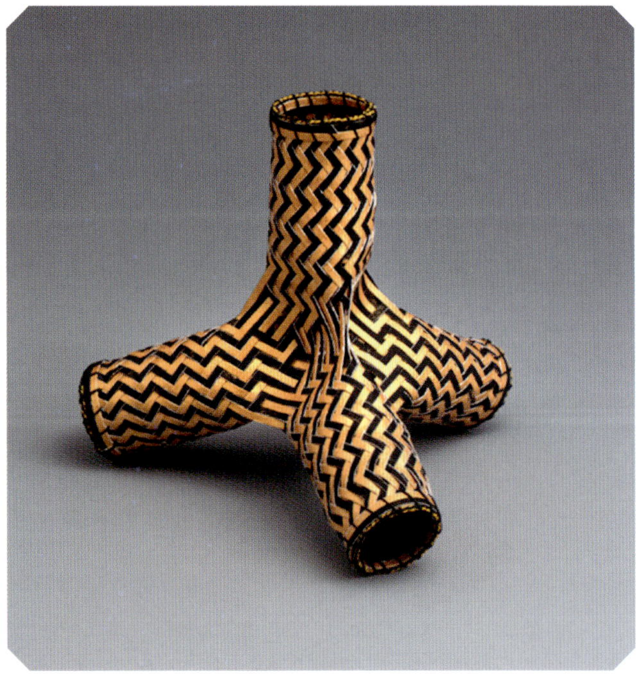

«Tetrahedron»
Für diesen Tetraeder habe ich vier dreieckige Basen miteinander verflochten.

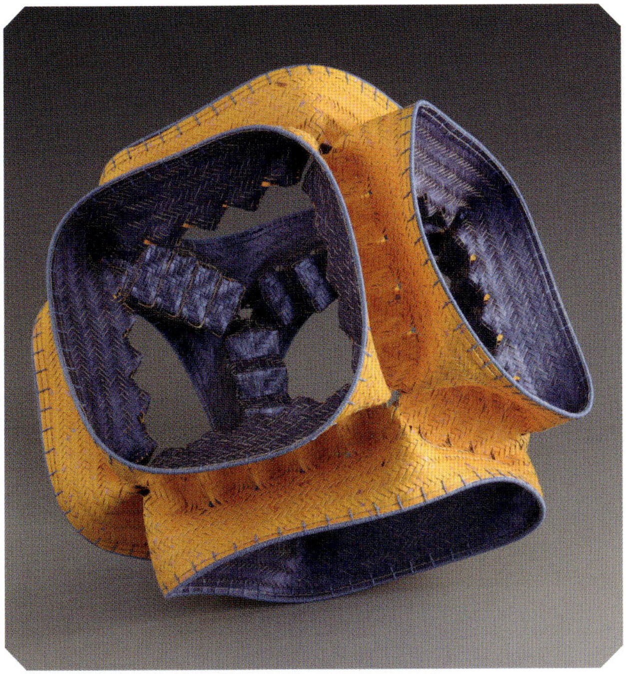

«Hexahedron 2»
Ein Hexaeder aus zwölf Flechtstreifen mit Stufen

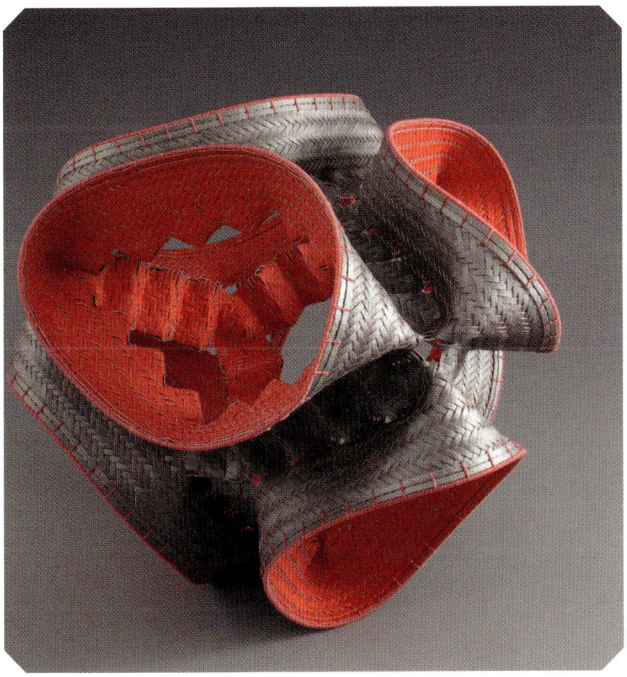

«Tetrahedron 3»
Für diesen Tetraeder habe ich vier dreibeinige Basen miteinander verflochten.

Schon immer spukte mir die Idee eines «Kleinschen Korbs» im Kopf herum – angeregt durch die Kleinsche Flasche. Diese Flasche hat nur eine Seite. Wie das Möbiusband handelt es sich um die dreidimensionale Darstellung eines vierdimensionalen Objekts. Eines Tages werde ich diesen Kleinschen Korb entwerfen und flechten. Und vielleicht noch eine Möbiusleiter und einen Möbiustorus.

Ich habe Objekte auf Basis der Fibonacci-Folge entwickelt, einer Zahlenfolge, die durch Addition aufeinanderfolgender Zahlen entsteht (0, 1, 1, 2, 3, 5, 8, 13, 21, 34 usw.). Auch mit Fraktalen habe ich mich beschäftigt, unter anderem z. B. mit der Kochschen Schneeflocke.

Neulich kam mir durch Ada Dietz' Monografie «Algebraic Expressions in Handwoven Textiles» die Idee zur künstlerischen Umsetzung algebraischer Ausdrücke. In diesem Buch definiert und kreiert Dietz Webstuhlmuster, die auf der Ausdehnung multivariater Polynome basieren. Ein Beispiel ist $(x - y)^2$. Daraus wird $x^2 - 2xy + y^2$ bzw. xx, xy, xy, yy oder xxx yx yyy. Ich weiß noch nicht, wie ich algebraische Ausdrücke in mein Werk integrieren kann, doch ich denke, ich werde es bald einmal versuchen.

Ich habe Ordner zu verschiedenen Techniken der nonverbalen Kommunikation angelegt, wie z.B. zur Braille-Schrift und zum Morsealphabet, die sich sicher gut in Flechttechniken übersetzen ließen.

Ich habe auch überlegt, ob das internationale Flaggenalphabet und das militärische phonetische Alphabet, ja sogar alte britische Münznamen oder Erbtitel als mögliche Inspirationsquellen infrage kämen. Ich besitze Unterlagen zum griechischen Alphabet, zu Vollmondnamen und Tiergruppenbezeichnungen.

Wenn ich im Internet auf interessante Ideen stoße, lege ich Ordner auf meinem Computer an oder setze Lesezeichen in meiner Favoritenliste.

Ich habe mich gefragt, wie sich das aus sechs Leptonen, sechs Quarks, vier Bosonen und einem Higgs-Teilchen bestehende Standardmodell der Teilchenphysik repräsentieren ließe. Die Quarks haben interessante Namen: Up, Down, Charm, Strange, Top und Bottom. Noch weiß ich nicht, wie man diese Namen darstellen könnte. Weitere Anregungen in dieser Richtung bieten das Atommodell und das Periodensystem.

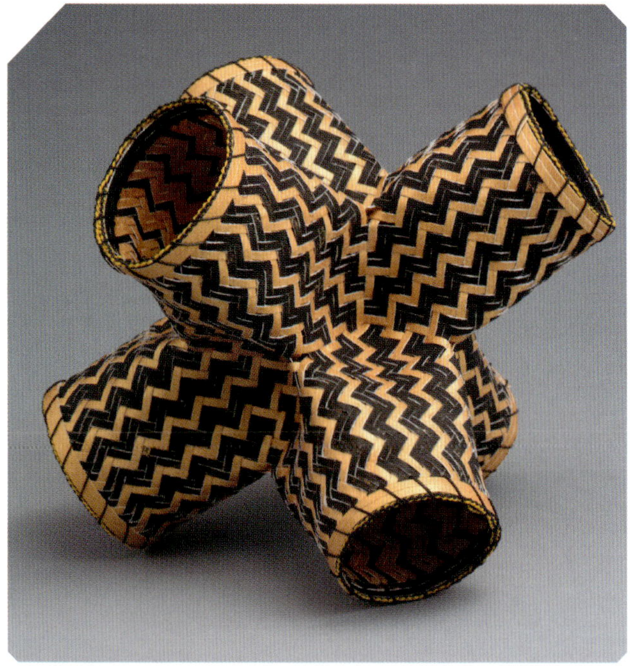

«Octahedron»
Ein Oktaeder aus acht Basen mit drei Seiten

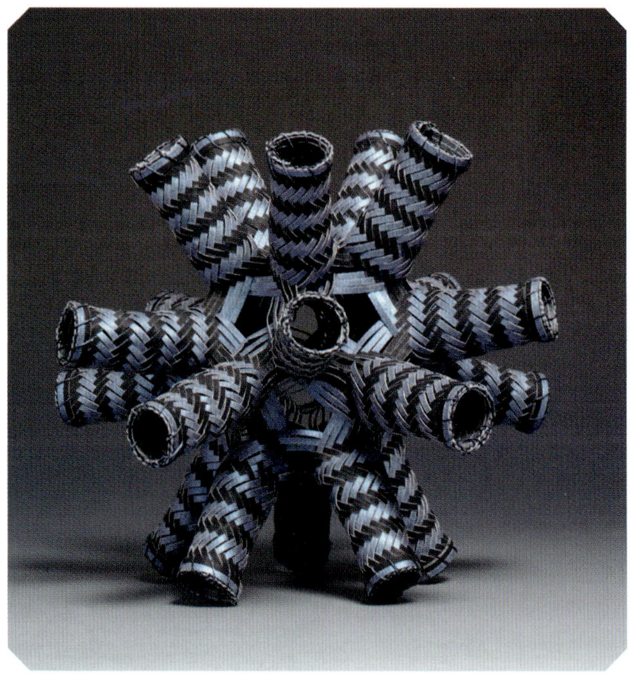

«Dodecahedron»
Ein Dodekaeder aus zwölf fünfseitigen Basen

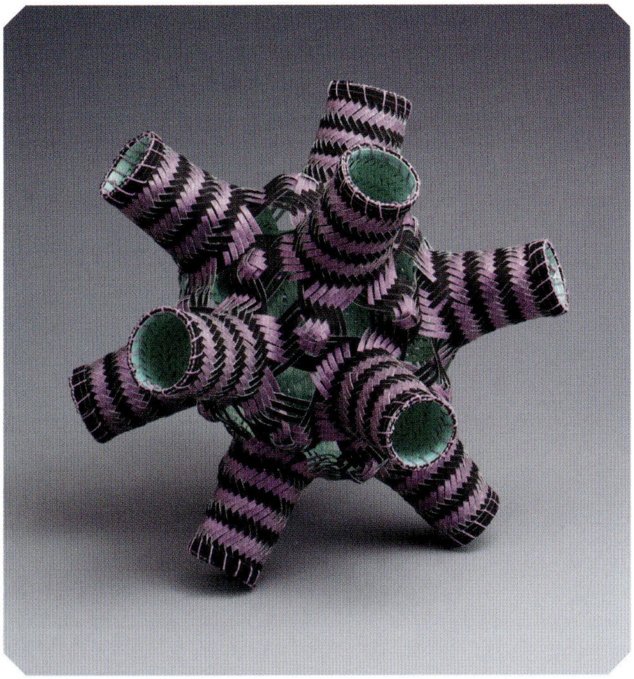

«Icosahedron»
Ein Ikosaeder aus 20 dreiseitigen Basen

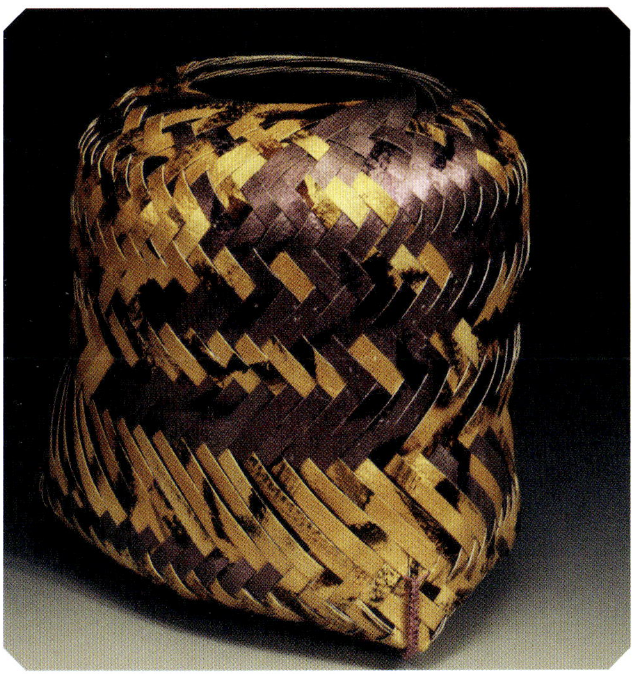

«Gold and Lavender Fibonacci»
Das Geflecht dieses Korbs basiert auf der Fibonacci-Folge 1, 2, 3, 5, 8, 13 und 21. Die beiden Farben sind gegenläufig verflochten: 1 Gold (G), 21 Lavendel (L), 1 G, 13 L, 2 G, 8 L, 3 G, 5 L, 5 G, 3 L, 8 G, 2 L, 13 G, 1 L, 21 G, 1 L.
Foto: Dorothy McGuinness

Dies sind nur einige Orte, an denen mein Geist im Laufe der Jahre umhergewandert ist. Es gibt so viele mögliche Inspirationsquellen. Wenn Sie sich für Blumen oder andere Pflanzen interessieren, lassen Sie sich in der freien Natur von der Muse küssen. Gilt Ihre Liebe der Musik, einer anderen Form der Mathematik, stehen Ihnen viele verschiedene Wege offen.

Ich bin überzeugt, dass jedes Interessengebiet die künstlerische Praxis befeuern kann, egal, ob man konzeptuell oder prozessorientiert arbeitet. Von der Astronomie bis zur Zoologie – ich glaube, dass es immer einen Weg gibt, essenzielle Inhalte einer Disziplin in einem geflochtenen Korb zum Ausdruck zu bringen. Auch andere künstlerische Techniken – Quilten oder Stricken etwa – können die Fantasie anregen. Unterschiedliche Techniken und Stile des Korbflechtens zu erlernen und mit verschiedenen Materialien zu arbeiten, trägt ebenfalls dazu bei, das eigene Spektrum zu erweitern.

Ich glaube, dass alles, was ich lerne, meine künstlerische Praxis in irgendeiner Weise prägt.

Ein weiteres ergiebiges Experimentierfeld für Korbflechterinnen und Korbflechter bietet der Bereich der Farbe. Von monochromen Kompositionen über gewagte Kontraste bis hin zu sanften Farbabstufungen ist alles möglich.

Auch mit Proportionen lässt sich wunderbar spielen. Je nach Länge und Breite der Flechtstreifen können Sie mit einer einzigen Technik Miniaturkörbe oder lebensgroße Objekte, ja sogar Rauminstallationen kreieren. Ein Werk kann aus mehreren zusammen- oder ineinandergefügten Einzelobjekten bestehen. Um Ideen auszuarbeiten oder herauszufinden, wo man landet, wenn man dranbleibt, bietet sich die Arbeit in Serien an.

Ich rate dazu, nicht nur ein Ideen-, sondern auch ein Arbeitstagebuch zu führen, in dem alle wichtigen Informationen zu den einzelnen Werken festgehalten werden: Wie sie konstruiert sind, aus welchen Materialien sie bestehen, wie lange Sie zum Flechten gebraucht haben usw. So müssen Sie nicht wieder ganz von vorne anfangen, wenn Sie einen Zwilling flechten wollen. Auch Ihre Gedanken oder Inspirationsquelle(n) können Sie notieren – ebenso wie das Datum der Fertigstellung, den Titel des Werks und seine Maße.

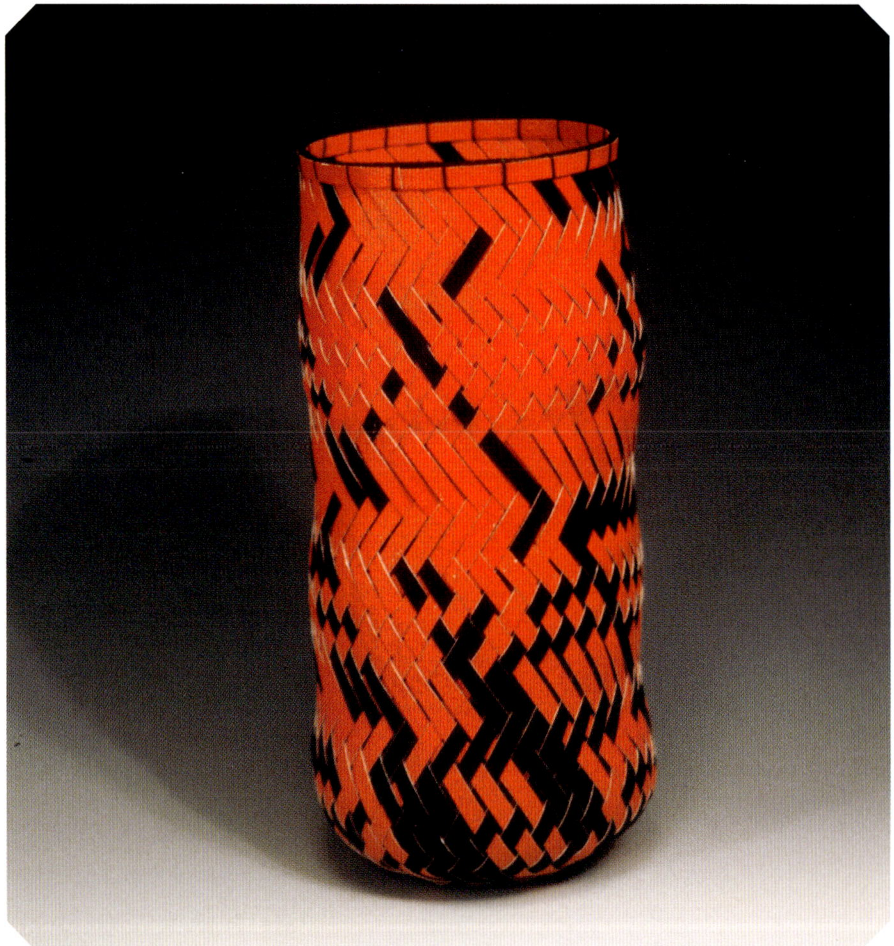

«Red and Black Fibonacci»
Geflecht, basierend auf der Fibonacci-Folge 1, 2, 3, 5, 8, mit gegenläufig verflochtenen Farben: (1 Schwarz (S), 8 Rot (R), 1 S, 5 R, 2 S, 3 R, 3 S, 2 R, 5 S, 1 R, 8 S, 1 R.
Foto: Dorothy McGuinness

«Pink and Gray Fibonacci»
Wie der «Gold-and-Lavender»-Korb zeigt auch dieser Korb eine gegenläufige Fibonacci-Folge: 1 Pink (P), 21 Grau (G), 1 P, 13 G, 2 P, 8 G, 3 P, 5 G, 5 P, 3 G, 8 P, 2 G, 13 P, 1 G, 21 P, 1 G. Foto: Jerry Mc Collum

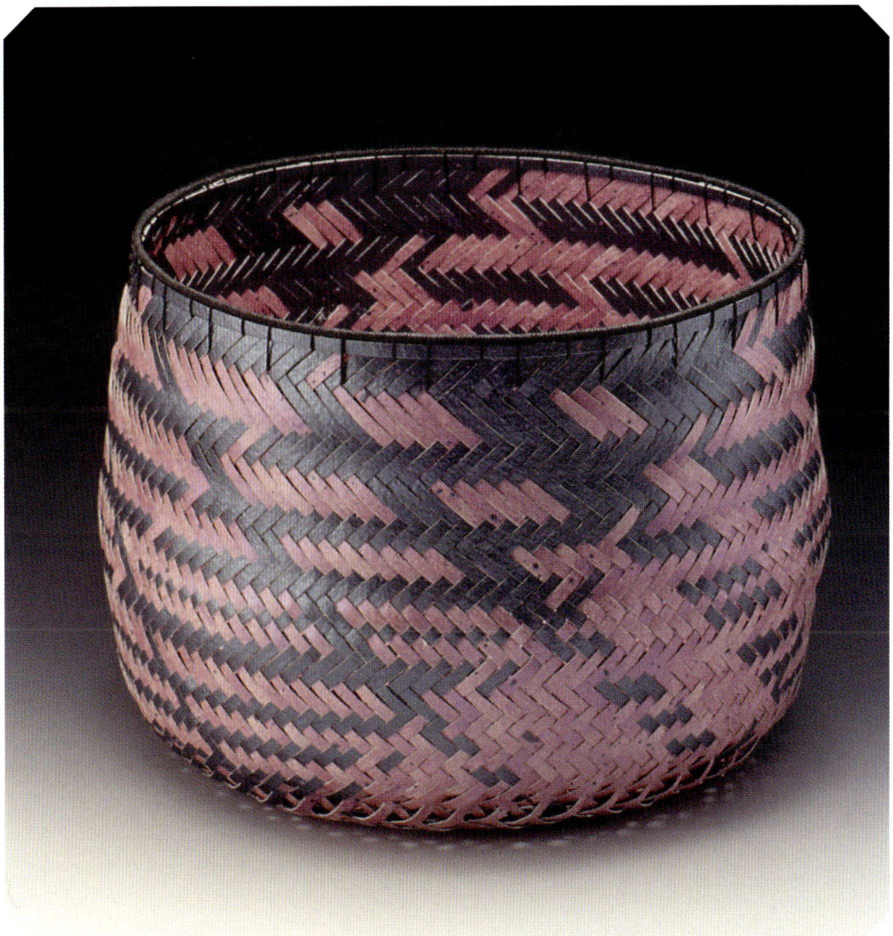

Haben Sie keine Angst, neue Ideen auszuprobieren oder sich in unbekanntes Gelände vorzuwagen. Auch wenn etwas nicht funktioniert, kann es zu neuen Lösungsversuchen anregen. Aus Fehlern lässt sich viel lernen.

Manchmal möchte man Dinge erzwingen, die sich nicht erzwingen lassen. Wenn ein Korb partout nicht die gewünschte Form annehmen will, verabschieden Sie sich von Ihrer Idee. Und lassen Sie zu, dass der Korb sich so entwickelt, wie er sich entwickeln möchte.

Seien Sie sich außerdem bewusst, dass Sie selbst Ihre schlimmste Kritikerin, Ihr schlimmster Kritiker sind. Die Mängel, die Sie in Ihrem Werk erkennen, werden andere meist nicht einmal bemerken: Außenstehende Betrachter sehen das Ganze, nicht die Details.

Meiner Erfahrung nach ist es sehr inspirierend, sich die Werke anderer Korbflechterinnen und Korbflechter oder Künstlerinnen und Künstler anzuschauen – nicht, um sie zu kopieren, sondern um sich von Formen, Arbeitstechniken, Farbkonzepten oder anderen Aspekten anregen zu lassen. Ich habe die Websites einiger Künstlerinnen und Künstler, deren Werk mich fasziniert und inspiriert, mit Lesezeichen versehen.

Bezugsquellen

DEUTSCHLAND

Künstlerbedarf, unter anderem Papier, Farben, Farbrollen, Seitenschneider und Rundzangen

- www.boesner.com
- www.gerstaecker.de (führt auch gewachstes Leinengarn)

Papier

- www.arches-papers.com/de/
- www.hahnemuehle.com

Peddigrohr und Flechtwerkzeuge

- www.schardt-kg.de
- www.hans-ender.de

Nudelmaschinen

- www.cookinglife.de
- www.nudelmaschinen-profi.de

Gewachstes Leinengarn

- www.etsy.com

SCHWEIZ

Künstlerbedarf

- www.boesner.ch
- www.gerstaecker.ch

Peddigrohr und Flechtwerkzeug

- www.peddig-keel.ch

Pastamaschinen

- www.brack.ch
- www.galaxus.ch

Gewachstes Leinengarn

- www.beadandmore.ch
- www.stoffkiste.ch
- www.perlinebeads.ch

ÖSTERREICH

Künstlerbedarf

- www.boesner.at
- www.gerstaecker.at

Peddigrohr und Flechtwerkzeug

- www.vbs-hobby.at
- www.naturmaterialien.eu

Nudelmaschinen

- www.ladenzeile.at

Anmerkung: Bitte beachten Sie, dass gewachstes Leinengarn auch bei Händlern aus dem deutschsprachigen Raum manchmal nur unter der Bezeichnung „waxed linen" zu finden ist.

Zum Farbmixer auf Seite 14: Dieser Farbmixer existierte bei der Drucklegung dieses Buches nur auf Englisch. Auf dieser Seite finden Sie eine Anleitung dazu auf Deutsch: https://justpaint.org/de/re-introducing-the-virtual-paint-mixer/ («Der virtuelle Farbmixer – eine (Wieder-)Einführung»)

Zum «Funny Brush» auf Seite 22: Dieser als Beispiel aufgeführte Pinsel war zum Zeitpunkt der Drucklegung dieses Buches nur auf www.cheapjoes.com und www.amazon.com erhältlich.

Über die Autorin

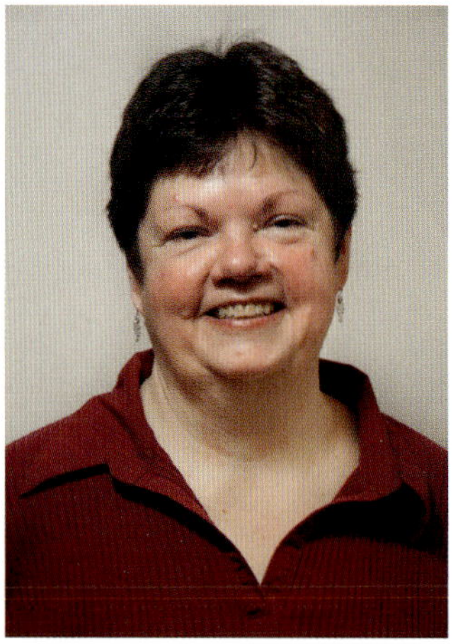

Dorothy McGuinness gestaltet seit über 20 Jahren skulpturale Körbe in Köperbindung im Diagonalgeflecht. Als Flechtmaterial verwendet sie mit Acrylfarbe eingefärbtes Aquarellpapier. Sie verfügt über mehr als 30 Jahre Erfahrung im Korbflechten und hat sich in dieser Zeit die unterschiedlichsten traditionellen Techniken angeeignet. Sie war bei zahlreichen lokalen, nationalen und internationalen Ausstellungen vertreten und hat mehrere nationale und internationale Preise gewonnen. Was sie am Flechten mit Papier am meisten fasziniert, ist die Möglichkeit, mit Farben, Mustern und Designs zu spielen und immer wieder neue skulpturale Formen zu entwickeln. Dorothy McGuiness wurde 1961 im US-amerikanischen Bundesstaat Washington geboren und lebt in Everett, Washington. dorothymcguinnessbasket.com

Dank

Ich danke R. Leon Russel und Wilma Ziegler für ihre wunderbare Textredaktion. Außerdem möchte ich meiner Schwester Anne sowie meinen Freunden und der Familie danken, die mich zu diesem Projekt ermutigt haben.

Weiterführende Literatur

Monika Künti
Aus Streifen geflochten
Geschichte, Techniken, Projekte
2019, Haupt Verlag

Monika Künti
einhängen & verschlingen
Maschenbildung mit vorangeführtem Fadenende
2014, Haupt Verlag

Jenny Crisp
Flechten mit Weiden
vom Anbau bis zum geflochtenen Objekt – mit 20 Projekten
2019, Haupt Verlag